信访理论研究丛书
XINFANG LILUN YANJIU CONGSHU

国外处理公民申诉制度法律法规选编

（上）

张恩玺 主编

中国法制出版社
CHINA LEGAL PUBLISHING HOUSE

前　言

习近平总书记指出“这是一个需要理论而且一定能够产生理论的时代”，强调“改革发展任务越是艰巨繁重，越需要强大的智力支持”，要求“从我国改革发展的实践中挖掘新材料、发现新问题、提出新观点、构建新理论”。信访理论研究是信访工作实践的先导，对做好新时期的信访工作十分重要。国家信访局一直高度重视信访理论研究工作，始终把信访理论研究作为一项基础性工作来抓，形成了一批有一定影响力的理论研究成果，有效回应和指导了信访工作实践。但是，相对于快速发展的信访工作实践，当前信访理论研究工作还较为滞后，突出表现为系统性研究不够、碎片化现象突出，缺少“一锤定音”的扛鼎之作，迫切需要一批立得住、叫得响的理论成果来引领和推动信访理论研究工作迈上一个新台阶。

加强信访理论研究，是理论研究部门、信访部门和社会各界的共同责任。为鼓励、支持社会各界力量和全国信访系统参与信访理论研究，共同探索新形势下信访工作的特点和规律，为信访工作制度改革提供理论支持，国家信访局在 2015 年设立了信访理论研究项目，面向社会和信访系统发布了一批信访理论研究课题，形成了约 195 万字的研究成果；同时在对外交流中，组织翻译了 11 个国家和 2 个国际组织公民申诉制度方面的法律法规约 58 万字。为了将这些理论研究和翻译成果介绍给社会公众，推动信访理论研究深入开展和信访领域的对外交流，我们与中国法制出版社确定选编有代表性的部分成果，以“信访理论研究丛书”（以下简称“丛书”）的名义公开出版。这些代表性成果均由国内知名专家学者和信访部门负责人牵头完成。其中,《信访工作制度改革理论与实践》收录了汤啸天、樊金宝、丛淼、邵革军、徐代银牵头课题组的研究成果,《信访法治建设的理论探索》收录了明春德、孙佑海、王万华、朱应平、张孝廷牵头课题组的研究成果,《新时期信访活动规律研究》收录了王剑华、龚维斌、王天夫、朱明仕、谭柏平牵头课题组的研究成果,他们不同的观点和研究方式在书中得到了充分的诠释和展现,汇集起来碰撞出思维的火花,有助于进一步加深对推进信访工作制度改革的认识和理解。

为做好丛书的编写出版工作,我们按照主题和内容进行了精心编排,从学术规范方面对入选成果进行了全面审查把关,对丛书内容进行了认真校核,力争推出一套符合学术标准,回应实践关切,高质量、有特色的信访理论研究丛书,为广大从事信访理论研究和信访实务工作的同志们提供有益的借鉴和参考。

丛书编写组

2016 年 12 月

目 录

上

澳大利亚

德 国

丹 麦

俄罗斯

法 国

附 录

下

韩 国

美 国

日 本

瑞 典

新西兰

英 国

欧洲议会

国际申诉专员协会

附 录

澳大利亚

1976年申诉专员法

兹制定本法，以规定联邦申诉专员、国防军申诉专员、邮政业申诉专员和海外学生申诉专员的任命及各自职能和权力。

第Ⅰ编 序 言

第1条 简略标题

本法简称《1976年申诉专员法》

第2条 施行

本法自公告规定之日起施行。

第3条 解释

（1）除另有相反规定外，本法有关术语含义如下：

ACC，是指依照《2002年澳大利亚犯罪委员会法》第7条设立的澳大利亚犯罪委员会。

ACMA，是指澳大利亚通讯媒体管理局。

ACT法令，是指《1988年澳大利亚首都领地（自治）法》第3条所称法令。

澳大利亚联邦警察指定人员，同《1979年澳大利亚联邦警察法》的规定。

澳大利亚联邦警察专员，是指《1979年澳大利亚联邦警察法》所称专员。

澳大利亚联邦警察行为问题，同《1979年澳大利亚联邦警察法》的规定。

澳大利亚联邦警察实践问题，同《1979年澳大利亚联邦警察法》的规定。

机构负责人，同《1999年公共服务法》的规定。

APS行为守则，是指《1999年公共服务法》第13条所称各规则。

澳大利亚邮政，是指澳大利亚邮政公司。

被授权的人员是指：

（a）申诉专员为本法目的任命的人员

（b）申诉专员为本法目的任命的人员中的一员。

ACC理事会，是指依照《2002年澳大利亚犯罪委员会法》第7B条设立的澳大利亚犯罪委员会理事会。

法院或法庭的首席执行官，是指拥有以下职务之一或执行下列职责的人员：

（a）高等法院的书记官；

（b）澳大利亚联邦法院的书记官长；

（c）《1975年家庭法》第4条第1款规定的澳大利亚家庭法庭首席执行官；

（ca）《1999年澳大利亚联邦巡回法庭法》第5条规定的澳大利亚联邦巡回法庭首席执行官；

（d）行政上诉法庭的书记官长；

（e）为本法目的，由有关规章宣布为法院或法庭首席执行官的职务；

（f）由有关规章规定替代第a项、第b项、第c项、第ca项或第d项所称人员的职务。

联邦控制公司，是指联邦在其中具有利益的股份有限公司，并且在此公司中联邦能够：

（a）控制公司董事会的组成；

（b）享有、控制公司股东大会半数以上的投票权；

（c）控制公司半数以上的发行股份，其中不包括在利润、资本分配中超过特定数额后无权参与的股份。

联邦服务提供商，由本法第 3BA 条规定。

联邦退休金公司（CSC），同《2011 年澳大利亚政府退休金计划治理法》的规定。

政府部门，是指《1999 年公共服务法》规定的部门，但不包括《1988 年 ACT 自治（相应条款）法》第 3 条规定的由临时工作人员组成的澳大利亚公共服务部门。

副申诉专员，是指联邦副申诉专员。

国防军副申诉专员，是指本法第 23 条第 1 款规定之生效通知指定的国防军副申诉专员。

可披露行为，同《2013 年公共利益披露法》的规定。

在遵守本法第 3B 条的情形下，法令是指：

（a）法律；

（b）澳大利亚首都领地条例；

（c）圣诞岛领地条例或科科斯（基林）群岛领地条例；

（d）依据第 b 项或者第 c 项所称法律或条例制定的文书；

（e）圣诞岛领地、科科斯（基林）群岛领地施行的生效法律，不包括第 c 项、第 d 项所称法律、条例或者文书；

但是，不包括《1979 年诺福克岛法》、《1978 年北领地自治法》或者诺福克岛、北领地的法令。

诺福克岛的法令是指：

（a）《1979 年诺福克岛法》第 4 条第 1 款（法令的定义）第 a 项、第 b 项、第 c 项所称法律、条例；

（b）依据上述法律、条例制定的文书，包括规则、规章或者地方法规。

北领地的法令是指：

（a）《1978 年北领地自治法》第 4 条第 1 款（法令的定义）第 a 项或第 b 项所称法律、条例；或者

（b）依据上述法律、条例制定的文书，包括规则、规章或者地方法规。

执法机构，同《2002 年澳大利亚犯罪委员会法》的规定。

官员是指：

（a）涉及政府部门时：

（ⅰ）政府部门长期或者临时雇佣的人员，包括部门的主要负责官员；

（ⅱ）被授权代表政府部门行使权力、履行职能的其他人，不包括部长；

（b）涉及法定机构时：

（ⅰ）法定机构的组成人员或者其代理人；

（ⅱ）法定机构的成员或者其代理人、代表；

（ⅲ）法定机构雇佣的为其服务的人员、法定机构的办事人员（无论是否被法定机构雇佣）；

（ⅳ）被授权代表法定机构行使权力、履行职能的人员。

注：本法第 IIB 编所称官员的含义，参见第 19G 条。

申诉专员，是指联邦申诉专员。

申诉专员计划，是指规定对消费者就许可证持有人或者法律授权的部门实施的决定、行为等事项提出的申诉实施调查的计划。

条例，包括通过法令在澳大利亚首都领地施行的州法、州法的部分条款，不含 ACT 法令。

议会部门，是指依据《1999 年议会服务法》设立的议会的所属部门。

邮政服务或者类似服务包括：

（a）邮政服务；

（b）快递服务；

（c）包裹运输服务。

私人邮政运营商（PPO），是指澳大利亚邮政之外提供邮政服务或者类似服务的实体，无论该实体是否从事其他服务。

法定机构是指：

（a）为公共目的或者依照法律规定成立的法人团体、非法人团体，下列团体除外：

（ⅰ）法人公司或者组织

（ⅱ）有权对宣誓或未宣誓证词取证、经法律要求或者明确许可由议会设立的法院法官、法律规定与法官具有相同地位的人员组成或者其成员包括上述人员的机构；

（ⅲ）为本法目的，第 2 款或有关规章规定不属于法定机构的团体；

（ⅴ）皇家委员会；

（b）第 3A 条规定为法定机构的联邦控制公司；

（ba）由总督、内阁部长设立，且经有关规章宣布为法定机构的法人团体或非法人团体；

（bb）法院或法庭的首席执行官；

（c）承担、履行法律规定职责的人员，下列人员除外：

（ⅰ）法院、法庭的首席执行官，或者为本法目的视为首席执行官工作人员的个人；

（ⅱ）为本法之目的，第 3 款或有关规章规定不属于法定机构的人员；

（d）为本法目的，履行由总督或内阁部长而非法律任命的，且经有关规章宣布为法定机构之职责的人员。

主管官员是指：

（a）承担或履行澳大利亚公共服务部门常务副部长职责的人员

（c）涉及法定机构时：

（ⅰ）在有关规章宣布一职务为该机关的主要职务情形下，承担或履行该职务职责的人员；

（ⅱ）其他情形下，该部门的组成人员，或者该部门组成人员的代理人；该部门由 2 人或者 2 人以上人员组成的，为有权主持其出席的该部门任何会议的人员。

注：本法第 IIB 编所称主管官员的含义，参见第 19G 条。

注册私人邮政运营商是指为第 IIB 编目的注册的私人邮政运营商（参见第 19ZA 条）

注：特定情势下，不再为第 IIB 编目的注册的私人邮政运营商仍然可以视为注册私人邮政运营商（参见第 19J 条）。

在下列情形下，主管部长是指：

（a）有关事项由澳大利亚公共服务部门负责处理的，该部门部长；

（b）有关事项由法定机构定义第 a 项所称法定机构负责处理的，管理设立该法定机构之法律、法律条款的部长；

（c）有关事项由法定机构定义第 c 项所称法定机构负责处理的，管理设立该法定机构之法律的部长；

（d）有关事项由任何其他法定机构负责处理的，有关规章宣布对该机关负责的部长；

或者代理、代表上述部长行事的其他部长。

事务官是指：

（a）依据《1999 年公共服务法》规定担任政府部门常务副部长的人员；

（b）依据《1999 年议会服务法》规定担任议会部门政务次长的人员。

税法，同《1997 年所得税评估法》所称税法。

（2）为协助或履行与法定机构相关的职能之目的，由法律或者依照法律条款设立的董事会、理事会、委员会、小组委员会或者其他团体等非法人团体，不应视为本法所称法定机构，但是为本法之目的，该团体或者其代表所实施行为应当视为该法定机构的行为。

（3）下列人员不应视为法定机构：

（a）承担或履行的职责相当于政府部门官员、雇员，或者法定机构工作人员所承担职责的；

（b）担任团体成员职务的；

（c）担任由法律为法定机构设立的职务的；

但是，为本法之目的，承担或履行上述职务职责的人员或者其代表所实施的任何行为，应视为所涉政府部门、团体或者机关所实施的行为。

（4）为本法之目的，下列人员所实施行为应当视为负责处理该事项的政府部门所实施的行为：

（a）不属于政府部门或法定机构的官员，为本法之目的，因受总督、部长或者政府部门常务副部长任命或者法定机构指定，被授权行使权力、履行职能时实施有关行为的人员；

（b）因承担或履行由法律或者依照法律规定设立的职务之职责，或者作为法院法官、州或者领地治安官，没有行使权力或履行职能的人员。

（4A）尽管有第 4 款的规定，有关人员因受总督、部长或者政府部门常务副部长任命或者法定机构指定而非有关法律指派，被授权行使权力或履行职能时，为本法之目的，有关规章可以规定该人员在行使权力或履行职能时所实施的行为不应视为负责处理该事项的政府部门所实施的行为。

（4B）为本法之目的，下列情形下有关人员所实施行为应当视为政府部门、法定机构所实施的行为：

（a）该人员不属于政府部门或法定机构负责人；且

（b）该人员属于依合同成为政府部门或法定机构的联邦服务提供商或者其雇员；且

（c）为合同之目的，该人员为政府部门或法定机构或者代表其行使权

力或履行职责时实施该行为；且

（d）因下列原因，该人员没有行使权力或者履行职能：

（ⅰ）承担或履行由法律或者依照法律规定设立职务之职责；或者

（ⅱ）属于法院法官或者州或领地的治安官；且

（e）有关规章没有其他规定。

（5）为本法之目的，下列情形下，政府部门官员所实施行为应当视为该部门所实施行为：

（a）该官员依其职务实施或者旨在实施相关行为：

（ⅰ）该行为属于履行政府部门职能的行为、与履行职能相关的行为，或者履行职能的次生行为；或者

（ⅱ）实施该行为属于该官员的职责范围；或者

（b）该官员在行使法律授予的权力或者履行法律规定的职能时，实施或者旨在实施相关行为。

（5A）尽管有第 5 款的规定，有关人员承担或行使依法设立的职务之职责时，为本法之目的，依据有关规章规定，该人员不应视为法定机构；有关规章也可以规定，为本法之目的，政府部门官员实施的促进其职务之职责的行为，不应视为该部门所实施行为。

（6）为本法之目的，下列情形下，法定机构负责人所实施行为应当视为该部门所实施行为：

（a）该官员依其职务实施或者旨在实施相关行为：

（ⅰ）该行为属于履行法定机构职能的行为或与履行职能相关的行为，或者履行职能的次生行为；或者

（ⅱ）实施该行为属于该官员的职责范围；或者

（b）该官员在行使法律授予的权力或者履行法律规定的职能时，实施或者旨在实施相关行为。

（6A）为本法之目的，下列情形下，国防军成员所实施行为应当视为

国防军所实施行为，若该成员依其身份实施或者旨在实施相关行为：

（a）该行为是与其服役相关的行为、服役时所实施行为，或者服役的次生行为；或者

（b）实施该行为属于该国防军成员的职责范围。

（6B）任何个人或集体接受即将担任国防军长官、海军长官、陆军长官或者空军长官指派所实施行为，或者与该指派相关的行为，不应视为国防军所实施的行为或者本法规定的政府部门的行为。

（6C）除另有相反规定外，本法（不包括第 6A 条）所称国防军、部队或者国防军分部的成员是指下列人员：

（a）国防军、部队或者国防军分部的现役人员；

（b）死亡前曾为国防军、部队或者国防军分部服役的退役人员。

（6D）为本法之目的，下列情形下，注册私人邮政运营商官员所实施行为应当视为注册私人邮政运营商所实施行为，若该行为系该官员依其私人邮政运营商官员身份实施或者旨在实施相关行为：

（a）该行为是注册私人邮政运营商提供邮政服务或者类似服务的行为或与该行为相关的行为，或者该行为的次生行为；或者

（b）实施该行为属于该官员的职责范围。

（7）除另有相反规定外，本法所称所实施行为包括下列行为：

（a）作出决定或者建议；

（b）拟定提议；

（c）有关作出决定、建议或者拟定提议方面的不作为或者拒绝作为。

（7A）除另有相反规定外，本法所称州申诉专员，是指依据州法履行与申诉专员职能相似职能的人员。

（7B）为本法（非本款）规定之目的，提及州申诉专员时：

（a）该州应当包括澳大利亚首都领地和北领地；

（b）相关州法应当包括 ACT 法令和北领地的法令；

（c）视情况需要，相关州政府部门或者其他部门应当包括：

（ⅰ）澳大利亚首都领地；或者

（ⅱ）《1988 年澳大利亚首都领地自治法》第 3 条规定的领地当局。

（8）本法所称联邦的国际关系，是指联邦同其他国家政府或国际组织的关系。

（9）本法所称澳大利亚联邦警察局应当视为法定机构。

（10）本法适用于澳大利亚联邦警察局时，所称法定机构负责人是指澳大利亚联邦警察指定人员。

（11）本法所称国防军应当视为法定机构，本条第 6 款规定除外。

（12）本法适用于国防军时：

（a）所称法定机构负责人，是指国防军成员；

（b）所称法定机构的主管官员，是指国防军长官；

（c）涉及处理与法定机构相关的事项、法定机构就相关事项实施的或者与相关事项有关的行为时，所称主管部长是指国防部长，或者代理或代表国防部长行事的其他部长。

（13）为本法之目的，有关国防军和国防部的任何事项（包括报告），可以通过国防军申诉专员和国防军长官、国防部主管官员之间的协议，由国防军申诉专员与国防军长官或者国防部主管官员进行联系。

（13A）本法所称澳大利亚犯罪委员会应当视为法定机构。

（14）为本法之目的，下列人员视为法院或法庭首席执行官的工作人员：

（a）法院或法庭的除首席执行官之外的其他官员；

（b）法院或法庭的书记官长或书记官处的工作人员；

（c）为法院或法庭提供相关服务的政府部门或联邦机构的官员或雇员；

（d）为本法之目的，经有关规章公布将担任法院或法庭工作人员的人员。

（15）本条所称法院或法庭的官员不包括法院法官或者法庭成员。

（16）涉及其他事项时，本款所称下列人员依照第 18 款之规定理解：

（a）法院或法庭的首席执行官；

（b）议会部门。

（17）第 16 款适用于下列援引情形：

（a）在下列条款中对主管部长的援引：

（ⅰ）第 8 条第 7A 款第 b 项；

（ⅱ）第 8 条第 8 款和第 9 款；

（ⅲ）第 8 条第 10 款第 c 项；

（ⅳ）第 11A 条第 5 款；

（ⅴ）第 35 条第 3 款第 b 项、第 i 项和 第 ia 项；

（b）第 8 条第 10 款第 a 项对负责有关部门的部长的援引；

（c）第 15 条第 6 款中对相关部长的援引。

（18）第 16 款适用的援引应当遵从下列理解：

（a）所称法院的首席执行官，视为指称法院的首席法官，无论是否这样称呼；

（b）所称行政上诉法庭的书记官长，视为指称行政上诉法庭的庭长；

（c）所称除行政上诉法庭之外的其他法庭的首席执行官，视为指称该法庭的庭长或者主要成员，无论是否这样称呼；该法庭是独任法庭的，视为指称该法庭成员；

（d）所称参议院的部门，视为指称参议院议长；

（e）所称众议院的部门，视为指称众议院议长；

（f）所称其他议会部门，视为指称参议院议长和众议院议长。

第 3A 条　法定机构：联邦控制公司

（1）联邦控制公司属于法定机构，下列情形除外：

（a）被第 2 款排除；

（b）依据有关规章规定不属于法定机构。

（2）基于第3款规定，下列情形下，联邦控制公司因第1款第a项的规定而被排除：

（a）《1994年总理和内阁（杂项条款）法》第6编施行前就属于联邦控制公司；

（b）《1994年总理和内阁（杂项条款）法》第6编施行前，为其后生效的本法之目的，该公司不属于法定机构。

（3）为本款之目的，有关规章规定联邦控制公司视为法定机构的，第2款的排除视为未排除。

第3B条　与澳大利亚首都领地有关的特定立法不被视为法令

（1）ACT法令不是法令。

（2）1988年《澳大利亚首都领地自治法》和1974年《堪培拉供水（谷工大坝）法》不是法令。

（3）1988年《澳大利亚首都领地规划和土地管理法》第4编、第29条和第30条、第63条第2款、第66条和第10编第5章不是法令。

（4）整部法律、条例不是法令时，依其制定的文书也不属于法令。

（5）法律或条例的部分不是法令，依据该法律或条例制定的文书也不属于法令，依据该法律或条例其他部分之目的属于法令的除外。

第3BA条　联邦服务提供商

根据合同（联邦合同）提供服务的下列人员为政府部门或法定机构的联邦服务提供商：

（a）下列两个条件需同时满足：

（ⅰ）联邦合同的当事人分别为该人员和政府部门或法定机构或者联邦；

（ⅱ）为联邦合同之目的，该人员负责为政府部门或法定机构或者代表其向非政府部门或法定机构或者联邦的其他人员提供货物和服务；

（b）下列两个条件需同时满足：

（ⅰ）分合同的当事人分别是该人员和其他人员，依照本条前述规定，该其他人员是根据联邦合同为政府部门或法定机构提供服务的联邦服务提供商；

（ⅱ）根据分合同且为联邦合同之目的，该人员负责为政府部门或法定机构或者代表其向非政府部门或法定机构或者联邦的其他人员提供货物和服务。

第 3C 条　本法的实施范围

本法适用于澳大利亚全境和澳大利亚境外，包括所有海外领地。

第 3D 条　刑法典的适用

刑法典第 2 章适用于违反本法的所有犯罪行为。

（注：刑法典第 2 章规定了刑事责任的一般原则。）

第Ⅱ编　申诉专员的设立、职能、权力和职责

第 1 章　设立和职能

第 4 条　申诉专员和副申诉专员办公室的设立

（1）为本法之目的，应设立：

（a）1 名联邦申诉专员；

（b）1—3 名联邦副申诉专员。

（2）联邦申诉专员的职能是调查依照本法向其提出的申诉，以及由下列法律授予其履行的其他职能：

（a）本法或者有关规章；

（b）其他法律或者依据其他法律制定的规章；

（c）ACT 法令或依据 ACT 法令制定的规章；

（d）诺福克岛的法令。

（4）履行与移民相关的职能（包括拘留移民）时，联邦申诉专员可以称为移民申诉专员。

（5）履行与澳大利亚联邦警察局相关的职能时，联邦申诉专员可以称为执法申诉专员。

（6）依据诺福克岛的法令履行职能时，联邦申诉专员可以称为诺福克岛申诉专员。

第 4A 条　联邦申诉专员办公室

为财政法律（含义由《2013 年公共治理、业绩和追责法》规定）之目的：

（a）下列人员集体属于责任主体：

（ⅰ）联邦申诉专员；

（ⅱ）联邦副申诉专员；

（ⅲ）第 31 条第 1 款所称工作人员；

（b）上述责任主体组成联邦申诉专员办公室；

（c）联邦申诉专员是对联邦申诉专员办公室负责的人员；

（d）第 a 项所列人员是联邦申诉专员办公室的官员；

（e）联邦申诉专员办公室的职能包括：

（ⅰ）第 4 条第 2 款和第 5 条规定的联邦申诉专员职能；

（ⅱ）第 19C 条规定的国防军申诉专员的职能；

（ⅲ）第 19M 条规定的邮政业申诉专员的职能；

（ⅳ）第 19ZJ 条规定的海外学生申诉专员的职能。

第 5 条　申诉专员的职能

（1）依据本法，申诉专员具有下列职能：

（a）应当调查由政府部门或法定机构在本法施行以前或者以后实施的、与行政管理有关且向其提出申诉的行为；

（b）可以依其职权主动调查由政府部门或法定机构在本法施行以前或者以后实施的、与行政管理有关的行为；

（c）经内阁部长同意，可以签署协议，根据该协议，申诉专员可以行使依照许可条件或者法律授予的权限而建立的申诉专员计划规定的职权。

（2）申诉专员未被授权调查下列行为：

（a）内阁部长所实施行为；

（aa）《1987 年议会特权法》第 6 条规定构成议会程序的行为；

（b）议会产生的法院的大法官或者法官所实施的行为；

（ba）法院的首席执行官，或者依本法规定视为其工作人员实施的下列行为：

（ⅰ）行使法院权力的；

（ⅱ）履行司法职能、行使司法权力的；

（c）下列人员所实施行为：

（ⅰ）澳大利亚首都领地、圣诞岛或者科科斯（基林）群岛领地的治安官或者验尸官；

（ⅱ）担任州治安官或者北领地治安官职务的人员履行法律授予的治安官职能时；

（d）任何团体或个人对澳大利亚公共服务或法定机构雇员实施的与该雇佣有关的行为，包括与升职、终止任命、人事纪律或支付报酬等有关的行为；

（g）政府部门或法定机构实施的有关法律规定职务或职位的任命行为，该职务或职位不属于澳大利亚公共服务或法定机构的职务或职位。

（3）第 2 款第 a 项所称内阁部长所实施行为不包括部长对部长的代表所实施的行为，以及为本款之目的，应当视为该代表所实施行为，即使该行为所涉相关法律规定的权力在代表行使时已由部长行使。

（3A）为本法适用于申诉专员或与申诉专员相关之目的，政府部门或法定机构所实施的行为不应仅因为该行为与内阁部长个人所实施或者拟议所实施行为相关，就视为部长所实施行为。

（3B）第 2 款第 b 项不阻止申诉专员调查由同时担任议会产生的法院法官的廉政专员或助理廉政专员所实施行为。

（4）第 2 款第 d 项不阻止申诉专员调查澳大利亚联邦警察局指定人员所实施的行为，或者与下列事项相关的其他人所实施的行为：

（a）向澳大利亚联邦警察局指定人员提供信息；

（b）提出澳大利亚联邦警察局的行为问题或者实践问题；

（c）与其他澳大利亚联邦警察局指定人员实施行为有关的事项。

（5）申诉专员未被授权对西澳大利亚雇员实施的下列行为实施调查：

（a）依《1958 年圣诞岛法》规定在圣诞岛领地适用西澳大利亚法律所实施行为；

（b）依《1955 年科科斯（基林）群岛法》规定在科科斯（基林）群岛领地适用西澳大利亚法律所实施行为。

（6）第 5 款所称西澳大利亚的雇员包括：

（a）依据西澳大利亚法律担任职务或者职位，或者以该职务或者职位行事的人员；

（b）依据西澳大利亚法律设立的机构雇佣的人员。

（7）第 1 款第 c 项所称协议可以包括因申诉专员根据协议履行职能而由协议另一方支付的条款。

第 5A 条　申诉专员的公共利益披露职能

（1）为本法之目的，在行为相关的限度内，具有下列情形的行为视为与行政管理事项相关的行为：

（a）依照《2013 年公共利益披露法》第 43 条规定，信息已经披露，或者被要求披露；

（b）涉及信息的部分或者全部应当披露的行为与该法规定的机构相关；

（c）该机构不属于该法规定的情报机构，也不是情报和安全监察总长。

（2）为本法适用于该行为之目的：

（a）该机构视为法定机构；

（b）该行为视为法定机构所实施行为；

（c）依《2013 年公共利益披露法》规定属于该机构的公共官员，视为法定机构的官员；

（d）对申诉专员作出这种披露的，披露信息的人员视为就有关行为向申诉专员提出了申诉。

（3）可披露行为发生在本条施行以前或者以后均不受影响。

第 6 条 对某些申诉不实施调查的自由裁量权

（1）对政府部门、法定机构所实施行为提出的申诉提交至申诉专员时，具有下列情形之一的，申诉专员可以依其自由裁量权决定是否对该行为实施调查，如果调查已经开始，可以决定是否继续实施调查：

（a）申诉专员确定，申诉所称行为发生的时间在申诉提出时已超过 12 个月；

（b）申诉专员认为：

（ⅰ）申诉属于琐屑无聊、无理取闹或者违反诚信；

（ⅱ）申诉人对申诉标的事项没有足够利益；

（ⅲ）考虑到所有情形，实施调查或者继续调查得不到保证。

（1A）如果申诉人未事先向采取措施的有关部门申诉，而直接向申诉专员申诉，则申诉专员可以自行决定在申诉人向该部门申诉后才开展调查。

（1B）对政府部门、法定机构所实施行为向申诉专员提出申诉的人员就这些行为向政府部门、法定机构提出了投诉，申诉专员可以依其自由裁量权决定不实施调查，申诉人通知申诉专员其没有获得救济，或者已获得救济，但其认为该救济不充分的除外。

（1C）同时具有下列情形的，申诉专员可以依照本条实施调查。

（a）对政府部门、法定机构所实施行为向申诉专员提出申诉的人员就这些行为向政府部门、法定机构提出了投诉，申诉人依照第1B款规定通知申诉专员其没有获得救济，或者已经获得救济，但其认为该救济不充分；

（b）申诉专员认为：

（ⅰ）没有给予救济的，申诉人向政府部门、法定机构投诉以后，给予救济的合理期间已经过；

（ⅱ）已经给予救济的，救济不够充分、合理。

（2）因申诉人行使相应权利，所申诉的行为由依法成立的法院、法庭审查的，申诉专员不应实施调查或者继续调查，其认为有特殊理由表明应当实施调查或者继续调查的除外。

（3）申诉专员认为申诉人有权请求依法成立的法院、法庭审查所申诉的行为，且认为在任何情形下申诉人行使该权利，或者已经行使该权利均合理，但是申诉人没有行使该权利的，申诉专员可以不对该行为实施调查或者继续调查。

（4）对所申诉的行为启动调查以前或者以后，申诉专员认为有关审查此类政府部门、法定机构所实施行为的行政实践有足够的规定，可以根据实际情况决定不对具有下列情形的行为实施调查或者继续调查：

（a）该行为依申诉人请求已经、正在或者即将根据这种实践进行审查的；

（b）申诉专员认为申诉人有权根据这种实践将该行为提交审查，且申诉人将该行为提交审查是合理的。

（4D）对所申诉的政府部门、法定机构的行为启动调查以前或者以后，申诉专员认为同时具有下列情形的，可以根据实际情况不对该行为实施调查或者继续调查：

（a）对该行为的申诉已经或者能够依照《1997 年通讯法》第 26 编向澳大利亚通讯媒体管理局提出；

（b）该行为由澳大利亚通讯媒体管理局处理将更加方便、有效；

一旦作出决定，申诉专员应当：

（c）将申诉移交给澳大利亚通讯媒体管理局；

（d）立即书面通知申诉人，告知其申诉已经移交至澳大利亚通讯媒体管理局；

（e）将其占有、控制的与申诉有关的所有信息、文件交给澳大利亚通讯媒体管理局。

（4E）依照第 4D 款移交给澳大利亚通讯媒体管理局的申诉应当视为依照《1997 年通讯法》第 26 编提出的申诉。

（5）申诉人根据其他个人、个人团体的请求将申诉提交给申诉专员的，适用本条时，请求提出申诉的个人、个人团体视为申诉人。

（6）申诉专员认为同时具有下列情形的，可以根据实际情况决定不对该行为实施调查或者继续调查，并将申诉移交给澳大利亚通讯媒体管理局：

（a）所申诉的行为是法定机构依据《1992 年广播服务法》提供全国广播服务的行为；

（b）该申诉能够提交给依照《1992 年广播服务法》第 11 编规定设立的澳大利亚通讯媒体管理局处理，且由该管理局处理更加方便、有效。

（7）一旦依照第 6 款规定作出决定，申诉专员必须：

（a）在合理可行的期限内尽快将申诉移交给该管理局；

（b）将其占有、控制的与申诉有关的所有信息、文件交给该管理局；

（c）在合理可行的期限内尽快书面通知申诉人，告知其申诉已经移交给该管理局。

（8）依照第 7 款移交的申诉视为依照《1992 年广播服务法》第 11 编

提出的申诉。

（9）申诉专员认为同时具有下列情形的，可以根据实际情况决定不对该行为实施调查或者继续调查，并将申诉移交给澳大利亚公共服务专员：

（a）该申诉能够依据《1999年公共服务法》的规定提出；

（b）该申诉由澳大利亚公共服务专员处理更加方便、有效。

（10）一旦依照第9款规定作出决定，申诉专员必须：

（a）在合理可行的期限内尽快将申诉移交给澳大利亚公共服务专员；

（b）将其占有、控制的与申诉有关的所有信息、文件交给澳大利亚公共服务专员；

（c）在合理可行的期限内尽快书面通知申诉人，告知其申诉已经移交给澳大利亚公共服务专员。

（11）在考虑是否对有关不当行为（包括机构负责人的不当行为）提出的申诉依照第9款作出决定时，申诉专员必须与澳大利亚公共服务专员协商。

（11A）申诉专员认为同时具有下列情形的，可以根据实际情况决定不对该行为实施调查或者继续调查，并将申诉移交给议会服务专员：

（a）该申诉能够依照《1999年议会服务法》的规定提出；

（b）该申诉由议会服务专员处理更加方便、有效。

（11B）一旦依照第11A款规定作出决定，申诉专员必须：

（a）在合理可行的期限内尽快将申诉移交给议会服务专员；

（b）将其占有、控制的与申诉有关的所有信息、文件交给议会服务专员；

（c）在合理可行的期限内尽快书面通知申诉人，告知其申诉已经移交给议会服务专员。

（11C）在考虑是否对有关不当行为（包括议会部门政务次长的不当行为）提出的申诉依照第11款作出决定时，申诉专员必须与议会服务专员协商。

（12）申诉专员认为所申诉的行为与政府部门、法定机构的商业活动相关的，可以根据实际情况不实施调查或者停止调查。

（13）申诉专员认为同时具有下列情形的，可以根据实际情况决定不对该行为实施调查或者继续调查，并将申诉移交给产业专员：

（a）申诉与政府部门、法定机构所实施行为有关；

（b）该申诉由具体产业的产业专员处理更加方便、有效。

（14）一旦依照第13款规定作出决定，申诉专员必须：

（a）在合理可行的期限内尽快将申诉移交给产业专员；

（b）将其占有、控制的，认为对产业专员有效处理申诉具有合理必要性的，与申诉有关的信息、文件交给产业专员；

（c）在合理可行的期限内尽快书面通知申诉人，告知其申诉已经移交给产业专员。

（15）为第13款之目的，各不同产业的产业专员是指担任经有关规章规定为产业专员职务或者任命的人员，或者代理其行事的人员。

（16）申诉专员认为同时具有下列情形的，可以根据实际情况决定不对该行为实施调查或者继续调查，并将申诉移交给廉政专员：

（a）申诉与涉及一般腐败问题（但是非重要腐败问题）的指控、信息有关；

（b）该指控、信息能够提交给依照《2006年廉政执法专员法》第4编规定设立的廉政专员，且由廉政专员处理更加方便、有效。

（17）申诉专员认为同时具有下列情形的，不得对该申诉实施调查或者继续调查，必须将有关指控、信息提交给廉政专员：

（a）申诉与涉及重要腐败问题的指控、信息有关；

（b）该指控、信息能够提交给依照《2006年廉政执法专员法》第4编设立的廉政专员，且由廉政专员处理更加方便、有效。

（18）一旦实施下列行为：

（a）依照第16款规定作出决定；

（b）适用第17款规定；

申诉专员必须：

（c）在合理可行的期限内尽快将提出一般腐败问题、重要腐败问题的指控、信息提交给廉政专员；

（d）将其占有、控制的与申诉有关的信息、文件提交给廉政专员。

（e）在合理可行的期限内尽快书面通知申诉人，告知其申诉已经移交给廉政专员。

（19）第16款至第18款所称有关术语含义如下：

一般腐败问题，同《2006年廉政执法专员法》的规定。

廉政专员，同《2006年廉政执法专员法》的规定。

重要腐败问题，同《2006年廉政执法专员法》的规定。

（20）申诉专员认为同时具有下列情形的，可以根据实际情况决定不对该申诉实施调查或者继续调查，并将有关信息提交给依照《1979年澳大利亚联邦警察法》第40SA条规定设立的澳大利亚联邦警察专员：

（a）申诉包括澳大利亚联邦警察行为问题、澳大利亚联邦警察实践问题的信息；

（b）该信息能够依照《1979年澳大利亚联邦警察法》第40SA条提交，且依照该法第五编来处理该问题更加方便、有效。

（21）一旦依照第20款规定作出决定，申诉专员必须：

（a）在合理可行的期限内尽快将信息提交给依照《1979年澳大利亚联邦警察法》第40SA条规定设立的澳大利亚联邦警察专员；

（b）将其占有、控制的与申诉有关的信息、文件提交给澳大利亚联邦警察专员。

（c）在合理可行的期限内尽快书面通知申诉人，告知其申诉已经移交给澳大利亚联邦警察专员依照该法处理。

第 6A 条 有关澳大利亚犯罪委员会之申诉的移交

（1）同时具有下列情形的，申诉专员可以根据实际情况决定不对申诉实施调查或者继续调查，并将申诉移交给其他部门：

（a）申诉专员认为：

（ⅰ）对澳大利亚犯罪委员会所实施行为提出的申诉能够提交给由联邦法、州法或者领地法设立的其他部门；

（ⅱ）申诉由该部门处理更加方便、有效；

（b）申诉专员将申诉移交给该部门的，该部门能够处理该申诉。

（2）一旦决定移交申诉，申诉专员必须

（a）在合理可行的期限内尽快移交

（b）在遵守第 35B 条规定情形下，将其占有、控制的与申诉有关的信息、文件交给其他部门；

（c）在合理可行的期限内尽快书面通知申诉人，告知其申诉已经移交其他部门。

第 6B 条 有关廉政专员之申诉的移交

（1）同时具有下列情形的，申诉专员可以根据实际情况决定不对该申诉实施调查或者继续调查，并将申诉移交给其他机构：

（a）申诉专员认为：

（ⅰ）对廉政专员所实施行为提出的申诉能够提交给依联邦法、州法或者领地法设立的其他机构；

（ⅱ）申诉由其他机构处理更加方便、有效；

（b）申诉专员将申诉移交给其他机构的，该机构能够处理该申诉。

（2）一旦决定移交申诉，申诉专员必须

（a）在合理可行的期限内尽快移交；

（b）在遵守第 35C 条规定情形下，将其占有、控制的与申诉有关的信息、文件提交给其他机构。

（c）在合理可行的期限内尽快书面通知申诉人，告知其申诉已经移交给其他机构。

第6C条　向信息专员移交申诉

范围

（1）申诉专员确定具有下列情形之一的，适用本条：

（a）同时具备下列两个条件：

（ⅰ）申诉人就政府部门、法定机构依照1988年《隐私法》第V编、1982年《信息自由法》第VIIB编所实施行为向信息专员提出了申诉或者能够提出申诉；且

（ⅱ）该行为由信息专员处理更加方便、有效；

（b）政府部门、法定机构所实施行为已经由《1988年隐私法》第V编、《1982年信息自由法》第VIIB编规定的信息专员实施全面调查。

与信息专员协商的要求

（2）对申诉专员提出下列要求：

（a）必须与信息专员就申诉进行协商，以避免有关事项受到信息专员和申诉专员的双重调查；

（b）可以决定不对该行为实施调查或者继续调查。

申诉移交给信息专员

（3）一旦依照第2款第b项决定不实施调查或者继续调查，申诉专员必须：

（a）将申诉移交给信息专员；

（b）书面通知申诉人申诉已经移交；

（c）将其占有、控制的与申诉有关的信息、文件交给信息专员。

（4）视实际情况需要，依照第3款移交的申诉视为依照1988年《隐私法》第V编、1982年《信息自由法》第VIIB编向信息专员提出的申诉。

第 6D 条 税务管理事项和将申诉移交给税务监察总长。

申诉专员不调查与税务管理有关的行为

（1）申诉专员不得调查税务监察总长依照 2003 年《税务监察总长（税务管理行为）法》第 7 条第 1 款第 a 项、第 b 项规定能够实施的调查。

例外——移交的申诉

（2）具有下列情形的，申诉专员可以调查税务管理行为：

（a）该行为是依照 2003 年《税务监察总长（税务管理行为）法》第 10 条第 2 款第 b 项规定移交给申诉专员的申诉的一部分；

（b）该行为是税务监察总长依照本条第 3 款第 b 项建议不必依照第 3 款移交的申诉的一部分；

（c）该行为与下列法律规定的行政管理事项有关：

（ⅰ）2013 年《公共利益披露法》；

（ⅱ）1982 年《信息自由法》；

（ⅲ）为本项之目的，有关规章规定的其他法律（税法除外）。

注：第 1 款不适用于申诉中与税务管理行为无关的部分。

将申诉移交给税务监察总长

（3）申诉专员必须将下列申诉移交给税务监察总长：

（a）向其提出的全部与税务管理行为有关的申诉；

（b）向其提出的与税务管理行为有关的部分申诉，税务监察总长另有建议除外。

（4）向申诉专员提出的申诉只是部分与税务管理行为有关时：

（a）申诉专员必须就该申诉或者此类申诉与税务监察总长进行协商；

（b）申诉专员认为由税务监察总长处理整个申诉更加合适、有效的，可以将与税务管理行为无关的部分申诉移交给税务监察总长。

（5）一旦将申诉或者部分申诉移交给税务监察总长，申诉专员必须

（a）书面通知申诉人其申诉已经移交；

（b）将其（i）占有；（ii）控制的相关信息、文件交给税务监察总长。

（6）为2003年《税务监察总长法》之目的（第10条第1款和第2款除外），依照本条移交的申诉或者部分申诉视为依据该法向税务监察总长提出的申诉。

注：2003年《税务监察总长法》第10条包含税务监察总长将申诉移交给申诉专员的类似条款。该法第10条第4款规定视被移交的申诉为依据本法向申诉专员提出的申诉。

第7条 申诉

（1）在遵守第2款规定情形下，本法规定的申诉可向申诉专员口头或者书面提出。

（2）口头提出申诉的，申诉专员可以将申诉转为书面形式，或者随时要求申诉人提交书面申诉；申诉专员提出这种要求的，在申诉人提出书面申诉以前，其可以拒绝调查或者继续调查申诉。

（3）受羁押的人员具有下列权利：

（a）向羁押执行人员或者履行相关羁押职责的其他人员提出如下请求：

（ⅰ）要求提供相应条件，以准备向申诉专员书面提出本法规定的申诉、书面提出申诉、在申诉以后提供相关信息、密封申诉或者密封信息；

（ⅱ）要求将其写给申诉专员的密封信件毫不迟延地发往并送达申诉专员；

（b）将申诉专员写给本人，由羁押执行人员或者履行相关羁押职责的其他人员占有、控制的密封信件毫不迟延地发往并送达本人。

（4）写给申诉专员的密封信件由受羁押的人员为发送给申诉专员之目的交给第3款所称人员，或者由申诉专员写给受羁押人员的密封信件交由第3款所称人员占有、控制的，羁押执行人员或者履行相关羁押职责的其他人员均无权拆开信封或者检查密封信件中的文件。

（5）为第3款和第4款之目的，申诉专员可以与有关州机构或者领地机构，就申诉专员写给羁押在该州或者领地的人员的密封信件的识别和投递事宜作出安排。

第 7A 条　初步事实调查

申诉专员可以进行初步事实调查

（1）对政府部门、法定机构所实施行为提出的申诉已经提交至申诉专员，或者依照第 5 条第 1 款第 b 项规定申诉专员可能对该行为实施调查，为决定下列事项，申诉专员可以询问政府部门、法定机构的主管官员；依照第 2 款与政府部门、法定机构主管官员签署的协议生效的，询问协议所称官员：

（a）申诉专员是否受权对该行为实施调查；

（b）申诉专员受权对该行为实施调查的，其是否可以依其自由裁量权决定不对该行为实施调查。

信息披露

（1A）具有下列情形之一的，适用第 1B 款、第 1C 款、第 1D 款和第 1E 款规定：

（a）申诉专员要求主管官员、协议所称官员向其提供信息，包括回答问题、出示文件或者其他记录。

（b）主管官员、协议所称官员有合理理由相信所需信息、出示文件或者其他记录有助于申诉专员依照第 1 款作出决定。

（1B）同时具有下列情形，在有关程序中提供的信息、出示文件或者记录对官员不利的，不能作为证据采纳，因违反与本法有关的刑法典第 137 条第 1 款、第 137 条第 2 款或者第 149 条第 1 款规定而启动的程序除外：

（a）该官员向申诉专员提供信息、出示文件或者其他记录；

（b）该行为具有如下情形之一：

（ⅰ）违反其他法令；

（ⅱ）可能使该官员入罪或者受处罚；

（iii）披露提供给内阁部长、政府部门或者法定机构的法律建议；

（iv）披露政府部门、法定机构的官员和其他人员或者机构之间的通讯，该通讯享有免受披露的法律特权；

（v）其他违反公共利益的行为。

（1C）官员不因向申诉专员提供信息、出示文件或者记录，而受到其他法令规定的处罚。

（1D）为 1988 年《隐私法》之目的，向申诉专员提供信息、出示文件或者记录视为本法授权的行为。

（1E）第 1B 款不影响任何人可以就与信息、文件或者记录相关的事宜提出其他法律特权的请求。

与政府部门、法定机构签署的协议

（2）申诉专员可以随时与政府部门、法定机构的主管官员签署协议，对申诉专员依照第 1 款规定对政府部门、法定机构所实施行为进行事实调查（包括在协议中指明的系列事实调查）作出规定。

第 8 条　调查

申诉专员必须对调查发出通知

（1）对政府部门、法定机构所实施行为启动本法规定的调查以前，申诉专员应当通知接受调查的政府部门、法定机构的主管官员。

（1A）就拟对政府部门、法定机构所实施行为（包括在协议中指明的系列行为）实施调查向主管官员发出通知的方式和时限，申诉专员可以随时与政府部门、法定机构的主管官员商定。

调查以非公开方式进行

（2）本法规定的调查应当以申诉专员依据本法规定认为适当的方式非公开进行。

信息披露

（2A）同时具有下列情形的，适用第 2B 款、第 2C 款、第 2D 款和第

2E 款规定：

（a）情形之一：

（ⅰ）为实施本法规定的调查（无论该调查是否结束）之目的，申诉专员要求有关人员向其提供信息（包括回答问题）、出示文件或者其他记录；

（ⅱ）有关人员有合理理由相信要求提供的信息、文件或者其他记录与本法规定的调查（无论该调查是否结束）相关；

（b）情形之一：

（ⅰ）以政府部门、法定机构的主管官员身份在履行职责时获得信息、文件或者记录的人员，且该人员仍然担任政府部门、法定机构的主管官员；

（ⅱ）以政府部门、法定机构的主管官员身份在履行职责时获得信息、文件或者记录的人员，但是该人员不再担任政府部门、法定机构的主管官员，且政府部门、法定机构的主管官员授权该人员向申诉专员提供信息、出示文件或者其他记录；

（ⅲ）以政府部门、法定机构的官员（非主管官员）身份在履行职责时获得信息、文件或者记录的人员，且政府部门、法定机构的主管官员授权该人员向申诉专员提供信息、出示文件或者其他记录；

（ⅳ）以政府部门、法定机构的官员（包括主管官员）身份在非履行职责时合法获得信息、文件或者记录的人员。

（2B）同时具有下列情形，在有关程序中提供的信息、出示的文件或者记录对官员不利的，不能作为证据采纳，因违反与本法有关的刑法典第 137 条第 1 款、第 137 条第 2 款或者第 149 条第 1 款规定而启动的程序除外：

（a）该官员向申诉专员提供信息、出示文件或者其他记录；

（b）该行为具有如下情形之一：

（ⅰ）违反其他法令；

（ⅱ）可能使该官员入罪或者受处罚；

（ⅲ）披露提供给内阁部长、政府部门或者法定机构的法律建议；

（ⅳ）披露政府部门、法定机构的官员和其他人员或者机构之间的通讯，该通讯享有免受披露的法律特权；

（ⅴ）其他违反公共利益的行为。

（2C）有关人员不因向申诉专员提供信息、出示文件或者记录，而受到其他法令规定的处罚。

（2D）为 1988 年《隐私法》之目的，向申诉专员提供信息、出示文件或者记录，视为本法授权的行为。

（2E）第 2B 款不影响任何人可以就与信息、文件或者记录相关的事宜提出其他法律特权的请求。

申诉专员可以获取信息

（3）在遵守本法规定情形下，为本法之目的，申诉专员认为适当的，可以从有关人员处获取信息，对其进行询问。

出席权

（4）在遵守第 5 款规定情形下，就申诉专员依照本法实施的调查，没有必要向申诉人或者其他人提供其来到申诉专员或者其他人面前的机会。

（5）依据本法实施的调查结束以前，申诉专员不得出具报告发表明示或者默示批评政府部门、法定机构的意见，下列情形除外：

（a）批评意见涉及有关政府部门、法定机构，且申诉专员认为适当的，向有关政府部门、法定机构的主管官员或者受调查行为所涉主要官员，提供其来到申诉专员或者受权人员面前的机会，就调查涉及的有关行为进行口头陈述或者书面呈述。

（b）批评意见涉及有关人员，且申诉专员认为适当的，向该人员提供其来到申诉专员或者受权人员面前的机会，就调查涉及的有关行为进行口头陈述或者书面呈述。

（6）一旦申诉专员依照第5款规定给予政府部门、法定机构的主管官员来到其或者受权人员面前的机会，该主管官员或者其授权的人员可以来到申诉专员或者受权人员面前依主管官员之利益行事。

（7）一旦申诉专员依照第5款规定给予其他人员（非政府部门、法定机构的主管官员）来到其或者受权人员面前的机会，根据实际情况，经申诉专员或者受权人员同意，该人员可由其他人代表出席。

（7A）就有关本法规定的调查，一旦申诉专员计划向有关人员给予来到其或者受权人员面前的机会，以依照第5款的规定进行陈述或者提交呈述，或者拟对第9条规定的人员提出要求：

（a）有关申诉系口头提出，且没有转为书面申诉的，应当相应转为书面申诉；

（b）实施调查事宜此前通知主管部长的，应当相应发出通知。

申诉专员可以与各部长讨论调查

（8）本法规定的调查结束以前或者以后，申诉专员可以与下列部长讨论与调查相关的任何事项：

（a）主管部长；

（b）所涉其他部长。

（9）经主管部长请求，就第15条第1款和第2款所称与所调查行为有关的事项形成最后意见以前，申诉专员应当与部长协商。

违反职责等事项

（10）本法规定的调查结束以前或者以后，一旦申诉专员形成意见，认为有证据证明政府部门、法定机构的官员有失职或者不当行为，且在任何情形下该证据能足够表明申诉专员有如此行为的合法理由，应当将有关证据载入下列通知：

（a）有关人员是政府部门常务副部长的，发给主管部长的通知；

（b）有关人员是政府部门官员（但不是常务副部长）的，发给该常务副部长的通知；

（ba）有关人员是议会部门政务次长的，发给议会部门主管官员（主管官员含义由 1999 年《议会服务法》规定）的通知；

（bb）有关人员是议会部门官员（但不是政务次长）的，发给该政务次长的通知；

（c）有关人员是法定机构（非议会部门）主管官员的，发给与所调查行为有关的主管部长的通知；

（d）有关人员是法定机构（非议会部门）官员（但不是主管官员）的，发给该机构主管官员的通知。

（10A）在第 10 款规定无限制情形下，本法规定的调查结束以前或者以后，一旦申诉专员形成意见，认为有证据表明机构负责人可能违反了 APS 行为守则，必须：

（a）在发给澳大利亚公共服务专员的通知中提供该证据，该机构负责人是澳大利亚公共服务专员的除外；

（b）该机构负责人是澳大利亚公共服务专员的，在发给功勋保护专员的通知中提供该证据。

（10B）在第 10 款规定无限制情形下，本法规定的调查结束以前或者以后，一旦申诉专员形成意见，认为有证据表明议会部门政务次长可能违反了 1999 年《议会服务法》规定的行为守则，申诉专员必须在给议会服务专员的通知中提供该证据。

（10C）在第 10 款规定无限制情形下，本法规定的调查结束以前或者以后，一旦申诉专员形成意见，认为有证据表明议会服务专员可能违反了 1999 年《议会服务法》规定的行为守则，申诉专员必须在给议会功勋保护专员的通知中提供该证据。

（11）同时具有下列情形的，申诉专员应当在给政府部门、法定机构主管官员的通知中提供该证据。

（a）有关人员依合同成为政府部门、法定机构的联邦服务提供商或者其雇员；

（b）申诉专员认为有证据表明该人员介入如下行为之一：

（ⅰ）该人员是政府部门、法定机构负责人的，将导致失职或者不当的行为；

（ⅱ）应引起政府部门、法定机构主管官员注意的行为；

（c）申诉专员认为在任何情形下，该证据足够表明其有如此行事的合法理由。

警官协助申诉专员实施调查的协议

（12）申诉专员有必要或者希望在调查有关澳大利亚联邦警察行为问题或者实践问题时使用受过警察训练的人员的，申诉专员可以使用下列人员，但是必须限制在实际需要的范围内：

（a）澳大利亚联邦警察专员为调查之目的任命的相关人员；

（b）为调查之目的，根据澳大利亚联邦警察专员的安排，州警察部队同意供申诉专员使用的州警察部队警员。

第 8A 条 联邦申诉专员和州申诉专员实施的调查

（1）与行政管理事项相关的行为属于下列情形之一的，联邦申诉专员可以在认为适当时，与一州或者多州的申诉专员协议，由他们中的一位或者多位对有关行为实施调查：

（a）政府部门、法定机构所实施行为和州政府部门、州机构所实施行为；

（b）联邦与一个或者多个州共同设立或者共同管理的机构或者其他机构所实施行为；

（c）第 b 款所称机构或者其他机构所实施行为以及（i）政府部门、法定机构，或者（ii）州政府部门、州机构所实施行为。

（1A）联邦申诉专员可以在认为适当时，与一州或者多州的申诉专员协议，由他们中的一位或者多位，对适用第 1B 款、第 1C 款或者第 1D 款的有关行为实施调查。

（1B）本款适用于下列行为：

（a）导致出现澳大利亚联邦警察行为问题或者实践问题的行为，且

（b）该行为涉及如下行为之一：

（ⅰ）与州警察部队警员有关的澳大利亚联邦警察行为问题；

（ⅱ）州警察部队所实施行为；

（ⅲ）州政府部门、州机构所实施行为。

（1C）本款适用于同时满足下列条件的机构所实施行为：

（a）由联邦与一个或者多个州共同设立或者共同管理；

（b）至少包括一名澳大利亚联邦警察指定人员和一个或者多个州警察部队的一名或者多名警员。

（1D）本款适用于第 1C 款所称机构与下列人员、机构之一共同所实施行为：

（a）澳大利亚联邦警察指定人员或者澳大利亚联邦警察；

（b）州警察部队的警员；

（c）州警察部队；

（d）州政府部门、州机构。

（2）第 1 款、第 1B 款所称政府部门、法定机构、其他部门或者机构所实施行为，包括该政府部门、法定机构、其他部门或者机构代表其他政府部门、法定机构、其他部门或者机构所实施行为。

（3）依照第 1 款、第 1A 款实施的安排可以与具体的行为、系列行为或者包含在一类或者多类行为中的行为有关。

（4）联邦申诉专员可以与其他申诉专员商议，修改或者撤销他们之间符合本条规定的生效协议。

（5）依照本条签署协议，或者对该协议的修改或者撤销，均应为书面

形式。

（6）有关规章可以对申诉专员根据符合本条规定的协议参与实施调查作出规定。

（7）本条规定不影响申诉专员依照本法其他条款享有的权力和承担的职责。

（8）第1款、第1A款不应视为授权申诉专员从事下列行为：

（a）行使州申诉专员的权力，依照第34条第7款行使的除外；

（b）为申诉专员行使州申诉专员的权力作出安排，依照第34条第1款所称授权文件行使的除外。

第8B条　其他机构对澳大利亚犯罪委员会行为的调查

（1）依照联邦法、州法或者领地法设立的机构有权调查澳大利亚犯罪委员会或者其工作人员所实施行为的，申诉专员可以与该机构为此调查签署协议。

（2）一旦申诉专员与依照州法或者领地法设立的机构签署这种协议，该机构可以在州法或者领地法授予的权力范围内实施调查。

（3）申诉专员可以与该机构商议修改或者撤销该协议。

（4）协议可以与具体行为、系列行为或者包含在一类行为中的行为有关。

（5）签署协议、修改或者撤销该协议必须以书面形式进行。

（6）有关规章可以对申诉专员根据符合本条规定的协议参与实施调查作出规定。

（7）本条规定不影响申诉专员依照本法其他条款享有的权力和承担的职责。

（8）本条所称澳大利亚犯罪委员会的工作人员，同2002年《澳大利亚犯罪委员会法》的规定。

第8C条　其他机构对澳大利亚廉政执法委员会行为的调查

（1）依照联邦法、州法或者领地法设立的机构有权调查廉政专员或者其工作人员所实施行为的，申诉专员可以与该机构的负责人为调查该行为签署协议。

（2）一旦申诉专员签署这种协议，该机构可以在联邦法、州法或者领地法授予的权力范围内实施调查。

（3）廉政专员可以与该机构负责人商议修改或者撤销该协议。

（4）签署协议、修改或者撤销该协议必须以书面形式进行。

（5）有关规章可以对申诉专员根据符合本条规定的协议参与实施调查作出规定。

（6）本条规定不影响申诉专员依照本法其他条款享有的权力和承担的职责。

（7）本条所称廉政专员，同2006年《廉政执法专员法》的规定。

所称

澳大利亚廉政执法委员会工作人员，同2006年《廉政执法专员法》的规定。

第8D条 申诉专员和澳大利亚联邦警察实施的调查

（1）申诉专员可以在认为适当时，与澳大利亚联邦警察专员就其和澳大利亚联邦警察共同处理下列事项签署协议：

（a）类别3的行为问题；

（b）澳大利亚联邦警察实践问题。

（2）该协议可以处理下列事项：

（a）具体的类别3行为问题；

（b）与类别3行为问题相关的系列问题；

（c）具体的澳大利亚联邦警察实践问题；

（d）与澳大利亚联邦警察实践问题相关的系列问题。

（3）申诉专员可以与澳大利亚联邦警察专员商议修改或者撤销该协议。

（4）签署协议、修改或者撤销该协议必须以书面形式进行。

（5）本条规定不影响申诉专员依照本法其他条款享有的权力和承担的职责。

（6）本条所称类别 3 行为问题，同 1979 年《澳大利亚联邦警察法》的规定。

第 9 条 获取信息和文件的权力

（1）申诉专员有理由相信有关人员能够提供与本法规定调查相关的信息、出示相关文件或者其他记录的，可以向该人员发出书面通知，要求其在通知规定的地点、期限或者日期、时间内：

（a）书面签名向申诉专员提供需要的信息，涉及法人时，由该法人的官员签名；

（b）向申诉专员出示通知要求的文件或者其他记录。

（1AA）申诉专员有理由相信下列人员能够提供与本法规定调查相关的信息、出示相关文件或者其他记录的：

（aa）政府部门、法定机构的官员；

（ab）依合同成为政府部门、法定机构的联邦服务提供商；

（ac）依合同成为政府部门、法定机构联邦服务提供商的雇员；

但是申诉专员不知道有关人员的具体身份，可以向相关政府部门、法定机构的主管官员发送书面通知，要求该主管官员或者其指定的人员在通知规定的地点、期限或者日期、时间：

（a）来到通知规定的人员面前回答与调查相关的问题；

（b）出示通知要求的文件或者其他记录。

（1A）一旦文件或者其他记录依照第 1 款、第 1AA 款要求或者第 11A 条第 2 款规定的指令进行了出示，申诉专员：

（a）可以要求持有、复制、摘抄该文件或者其他记录；

（b）为实施与文件或者其他记录相关的调查之目的，在必要的期限内持续持有该文件或者其他记录；

（c）在此期间，申诉专员不持有这些文件或者其他记录的，应当允许有权检查部分或者所有文件或者其他记录的人员，在合理的时间内对这些文件或者其他记录进行检查，视同该人员有权进行检查。

（2）申诉专员有理由相信有关人员能够提供与本法规定调查相关的信息的，申诉专员可以向该人员发出书面通知，要求其在通知规定的地点、期限或者日期、时间内，来到通知规定的人员面前回答与调查有关的问题。

（3）总检察长向申诉专员提供证明书，证明向申诉专员披露与特定事项有关的信息，包括通过回答问题的方式提供信息，或者披露任何文件、记录的内容将因下列原因违反公共利益的，申诉专员无权要求有关人员向其提供相关事项的信息、回答与相关事项有关的问题，或者出示有关文件或者记录：

（a）损害联邦的安全、国防或者国际关系；

（b）涉及披露内阁部长与州部长之间的通讯，该披露损害联邦政府与州政府之间的关系；

（c）涉及披露内阁或者内阁委员会的审议、决定；

（d）涉及披露执行理事会的审议、建议；

（e）信息、文件或者记录由澳大利亚犯罪委员会或者其行政协调委员会持有、控制的：

（ⅰ）危及有关人员的生命；

（ⅱ）带来可导致有关人员严重损害的风险；

（f）信息、文件或者记录由廉政专员（同 2006 年《廉政执法专员法》的规定）持有、控制的：

（ⅰ）危及有关人员的生命；

（ⅱ）带来可导致有关人员严重损害的风险。

（4）尽管有法令规定，有关人员依本法规定应要求提供信息、出示文件或者记录、回答问题不会因下列事项受到指控：

（a）违反其他法令规定，无论该法是在1991年《总理和内阁立法修正案法》施行以前或者以后制定；

（aa）可能使该人员入罪或者受处罚；

（ab）将披露如下信息：

（ⅰ）提供给内阁部长、政府部门或者法定机构的法律建议；

（ⅱ）政府部门、法定机构的官员与其他人员、机构之间的通讯，该通讯受法律保护免受披露；

（b）违反其他公共利益；

对该人员不利的有关信息、文件或者记录的出示、回答的问题，在有关程序中不能作为证据被采纳，下列情形除外：

（c）依照第11A条第2款规定适用的；

（d）因违反本法第36条规定，或者违反与本法有关的刑法典第137条第1款、第137条第2款或者第149条第1款规定启动的程序。

（5）有关人员不因依照本法应要求提供信息、出示文件或者其他记录，而依据其他法令规定遭受处罚。

（5A）有关人员依照第4款规定不因提供信息、出示文件或者其他记录、回答问题而受到指控的事实，不影响任何人依法提出与信息、文件或者其他记录、回答有关的请求。

（6）第1款所称官员，涉及非法定机构的法人时，法人的官员包括法人的董事、秘书、执行官员或者雇员。

（7）本条所称州，包括澳大利亚首都领地和北领地。

第10条 行使权力的不合理迟延

（1）同时具有下列情形的：

（a）依照法令规定，有关人员有权行使自由裁量权，或者以其他方式从事有关行为或者事情；

（b）法令没有规定有关人员从事或者拒绝从事该行为或者事情的期限；

（c）法令规定，可以申请法定法庭审议行使该权力而作出的决定；

（d）就行使该权力而未能从事该行为或者事情，已经向申诉专员提出申诉；

申诉专员在调查申诉以后，认为在决定是否从事行为或者事情时存在不合理的迟延情形，可以向申诉人出具证明书，以证明其认为在决定是否从事该行为或者事情时存在不合理的迟延情形；一旦申诉专员如此行事，为依照第c项所称法令之规定向法定法庭提出申请之目的，被要求或者许可行使权力的人员应当视为在证明书出具之日，决定行使权力时不从事该行为或者事情。

（1A）同时具有下列情形的：

（a）依照法令规定，有关人员有权行使自由裁量权，或者以其他方式从事有关行为或者事情；

（b）法令没有规定有关人员从事或者拒绝从事该行为或者事情的期限；

（c）法令规定，可以向法定法庭之外的有关人员申请对行使有关权力作出的上述决定进行审查；且规定，一旦依照本款提出申请，可以申请法定法庭对最后实施的决定进行审查；

（d）就行使该权力而未能从事该行为或者事情，已经向申诉专员提出申诉；

申诉专员在调查申诉以后，认为在决定是否从事行为或者事情时存在不合理的迟延情形，可以向申诉人出具证明书，以证明其认为在决定是否从事该行为或者事情时存在不合理的迟延情形；一旦申诉专员如此行事，为依照第c项第一次所称法令之规定，向法定法庭之外的其他人员提出申请之目的，被要求或者许可行使权力的人员应当视为在证明书出具之日，决定行使权力时不从事该行为或者事情。

（2）有关法令授权由 2 人或者多人组成的董事会、委员会或者其他非法人团体作出决定的，适用第 1 款和第 1A 款，该董事会、委员会或者其他非法人团体视为受权作出决定的人员。

（3）本条所称法定法庭，是指：

（a）行政上诉法庭；

（b）为本条之目的，经有关规章宣布为法定法庭的其他法庭。

第 10A 条　申诉专员可以将问题提交给行政上诉法庭

（1）申诉专员调查政府部门、法定机构依据法令或者其他授予的权力所实施行为的，可以在认为适当时，将有关实施该行为或者行使该权力的特定问题提交给行政上诉法庭。

（2）一旦申诉专员将问题提交法庭，必须尽快向政府部门、法定机构的负责人发出书面通知，告知问题已经提交给法庭

（3）法庭可以就该问题提供咨询意见。

第 11 条　申诉专员可以建议主管官员将问题提交给行政上诉法庭

（1）申诉专员调查政府部门、法定机构依据或者其他授予的权力所实施行为的，可以书面建议政府部门、法定机构的主管官员，将有关实施该行为或者行使该权力的特定问题提交给行政上诉法庭，请求法庭提供咨询意见。

（2）申诉专员可以：

（a）在调查结束前随时向主管官员提出该建议；

（b）在依照第 15 条规定向政府部门、法定机构提交的报告中提出该建议。

（3）一旦申诉专员提出建议，主管官员必须在收到建议之日起 30 日内，或者在申诉专员与主管官员约定的超过 30 日的期限内，将问题提交给法庭。

（4）法庭可以就该问题提供咨询意见。

（5）本条不限制申诉专员依照第 10A 条享有的权力。

第 11A 条　澳大利亚联邦法庭的权力

（1）本条施行以前或者以后，在申诉专员和受其行使权力、履行职能影响的政府部门、法定机构的主管官员之间出现问题，且该问题有关申诉专员权力的行使或者拟行使、职能的履行或者拟履行的，在遵守第 4 款和第 5 款情形下，申诉专员或者政府部门、法定机构的主管官员可以视实际情况申请澳大利亚联邦法庭就该问题作出决定。

（2）有关人员未遵守申诉专员依照第 9 条发出的通知要求，就本法规定的调查提供信息、出示文件或者其他记录，或者来到申诉专员面前回答问题的，申诉专员可以申请澳大利亚联邦法院发出指令，指示该人员在指令规定的地点、期限或者日期、时间提供信息、出示文件或者其他记录；视实际情况需要，指示该人员在指令规定的地点、期限或者日期、时间来到申诉专员面前回答问题。

（3）澳大利亚联邦法院对提出申请的本条规定事项具有管辖权。

（4）申诉专员应当在依照本条向澳大利亚联邦法院提出申请以前，书面向内阁部长告知拟提出申请的理由。

（5）政府部门、法定机构的主管官员应当在依照第 1 款向澳大利亚联邦法院提出申请以前，书面向主管部长告知拟提出申请的理由。

第 12 条　申诉人和政府部门等的知情权

（1）因任何原因，申诉专员没有调查或者继续调查对政府部门、法定机构所实施行为提出的申诉，申诉专员应当尽快以其认为适当的方式，将该决定及其理由告知申诉人和政府部门、法定机构；有关行为属于申诉专员与政府部门、法定机构依照第 2 款签署的生效协议规定的行为类别的，不需要通知政府部门、法定机构。

（2）申诉专员可以随时与政府部门、法定机构就向其提出申诉的行为签署协议，就协议中指明的政府部门、法定机构所实施行为作出如下规定：

（a）申诉专员将不对有关行为实施调查或者继续调查的决定及其理由告知政府部门、法定机构的方式和期限；

（b）不要求申诉专员将不对有关行为实施调查或者继续调查的决定及其理由告知政府部门、法定机构。

（3）一旦申诉专员结束对申诉之政府部门、法定机构所实施行为的调查，应当以其认为合适的方式、在其认为合适的时间内，向申诉人和政府部门、法定机构提供调查的具体情况。

（4）申诉专员可以在认为适当时，就调查事项或者与调查有关的事项，向政府部门、机构或者人员提供评论意见或者建议，已经依照第 15 条规定就该事项向其提供报告的政府部门、机构或者人员除外。

（5）一旦申诉专员依照第 15 条规定就所申诉的行为向政府部门、法定机构提供包含建议的报告：

（a）申诉专员认为，在向政府部门、法定机构提出建议的合理期限内，依情势就该建议采取的行动不够充分、适当的，应当向申诉人提供一份该建议的副本，适当时可以提供相关评论意见。

（b）其他情形下，申诉专员可以向申诉人提供一份该建议的副本，适当时可以提供相关评论意见。

第 13 条　质询证人的权力

（1）申诉专员可以依照第 9 条规定要求来到其面前的人员宣誓作证或者提供证词，质询该誓言、证词。

（2）依照第 9 条第 2 款规定的通知接受有关人员（本款称为被告）来到其面前的人员，可以

（a）要求被告宣誓作证或者提供证词；

（b）质询被告的誓言、证词。

第 14 条　进入处所的权力

（1）为本法规定调查之目的，经授权的人员可以在合理时间内：

（a）进入下列地点：

（ⅰ）政府部门、法定机构占有的地方；

（ⅱ）依合同成为政府部门、法定机构联邦服务提供商的人员占有的地方，该占有主要为该合同之目；

（b）在该地点实施调查。

（2）第 1 款没有授权有关人员进入下列地点并实施调查：

（a）《1914 年犯罪法》第 80 条第 c 款所称有关地点；

（b）《1952 年国防（特别承诺）法》第 7 条为该法之目的规定为禁区的地方；

（c）《1952 年国防（特别承诺）法》第 14 条为该法之目的宣布为限制区的陆地、水域。

管理该法的内阁部长、代理或者代表其行事的其他部长同意上述人员进入该地点或者区域的除外，进入时要遵守部长给予同意时就进入的地点或者区域、在该地点或者区域实施调查的方式规定的条件。

（3）总检察官确定，在有关地点实施调查可能损害联邦或者国防安全的，总检察官可以书面通知申诉专员，声明该地点为适用本款的地点，在该声明有效期间，视为第 1 款没有授权有关人员进入或者在该地点实施调查，管理该法的内阁部长、代理或者代表其行事的其他部长在声明中明确同意有关人员进入该地点的除外，进入时要遵守部长给予同意时就进入的地点、在该地点实施调查的方式规定的条件。

（4）为本法规定调查之目的，授权人员有权检查保存在依照本条规定进入之处所，且与调查有关的文件，包括联邦服务提供商占有的建筑物；总检察官根据其与相关政府部门、法定机构主管官员之间的协议，在合理时间内依照第 9 条第 3 款出具之证明书所涉文件除外。

（5）第 4 款不应视为限制第 9 条的施行。

（6）本条所称受权人员包括申诉专员和副申诉专员。

第2章 报 告

第15条 申诉专员的报告

（1）依照本法对政府部门、法定机构所实施行为进行的调查已经结束，申诉专员认为具有下列情形的，本条适用于构成该行为的决定、建议、作为或者不作为：

（a）该行为：

（ⅰ）涉嫌违反法律；

（ⅱ）不合理、不公平、具有压抑性或者构成不当歧视；

（ⅲ）以法律规则、法令条款或者实践做法为基础，但是该规则、条款或者实践不合理、不公平、具有压抑性或者构成不当歧视，或者可能存在上述情形；

（ⅳ）全部或者部分基于法律或者事实的错误；

（ⅴ）任何情形下，具有其他错误；

（b）实施行为时，为不正当目的或者不相关事由行使了自由裁量权；

（c）该行为涉及以特殊方式行使自由裁量权或者拒绝行使该权力的：

（ⅰ）决定根据实际情况以特殊方式行使自由裁量权或者拒绝行使该权力时，已经考虑相关情况或者未能考虑相关情况；

（ⅱ）应当向调查的申诉人或者其他人，提供有关决定根据实际情况以特殊方式行使自由裁量权或者拒绝行使该权力的具体原因，但是没有提供。

（2）申诉专员认为具有下列情形的，应当向所涉政府部门、法定机构提交报告：

（a）应将决定、建议、作为或者不作为提交给合适的机构作进一步考虑；

（b）能够且应实施具体行为，以纠正、减轻或者改变有关决定、建议、作为或者不作为的影响；

（c）应取消或者变更有关决定；

（d）应修改作为决定、建议、作为或者不作为基础的法律规则、法令条款或者实践做法；

（e）应提供但是未能提供有关决定的理由；

（f）应从事与决定、建议、作为或者不作为相关的其他事情。

（3）申诉专员：

（a）应当在依照第 2 款提交的报告中说明报告所载意见的理由；

（b）可以在报告中记入认为适当的建议。

（4）申诉专员可以要求接收报告的政府部门、法定机构在规定时间内，向其提供对报告所载事项和建议拟采取行动的具体情况。

（5）一旦申诉专员依照第 2 款向政府部门、法定机构提交报告，政府部门、法定机构可以向申诉专员提供报告的评论意见。

（6）申诉专员应当向所涉部长提交一份报告副本。

第 16 条 有关未对申诉专员报告采取适当行动的报告

（1）申诉专员认为，在依照第 15 条向政府部门、法定机构提交报告的合理期限内，依情势就该报告所载事项和建议所采取行动不够充分、适当的，可以向总理发出书面通知。

（2）一旦申诉专员依照第 1 款向总理提供了有关报告的情况，应当向总理提供下列信息：

（a）报告副本，此前已经依照第 15 条第 6 款向总理提交了副本的除外；

（b）政府部门、法定机构向申诉专员提供的报告评论意见的副本。

（3）决定是否依照第 1 款向总理提交有关报告的信息时，申诉专员应当考虑报告所涉政府部门、法定机构提交的评论意见。

（4）报告涉及议会部门的，第 1 款至第 3 款具有下列效力：

（a）涉及参议院时，总理指称参议院议长；

（b）涉及众议院时，总理指称众议院议长；

（c）其他情形下，总理指称参议院议长和众议院议长。

（5）报告涉及由法院、法庭的首席执行官组成的法定机构的，第 1 款至第 3 款具有下列效力：

（a）涉及法院的首席执行官时，总理指称法院的首席法官（无论在案件中如何称呼）；

（b）涉及行政上诉法庭的书记官长时，总理指称法庭庭长；

（c）涉及行政上诉法庭以外法庭的首席执行官时，总理指称法庭的主要成员（无论如何称呼）；法庭由独任成员组成的，总理指称该成员。

第 17 条　提交联邦议会的特别报告

申诉专员就有关调查报告已经依照第 16 条第 1 款行事的，还可以分别向参议院议长和众议院议长提交该报告的副本，以提供给议会两院，报告中包括所涉政府部门、法定机构依照第 15 条第 5 款向申诉专员提交的报告评论意见的副本。

第 18 条　申诉专员可以与主管官员展开进一步讨论

与政府部门、法定机构所实施行为有关的报告依照第 17 条规定呈送议会以后，申诉专员可以与所涉部门、机关的主管官员就报告的任何事情进行讨论，以解决问题。

第 19 条　提交联邦议会的报告

常规报告

（1）申诉专员可以随时就下列事项向内阁部长提交报告，以呈送议会：

（a）一年来申诉专员工作的开展情况；

（b）申诉专员行使权力、履行职能或者与其相关的事项。

注：申诉专员必须依照《2013年公共治理、绩效和责任法》第46条向内阁部长提交年度报告。

（2）部长收到报告以后，必须在议会两院开会的15个工作日内把报告放置于两院。

（3）第1款规定不影响申诉专员依照第15条、第16条或者第17条享有的权力和承担的职责。

调查报告

（4）申诉专员将本法规定调查的报告依照下列规定提交给内阁部长的，适用第5款。

（a）第1款；

（b）《2013年公共治理、绩效和责任法》第46条。

（5）调查报告不得记载明示或者暗示批评政府部门、法定机构或者人员的意见，申诉专员遵守第8条第5款相关调查规定的除外。

第ⅡA编　国防军申诉专员的设立、职能、权力和职责

第19B条　国防军申诉专员的设立

（1）为本法之目的，应当设立1名国防军申诉专员。

（2）国防军申诉专员应当由就任联邦申诉专员职务的人员担任。

（3）第2款所称担任联邦申诉专员职务的人员，包括根据第29条规定指定的代理该职务的人员。

第19C条　国防军申诉专员的职能

（1）国防军申诉专员的职能是调查依照本法向其提起的申诉，以及由下列法律法规授予的其他职能：

（a）本法或者有关规章；

（b）其他法律或依照其他法律制定的法规。

（2）在遵守本法情形下，国防军申诉专员：

（a）应当调查本法授权其调查，且向其提交的申诉所涉行为；

（b）可以依其动议调查本法授权其调查的行为。

（3）在遵守第5款情形下，本法授权国防军申诉专员调查如下行为，该行为涉及在本编施行以前或者以后由政府部门、法定机构实施的行政管理事项，这些事项与国防军成员的服役或者有关人员在国防军服役产生的后果有关。

（4）在不限制第3款的普遍适用情形下，该款所称行为包括，政府部门、法定机构实施的向国防军成员或者依靠其生活的人员支付津贴或者养老金、提供福利的行为，支付津贴或者养老金、提供福利是因为该成员为国防军服役。

（5）本法未授权国防军申诉专员调查下列行为：

（a）内阁部长所实施行为；

（b）议会产生的法院的大法官或者法官所实施行为；

（c）如下人员所实施行为：

（i）澳大利亚首都领地、圣诞岛领地或者科科斯（基林）群岛领地的治安官、验尸官；

（ii）履行法律授予的治安官职能时担任州或者北领地治安官职务的人员；

（d）与对国防军成员提起的程序有关的行为，提起该程序的原因是，该国防军成员违反了有关国防军、部队或者国防军分部纪律的法律，包括通过联邦法律援引予以适用的联合王国法律；

（e）与授予或者拒绝授予国防军特殊成员荣誉、奖励有关的行为。

（6）第5款第a项所称内阁部长所实施行为，不包括部长代表所实施行为，以及为本款之目的，应当视为由该代表实施的行为，尽管该行为的根据是依照法令规定，在该代表行使时应当视为部长已经行使的权力。

（7）为本法适用于国防军申诉专员之目的，不得仅因政府部门、法定机构所实施行为与部长个人已经实施、将要实施或者可能实施的行为有关，政府部门、法定机构实施的该行为就视为部长个人实施的行为。

（8）第 5 款第 e 项所称与授予或者拒绝授予国防军特殊成员荣誉、奖励有关的行为，不包括与因国防军、部队或者国防军分部成员在特殊区域、特定期限内服役而一般性授予或者拒绝授予其荣誉、奖励有关的行为。

（9）第 4 款所称依靠国防军成员生活的人员，是指：

（a）涉及法令规定行为的，为该法之目的，依靠或者声称依靠国防军成员生活，或者曾依靠或者声称曾依靠已死亡国防军成员生活的人员；

（b）其他情形下，全部或者部分依靠，或者声称全部或者部分依靠国防军成员生活，或者在已死亡国防军成员去世之日曾全部或者部分依靠，或者声称曾全部或者部分依靠该成员生活的人员。

第 19D 条 以联邦申诉专员名义或者以国防军申诉专员名义调查申诉的自由裁量权

对政府部门、法定机构所实施行为提出的申诉已经提交至联邦申诉专员或者国防军申诉专员，两个职务的负责人根据其各自职务的职能和职责，任何一方认为由本方依职权处理或者继续处理该申诉或者部分申诉更为适当的，可以根据实际情况处理或者继续处理该申诉或者部分申诉。

第 19E 条 对某些申诉的自由裁量权

（1）国防军成员就与其有权以《1903 年国防法》规定的方式，从该法规定或者授权提供救济的人员处寻求救济有关的行为，向国防军申诉专员提出申诉的：

（a）国防军申诉专员不得在该申诉提起后 29 日内启动调查，下列情形除外：

（ⅰ）已在该日期前给予救济，且满足第 b 项第 i 目和第 ii 目有关救济的规定条件；

（ii）国防军申诉专员认为有特殊理由表明，需要在该日期前启动调查；

（b）国防军申诉专员启动调查以前或者以后已给予救济的，不得调查或者继续调查该行为，下列情形除外：

（ⅰ）申诉人通知国防军申诉专员，其认为该救济在任何情况下都不够充分；

（ⅱ）国防军申诉专员认为该救济不够合理、充分。

（2）已经向国防军申诉专员提出申诉的国防军成员，有权以《1903 年国防法》规定的方式，从该法规定或者授权提供救济的人员处寻求救济，但是没有寻求救济的，不得调查该申诉，国防军申诉专员认为申诉人没有寻求救济存在特殊理由的除外。

第 19F 条 本法条款对国防军申诉专员的适用

（1）第Ⅰ编、第Ⅱ编（不含第 4 条、第 5 条、第 8A 条和第 19 条）、第Ⅲ编第 2 章（不含第 31 条第 2 款）和第Ⅳ编（不含第 35 条第 7 款和第 7A 款），按照下列方式适用于国防军申诉专员：

（a）任何条款（不含第 34 条）提及申诉专员的，视同指称国防军申诉专员；

（b）任何条款提及向申诉专员提交的申诉的，视同指称向国防军申诉专员提交的申诉。

（2）第 6 条第 1A 款不适用于国防军成员向国防军申诉专员提交的申诉。

第 19FA 条 国防军申诉专员的报告

年度报告

（1）每一财政年度结束以后，国防军申诉专员必须尽快就其在该财政年度的活动向内阁部长提交年度报告，以呈送议会。

附加报告

（2）国防军申诉专员可以随时就下列事项向内阁部长提交报告，以呈送议会：

（a）其在该年中的活动；

（b）有关其行使权力、履行职能或者与其相关的事项。

（3）第1款和第2款规定不影响国防军申诉专员依照第15条、第16条或者第17条（它们因第19F条第1款之规定而适用）享有的权力和职责。

报告的放置和载入其他报告

（4）一旦国防军申诉专员依照第1款和第2款规定向内阁部长提交报告，部长必须在收到报告以后议会两院15个会议日内，将报告放置于议会两院。

（5）有关国防军申诉专员一定期限内活动的报告，可以载入下列法律规定之国防军申诉专员在该期限活动的报告。

（a）第19条；

（b）《2013年公共治理、绩效和责任法》第46条。

关于调查的报告

（6）国防军申诉专员在本条规定的报告中提及其依照本法实施调查的，不得在提及调查时发表对下列机构、人员进行明示或者默示批评的意见，国防军申诉专员就调查遵守第8条第5款规定的除外：

（a）政府部门；

（b）法定机构；

（c）有关人员。

第Ⅱ B编　邮政业申诉专员的设立、职能、权力和职责

第1章　前　言

第19G条　定义

本编所称官员，是指：

（a）涉及澳大利亚邮政时：

（ⅰ）澳大利亚邮政的工作人员，或者在澳大利亚邮政服务中被雇佣的人员（无论其是否被澳大利亚邮政雇佣）；

（ⅱ）澳大利亚邮政授权代表其行使权力、履行职能的人员

（b）涉及注册私人邮政运营商时，

（ⅰ）注册私人邮政运营商系个人的，该个人或者其雇员；

（ⅱ）注册私人邮政运营商系法人的，该法人的秘书或者雇员；

（ⅲ）注册私人邮政运营商系合伙企业的，该合伙企业的合伙人或者雇员。

所称主管官员是指：

（a）涉及澳大利亚邮政时，澳大利亚邮政的总经理；

（b）涉及注册私人邮政运营商时，

（ⅰ）注册私人邮政运营商系个人的，该个人；

（ⅱ）其他情形下，该注册私人邮政运营商承担首要管理责任的人员。

第19H条　承包商实施的行为

（1）第2款和第3款适用于下列行为：

（a）根据合同为澳大利亚邮政或者注册私人邮政运营商提供邮政服务的承包商或者其雇员，在提供邮政服务或者类似服务时所实施行为；

（b）承包商或者其雇员履行或者为履行下列义务所实施行为：

（ⅰ）承包商根据另一份合同提供邮政服务合同所涵盖邮政服务的，该合同的义务；

（ⅱ）其他情形下，邮政服务合同的义务。

可归因于澳大利亚邮政或者注册私人邮政运营商的行为

（2）为本编之目的，有关行为依情况可视为澳大利亚邮政或者注册私人邮政运营商实施的行为。

可视为澳大利亚邮政或者注册私人邮政运营商的人员

（3）为本编之目的，实施有关行为的下列人员，依情况可视为澳大利亚邮政或者注册私人邮政运营商的官员：

（a）实施行为的人员；

（b）实施行为的人员是承包商的雇员，该承包商；

（c）适用第b项：

（ⅰ）承包商是法人的，该法人的负责人和秘书；

（ⅱ）承包商是合伙企业的，该合伙企业的合伙人。

承包商和邮政服务合同

（4）本条所称邮政服务合同的承包商，是指：

（a）邮政服务合同的当事人；

（b）下列二者：

（ⅰ）与邮政服务合同承包商签订合同的当事人（分承包商）；

（ⅱ）根据分包合同，提供邮政服务合同所涵盖邮政服务的负责人。

所称邮政服务合同，是指有关在澳大利亚境内提供邮政服务或者类似服务的合同。

第19J条 本法对注销私人邮政运营商的持续适用

（1）本条适用于下列情形：

（a）注册私人邮政运营商在特定时间所实施行为；

（b）邮政业申诉专员在该时间之日起12个月内收到对该行为的申诉；

（c）该私人邮政运营商在该时间以后，依照第19ZC第1款申请不再为本编之目的而注册（不论该申请是否在收到申诉以前提出）。

（2）本法适用于该申诉，视同该私人邮政运营商为注册私人邮政运营商。

第19K条 第ⅡB编不影响本法其他条款的施行

本编不对本法其他条款的施行产生潜在影响。

第2章 邮政业申诉专员的设立和职能

第19L条 邮政业申诉专员的设立

（1）为本法之目的，设立1名邮政业申诉专员。

（2）邮政业申诉专员职务由担任联邦申诉专员职务的人员担任。

（3）第2款所称担任联邦申诉专员职务的人员，包括依照第29条规定在当时被指定的代理该职务的人员。

第19M条 邮政业申诉专员的职能

（1）邮政业申诉专员的职能是调查依照本法向其提起的申诉，履行下列法律法规授予的其他职能：

（a）本法或者有关规章；

（b）依据本法制定的其他法律法规。

（2）在遵守本法情形下，邮政业申诉专员：

（a）调查本法授权其调查，且向其提交的申诉所涉行为，第4款排除的申诉除外；

（b）可以依其动议调查本法授权其调查的行为。

（3）本法授权邮政业申诉专员调查下列行为人实施的提供邮政服务或者类似服务的行为：

（a）澳大利亚邮政；

（b）注册私人邮政运营商。

（4）下列申诉被本条予以排除：

（a）澳大利亚邮政对注册私人邮政运营商所实施行为提出的申诉；

（b）注册私人邮政运营商对澳大利亚邮政或者其他注册私人邮政运营商所实施行为提出的申诉；

（c）在行为实施之日起 12 个月以后提出的申诉。

（5）第 2 款第 b 项仅适用于邮政业申诉专员在行为实施之日起 12 个月内启动的调查。

第 19N 条 以联邦申诉专员名义或者以邮政业申诉专员名义调查申诉的自由裁量权

（1）本条适用于对澳大利亚邮政所实施行为已经向邮政业申诉专员或者联邦申诉专员提起申诉的情形。

邮政业申诉专员可以将申诉移交给联邦申诉专员

（2）第 3 款适用于下列情形：

（a）申诉已经提交给邮政业申诉专员；

（b）邮政业申诉专员认为，以联邦申诉专员的名义处理或者继续处理该申诉或者部分申诉更合适。

（3）邮政业申诉专员可以：

（a）下列两种情形之一：

（ⅰ）决定不再处理该申诉或者部分申诉；

（ⅱ）已经开始处理的，决定不再继续处理该申诉或者部分申诉；

（b）将该申诉或者部分申诉移交给联邦申诉专员。

（4）依照第 3 款规定移交的申诉视同向联邦申诉专员提起的申诉。

联邦申诉专员可以将申诉移交给邮政业申诉专员

（5）第 6 款适用于下列情形：

（a）申诉已经提交给联邦申诉专员；

（b）该申诉在行为实施之日起 12 个月内提出；

（c）联邦申诉专员认为，以邮政业申诉专员的名义处理或者继续处理该申诉或者部分申诉更合适。

（6）联邦申诉专员可以：

（a）下列两种情形之一：

（ⅰ）决定不再处理该申诉或者部分申诉；

（ⅱ）已经开始处理的，决定不再继续处理该申诉或者部分申诉；

（b）将该申诉或者部分申诉移交给邮政业申诉专员。

（7）依照第 6 款规定移交的申诉视同向邮政业申诉专员提起的申诉。

（8）在依照第 2 款第 b 项或者第 5 款第 c 项形成意见时，联邦申诉专员和邮政业申诉专员的任职人必须考虑到这两个职位的职能和职责。

通知申诉人申诉已经移交

（9）一旦联邦申诉专员或者邮政业申诉专员移交申诉或者部分申诉，必须书面通知申诉人申诉已经移交。

第 19P 条 将申诉移交给其他法定人员的自由裁量权

（1）本条适用于下列情形：

（a）澳大利亚邮政或者注册私人邮政运营商已经实施行为；

（b）在依照第 19M 条第 2 款第 a 项启动调查以前或者以后，邮政业申诉专员认为：

（ⅰ）邮政业申诉专员、联邦申诉专员以外的法定人员具有调查、审查或者检查这种行为的职能；

（ⅱ）由法定人员处理该行为更加方便、有效。

（2）邮政业申诉专员决定必须将申诉移交给其他法定人员的，可以视实际情况决定不对有关行为实施调查或者继续调查。

（3）一旦依照第 2 款规定移交申诉，邮政业申诉专员必须：

（a）尽快书面通知申诉人申诉已经移交；

（b）尽快将其占有、控制的与申诉有关的信息、文件提供给该法定人员。

（4）本条所称法定人员，是指依据联邦法、州法或者领地法担任职务或者接受任命的人员。

第 19Q 条 不对某些申诉实施调查的自由裁量权

（1）本条适用于下列情形：

（a）对澳大利亚邮政或者注册私人邮政运营商所实施行为提出的申诉已经提交给邮政业申诉专员；

（b）邮政业申诉专员认为：

（ⅰ）该申诉属于琐屑无聊、无理取闹或者违反诚信；

（ⅱ）申诉人对申诉标的事项没有足够利益；

（ⅲ）不能保证所有情形下都能实施调查或者继续调查。

（2）邮政业申诉专员可以依其自由裁量权：

（a）决定不对该行为实施调查；

（b）调查已经开始的，决定不再继续调查。

第 3 章 邮政业申诉专员的权力和职责

第 19R 条 本法其他条款对邮政业申诉专员的适用

（1）在遵守本条情形下，第 3 款规定适用于邮政业申诉专员。

（2）除另有相反规定外，第 3 款规定按照下列方式适用：

（a）任何条款提及申诉专员，视同指称邮政业申诉专员；

（b）任何条款提及下列部门、机关，视同指称澳大利亚邮政或者注册私人邮政运营商：

（ⅰ）政府部门；

（ⅱ）法定机构；

（iii）政府部门或者法定机构；

（c）任何条款提及官员，视同为指称本编规定之官员；

（d）任何条款提及主管官员，视同指称本编规定之主管官员。

（3）本款涵盖条款包括：

（a）第I编，下列条款除外：

（i）第3条第2款至第5A款；

（ii）第3条第6A至第6C款；

（iii）第3条第7A款和第7B款；

（iv）第3条第9款至第18款；

（v）第3A条；

（b）第II编，下列条款除外：

（i）第4条和第5条；

（ii）第6条第1款；

（iii）第6条第4D款至第4E款；

（iv）第6条第6款至第15款；

（v）第6A条；

（vi）第8条第7A款第b项；

（vii）第8条第8款至第11款；

（viii）第8A条和第8B条；

（viii a）第9条第1AA款第ab项和第ac项；

（ix）第9条第4款第ab项；

（x）第10条、第10A条和第11条；

（xi）第11A条第1款和5款；

（xii）第14条至第18条；

（xiii）第19条；

（c）第31条第1款；

（d）第 IV 编，下列条款除外：

（ⅰ）第 34 条；

（ia）第 35 条第 3 款第 b 项第 ia 目；

（ⅱ）第 35 条第 7 款和第 7A 款；

（ⅲ）第 35A 第 3 款第 a 项。

（4）下表第 1 栏所列本法条款根据该表适用于邮政业申诉专员：

本法条款适用于邮政业申诉专员

	第 1 栏	第 2 栏	第 3 栏
项目	依照下列条款规定：	对邮政业申诉专员适用如下条款时：	视同适用如下条款：
1	第 7A 条第 1 款	第 5 条第 1 款第 b 项	第 19M 条第 2 款第 b 项
2	第 11A 条第 4 款	内阁部长	内阁部长和管理 1989 年《澳大利亚邮政公司法》的部长
3	第 12 条第 4 款和第 5 款	第 15 条	第 19V 条
4	第 35 条第 6A 款	第 6 条第 4D 款第 e 项	第 19P 条第 3 款第 b 项
5	第 35B 条第 2 款（所列举披露方法之含义第 a 项）	第 II 编第 2 章	第 19V 条、第 19W 条或者第 19X 条
6	第 35B 条第 2 款（所列举披露方法之含义第 b 项）	第 6 条或者第 6A 条	第 19N 条或者第 19P 条

（5）为本编之目的，第 3 条第 6 款适用于邮政业申诉专员，该款提及法定机构视同指称澳大利亚邮政。

第 19S 条 邮政业申诉专员依照第 9 条享有的权力

邮政业申诉专员可以为下列任何目的行使第 9 条规定的权力：

（a）决定是否可以依照本编调查有关行为；

（b）决定是否依照本编对有关行为实施调查或者继续调查；

（c）依照本编启动或者继续实施调查；

（d）准备关于依照本编所实施调查的报告；

（e）如果已经行使第 a 项至第 d 项规定权力的，确定澳大利亚邮政或者注册私人邮政运营商在该权力行使以后所采取的行动。

第 19T 条 给予程序公正的职责

邮政业申诉专员依照本法行使权力时，必须遵守程序公正规则。

例 1：邮政业申诉专员在第 19V 条所称报告中发表对有关人员的批评意见的，必须给予该人员当面进行陈述的机会（参见第 8 条第 5 款）。

例 2：邮政业申诉专员在下列情形发表对有关人员的批评意见，必须给予该人员程序公正：

（a）依照第 35A 条第 1 款披露信息、发表声明；

（b）在第 19X 条所称报告中提及有关调查。

第 19U 条 身份信息的披露

邮政业申诉专员在第 19V 条、第 19X 条所称报告中不得披露申诉人的姓名，或者可能确定申诉人身份的其他事项，披露行为在任何情形下都属于公正、合理的除外。

第 19V 条 邮政业申诉专员可以向澳大利亚邮政或者注册私人邮政运营商报告

（1）本条适用于下列情形：

（a）依据本法对澳大利亚邮政或者注册私人邮政运营商（受调查机构）所实施行为的调查已经结束；

（b）邮政业申诉专员认为，该行为具有下列情形之一：

（ⅰ）涉嫌违法；

（ⅱ）不合理、不公正，具有压抑性或者不当歧视；

（ⅲ）任何情形下，具有其他错误；

（c）邮政业申诉专员认为：

（ⅰ）能够采取且应采取具体行动以纠正、减轻或者改变该行为；

（ⅱ）应修改作为该行为依据的政策或者实践；

（ⅲ）应对该行为作出解释，但是没有作出这种解释；

（ⅳ）应从事与该行为有关的其他事情。

（2）邮政业申诉专员必须相应向受调查机构报告。

（3）邮政业申诉专员：

（a）必须在报告中写明所载意见的理由；

（b）可以在报告中载入认为适当的建议。

（4）邮政业申诉专员可以要求受调查机构在规定的时间内，提供对报告所载事项和建议拟采取有关行动的具体情况。

（5）受调查机构可以向邮政业申诉专员提交对报告的评论意见。

（6）邮政业申诉专员必须向管理 1989 年《澳大利亚邮政公司法》的部长提交：

（a）报告副本；

（b）第 5 款规定评论意见的副本。

第 19W 条 内阁部长将某些报告放置于联邦议会

（1）本条适用于下列情形：

（a）邮政业申诉专员已经向受调查机构提交第 19V 条的报告；

（b）邮政业申诉专员认为，在提交报告以后的合理期限内，对报告所载事项和建议，没有根据实际情况采取足够、适当的行动。

（2）邮政业申诉专员可以请求管理 1989 年《澳大利亚邮政公司法》的部长将报告副本放置于议会两院。

（3）一旦邮政业申诉专员提出第 2 款规定的请求，管理 1989 年《澳大利亚邮政公司法》的部长必须在收到请求以后议会两院 15 个会议日内，将下列资料放置于议会两院：

（a）报告副本；

（b）在提出请求以前，第 19V 条第 5 款规定评论意见的副本。

第 19X 条　邮政业申诉专员的报告

年度报告

（1）每一财政年度结束以后，邮政业申诉专员必须尽快就其在该财政年度的活动向内阁部长提交年度报告，以呈送议会。

附加报告

（2）邮政业申诉专员可以随时就下列事项向内阁部长提交报告，以呈送议会：

（a）其在该年中的活动；

（b）有关行使权力、履行职能或者与其相关的事项。

（3）第 1 款和第 2 款规定不影响邮政业申诉专员依照第 19V 条或者第 19W 条享有的权力和承担的职责。

报告的放置和载入其他报告

（4）一旦邮政业申诉专员依照第 1 款或第 2 款规定向内阁部长提交报告，部长必须在收到报告以后议会两院 15 个会议日内，将报告放置于议会两院。

（5）有关邮政业申诉专员一定期限内活动的报告，可以载入下列法律规定之邮政业申诉专员在该期限活动的报告：

（a）第 19 条；

（b）2013 年《公共治理、绩效和责任法》第 46 条。

报告的内容

（6）有关邮政业申诉专员一定期限内活动的报告必须：

（a）写明邮政业申诉专员该期限内依照本编收到的申诉数量；

（b）邮政业申诉专员已经依照第 19M 条第 2 款第 a 项对有关行为实施调查的，写明：

（ i ）该期限内启动这种调查的数量；

（ⅱ）该期限内完成这种调查的数量；

（c）邮政业申诉专员已经依照第 19M 条第 2 款第 b 项对有关行为实施调查的，写明：

（ⅰ）该期限内启动这种调查的数量；

（ⅱ）该期限内完成这种调查的数量；

（d）包括邮政业申诉专员在该期限内依照第 9 条（该条因第 19R 条和第 19S 条的援引而适用）向有关人员提出要求的具体情形及其次数；

（e）包括该期限内，邮政业申诉专员的负责人作为联邦申诉专员，依照第 19N 条第 3 款处理或者继续处理申诉或者部分申诉的具体情形及其次数；

（f）包括第 19V 条规定报告所载建议的具体情况；

（g）包括该期限内根据报告建议所采取行动的统计信息。

第 19Y 条 邮政业申诉专员可以将不当行为告知雇主

（1）邮政业申诉专员认为，依照本法实施的调查结束以前或者以后，有证据表明澳大利亚邮政、注册私人邮政运营商的官员卷入了不当行为的，适用本条。

（2）邮政业申诉专员认为，证据可足够证明如此行事在任何情形下都合理，可以将证据载入下列通知：

（a）有关人员是澳大利亚邮政主管官员的，发送给管理 1989 年《澳大利亚邮政公司法》的部长的通知；

（b）有关人员是澳大利亚邮政的官员，但不是主管官员的，发送给澳大利亚邮政主管官员的通知；

（c）有关人员是注册私人邮政运营商官员的，发送给注册私人邮政运营商主管官员的通知。

第 19Z 条 善意或者应要求提供信息、文件的责任限制

（1）有关人员不能仅因善意提供与邮政业申诉专员职权有关的下列信息、文件，而被提起诉讼或者承担责任：

（a）向邮政业申诉专员提供信息（非依照第 9 条之规定）；

（b）向邮政业申诉专员提供文件或者其他记录（非依照第 9 条之规定）。

注：依照第 9 条规定提交信息、文件或者其他记录，参见第 9 条第 4 款和第 5 款规定。

（2）为避免怀疑，第 1 款规定不影响有关人员因向邮政业申诉专员提供的信息、文件或者记录所披露人员的行为而卷入诉讼或者承担责任。

（3）本条不限制第 37 条的施行。

第 4 章　私人邮政运营商的注册

第 19ZA 条　私人邮政运营商的注册名册

（1）邮政业申诉专员建立、维持私人邮政运营商的注册名册。

（2）私人邮政运营商可以为本编目的向邮政业申诉专员提出书面注册申请。

（3）一旦邮政业申诉专员收到第 2 款规定的申请，必须将该私人邮政运营商列入注册名册。

（4）自邮政业申诉专员将私人邮政运营商列入注册名册时起，该私人邮政运营商视为进行了本编规定的注册。

第 19ZB 条　注册信息

（1）邮政业申诉专员必须将下列信息载入注册名册：

（a）私人邮政运营商的名称

（b）私人邮政运营商有澳大利亚商业代码（由 1999 年《新税收系统（澳大利亚商业代码）法》第 41 条规定）的，该澳大利亚商业代码；

（c）私人邮政运营商被列入注册名册的日期。

（2）注册私人邮政运营商必须将有关注册信息的任何变更告知邮政业

申诉专员。

第 19ZC 条 私人邮政运营商的注销

（1）注册私人邮政运营商可以为本编之目的向邮政业申诉专员书面申请不再注册。

（2）一旦邮政业申诉专员在某一具体日期（注销日期）收到第 1 款规定的申请：

（a）必须在该私人邮政运营商的注册信息中注明该注销日期；

（b）自注销之日起 12 个月以后，必须从注册名册中删除该私人邮政运营商；

（c）自注销之日起，该私人邮政运营商不再视为本编规定的注册私人邮政运营商。

注：特定情形下，为本编目的不再注册的私人邮政运营商仍然可以视为注册私人邮政运营商（参见第 19J 条）。

第 19ZD 条 可以通过电子手段维持注册名册

（1）注册名册可以通过电子手段维持。

（2）注册名册需接受网上检查。

第 5 章 调查费用

第 19ZE 条 调查费用

（1）邮政业申诉专员可以代表联邦向澳大利亚邮政、注册私人邮政运营商收取与下列调查有关的费用：

（a）根据实际情况，对澳大利亚邮政或者注册私人邮政运营商所实施行为依据第 19M 条第 2 款进行的调查。

（b）已经结束的调查。

注：特定情势下，为本编目的不再注册的私人邮政运营商仍然可以视

为注册私人邮政运营商（参见第 19J 条）。

（2）费用的数额

（a）不得超过邮政业申诉专员认为实施调查所需的实际成本；

（b）不得达到征税额度。

（3）管理 1989 年《澳大利亚邮政公司法》的部长，可以就邮政业申诉专员在指定财政年度所完成调查依照本条可以收取的费用总额，书面作出决定。

（4）依照第 3 款作出的决定不属于 2003 年《立法文件法》规定的立法文件。

（5）一旦作出第 3 款规定的决定，邮政业申诉专员在该财政年度所完成调查依照本条可以收取的费用总额，不得超过决定规定的限额。

（6）有关规章可以：

（a）规定计算费用数额的一种或者多种方法；

（b）规定该费用的到期应付日。

（7）费用支付给代表联邦的澳大利亚通讯媒体管理局。

（9）费用：

（a）是澳大利亚通讯媒体管理局代表联邦享有的债权；

（b）可由澳大利亚通讯媒体管理局代表联邦通过具有管辖权的法院进行追讨。

第Ⅱ C 编　海外学生申诉专员的设立、职能、权力和职责

第 1 章　前　言

第 19ZF 条　定义

本编有关术语含义如下：

所称私人注册商的负责人，是指：

（a）私人注册商提供服务时雇佣的人员；

（b）私人注册商的工作人员，无论该人员是否被私人注册商雇佣；

（c）由私人注册商（包括承包商）授权行使权力、履行职能的人员。

所称《海外学生法》，是指《2000 年海外学生教育服务法》。

所称行政主管，同《海外学生法》的规定。

所称私人注册商，是指《海外学生法》规定不属于下列部门所有、管理的注册商。

（a）联邦；

（b）州或者领地。

第 19ZG 条 本编对前注册商的持续适用

（1）本条适用于下列情形：

（a）私人注册商在特殊时间所实施行为；

（b）在该时间以后 12 个月内，海外学生申诉专员收到对该行为提出的申诉；

（c）在该时间以后，私人注册商不再是本编规定的私人注册商。

（2）本编适用于该申诉，视同该私人注册商继续是规定的私人注册商。

第 19ZH 条 本编规定不影响本法其他条款的施行

本编规定不对本法其他条款的施行产生潜在影响。

第 2 章 海外学生申诉专员的设立和职能

第 19ZI 条 海外学生申诉专员的设立

（1）为本法之目的，设立 1 名海外学生申诉专员。

（2）海外学生申诉专员的职务由担任联邦申诉专员的人员担任。

（3）第 2 款所称担任联邦申诉专员职务的人员，包括根据第 29 条规定指定的代理该职务的人员。

第 19ZJ 条　海外学生申诉专员的职能

（1）海外学生申诉专员具有下列职能：

（a）调查依照本法向其提起的申诉；

（b）就处理海外学生投诉的最佳实践，向私人注册商提供建议和培训；

（c）履行如下法律法规授予的其他职能：

（ⅰ）本法或者有关规章；

（ⅱ）依照本法制定的其他法律法规。

（2）在遵守本法情形下，海外学生申诉专员：

（a）应调查本法授权调查且向其提出申诉的行为；

（b）可以依其动议调查本法授权调查的行为。

（3）本法授权海外学生申诉专员，调查私人注册商所实施与《海外学生法》规定的海外学生、计划前往海外留学的学生、已被海外录取的学生或者曾在海外留学的学生有关的行为。

第 19ZK 条　申诉的移交

（1）本条适用下列情形：

（a）对私人注册商所实施行为提出的申诉已经向海外学生申诉专员提出；

（b）对该行为启动调查以前或者以后，海外学生申诉专员认为：

（ⅰ）法定申诉处理人具有调查、审查或者检查这类行为的职能；

（ⅱ）担任法定职务的人员具有调查、审查或者检查这类行为的职能。

（2）涉及法定申诉处理人的，海外学生申诉专员：

（a）不得调查或者继续调查该行为；

（b）必须将申诉移交给该法定申诉处理人。

（3）涉及担任法定职务人员的，一旦海外学生申诉专员认为该行为由该人员处理更加方便、有效，海外学生申诉专员：

（a）可以决定不对该行为实施调查或者继续调查；

（b）一旦作出这种决定，必须将申诉移交给担任法定职务的人员。

（4）一旦海外学生申诉专员依照本法将申诉移交，必须：

（a）尽快通知申诉人申诉已经移交；以及

（b）尽快将占有、控制的与调查有关的信息、文件提供给该法定申诉处理人或者担任法定职务的人员。

（5）本条所称法定申诉处理人，是指有关规章规定具有调查私人注册商所实施与《海外学生法》规定的海外学生、计划前往海外留学的学生、已被海外录取的学生或者曾在海外留学的学生有关的行为之职能的人员。

所称担任法定职务的人员，是指依据联邦法、州法或者领地法规定担任职务或者任命的人员。

第 19ZL 条　不对某些申诉实施调查的自由裁量权

（1）本条适用于下列情形：

（a）对私人注册商所实施行为提出的申诉已经提交给海外学生申诉专员；

（b）海外学生申诉专员认为：

（ⅰ）该申诉属于琐屑无聊、无理取闹或者违反诚信；

（ⅱ）申诉人对申诉标的事项没有足够利益；

（ⅲ）不能保证所有情形下都能实施调查或者继续调查；

（ⅳ）申诉人尚未向私人注册商投诉；

（ⅴ）申诉在申诉人知道该行为之日起 12 个月后提出；

（ⅵ）申诉人有权将与申诉有关的行为提交给依法组建的法院、法庭，但是申诉人没有行使该权力。

（2）海外学生申诉专员可以依其自由裁量权：

（a）决定不对该行为实施调查；

（b）调查已经开始的，决定不再继续调查。

第3章 海外学生申诉专员的权力和职责

第19ZM条 本法其他条款对海外学生申诉专员的适用

（1）在遵守本条情形下，第3款规定适用于海外学生申诉专员。

（2）除另有相反规定外，第3款规定按照下列方式适用：

（a）任何条款提及申诉专员，视同指称海外学生申诉专员；

（b）任何条款提及下列部门、机关，视同指称私人注册商；

（ⅰ）政府部门；

（ⅱ）法定机构；

（ⅲ）政府部门或者法定机构；

（c）任何条款提及官员，视同指称本编规定之官员；

（d）任何条款提及主管官员，视同指称本编规定之行政主管。

（3）本款涵盖条款包括：

（a）第3条第1款和第8款；

（b）第3C条和第3D条；

（c）第6A条至第7A条；

（d）第8条，不包括：

（ⅰ）第7A款第b项；

（ⅱ）第8款至12款；

（e）第8A条，不包括第1B款至第1D款；

（f）第9条，不包括：

（ⅰ）第1AA款第ab项和第ac项；

（ⅱ）第4款第ab项；

（g）第11A条，不包括第1款和第5款；

（h）第12条至第14条；

（j）第 18 条；

（k）第 31 条第 1 款；

（l）第 33 条；

（m）第 34 条，不包括第 1 款至第 2A 款；

（n）第 35 条，不包括第 1 款第 e 项和第 3 款第 b 项第 ia 目；

（o）第 35AA 条；

（p）第 35A 条，不包括第 3A 款；

（q）第 35B 条至第 38 条。

（4）下表第 1 栏所列本法条款根据该表适用于海外学生申诉专员：

本法条款适用于海外学生申诉专员

	第 1 栏	第 2 栏	第 3 栏
项目	依照下列条款规定：	对海外学生申诉专员适用如下条款时：	视同适用如下条款：
1	第 7A 条第 1 款	第 5 条第 1 款第 b 项	第 19ZJ 条第 2 款第 b 项
2	第 11A 条第 4 款	内阁部长	内阁部长和管理 1989 年《海外学生法》的部长
3	第 12 条第 4 款和第 5 款	第 15 条	第 19ZQ 条
4	第 18 条	第 17 条	第 19ZR 条
6	第 35 条第 6A 款	第 6 条第 4A 款第 ev 项、第 4D 款第 e 项或第 18 款第 d 项	第 19ZK 条第 4 款第 b 项
7	第 35AA 条第 1 款第 a 项	第 5 条第 1 款第 b 项	第 19ZJ 条第 2 款第 b 项
8	第 35B 条第 2 款（所列举披露方法之含义即第 a 项）	第 II 编第 2 章	第 19ZQ 条、第 19ZR 条或第 19ZS 条
9	第 35B 条第 2 款（所列举披露方法之含义第 b 项）	第 6A 条	第 19ZK 条

第 19ZN 条 海外学生申诉专员依照第 9 条享有的权力

海外学生申诉专员可以为下列目的行使第 9 条规定的权力：

（a）决定是否可以依照本编调查有关行为；

（b）决定是否依照本编对有关行为实施调查或者继续调查；

（c）依照本编启动或者继续实施调查；

（d）准备关于依照本编所实施调查的报告；

（e）已经行使第 a 项至第 d 项规定权力的，确定私人注册商在该权力行使以后所采取的行动。

第 19ZO 条 给予程序公正的职责

海外学生申诉专员依照本法行使权力时，必须遵守程序公正规则。

例 1：海外学生申诉专员在第 19ZQ 条所称报告中发表对有关人员的批评意见的，必须给予该人员当面进行陈述的机会（参见第 8 条第 5 款）。

例 2：海外学生申诉专员在下列情形中发表对有关人员的批评意见的，必须给予该人员程序公正：

（a）依照第 35A 条第 1 款披露信息、发表声明；

（b）在第 19ZS 条所称报告中提及有关调查。

第 19ZP 条 身份信息的披露

海外学生申诉专员在第 19ZQ 条、第 19ZS 条所称报告中不得披露申诉人的姓名，或者可能确定申诉人身份的其他事项，披露行为在任何情形下都属于公正、合理的除外。

第 19ZQ 条 海外学生申诉专员可以向私人注册商报告

（1）本条适用于下列情形：

（a）依据本法对私人注册商所实施行为的调查已经结束；

（b）海外学生申诉专员认为，该行为具有下列情形之一：

（ⅰ）涉嫌违法；

（ⅱ）不合理、不公正，具有压抑性或者不当歧视；

（ⅲ）任何情形下，具有其他错误；

（c）海外学生申诉专员认为：

（ⅰ）能够采取且应采取具体行动以纠正、减轻或者改变该行为；

（ⅱ）应修改作为该行为依据的政策或者实践；

（ⅲ）应对该行为作出解释，但是没有作出这种解释；

（ⅳ）应从事与该行为有关的其他事情。

（2）海外学生申诉专员必须相应向私人注册商报告。

（3）海外学生申诉专员：

（a）必须在报告中写明所载意见的理由；

（b）可以在报告中载入认为适当的建议。

（4）海外学生申诉专员可以要求私人注册商在规定的时间内，提供对报告所载事项和建议拟采取有关行动的具体情况。

（5）私人注册商可以向海外学生申诉专员提交对报告的评论意见。

（6）海外学生申诉专员必须向管理《海外学生法》的部长提交：

（a）报告副本；

（b）第 5 款规定评论意见的副本。

第 19ZR 条　内阁部长将某些报告放置于联邦议会

（1）本条适用于下列情形：

（a）海外学生申诉专员已经向私人注册商提交第 19ZQ 规定的报告；

（b）海外学生申诉专员认为，在向私人注册商提交报告以后的合理期限内，对报告所载事项和建议，没有根据实际情况采取足够、适当的行动。

（2）海外学生申诉专员可以请求管理《海外学生法》的部长将报告副本放置于议会两院。

（3）一旦海外学生申诉专员提出第 2 款规定的请求，管理《海外学生法》的部长必须在收到请求以后议会两院 15 个会议日内，将下列资料放置于议会两院：

（a）报告副本；

（b）在提出请求以前，第 19ZQ 条第 5 款规定评论意见的副本。

第 19ZS 条 海外学生申诉专员的报告

年度报告

（1）每一财政年度结束以后，海外学生申诉专员必须尽快就其在该财政年度的活动向内阁部长提交年度报告，以呈送议会。

附加报告

（2）海外学生申诉专员可以随时就下列事项向内阁部长提交报告，以呈送议会：

（a）其在该年中的活动；

（b）有关行使权力、履行职能或者与其相关的事项。

（3）第 1 款和第 2 款规定不影响海外学生申诉专员依照第 19ZQ 条或者第 19ZR 条享有的权力和承担的职责。

报告的放置和载入其他报告

（4）一旦海外学生申诉专员依照第 1 款和第 2 款规定向内阁部长提交报告，部长必须在收到报告以后议会两院 15 个会议日内，将报告放置于议会两院。

（5）有关海外学生申诉专员一定期限内活动的报告，可以载入下列法律规定之海外学生申诉专员在该期限活动的报告：

（a）第 19 条；

（b）《2013 年公共治理、绩效和责任法》第 46 条。

报告的内容

（6）有关海外学生申诉专员一定期限内活动的报告必须：

（a）写明海外学生申诉专员该期限内依照本编收到的申诉数量；

（b）海外学生申诉专员已经依照第 19ZJ 条第 2 款第 a 项对有关行为

实施调查的，写明：

（ⅰ）该期限内启动这种调查的数量；

（ⅱ）该期限内完成这种调查的数量；

（c）海外学生申诉专员已经依照第 19ZJ 条第 2 款 b 项对有关行为实施调查的，写明：

（ⅰ）该期限内启动这种调查的数量；

（ⅱ）该期限内完成这种调查的数量；

（d）写明下列事项：

（ⅰ）海外学生申诉专员该期限内依照第 9 条（该条因第 19ZM 和第 19ZN 条的援引而适用）向有关人员提出要求的次数；

（ⅱ）每次提出要求的具体情形。

（7）有关海外学生申诉专员一定期限内活动的报告可以包括：

（a）该期限内，海外学生申诉专员依照第 19ZK 条规定，决定将申诉移交给法定申诉处理人、担任法定职务人员的具体情形及其次数；

（b）该期限内，第 19ZQ 条规定报告所载建议的具体情况；

（c）该期限内根据报告建议所采取行动的统计信息；

（d）该期限内海外学生申诉专员就处理投诉的最佳实践所做促进工作的具体情况；

（e）该期限内海外学生申诉专员对下列问题的具体看法：

（ⅰ）申诉的趋势；

（ⅱ）与调查相关的其他宽泛议题。

第 19ZT 条 海外学生申诉专员可以告知不当行为

（1）海外学生申诉专员认为，依照本法实施的调查结束以前或者以后，有证据表明私人注册商的官员卷入了不当行为，适用本条。

（2）海外学生申诉专员认为，证据可足够证明如此行事在任何情形下都合理，其可以将证据载入发送给私人注册商行政主管的通知。

第 19ZU 条 善意或者应要求提供信息、文件的责任限制

（1）有关人员不能仅因善意提供与海外学生申诉专员职权有关的下列信息、文件，而被提起诉讼或者承担责任：

（a）向海外学生申诉专员提供信息（非依照第 9 条之规定）；

（b）向海外学生申诉专员提供文件或者其他记录（非依照第 9 条之规定）。

注：依照第 9 条规定提交信息、文件或者其他记录，参见第 9 条第 4 款和第 5 款规定。

（2）为避免怀疑，第 1 款规定不影响有关人员因向海外学生申诉专员提供的信息、文件或者记录所披露人员的行为而卷入诉讼或者承担责任。

（3）本条不限制第 37 条的施行。

第Ⅲ编 申诉专员的服务条件及其工作人员

第 1 章 申诉专员

第 20 条 解释

本章所称申诉专员，是指联邦申诉专员或者联邦副申诉专员，另有相反规定除外。

第 21 条 申诉专员的任命

（1）申诉专员由总督任命。

（2）本法没有规定的事项，申诉专员应按照规定的条件（如果有）任职。

第 22 条 任期

（1）依据本法，申诉专员按照任命文书中载明的任期担任职务，不超过 7 年，但是可以被再次任命。

第 23 条 副申诉专员

（1）内阁部长可以：

（b）在《政府公报》上发布书面通知，指定 1 名副申诉专员作为特定的副申诉专员（国防军）。

第 24 条 工资和津贴

（1）申诉专员享有薪酬法庭确定的薪酬。

（2）申诉专员享有法定津贴。

（3）本条依照《1973 年薪酬法庭法》规定产生效力。

第 25 条 休假

（1）申诉专员享有薪酬法庭确定的娱乐休假权。

（2）部长可以按照确定薪酬的条款和条件，或者部长决定的其他条件，给予申诉专员娱乐休假之外的其他休假。

第 26 条 辞职

申诉专员可以向总督亲自递交书面辞职信的方式辞去职务。

第 27 条 退休

经申诉专员同意，总督可以身体或者精神不适之理由准予申诉专员退休。

第 28 条 申诉专员的停职和免职

（1）总督可以依议会两院在同一次议会会议上向总督提出的，因不当行为、身体或者精神不适而撤销申诉专员职务的要求，撤销申诉专员的职务。

（2）总督可以因不当行为、身体或者精神不适暂停申诉专员的职务。

（3）总督暂停申诉专员的职务以后，内阁部长应当将有关停职理由的说明，在议会两院 7 个会议日内放置于两院。

（4）这种说明放置于议会以后，两院可以在收到说明后的本院 15 个会议日内作出决议，声明申诉专员应当被免职，在两院均通过这种决议后，总督应当撤销申诉专员的职务。

（5）这种说明放置于议会两院以后，两院任何一院在本院 15 个会议日内没有通过这种决议，停职终止。

（6）本条规定的申诉专员停职情形，不影响申诉专员享有的获得薪酬和津贴的权利。

（7）申诉专员破产、为破产或者破产债务人而申请法律救济、与债权人和解或者为债权人利益而分配薪酬的，总督应当撤销其职务。

（7A）申诉专员连续旷工 14 日，或者在 12 个月以内累计旷工 28 日的，总督可以撤销其职务，请假除外。

（8）除本条规定外，不得撤销或者暂停申诉专员的职务。

第 28A 条 依丧失工作能力之由视免职为退休

（1）申诉专员因身体或者精神不适被暂停职务以后，依照本法第 28 条规定被免职的，为 1976 年《退休法》之目的，视为依该法第 IVA 章规定的丧失工作能力之理由而退休。

（2）尽管有第 1 款的规定，1976 年《退休法》第 54C 条适用于申诉专员。

（3）申诉专员因身体或者精神不适被暂停职务以后，依照本法第 28 条规定被免职的，为 1990 年《退休法》之目的，视为依该法规定的丧失工作能力之理由而退休。

（4）尽管有第 3 款的规定，1990 年《退休法》第 13 条适用于申诉专员。

（5）申诉专员因身体或者精神不适被暂停职务以后，依照本法第 28 条规定被免职的，为 2005 年《退休法》之目的，视为依该法规定的丧失工作能力之理由而退休。

（6）尽管有第 5 款的规定，2005 年《退休法》第 43 条适用于申诉专员。

第 28B 条　依退休法规定的丧失工作能力之由而退休

（1）尽管有第 27 条和第 28 条的规定，不能以丧失工作能力（1976 年《退休法》第 IVA 章规定的）之理由迫使同时符合下列情形的申诉专员退休，联邦退休金公司已经出具该法第 54C 条规定之证明书的除外：

（a）依据 1976 年《退休法》规定属于合格雇员；

（b）尚未达到该法规定的最大退休年龄。

（2）尽管有第 27 条和第 28 条的规定，不能以丧失工作能力（1990 年《退休法》规定的）之理由迫使同时符合下列情形的申诉专员退休，联邦退休金公司已经出具该法第 13 条规定之证明书的除外：

（a）属于 1990 年《退休法》规定通过契约建立的养老金计划的成员；

（b）不满 60 周岁。

（3）尽管有第 27 条和第 28 条的规定，不能以丧失工作能力（2005 年《退休法》规定）之理由迫使同时符合下列情形的申诉专员退休，联邦退休金公司已经出具该法第 43 条规定的许可和证明书的除外：

（a）属于 2005 年《退休法》规定的 PSSAP 普通雇主担保成员。

（b）不满 60 周岁。

第 29 条　指定代理

（1）符合下列情形之一的，内阁部长可以指定 1 名人员代理联邦申诉专员职务：

（a）申诉专员职务空缺期间，无论该职务此前是否已获任命；

（b）申诉专员擅离职守、不在澳大利亚，或者因任何原因不能履职期间。

注：指定代理的适用规则，参见《1901 年法律解释法》第 33A 条。

（1A）符合下列情形之一的，内阁部长可以指定 1 名人员代理联邦副申诉专员职务：

（a）副申诉专员职务空缺期间，无论该职务此前是否已获任命；

（b）副申诉专员擅离职守、不在澳大利亚，或者因任何原因不能履职期间。

注：指定代理的适用规则，参见《1901 年法律解释法》第 33A 条。

（3）不论何时，联邦副申诉专员被指定代理联邦申诉专员职务期间，副申诉专员职务构成本条规定的空缺。

（7）第 25 条和第 26 条之规定以适用于申诉专员的方式适用于依本条规定指定的人员。

第 2 章　工作人员

第 31 条　工作人员

（1）本法规定的工作人员属于《1999 年公共服务法》规定的就业人员。

（2）为《1999 年公共服务法》之目的：

（a）申诉专员和协助其工作的 APS 雇员一起构成法定机构；

（b）申诉专员是该法定机构的负责人。

第Ⅳ编　杂项条款

第 33 条　申诉专员不能被诉

（1）在遵守第 35 条情形下，对申诉专员和根据其指示或者授权代理行事的人员善意行使或者旨在行使任何权力、本法或者《1979 年澳大利亚联邦警察法》第 V 编第 7 章授权时的作为或者不作为，不得提起诉讼、控告或者其他法律程序。

（2）本条所称申诉专员，包括副申诉专员、申诉专员的代表。

第 34 条　授权

（1）申诉专员可以概括授权或者授权文件具体规定的其他方式，通过书面文件将下列权力授予有关人员：

（a）依据本法享有的权力，第 15 条、第 16 条、第 17 条和第 19 条规定的权力，以及授权的权力除外；

（b）相关州法或者授权文件允许二次授权的，第 7 款所称授权文件规定可以行使的权力；

（c）《1979 年澳大利亚联邦警察法》第 V 编第 7 章规定的权力。

（2）国防军申诉专员可以概括授权或者授权文件具体规定的其他方式，通过书面文件将本法规定的权力授予有关人员，第 15 条、第 16 条、第 17 条规定的权力，以及第 19FA 条所称权力除外。

（2A）邮政业申诉专员可以概括授权或者授权文件具体规定的其他方式，通过书面文件将本法规定的权力授予有关人员，第 19V 条和第 19W 条规定的权力，以及第 19X 条所称权力除外。

（2B）海外学生申诉专员可以概括授权或者授权文件具体规定的其他方式，通过书面文件将本法规定的权力授予有关人员，第 19ZQ 条和第 19ZR 条规定的权力，以及第 19ZS 条所称权力除外。

（5）经受所行使授权权力影响的人员请求，受权人员应当出示授权文件或者副本，以供该人员查验。

（7）同时符合下列情形的，联邦申诉专员相应有权行使这些权力。

（a）依据州法，州申诉专员可以将该法规定的权力以概括授权或者授权文件规定的其他方式，授予联邦申诉专员行使；

（b）内阁部长同意联邦申诉专员根据授权文件行使授权权力。

第 35 条　遵守保密规定的官员

（1）本条所称官员，是指下列人员：

（a）申诉专员；

（b）副申诉专员；

（c）第 31 条第 1 款所称工作人员；

（d）接受申诉专员依照第 34 条授权的人员，或者受权人，不包括第 b 项或者第 c 项所称人员；

（e）第 8 条第 12 款提及可供申诉专员使用的人员。

（2）依照本条规定，有关官员在担任职务或者停止担任职务以后，不得直接或者间接地记录担任职务时所获依照本法、1979 年《澳大利亚联邦警察法》第 V 编第 7 章规定披露、取得的信息，向他人泄露、发送该信息，包括州申诉专员提供的信息、联邦申诉专员行使第 34 条第 7 款州申诉专员授权权力时向其披露或者取得的信息。

处罚：罚款 500 澳元。

（3）第 2 款规定不阻止官员的下列行为：

（a）记录、向他人泄漏或者发送有关信息，该信息属于为与行使申诉专员权力、履行申诉专员职能相关之目的，履行官员职责时获得的信息；

（b）向他人泄漏、发送如下信息：

（ⅰ）信息是履行官员职责时由政府部门、法定机构负责人提供，经该政府部门、法定机构的主管官员或者主管部长同意的；

（ia）信息由根据合同为政府部门、法定机构提供服务的联邦服务提供商或者其雇员提供，经该政府部门、法定机构的主管官员或者主管部长同意的；

（ⅱ）信息由第 i 项或者第 ia 项规定以外人员提供，经信息提供人同意的。

（4）依照第 5 款之规定，第 2 款不阻止申诉专员或者副申诉专员在本法规定的报告中，披露其认为构成报告所包含决定、结论和建议之理由而应当披露的事项。

（5）总检察官向申诉专员出具书面证明，证明下列行为：

（a）披露有关特定事项或者特定类别事项的信息、文件；

（b）披露特定文件或者特定类别的文件；

因证明书所列明第 9 条第 3 款第 a 项、第 b 项、第 c 项、第 d 项或者第 e 项规定之理由，将违反公共利益的，有关官员在担任职务或者停止担任职务以后，不得直接或者间接从事下列行为，第 6 款规定除外：

（c）向他人泄露、发送依照本法规定获得的有关上述事项或者文件的信息；

（d）向他人泄露、发送上述文件的内容；

（e）向他人提供上述文件或者副本、摘录。

处罚：监禁 2 年。

（6）第 5 款规定不阻止官员在履职时从事下列行为：

（a）向其他官员泄漏、发送该款所称信息；

（b）向其他官员提供该款所称文件的内容或者副本、摘录；

（c）将向其出示的文件归还给对该文件具有合法保管权的人员。

（6A）第 2 款规定不阻止申诉专员或者申诉专员的代表依照第 6 条第 4D 款第 e 项或者第 6 条第 18 款第 d 项的规定提供信息、文件。

（7）依照第 7A 款之规定，为与行使权力、履行职能有关的目的，申诉专员拟向州申诉专员提供有关信息、发送文件或者副本、摘录的，应当确认，州法就州申诉专员所获信息的保密，制定了与本条相当的条款。

（7A）第 7 款规定不适用于申诉专员在行使州申诉专员依照第 34 条第 7 款授权行使的权力时获得的信息、文件。

（8）不能通过法院（无论是否行使联邦管辖权）程序，或者联邦法、州法或领地法授权的人员，或者当事人的同意，迫使在任或卸任官员听取、接收和审查证据，披露担任职务时所获依照本法、1979 年《澳大利亚联邦警察法》第 V 编第 7 章规定披露、取得的信息。

第 35AA 条　向廉政专员披露信息、文件

（1）本条适用于下列情形：

（a）申诉专员依其动议对第 5 条第 1 款第 b 项所称行为实施调查；

（b）调查时，申诉专员获得有关腐败问题或者与其相关的信息、文件。

（2）在遵守第 35B 条规定情形下，本法规定不排除申诉专员向廉政专员从事如下行为：

（a）披露信息；

（b）发表声明；

（c）提供文件。

（3）本条所称腐败问题，同 2006 年《廉政执法专员法》的规定。

所称廉政专员，同 2006 年《廉政执法专员法》的规定。

第 35A 条　申诉专员披露信息

（1）申诉专员认为披露信息、发表声明是为了政府部门、法定机构或者个人利益，或者其他公共利益的，在遵守第 35B 条和第 35C 条规定情形下，本法不得视为排除申诉专员向个人、公众就申诉专员履行职能或者实施调查等事项披露信息、发表声明。

（2）针对具体调查披露信息、发表声明，可能干预调查实施或者报告出具等的，申诉专员不得依照第 1 款规定披露信息、发表声明。

（3）依照第 1 款规定针对具体调查披露信息、发表声明的，申诉专员不得从事下列行为：

（a）明示或者默示发表对政府部门、法定机构或者有关人员的批评意见，调查时遵守第 8 条第 5 款规定的除外；

（b）披露申诉人的姓名，或者可以确定申诉人身份的其他事项，如此行事在任何情形下都公平、合理的除外。

（4）尽管有第 8 条第 2 款和第 35 条（不包括第 35 条第 5 款）之规定，本条产生效力。

第 35B 条　澳大利亚犯罪委员会信息的披露

（1）总检察官向申诉专员出具证明书，证明以证明书所指明之一种或者多种所列举披露方法披露某些澳大利亚犯罪委员会信息因下列原因将违反公共利益的，申诉专员不得披露这些信息：

（a）有损人员的安全；

（b）有损被指控或者可能被指控犯罪的人员享有的公正审理；

（c）有损澳大利亚犯罪委员会职能的正确履行；

（d）有损执法机构的运行。

（2）本条有关术语的含义如下：

所称澳大利亚犯罪委员会信息，是指由澳大利亚犯罪委员会或者其理事会占有、控制的信息或者文件、记录的内容。

所称与信息、文件或者记录有关的所列举披露方法，是指：

（a）包括依据下列规定所出具报告包含的信息或者文件、记录的内容：

（ⅰ）第Ⅱ编第 2 章；

（ⅱ）《2013 年公共治理、绩效和责任法》第 46 条；

（b）向第 6 条或者第 6A 条规定的其他人员、机构提供信息、文件或者记录；

（c）向州申诉专员提供信息、文件或者记录；

（d）向依照第 8B 条规定与申诉专员签署协议的机构提供信息、文件或者记录；

（e）依照第 35A 条第 1 款规定披露信息或者文件、记录的内容，或者就该披露发表声明；

（f）以其他列明的方法披露信息或者文件、记录的内容。

第 35C 条　披露澳大利亚廉政执法委员会信息

（1）总检察官向申诉专员出具证明书，证明以证明书所指明之一种或者多种所列举披露方法披露某些澳大利亚廉政执法委员会信息因下列原因将违反公共利益的，申诉专员不得披露这些信息：

（a）有损人员的安全；

（b）有损被指控或者可能被指控犯罪的人员享有的公正审理；

（c）有损廉政专员职能的正确履行；

（d）有损执法机构的运行。

（2）本条有关术语的含义如下：

所称澳大利亚廉政执法委员会信息，是指廉政专员占有、控制的信息或者文件的内容。

所称与信息、文件或者记录有关的所列举披露方法，是指：

（a）包括第II编第2章规定报告包含的信息或者文件、记录的内容；

（b）向第6条或者第6A条规定的其他人员、机构提供信息、文件或者记录；

（c）向州申诉专员提供信息、文件或者记录；

（d）向依照第8B规定与申诉专员签署协议的机构提供信息、文件或者记录；

（e）依照第35A条第1款规定披露信息或者文件、记录的内容，或者就该披露发表声明；

（f）以其他列明的方法披露信息或者文件、记录的内容。

第36条　违法行为

（1）依据本法提出要求的，有关人员不得拒绝或者不从事下列行为：

（a）来到申诉专员面前；

（b）宣誓或者发表誓词；

（ba）提供信息；

（c）回答问题、出示文件或者记录。

处罚：罚款1000澳元或者监禁3个月。

（2A）有关人员具有合理理由时，第1款不予适用。

注：被告对第 2A 款规定事项承担举证责任（参见《刑法典》第 13 条第 3 款第 3 项）。

（3）本条所称申诉专员，包括副申诉专员。

第 37 条 免于民事诉讼

有关人员因善意实施下列行为，对其他人造成损失、损害或者伤害等的，免予民事诉讼：

（a）依照本法向申诉专员提起申诉；

（b）为本法之目的，依照第 9 条规定的要求或者第 11A 条规定的指令，向第 35 条所称官员发表声明、提供文件或者信息，无论最终是否发表声明、提供文件或者信息。

第 38 条 规章

为实施本法或者使本法产生效力，总督可以制定与本法不相矛盾的规章，规定由本法要求或者允许规定的、必要或者方便规定之事项，特别是，与来到申诉专员面前当面作证的证人费用和开支有关之事项。

（翻译：刘衡 审校：宋连斌）

Ombudsman Act 1976

No. 181, 1976

An Act to provide for the appointment of a Commonwealth Ombudsman, a Defence Force Ombudsman, a Postal Industry Ombudsman and an Overseas Students Ombudsman, and to define their respective functions and powers

Part I Preliminary

1 Short title

This Act may be cited as the *Ombudsman Act 1976*.

2 Commencement

This Act shall come into operation on a date to be fixed by Proclamation.

3 Interpretation

(1) In this Act, unless the contrary intention appears:

ACC means the Australian Crime Commission established under section 7 of the *Australian Crime Commission Act 2002*.

ACMA means the Australian Communications and Media Authority.

ACT enactment means an enactment as defined by section 3 of the *Australian Capital Territory (Self-Government) Act 1988*.

AFP appointee has the same meaning as in the *Australian Federal Police Act 1979*.

AFP Commissioner means the Commissioner within the meaning of the *Australian Federal Police Act 1979*.

AFP conduct issue has the same meaning as in the *Australian Federal Police Act 1979*.

AFP practices issue has the same meaning as in the *Australian Federal Police Act 1979*.

Agency Head has the same meaning as in the *Public Service Act 1999*.

APS Code of Conduct means the rules in section 13 of the *Public Service Act 1999*.

Australia Post means the Australian Postal Corporation.

authorized person means:

(a) a person appointed by the Ombudsman to be an authorized person for the purposes of this Act; or

(b) a person included in a class of persons appointed by the Ombudsman to be authorized persons for the purposes of this Act.

Board of the ACC means the Board of the Australian Crime Commission established under section 7B of the *Australian Crime Commission Act 2002*.

chief executive officer of a court or tribunal means the person holding, or performing the duties of, one of the following offices:

(a) Clerk of the High Court;

(b) Registrar of the Federal Court of Australia;

(c) in relation to the Family Court of Australia—the Chief Executive Officer within the meaning of subsection 4 (1) of the *Family Law Act 1975*;

(ca) in relation to the Federal Circuit Court of Australia—the Chief

Executive Officer within the meaning of section 5 of the *Federal Circuit Court of Australia Act 1999*;

(d) Registrar of the Administrative Appeals Tribunal;

(e) an office declared by the regulations to be an office of chief executive officer of a court or tribunal for the purposes of this Act;

(f) an office prescribed by the regulations in lieu of an office referred to in paragraph (a) , (b) , (c) , (ca) or (d) .

Commonwealth-controlled company means an incorporated company in which the Commonwealth has an interest that enables the Commonwealth:

(a) to control the composition of the board of directors of the company; or

(b) to cast, or control the casting of, more than one-half of the maximum number of votes that might be cast at a general meeting of the company; or

(c) to control more than one-half of the issued share capital of the company (excluding any part of that share capital that carries no right to participate beyond a specified amount in a distribution of either profits or capital) .

Commonwealth service provider has the meaning given by section 3BA.

CSC (short for Commonwealth Superannuation Corporation) has the same meaning as in the Governance of Australian Government Superannuation Schemes Act 2011.

Department means a Department within the meaning of the Public Service Act 1999, but does not include the branch of the Australian Public Service comprising the transitional staff as defined by section 3 of the A.C.T. Self-Government (Consequential Provisions) Act 1988.

Deputy Ombudsman means a Deputy Commonwealth Ombudsman.

Deputy Ombudsman (***Defence Force***) means the Deputy Ombudsman who is, by virtue of a notice under subsection 23 (1) that is in force, designated as the Deputy Ombudsman (Defence Force) .

disclosable conduct has the same meaning as in the Public Interest Disclosure Act 2013. ***enactment*** means, subject to section 3B:

(a) an Act;

(b) an Ordinance of the Australian Capital Territory;

(c) an Ordinance of the Territory of Christmas Island or of the Territory of Cocos (Keeling) Islands;

(d) an instrument made under an Act or under an Ordinance referred to in paragraph (b) or (c) ; or

(e) a law (not being an Act, an Ordinance referred to in paragraph (c) or an instrument referred to in paragraph (d)) in force in the Territory of Christmas Island or the Territory of Cocos (Keeling) Islands;

but does not include the *Norfolk Island Act 1979*, the *Northern Territory (Self-Government) Act 1978* or an enactment of Norfolk Island or of the Northern Territory.

enactment of Norfolk Island means:

(a) a law or Ordinance referred to in paragraph (a) , (b) or (c) of the definition of ***enactment*** in subsection 4 (1) of the *Norfolk Island Act 1979*; or

(b) an instrument (including rules, regulations or by-laws) made under such a law or Ordinance.

enactment of the Northern Territory means:

(a) a law or Ordinance referred to in paragraph (a) or (b) of the definition of ***enactment*** in subsection 4 (1) of the *Northern Territory (Self-Government) Act 1978*; or

(b) an instrument (including rules, regulations or by-laws) made under such a law or Ordinance.

law enforcement agency has the same meaning as in the *Australian Crime Commission Act 2002*.

officer means:

(a) in relation to a Department:

(i) a person (including the principal officer of the Department) employed, whether in a permanent or temporary capacity, in the Department; or (ii) any other person (not being a Minister) authorized to exercise powers or perform functions of the Department on behalf of the Department; or

(b) in relation to a prescribed authority:

(i) the person who constitutes, or is acting as the person who constitutes, the authority;

(ii) a person who is, or is acting as, a member of the authority or is a deputy of such a member;

(iii) a person who is employed in the service of, or is a member of the staff of, the authority, whether or not he or she is employed by the authority; or

(iv) a person authorized by the authority to exercise any powers or perform any functions of the authority on behalf of the authority.

Note: For the meaning of ***officer*** for the purposes of Part IIB, see section 19G.

Ombudsman means the Commonwealth Ombudsman.

ombudsman scheme means a scheme providing for the investigation of complaints by consumers about matters relating to decisions or actions of the holders of licences or authorities granted under an enactment.

Ordinance, in relation to the Australian Capital Territory, includes a law of a State that applies, or the provisions of a law of a State that apply, in the Territory by virtue of an enactment (other than a law that is, or provisions that are, an ACT enactment）.

Parliamentary Department means a Department of the Parliament established under the *Parliamentary Service Act 1999.*

postal or similar service includes:

（a）a postal service; and

（b）a courier service; and

（c）a packet or parcel carrying service. ***PPO***（short for Private Postal Operator）means an entity（other than Australia Post）that provides a postal or similar service, whether or not that entity also provides other services.

prescribed authority means:

（a）a body corporate, or an unincorporated body, established for a public purpose by, or in accordance with the provisions of, an enactment, other than:

（ⅰ）an incorporated company or association;

（ⅱ）a body that has the power to take evidence on oath or affirmation and is required, or is expressly permitted, by an enactment to be constituted by, or to include among its members, a person who is a Justice or Judge of a court created by the Parliament or a person who has, by virtue of an Act, the same status as a Justice or Judge of such a court;

（ⅲ）a body that, under subsection（2）or the regulations, is not to be taken to be a prescribed authority for the purposes of this Act; and

（ⅴ）a Royal Commission; or

（b）a Commonwealth-controlled company that is a prescribed authority by virtue of section 3A; or

（ba）a body corporate, or an unincorporated body, established by the Governor-General or by a Minister and declared by the regulations to be a prescribed authority; or (bb) a chief executive officer of a court or tribunal; or

(c) the person holding, or performing the duties of, an office established by an enactment, other than:

(i) the chief executive officer of a court or tribunal or a person who, for the purposes of this Act, is to be taken to be a member of the staff of the chief executive officer of a court or tribunal; or

(ii) a person who, under subsection (3) or the regulations, is not to be taken to be a prescribed authority for the purposes of this Act; or (d) the person performing the duties of an appointment declared by the regulations to be an appointment the holder of which is a prescribed authority for the purposes of this Act, being an appointment made by the Governor-General, or by a Minister, otherwise than under an enactment.

principal officer means:

(a) in relation to a Department of the Australian Public Service—the person holding, or performing the duties of, the office of Secretary of the Department; or

(c) in relation to a prescribed authority:

(i) if the regulations declare an office to be the principal office in respect of the authority—the person holding, or performing the duties of, that office; or

(ii) in any other case—the person who constitutes, or is acting as the person who constitutes, that authority or, if the authority is constituted by 2 or more persons, the person who is entitled to preside at any meeting of the authority at which he or she is present.

Note: For the meaning of ***principal officer*** for the purposes of Part IIB, see section 19G.

registered PPO means a PPO that is registered for the purposes of Part IIB

(see section 19ZA) .

Note: In certain circumstances, a PPO that is no longer registered for the purposes of Part IIB may still be treated as a registered PPO (see section 19J) .

responsible Minister, in relation to a matter, or to action taken in or in relation to a matter, means:

(a) if a Department of the Australian Public Service is responsible for dealing with the matter—the Minister administering that Department; or

(c) if a prescribed authority referred to in paragraph (a) of the definition of ***prescribed authority*** is responsible for dealing with the matter—the Minister administering the enactment by which, or in accordance with the provisions of which, the prescribed authority is established; or (d) if a prescribed authority referred to in paragraph (c) of that definition is responsible for dealing with the matter—the Minister administering the enactment by which the office is established; or

(e) if any other prescribed authority is responsible for dealing with the matter—the Minister declared by the regulations to be the responsible Minister in respect of that authority;

or another Minister acting for and on behalf of that Minister.

Secretary means:

(a) in relation to a Department—the person who is the Secretary of the Department for the purposes of the *Public Service Act 1999*; or

(b) in relation to a Parliamentary Department—the person who is the Secretary of the Parliamentary Department for the purposes of the *Parliamentary Service Act 1999*.

taxation law has the same meaning as in the *Income Tax Assessment Act 1997*.

（2）An unincorporated body, being a board, council, committee, sub-committee or other body established by, or in accordance with the provisions of, an enactment for the purpose of assisting, or performing functions connected with, a prescribed authority shall not be taken to be a prescribed authority for the purpose of this Act, but action taken by the body, or by a person on its behalf, shall, for the purpose of this Act, be deemed to have been taken by that prescribed authority.

（3）A person shall not be taken to be a prescribed authority by virtue of holding, or performing the duties of:

（a）an office whose duties the person performs as duties of employment as an officer or employee of a Department or as a member of the staff of a prescribed authority;

（b）an office of member of a body; or

（c）an office established by an enactment for the purposes of a prescribed authority; but any action taken by or on behalf of a person holding, or performing the duties of, such an office shall, for the purposes of this Act, be deemed to have been taken by the Department, body or authority concerned.

（4）Where:

（a）a person who is not an officer of a Department, or of a prescribed authority, for the purposes of this Act takes action in the exercise of a power or the performance of a function that the person is authorized to exercise or to perform, as the case may be, by reason of his or her holding an appointment made by, or by reason of authority given by, the Governor-General, a Minister or the Secretary of a Department; and

（b）the person does not exercise the power or perform the function by reason of his or her holding, or performing the duties of, an office established by, or in accordance with the provisions of, an enactment or by reason of his or her being a Judge of a court of, or a magistrate of, a State or Territory;

the action shall be deemed to be taken, for the purposes of this Act, by the Department responsible for dealing with the matter in connection with which the action is taken.

(4A) Notwithstanding subsection (4), where a person is authorized to exercise a power or perform a function by reason of his or her holding an appointment made by, or by reason of authority given by, the Governor-General, a Minister or the Secretary of a Department otherwise than under an enactment, the regulations may provide that action taken by the person in the exercise of that power or the performance of that function shall not be deemed to be taken, for the purposes of this Act, by the Department responsible for dealing with the matter in connection with which the action is taken.

(4B) For the purposes of this Act, if:

(a) a person is not an officer of a Department or prescribed authority; and

(b) the person is, or is an employee of, a Commonwealth service provider of the Department or prescribed authority under a contract; and

(c) for the purposes of the contract, the person takes action in the exercise of a power or the performance of a function for or on behalf of the Department or prescribed authority; and

(d) the person does not exercise the power or perform the function by reason of:

(i) his or her holding, or performing the duties of, an office established by, or in accordance with the provisions of, an enactment; or

(ii) his or her being a Judge of a court of, or a magistrate of, a State or Territory; and

(e) the regulations do not otherwise provide;

the action is taken to be action taken by the Department or prescribed authority.

(5) For the purposes of this Act, action that is taken by an officer of a Department shall be deemed to be taken by the Department:

(a) if the officer takes, or purports to take, the action by virtue of his or her being an officer of the Department, whether or not:

(i) the action is taken for or in connexion with, or as incidental to, the performance of the functions of the Department; or

(ii) the taking of the action is within the duties of the officer; or

(b) if the officer takes, or purports to take, the action in the exercise of powers or the performance of functions conferred on him or her by an enactment.

(5A) Notwithstanding subsection (5), where the person holding, or performing the duties of, an office established by an enactment is, under the regulations, not to be taken to be a prescribed authority for the purposes of this Act, the regulations may also provide that action taken by an officer of a Department, being action in the furtherance of the duties of that office, shall, for the purposes of this Act, be deemed not to be action taken by that Department.

(6) For the purposes of this Act, action that is taken by an officer of a prescribed authority shall be deemed to be taken by the authority:

(a) if the officer takes, or purports to take, the action by virtue of his or her being an officer of the authority, whether or not:

(i) the action is taken for or in connexion with, or as incidental to, the performance of the functions of the prescribed authority; or

(ii) the taking of the action is within the duties of the officer; or

(b) if the officer takes, or purports to take, the action in the exercise of powers or the performance of functions conferred on him or her by an enactment.

(6A) For the purposes of this Act, action that is taken by a member of the Defence Force shall be deemed to be taken by the Defence Force if the member takes, or purports to take, the action by virtue of his or her being a member of the Defence Force, whether or not:

(a) the action is taken in connection with, in the course of, or as incidental to, his or her service as a member of the Defence Force; or

(b) the taking of the action is within his or her duties as a member of the Defence Force.

(6B) Action taken by any person or persons by way of, or in connection with, the appointment of a person to be the Chief of the Defence Force, the Chief of Navy, the Chief of Army or the Chief of Air Force is not action taken by the Defence Force or by a Department for the purposes of this Act.

(6C) In this Act (other than subsection (6A)) , unless the contrary intention appears, a reference to a member of the Defence Force or of an arm or part of the Defence Force includes a reference to:

(a) a person who has been a member of the Defence Force or of that arm or part of the Defence Force; or

(b) a deceased person who was at any time before his or her death a member of the Defence Force or of that arm or part of the Defence Force. (6D) For the purposes of this Act, action that is taken by an officer of a registered PPO is taken to have been taken by the registered PPO if the officer takes, or purports to take, the action because he or she is an officer of the registered PPO, whether or not:

(a) the action is taken for or in connection with, or as incidental to, the provision of a postal or similar service by the registered PPO; or

(b) the taking of the action is within the duties of the officer.

(7) In this Act, unless the contrary intention appears, a reference to the taking of action includes a reference to:

(a) the making of a decision or recommendation;

(b) the formulation of a proposal; and

(c) failure or refusal to take any action, to make a decision or recommendation or to formulate a proposal.

(7A) In this Act, unless the contrary intention appears, a reference to the Ombudsman of a State shall be read as a reference to a person performing, under a law of the State, functions similar to the functions performed by the Ombudsman.

(7B) For the purposes of a provision of this Act (other than this subsection) in which a reference to the Ombudsman of a State occurs:

(a) a reference to a State, in relation to the Ombudsman of a State, shall be read as including a reference to the Australian Capital Territory and a reference to the Northern Territory;

(b) a reference to a law of a State, in relation to the Ombudsman of a State, shall be read as including a reference to an ACT enactment and a reference to an enactment of the Northern Territory; and

(c) a reference to a Department or authority of a State, in relation to the Ombudsman of a State, shall be read as including a reference to:

(i) the Australian Capital Territory; or (ii) a Territory authority as defined by section 3 of the *Australian Capital Territory* (*Self-Government*) *Act 1988*; as the case requires.

(8) A reference in this Act to the international relations of the Commonwealth is a reference to the relations of the Commonwealth with the Government of another country or with an international organization.

(9) For the purposes of this Act, the Australian Federal Police shall be deemed to be a prescribed authority.

(10) In the application of this Act in relation to the Australian Federal Police, references in this Act to an officer of a prescribed authority shall be read as references to an AFP appointee.

(11) For the purposes of this Act (other than subsection (6)) , the Defence Force shall be deemed to be a prescribed authority.

(12) In the application of this Act in relation to the Defence Force:

(a) references in this Act to an officer of a prescribed authority shall be read as references to a member of the Defence Force;

(b) references in this Act to the principal officer of a prescribed authority shall be read as references to the Chief of the Defence Force; and

(c) references in this Act to the responsible Minister, in relation to a matter in relation to a prescribed authority, or in relation to action taken by a prescribed authority in or in relation to a matter, shall be read as references to the Minister for Defence or another Minister acting for and on behalf of the Minister for Defence.

(13) For the purposes of this Act, any matter (including a report) concerning both the Defence Force and the Department of Defence may, by arrangement between the Defence Force Ombudsman, the Chief of the Defence Force and the principal officer of the Department of Defence, be communicated by the Defence ForceOmbudsman to either the Chief of the Defence Force or the principal officer of that Department.

(13A) For the purposes of this Act, the ACC is taken to be a prescribed authority.

(14) For the purposes of this Act:

(a) the officers (other than the chief executive officer) of a court or tribunal; and

(b) the members of the staff of the registry or registries of a court or tribunal; and

(c) officers or employees of a Department, or of an authority of the Commonwealth, whose services are made available to a court or tribunal; and

(d) persons declared by the regulations to be members of the staff of a court or tribunal for the purposes of this Act;

are to be taken to be members of the staff of the chief executive officer of the court or tribunal.

(15) A reference in this section to an officer of a court or tribunal does not include a judge of a court or a member of a tribunal.

(16) In relation to anything that concerns:

(a) a chief executive officer of a court or tribunal; or

(b) a Parliamentary Department;

a reference to which this subsection applies has effect in accordance with subsection (18).

(17) Subsection (16) applies to the following references:

(a) a reference in any of the following provisions to the responsible Minister:

(ⅰ) paragraph 8 (7A)(b);

(ⅱ) subsections 8 (8) and (9);

(ⅲ) paragraph 8 (10)(c);

(ⅳ) subsection 11A (5);

(v) subparagraphs 35 (3) (b) (i) and (ia) ; (b) the reference in paragraph 8 (10) (a) to the Minister administering a Department;

(c) the reference in subsection 15 (6) to the Minister concerned.

(18) A reference to which subsection (16) applies is to be read as follows:

(a) in the case of the chief executive officer of a court, the reference is to be read as a reference to the chief justice or chief judge (however described) of the court;

(b) in the case of the Registrar of the Administrative Appeals Tribunal, the reference is to be read as a reference to the President of the Administrative Appeals Tribunal;

(c) in the case of the chief executive officer of a tribunal other than the Administrative Appeals Tribunal, the reference is to be read as a reference to the president or principal member (however described) of the tribunal or, if the tribunal consists of a single member, as a reference to that member;

(d) in the case of the Department of the Senate, the reference is to be read as a reference to the President of the Senate;

(e) in the case of the Department of the House of Representatives, the reference is to be read as a reference to the Speaker;

(f) in the case of any other Parliamentary Department, the reference is to be read as a reference to the President of the Senate and the Speaker.

3A Prescribed authorities: Commonwealth-controlled companies

(1) A Commonwealth-controlled company is a prescribed authority unless:

(a) it is excluded by subsection (2) ; or

(b) under the regulations it is to be taken not to be a prescribed authority.

(2) Subject to subsection (3) , a Commonwealth-controlled company is excluded for the purposes of paragraph (1) (a) if: (a) the company was a

Commonwealth-controlled company immediately before the commencement of Part 6 of the *Prime Minister and Cabinet* (*Miscellaneous Provisions*) *Act 1994*; and

(b) immediately before that commencement the company was not a prescribed authority for the purposes of this Act as then in force.

(3) A Commonwealth-controlled company that, but for this subsection, would be excluded by subsection (2) is not so excluded if the regulations declare that the company is to be taken to be a prescribed authority.

3B Certain legislation relating to Australian Capital Territory not to be enactment

(1) ACT enactments are not enactments.

(2) The *Australian Capital Territory* (*Self-Government*) *Act 1988* and the *Canberra Water Supply* (*Googong Dam*) *Act 1974* are not enactments.

(3) Part IV, sections 29 and 30, subsection 63 (2) , section 66 and Division 5 of Part X of the *Australian Capital Territory Planning and Land Management Act 1988* are not enactments.

(4) Where the whole of an Act or Ordinance is not an enactment, an instrument made under it is not an enactment.

(5) Where part of an Act or Ordinance is not an enactment, an instrument made under the Act or Ordinance, as the case may be, is not an enactment unless made for the purposes of the other part of the Act or Ordinance, as the case may be.

3BA Commonwealth service providers

A person is a ***Commonwealth service provider*** of a Department or prescribed authority under a contract (the ***Commonwealth contract***) if: (a) both of the following apply:

（ i ）the person, and the Department or prescribed authority or the Commonwealth, are parties to the Commonwealth contract;

（ ii ）for the purposes of the Commonwealth contract, the person is responsible for providing goods or services, for or on behalf of the Department or prescribed authority, to another person who is not a Department or prescribed authority or the Commonwealth; or

（b）both of the following apply:

（ i ）the person, and a person who is（under a previous application of this section）a Commonwealth service provider of the Department or prescribed authority under the Commonwealth contract, are parties to another contract（the ***subcontract***）;

（ ii ）under the subcontract and for the purposes of the Commonwealth contract, the person is responsible for providing goods or services, for or on behalf of the Department or prescribed authority, to another person who is not a Department or prescribed authority or the Commonwealth.

3C Application of Act

This Act applies both within and outside Australia and extends to every external Territory.

3D Application of the *Criminal Code*

Chapter 2 of the *Criminal Code* applies to all offences against this Act.

Note: Chapter 2 of the *Criminal Code* sets out the general principles of criminal responsibility.

Part II Establishment, functions, powers and duties of the Ombudsman

Division 1 Establishment and functions

4 Establishment of offices of Ombudsman and Deputy Ombudsman

(1) For the purposes of this Act, there shall be:

(a) a Commonwealth Ombudsman; and

(b) at least one, and not more than 3, Deputy Commonwealth Ombudsmen.

(2) The functions of the Commonwealth Ombudsman are to investigate complaints made to him or her under this Act and to perform such other functions as are conferred on him or her by:

(a) this Act or the regulations; or

(b) another Act or regulations made under another Act; or

(c) an ACT enactment or regulations made under an ACT enactment; or

(d) an enactment of Norfolk Island.

(4) The Commonwealth Ombudsman, in performing his or her functions in relation to immigration (including immigration detention), may, if he or she so chooses, be called the Immigration Ombudsman.

(5) The Commonwealth Ombudsman, in performing his or her functions in relation to the Australian Federal Police, may, if he or she so chooses, be called the Law Enforcement Ombudsman.

(6) The Commonwealth Ombudsman, in performing functions under an enactment of Norfolk Island, may, if he or she so chooses, be called the Norfolk

Island Ombudsman.

4A The Office of the Commonwealth Ombudsman

For the purposes of the finance law (within the meaning of the *Public Governance, Performance and Accountability Act 2013*) :

(a) the following group of persons is a listed entity:

(i) the Commonwealth Ombudsman;

(ii) the Deputy Commonwealth Ombudsmen;

(iii) the staff referred to in subsection 31 (1) ; and

(b) the listed entity is to be known as the Office of the Commonwealth Ombudsman; and

(c) the Commonwealth Ombudsman is the accountable authority of the Office of the Commonwealth Ombudsman; and

(d) the persons referred to in paragraph (a) are officials of the Office of the Commonwealth Ombudsman; and

(e) the purposes of the Office of the Commonwealth Ombudsman include:

(i) the functions of the Commonwealth Ombudsman referred to in subsection 4 (2) and section 5; and

(ii) the functions of the Defence Force Ombudsman referred to in section 19C; and

(iii) the functions of the Postal Industry Ombudsman referred to in section 19M; and

(iv) the functions of the Overseas Students Ombudsman referred to in section 19ZJ.

5 Functions of Ombudsman

(1) Subject to this Act, the Ombudsman:

(a) shall investigate action, being action that relates to a matter of administration, taken either before or after the commencement of this Act by a Department, or by a prescribed authority, and in respect of which a complaint has been made to the Ombudsman; and

（b）may, of his or her own motion, investigate any action, being action that relates to a matter of administration, taken eitherbefore or after the commencement of this Act by a Department or by a prescribed authority; and

（c）with the consent of the Minister, may enter into an arrangement under which the Ombudsman will perform functions of an ombudsman under an ombudsman scheme established in accordance with the conditions of licences or authorities granted under an enactment.

（2）The Ombudsman is not authorized to investigate:

（a）action taken by a Minister; or

（aa）action that constitutes proceedings in Parliament for the purposes of section 16 of the *Parliamentary Privileges Act 1987*; or

（b）action taken by a Justice or Judge of a court created by the Parliament; or

（ba）action by the chief executive officer of a court or by a person who, for the purposes of this Act, is to be taken to be a member of the staff of the chief executive officer of a court:

（ⅰ）when exercising a power of the court; or

（ⅱ）when performing a function, or exercising a power, of a judicial nature; or

（c）action taken by:

（ⅰ）a magistrate or coroner for the Australian Capital Territory, the Territory of Christmas Island or the Territory of Cocos（Keeling）Islands; or

（ⅱ）a person who holds office as a magistrate in a State or the Northern Territory in the performance of the functions of a magistrate conferred on him or her by or under an Act; or

(d) action taken by any body or person with respect to persons employed in the Australian Public Service or the service of a prescribed authority, being action taken in relation to that employment, including action taken with respect to the promotion, termination of appointment or discipline of a person so employed or the payment of remuneration to such a person; or (g) action taken by a Department or by a prescribed authority with respect to the appointment of a person to an office or position established by or under an enactment, not being an office or position in the Australian Public Service or an office in the service of a prescribed authority.

(3) The reference in paragraph (2) (a) to action taken by a Minister does not include a reference to action taken by a delegate of a Minister, and, for the purposes of this subsection, action shall be deemed to have been taken by such a delegate notwithstanding that the action is taken in pursuance of a power that is deemed by a provision of an enactment, when exercised by the delegate, to have been exercised by the Minister.

(3A) For the purposes of the application of this Act to or in relation to the Ombudsman, action taken by a Department or by a prescribed authority shall not be regarded as having been taken by a Minister by reason only that the action was taken by the Department or authority in relation to action that has been, is proposed to be, or may be, taken by a Minister personally.

(3B) Paragraph (2) (b) does not prevent the Ombudsman from investigating action taken by the Integrity Commissioner, or an Assistant Integrity Commissioner, who happens to be a Justice or Judge of a court created by the Parliament.

(4) Paragraph (2) (d) does not prevent the Ombudsman from investigating action taken by an AFP appointee, or by any other person, with respect to information that:

(a) is given to the AFP appointee; and

(b) raises an AFP conduct issue or AFP practices issue; and

(c) relates to action taken by another AFP appointee.

(5) The Ombudsman is not authorised to investigate action taken under:

(a) a law of Western Australia in its application in the Territory of Christmas Island by virtue of the *Christmas Island Act 1958*; or (b) a law of Western Australia in its application in the Territory of Cocos (Keeling) Islands by virtue of the *Cocos (Keeling) Islands Act 1955*;

by a person employed by Western Australia.

(6) The reference in subsection (5) to a person employed by Western Australia includes a reference to:

(a) a person occupying, or acting in, an office or position under a law of Western Australia; and

(b) a person employed by a body established by or under a law of Western Australia.

(7) An arrangement referred to in paragraph (1) (c) may include provision for payment by the other party to the arrangement for the performance of functions by the Ombudsman in accordance with the arrangement.

5A Public interest disclosure functions of Ombudsman

(1) If:

(a) a disclosure of information has been, or is required to be, allocated under section 43 of the *Public Interest Disclosure Act 2013*; and

(b) some or all of the disclosable conduct with which the information is concerned relates (within the meaning of that Act) to an agency (within the meaning of that Act) ; and

(c) the agency is neither an intelligence agency (within the meaning of that Act) nor the Inspector-General of Intelligence and Security;

to the extent that the conduct so relates, it is taken, for the purposes of this Act, to be action that relates to a matter of administration.

(2) For the purposes of the application of this Act to the action:

(a) the agency is taken to be a prescribed authority; and

(b) the action is to be treated as if it were action taken by the prescribed authority; and (c) a public official who belongs (within the meaning of the *Public Interest Disclosure Act 2013*) to the agency is taken to be an officer of the prescribed authority; and

(d) the person who disclosed the information is taken, if the disclosure is allocated to the Ombudsman, to have made a complaint to the Ombudsman in respect of the action.

(3) It is immaterial whether the disclosable conduct occurred before or after the commencement of this section.

6 Discretion not to investigate certain complaints

(1) Where a complaint has been made to the Ombudsman with respect to action taken by a Department or by a prescribed authority, the Ombudsman may, in his or her discretion, decide not to investigate the action or, if he or she has commenced to investigate the action, decide not to investigate the action further:

(a) if the Ombudsman is satisfied that the complainant became aware of the action more than 12 months before the complaint was made to the Ombudsman; or

(b) if, in the opinion of the Ombudsman:

(i) the complaint is frivolous or vexatious or was not made in good faith;

(ii) the complainant does not have a sufficient interest in the subject matter of the complaint; or

(iii) an investigation, or further investigation, of the action is not warranted having regard to all the circumstances.

(1A) Where a person who makes a complaint to the Ombudsman with respect to action taken by a Department or by a prescribed authority has not complained to the Department or authority with respect to that action, the Ombudsman may, in his or her discretion, decide not to investigate the action until the complainant so complains to the Department or authority.

(1B) Where a person who makes a complaint to the Ombudsman with respect to action taken by a Department or prescribed authority has complained to the Department or authority with respect to thataction, the Ombudsman may, in his or her discretion, decide not to investigate the action unless and until the complainant informs the Ombudsman that no redress has been granted or that redress has been granted but the redress is not, in the opinion of the complainant, adequate.

(1C) Where:

(a) a person who has made a complaint to the Ombudsman with respect to action taken by a Department or by a prescribed authority and who has complained to the Department or authority with respect to that action informs the Ombudsman as provided by subsection (1B) that no redress, or no adequate redress, has been granted by the Department or authority; and

(b) the Ombudsman is of the opinion:

(i) if no redress has been granted—that, since the complainant complained to the Department or authority, a reasonable period has elapsed in which redress could have been granted; or

(ii) if redress has been granted—that the redress was not reasonably adequate;

the Ombudsman shall, subject to this section, investigate the action.

(2) Where a complainant has exercised, or exercises, a right to cause action to which his or her complaint relates to be reviewed by a court or by a tribunal constituted by or under an enactment, the Ombudsman shall not investigate, or continue to investigate, as the case may be, the action unless the Ombudsman is of the opinion that there are special reasons justifying the investigation of the action or the investigation of the action further.

(3) Where the Ombudsman is of the opinion that a complainant has or had a right to cause the action to which the complaint relates to be reviewed by a court or by a tribunal constituted by or under an enactment but has not exercised that right, the Ombudsman may decide not to investigate the action or not to investigate the action further, as the case may be, if he or she is of the opinion that, in all the circumstances, it would be reasonable for the complainant to exercise, or would have been reasonable for the complainant to have exercised, that right.

(4) Where, before the Ombudsman commences, or after the Ombudsman has commenced, to investigate action taken by a Department or by a prescribed authority, being action that is the subject matter of a complaint, the Ombudsman becomes of the opinion that adequate provision is made under an administrative practice for the review of action of that kind taken by that Department or prescribed authority, the Ombudsman may decide not to investigate the action or not to investigate the action further, as the case may be:

(a) if the action has been, is being or is to be reviewed under that practice at the request of the complainant; or

(b) if the Ombudsman is satisfied that the complainant is entitled to cause the action to be reviewed under that practice and it would be reasonable for the complainant to cause it to be so reviewed.

(4D) Where, before the Ombudsman commences, or after the Ombudsman has commenced, to investigate action taken by a Department or by a prescribed authority, being action that is the subject matter of a complaint, the Ombudsman becomes of the opinion that:

(a) a complaint with respect to the action has been, or could have been, made by the complainant to the ACMA under Part 26 of the *Telecommunications Act 1997*; and

(b) the action could be more conveniently or effectively dealt with by the ACMA;

the Ombudsman may decide not to investigate the action, or not to investigate the action further, as the case may be, and, if the Ombudsman so decides, the Ombudsman shall:

(c) transfer the complaint to the ACMA;

(d) forthwith give notice in writing to the complainant stating that the complaint has been so transferred; and (e) give to the ACMA any information or documents that relate to the complaint and are in the possession, or under the control, of the Ombudsman.

(4E) A complaint transferred under subsection (4D) shall be taken to be a complaint made to the ACMA under Part 26 of the *Telecommunications Act 1997*.

(5) Where a complaint is made to the Ombudsman by a complainant at the request of another person or of a body of persons, this section applies as if references to the complainant were references to the person or the body of persons at whose request the complaint is made.

(6) If the Ombudsman forms the opinion:

(a) that a complaint relates to action of a prescribed authority that is a national broadcasting service for the purposes of the *Broadcasting Services Act 1992*; and

(b) that the complaint could have been made to the Australian Communications and Media Authority under Part 11 of the *Broadcasting Services Act 1992* and could be more conveniently or effectively dealt with by that Authority;

the Ombudsman may decide not to investigate the action, or not to investigate the action further, as the case may be, and to transfer the complaint to the Australian Communications and Media Authority.

(7) If the Ombudsman makes a decision under subsection (6) , the Ombudsman must:

(a) transfer the complaint to the Authority as soon as is reasonably practicable; and

(b) give the Authority any information or documents relating to the complaint that are in the possession, or under the control, of the Ombudsman; and

(c) as soon as is reasonably practicable, give the complainant written notice that the complaint has been transferred to the Authority.

(8) A complaint transferred under subsection (7) is to be taken to be a complaint made under Part 11 of the *Broadcasting Services Act 1992*.

(9) If the Ombudsman forms the opinion:

(a) that a complaint could have been made under the *Public Service Act 1999*; and

(b) that the complaint could be more conveniently or effectively dealt with by the Australian Public Service Commissioner;

the Ombudsman may decide not to investigate the complaint, or not to investigate the complaint further, as the case may be, and to transfer the complaint to the Australian Public Service Commissioner.

(10) If the Ombudsman makes a decision under subsection (9), the Ombudsman must:

(a) transfer the complaint to the Australian Public Service Commissioner as soon as is reasonably practicable; and

(b) give the Australian Public Service Commissioner any information or documents relating to the complaint that are in the possession, or under the control, of the Ombudsman; and

(c) as soon as is reasonably practicable, give the complainant written notice that the complaint has been transferred to the Australian Public Service Commissioner.

(11) In considering whether to make a decision under subsection (9) relating to a complaint that includes an allegation of misconduct by an Agency Head, the Ombudsman must consult with the Australian Public Service Commissioner.

(11A) If the Ombudsman forms the opinion:

(a) that a complaint could have been made under the *Parliamentary Service Act 1999*; and

(b) that the complaint could be more conveniently or effectively dealt with by the Parliamentary Service Commissioner;

the Ombudsman may decide not to investigate the complaint, or not to investigate the complaint further, as the case may be, and to transfer the complaint to the Parliamentary Service Commissioner.

(11B) If the Ombudsman makes a decision under subsection (11A), the

Ombudsman must:

(a) transfer the complaint to the Parliamentary Service Commissioner as soon as is reasonably practicable; and

(b) give the Parliamentary Service Commissioner any information or documents relating to the complaint that are in the possession, or under the control, of the Ombudsman; and

(c) as soon as is reasonably practicable, give the complainant written notice that the complaint has been transferred to the Parliamentary Service Commissioner.

(11C) In considering whether to make a decision under subsection (11A) relating to a complaint that includes an allegation of misconduct by the Secretary of a Parliamentary Department, the Ombudsman must consult with the Parliamentary Service Commissioner.

(12) If the Ombudsman forms the opinion that action in respect of which a complaint has been made relates to a commercial activity of a Department or prescribed authority, the Ombudsman may decide not to investigate the complaint, or to cease investigating the complaint, as the case may be.

(13) If the Ombudsman forms the opinion:

(a) that a complaint relates to action taken by a Department or a prescribed authority; and

(b) that the complaint could be more conveniently or effectively dealt with by the industry ombudsman for a particular industry;

the Ombudsman may decide not to investigate the action, or not to investigate the action further, as the case may be, and to transfer the complaint to that industry ombudsman.

(14) If the Ombudsman makes a decision under subsection (13) , the

Ombudsman must:

(a) transfer the complaint to the industry ombudsman as soon as is reasonably practicable; and

(b) give the industry ombudsman such information or documents relating to the complaint that are in the possession, or under the control, of the Ombudsman as the Ombudsman believes are reasonably necessary to enable the industry ombudsman to deal effectively with the complaint; and

(c) as soon as is reasonably practicable, give the complainant written notice of the transfer of the complaint.

(15) For the purposes of subsection (13) , the industry ombudsman for a particular industry is the person holding, or acting in, the office or appointment declared by the regulations to be the office or appointment the holder of which is the ombudsman for that industry.

(16) If the Ombudsman forms the opinion:

(a) that a complaint involves an allegation, or information, that raises a corruption issue (other than a significant corruption issue) ; and

(b) that the allegation or information could have been referred to the Integrity Commissioner under Part 4 of the *Law Enforcement Integrity Commissioner Act 2006* and could be more conveniently or effectively dealt with by the Integrity Commissioner;

the Ombudsman may decide not to investigate the complaint, or not to investigate the complaint further, as the case may be, and to refer the allegation or information to the Integrity Commissioner.

(17) If the Ombudsman forms the opinion:

(a) that a complaint involves an allegation, or information, that raises a significant corruption issue; and

(b) that the allegation or information could have been referred to the Integrity Commissioner under Part 4 of the *Law Enforcement Integrity Commissioner Act 2006* and could be more conveniently or effectively dealt with by the Integrity Commissioner;

the Ombudsman must not investigate the complaint, or must not investigate the complaint further, as the case may be, and must refer the allegation or information to the Integrity Commissioner.

(18) If:

(a) the Ombudsman makes a decision under subsection (16); or

(b) subsection (17) applies;

the Ombudsman must:

(c) refer the allegation, or information, that raises the corruption issue or significant corruption issue to the Integrity Commissioner as soon as is reasonably practicable; and

(d) give the Integrity Commissioner any information or documents relating to the complaint that are in the possession, or under the control, of the Ombudsman; and

(e) as soon as is reasonably practicable, give the complainant written notice that the complaint has been transferred to the Integrity Commissioner.

(19) In subsections (16) to (18):

corruption issue has the same meaning as in the *Law Enforcement Integrity Commissioner Act 2006*.

Integrity Commissioner has the same meaning as in the *Law Enforcement Integrity Commissioner Act 2006*.

significant corruption issue has the same meaning as in the *Law Enforcement Integrity Commissioner Act 2006*.

(20) If the Ombudsman forms the opinion:

(a) that a complaint includes information about an AFP conduct issue or an AFP practices issue; and

(b) that the information could have been given under section 40SA of the *Australian Federal Police Act 1979* and the issue could be more conveniently or effectively dealt with under Part V of that Act;

the Ombudsman may decide not to investigate the complaint, or not to investigate the complaint further, as the case may be, and to give the information to the AFP Commissioner under that section of that Act.

(21) If the Ombudsman makes a decision under subsection (20), the Ombudsman must:

(a) give the information to the AFP Commissioner under section 40SA of the *Australian Federal Police Act 1979* as soon as is reasonably practicable; and

(b) give the AFP Commissioner any information or documents relating to the complaint that are in the possession, or under the control, of the Ombudsman; and

(c) as soon as is reasonably practicable, give the complainant written notice that the complaint has been transferred to the AFP Commissioner to be dealt with under that Act.

6A Transfer of complaints about ACC

(1) If:

(a) the Ombudsman forms the opinion that:

(ⅰ) a complaint in respect of action taken by the ACC could have been made to another authority established under a law of the Commonwealth, a State or a Territory; and

(ⅱ) the complaint could be more conveniently or effectively dealt with by the other authority; and

(b) the other authority can deal with the complaint if the Ombudsman transfers the complaint to the other authority;

the Ombudsman may decide not to investigate the complaint, or not to investigate the complaint further, as the case may be, and to transfer the complaint to the other authority.

(2) If the Ombudsman decides to transfer the complaint, the Ombudsman must:

(a) do so as soon as is reasonably practicable; and

(b) subject to section 35B, give the other authority any information or documents relating to the complaint that are in the possession, or under the control, of the Ombudsman; and

(c) as soon as is reasonably practicable, give the complainant written notice that the complaint has been transferred to the other authority.

6B Transfer of complaints about Integrity Commissioner

(1) If:

(a) the Ombudsman forms the opinion that:

(i) a complaint in respect of action taken by the Integrity Commissioner could have been made to another authority established under a law of the Commonwealth, a State or a Territory; and

(ii) the complaint could be more conveniently or effectively dealt with by the other authority; and

(b) the other authority can deal with the complaint if the Ombudsman transfers the complaint to the other authority;

the Ombudsman may decide not to investigate the complaint, or not to investigate the complaint further, as the case may be, and to transfer the complaint to the other authority.

(2) If the Ombudsman decides to transfer the complaint, the Ombudsman must:

(a) do so as soon as is reasonably practicable; and

(b) subject to section 35C, give the other authority any information or documents relating to the complaint that are in the possession, or under the control, of the Ombudsman; and

(c) as soon as is reasonably practicable, give the complainant written notice that the complaint has been transferred to the other authority.

6C Transfer of complaints to Information Commissioner

Scope

(1) This section applies if the Ombudsman is satisfied of either of the following:

(a) that:

(i) a complainant has complained, or could complain, to the Information Commissioner about an action taken by a Department or prescribed authority under Part V of the *Privacy Act 1988* or Part VIIB of the *Freedom of Information Act 1982*; and

(ii) the action could be more appropriately or effectively dealt with by the Information Commissioner;

(b) a complaint about an action taken by a Department or prescribed authority has been the subject of a completed investigation by the Information Commissioner under Part V of the *Privacy Act 1988* or Part VIIB of the *Freedom of Information Act 1982*.

Requirement to consult with Information Commissioner

(2) The Ombudsman:

(a) must consult the Information Commissioner about the complaint with a view to avoid inquiries being conducted into that matter by both the Information Commissioner and the Ombudsman; and

(b) may decide not to investigate the action, or not to continue to investigate the action.

Transfer to Information Commissioner

(3) If the Ombudsman decides not to investigate, or not to continue to investigate, an action under paragraph (2) (b) , the Ombudsman must:

(a) transfer the complaint to the Information Commissioner; and

(b) notify the complainant in writing that the complaint has been transferred; and

(c) give the Information Commissioner any information or documents that relate to the complaint in the possession, or under the control of, the Ombudsman.

(4) A complaint transferred under subsection (3) is taken to be a complaint made to the Information Commissioner under Part V of the *Privacy Act 1988* or Part VIIB of the *Freedom of Information Act 1982*, as the case requires.

6D Tax administration matters and transfer of complaints to Inspector-General of Taxation

Ombudsman not to investigate action relating to tax administration

(1) The Ombudsman must not investigate action that the Inspector-General of Taxation can investigate under paragraph 7 (1) (a) or (b) of the *Inspector-General of Taxation Act 2003* (***tax administration action***) .

Exception—transferred complaints

(2) However, the Ombudsman may investigate tax administration action that:

(a) is the subject of a part of a complaint transferred to the Ombudsman under paragraph 10 (2) (b) of the *Inspector-General of Taxation Act 2003*; or

(b) is the subject of a part of a complaint that the Inspector-General of Taxation advises, under paragraph (3) (b) of this section, does not need to be transferred under subsection (3) ; or

(c) is also action relating to a matter of administration under:

(i) the *Public Interest Disclosure Act 2013*; or

(ii) the *Freedom of Information Act 1982*; or

(iii) another Act (other than a taxation law) prescribed by regulations made for the purposes of this paragraph.

Note: Subsection (1) does not apply to any part of a complaint that is not in respect of tax administration action.

Transferring complaints to the Inspector-General of Taxation

(3) The Ombudsman must transfer the following to the Inspector-General of Taxation:

(a) a complaint made to the Ombudsman that is wholly in respect of tax administration action;

(b) if part of a complaint made to the Ombudsman is in respect of tax administration action—that part of the complaint, unless the Inspector-General advises otherwise.

(4) For a complaint made to the Ombudsman that is only partly in respect of tax administration action, the Ombudsman:

(a) must consult the Inspector-General of Taxation about the complaint or about complaints of that kind; and

(b) may transfer to the Inspector-General the part of the complaint that is not in respect of tax administration action if the Ombudsman is satisfied that the whole complaint could be more appropriately or effectively dealt with by the Inspector-General of Taxation.

(5) The Ombudsman must, for each complaint (or part of a complaint) transferred to the Inspector-General of Taxation:

(a) notify the complainant in writing of that transfer; and

(b) give the Inspector-General of Taxation any related information or documents that are:

(i) in the Ombudsman's possession; or

(ii) under the Ombudsman's control.

(6) For the purposes of the *Inspector-General of Taxation Act 2003* (other than subsection 10 (1) or (2) of that Act) , a complaint (or part of a complaint) transferred under this section is taken to be a complaint made to the Inspector-General of Taxation under that Act.

Note: A similar provision for transferring to the Ombudsman complaints made to the Inspector-General is contained in section 10 of the *Inspector-General of Taxation Act 2003*. Subsection 10 (4) of that Act deems transferred complaints to be complaints made to the Ombudsman under this Act.

7 Complaints

(1) Subject to subsection (2) , a complaint under this Act may be made to the Ombudsman orally or in writing.

(2) Where a complaint is made orally to the Ombudsman, the Ombudsman may reduce the complaint to writing or at any time require the complainant to reduce the complaint to writing and, where the Ombudsman makes such a requirement of a complainant, the Ombudsman may decline to investigate the complaint, or to investigate the complaint further, until the complainant reduces the complaint to writing.

(3) A person who is detained in custody is entitled:

(a) upon making a request to the person in whose custody he or she is detained or to any other person performing duties in connection with his or her detention:

(i) to be provided with facilities for preparing a complaint in writing under this Act, for furnishing in writing to the Ombudsman, after the complaint has been made, any other relevant information and for enclosing the complaint or the other information (if any) in a sealed envelope; and

(ii) to have sent to the Ombudsman, without undue delay, a sealed envelope delivered by him or her to any such person and addressed to the Ombudsman; and

(b) to have delivered to him or her, without undue delay, any sealed envelope, addressed to him or her and sent by the Ombudsman, that comes into the possession or under the control of the person in whose custody he or she is detained or of any other person performing duties in connection with his or her detention.

(4) Where a sealed envelope addressed to the Ombudsman is delivered by a person detained in custody to a person referred to in subsection (3) for sending to the Ombudsman, or a sealed envelope addressed to a person so detained and sent by the Ombudsman comes into the possession or under the control of a person referred to in that subsection, neither the person in whose custody the first-mentioned person is detained nor any other person performing duties in connection with his or her detention is entitled to open the envelope or to inspect any document enclosed in the envelope.

(5) For the purposes of subsections (3) and (4), the Ombudsman may make arrangements with the appropriate authority of a State or a Territory for

the identification and delivery of sealed envelopes sent by the Ombudsman to persons detained in custody in that State or Territory.

7A Preliminary inquiries

Ombudsman may make preliminary inquiries

(1) Where a complaint has been made to the Ombudsman with respect to action taken by a Department or by a prescribed authority or it appears to the Ombudsman that the Ombudsman may, under paragraph 5 (1)(b), investigate action so taken, the Ombudsman may, for the purpose of:

(a) determining whether or not the Ombudsman is authorized to investigate the action; or

(b) if the Ombudsman is authorized to investigate the action—determining whether or not the Ombudsman may, in his or her discretion, decide not to investigate the action;

make inquiries of the principal officer of the Department or prescribed authority or, if an arrangement with the principal officer of the Department or authority is in force under subsection (2), of such officers as are referred to in the arrangement.

Disclosure of information

(1A) Subsections (1B), (1C), (1D) and (1E) apply if:

(a) the Ombudsman requests the principal officer, or (if applicable) an officer referred to in the arrangement, to give information (including an answer to a question) to the Ombudsman or to produce a document or other record to the Ombudsman; or

(b) the principal officer, or (if applicable) an officer referred to in the arrangement, reasonably believes that information or a document or other record would assist the Ombudsman to make a determination under subsection (1).

（1B）If the officer:

（a）gives the information to the Ombudsman or produces the document or record to the Ombudsman; and

（b）by doing so:

（ⅰ）contravenes any other enactment; or

（ⅱ）might tend to incriminate the officer or make the officer liable to a penalty; or

（ⅲ）discloses a legal advice given to a Minister, a Department or a prescribed authority; or

（ⅳ）discloses a communication between an officer of a Department or of a prescribed authority and another person or body, being a communication protected against disclosure by legal professional privilege; or

（ⅴ）otherwise acts contrary to the public interest;

the information or the production of the document or record is not admissible in evidence against the officer in proceedings other than proceedings for an offence against section 137.1, 137.2 or 149.1 of the *Criminal Code* that relates to this Act.

（1C）The officer is not liable to any penalty under the provisions of any other enactment by reason of his or her giving the information to the Ombudsman or producing the document or record to the Ombudsman.

（1D）For the purposes of the *Privacy Act 1988*, the giving of the information to the Ombudsman or the production of the document or record to the Ombudsman is taken to be authorised by this Act.

（1E）Subsection（1B）does not otherwise affect a claim of legal professional privilege that anyone may make in relation to the information, document or record.

Arrangements with Departments and prescribed authorities

(2) The Ombudsman may from time to time make with the principal officer of a Department or of a prescribed authority an arrangement with respect to the officers of whom all inquiries, or inquiries included in a class or classes of inquiries specified in the arrangement, are to be made by the Ombudsman in pursuance of subsection (1) with respect to action that has been or is taken by the Department or authority.

8 Investigations

Ombudsman must inform of investigation

(1) The Ombudsman shall, before commencing an investigation under this Act of action taken by a Department or by a prescribed authority, inform the principal officer of the Department or of the authority that the action is to be investigated.

(1A) The Ombudsman may from time to time make with the principal officer of a Department or of a prescribed authority an arrangement with respect to the manner in which, and the period within which, the Ombudsman is to inform that principal officer that he or she proposes to investigate action taken by the Department or authority, being action included in a class or classes of actions specified in the arrangement.

Investigations to be in private

(2) An investigation under this Act shall be conducted in private and, subject to this Act, in such manner as the Ombudsman thinks fit.

Disclosure of information

(2A) Subsections (2B) , (2C) , (2D) and (2E) apply if:

(a) either:

(i) for the purposes of an investigation under this Act (whether or not the investigation has been completed) , the Ombudsman requests a person to give information (including an answer to a question) to the Ombudsman or to produce a document or other record to the Ombudsman; or

(ii) a person reasonably believes that information or a document or other record is relevant to an investigation under this Act (whether or not the investigation has been completed); and

(b) any of the following apply:

(i) the person obtained the information, document or record in the course of the person's duties as the principal officer of a Department or prescribed authority, and the person is still the principal officer of the Department or prescribed authority;

(ii) the person obtained the information, document or record in the course of the person's duties as the principal officer of a Department or prescribed authority, the person is no longer the principal officer of the Department or prescribed authority, and the principal officer of the Department or prescribed authority has authorised the person to give the information to the Ombudsman or to produce the document or other record to the Ombudsman;

(iii) the person obtained the information, document or record in the course of the person's duties as an officer (other than as the principal officer) of a Department or prescribed authority, and the principal officer of the Department or prescribed authority has authorised the officer to give the information to the Ombudsman or to produce the document or other record to the Ombudsman;

(iv) the person obtained the information, document or record lawfully but not in the course of the person's duties as an officer (including as the principal officer) of a Department or prescribed authority.

(2B) If the person:

(a) gives the information to the Ombudsman or produces the document or record to the Ombudsman; and

（b）by doing so:

（ⅰ）contravenes any other enactment; or

（ⅱ）might tend to incriminate the person or make the person liable to a penalty; or

（ⅲ）discloses a legal advice given to a Minister, a Department or a prescribed authority; or

（ⅳ）discloses a communication between an officer of a Department or of a prescribed authority and another person or body, being a communication protected against disclosure by legal professional privilege; or

（ⅴ）otherwise acts contrary to the public interest;

the information or the production of the document or record is not admissible in evidence against the person in proceedings other than proceedings for an offence against section 137.1, 137.2 or 149.1 of the *Criminal Code* that relates to this Act.

（2C）The person is not liable to any penalty under the provisions of any other enactment by reason of his or her giving the information to the Ombudsman or producing the document or record to the Ombudsman.

（2D）For the purposes of the *Privacy Act 1988*, the giving of the information to the Ombudsman or the production of the document or record to the Ombudsman is taken to be authorised by this Act.

（2E）Subsection（2B）does not otherwise affect a claim of legal professional privilege that anyone may make in relation to the information, document or record.

Ombudsman may obtain information

（3）Subject to this Act, the Ombudsman may, for the purposes of this Act, obtain information from such persons, and make such inquiries, as he or she thinks fit.

Rights to appear

(4) Subject to subsection (5), it is not necessary for the complainant or any other person to be afforded an opportunity to appear before the Ombudsman or any other person in connexion with an investigation by the Ombudsman under this Act.

(5) The Ombudsman shall not make a report in respect of an investigation under this Act in which he or she sets out opinions that are, either expressly or impliedly, critical of a Department, prescribed authority or person unless, before completing the investigation, he or she has:

(a) if the opinions relate to a Department or prescribed authority—afforded the principal officer of the Department or authority and the officer principally concerned in the action to which the investigation relates opportunities to appear before him or her, or before an authorized person, and to make such submissions, either orally or in writing, in relation to that action as they think fit; and

(b) if the opinions relate to a person—afforded that person an opportunity to appear before him or her, or before an authorized person, and to make such submissions, either orally or in writing, in relation to the action to which the investigation relates as he or she thinks fit.

(6) Where the Ombudsman affords the principal officer of a Department or of a prescribed authority an opportunity to appear before him or her, or before an authorized person, under subsection (5), the principal officer may appear before the Ombudsman or before the authorized person in person or a person authorized by the principal officer may appear before the Ombudsman or before the authorized person on behalf of the principal officer.

(7) Where the Ombudsman affords a person other than the principal officer of a Department or of a prescribed authority an opportunity to appear before him or her, or before an authorized person, under subsection (5) , the person may, with the approval of the Ombudsman or of the authorized person, as the case may be, be represented by another person.

(7A) Where, in relation to an investigation under this Act, the Ombudsman proposes to afford a person an opportunity to appear before him or her or before an authorized person and to make submissions under subsection (5) , or proposes to make a requirement of a person under section 9:

(a) if a complaint was made orally with respect to the action and the complaint has not been reduced to writing—the complaint shall be reduced to writing accordingly; and

(b) the Ombudsman shall, if he or she has not previously informed the responsible Minister that the action is being investigated, inform that Minister accordingly.

Ombudsman may discuss investigation with Ministers

(8) The Ombudsman may, either before or after the completion of an investigation under this Act, discuss any matter relevant to the investigation with:

(a) the responsible Minister; or

(b) any other Minister concerned with the matter.

(9) On the request of the responsible Minister, the Ombudsman shall consult that Minister before he or she forms a final opinion on any of the matters referred to in subsection 15 (1) or (2) that are relevant to the action under investigation.

Breaches of duty etc.

(10) Where the Ombudsman forms the opinion, either before or after completing an investigation under this Act, that there is evidence that a person, being an officer of a Department or of a prescribed authority, has been guilty of a breach of duty or of misconduct and that the evidence is, in all the circumstances, of sufficient force to justify his or her doing so, the Ombudsman shall bring the evidence to the notice of:

（a）if the person is the Secretary of the Department—the Minister administering the Department; or

（b）if the person is an officer of a Department but not the Secretary of that Department—the Secretary of that Department; or

（ba）if the person is the Secretary of a Parliamentary Department—the Presiding Officer or Presiding Officers（within the meaning of the *Parliamentary Service Act 1999*）in relation to the Parliamentary Department; or

（bb）if the person is an officer of a Parliamentary Department but not the Secretary of that Parliamentary Department—the Secretary of that Parliamentary Department; or

（c）if the person is the principal officer of a prescribed authority（other than a Parliamentary Department）—the responsible Minister in respect of the action under investigation; or

（d）if the person is an officer of a prescribed authority（other than a Parliamentary Department）but not the principal officer of that authority—the principal officer of that authority.

（10A）Without limiting subsection（10）, if the Ombudsman forms the opinion, either before or after completing an investigation under this Act, that there is evidence that an Agency Head may have breached the APS Code of Conduct, the Ombudsman must:

（a）unless the Agency Head is the Australian Public Service

Commissioner—bring the evidence to the notice of the Australian Public Service Commissioner; or

(b) if the Agency Head is the Australian Public Service Commissioner—bring the evidence to the notice of the Merit Protection Commissioner.

(10B) Without limiting subsection (10), if the Ombudsman forms the opinion, either before or after completing an investigation under this Act, that there is evidence that the Secretary of a Parliamentary Department may have breached the Code of Conduct (within the meaning of the *Parliamentary Service Act 1999*), the Ombudsman must bring the evidence to the notice of the Parliamentary Service Commissioner.

(10C) Without limiting subsection (10), if the Ombudsman forms the opinion, either before or after completing an investigation under this Act, that there is evidence that the Parliamentary Service Commissioner may have breached the Code of Conduct (within the meaning of the *Parliamentary Service Act 1999*), the Ombudsman must bring the evidence to the notice of the Parliamentary Service Merit Protection Commissioner.

(11) If:

(a) a person is, or is an employee of, a Commonwealth service provider of a Department or prescribed authority under a contract; and

(b) in the opinion of the Ombudsman, there is evidence that the person has engaged in conduct that:

(i) would, if the person were an officer of the Department or prescribed authority, amount to a breach of duty or to misconduct; or

(ii) should be brought to the attention of the principal officer of the Department or prescribed authority; and

(c) in the opinion of the Ombudsman, the evidence is, in all the circumstances, of sufficient force to justify the Ombudsman doing so;

the Ombudsman must bring the evidence to the notice of the principal officer of the Department or prescribed authority.

Arrangements for having police officers assist Ombudsman in relation to investigation

(12) Whenever it becomes necessary or desirable for the Ombudsman to use persons with police training in connection with his or her investigation of a complaint about an AFP conduct issue or AFP practices issue, the Ombudsman may, and must in so far as it is practicable to do so, use, in connection with that investigation:

(a) an AFP appointee who is made available to him or her by the AFP Commissioner for the purposes of the investigation; or

(b) a member of the police force of a State whom the police force of the State agrees to make available to the Ombudsman, for the purposes of the investigation, under arrangements made by the AFP Commissioner.

8A Investigations by Commonwealth and State Ombudsmen

(1) The Commonwealth Ombudsman may, if he or she thinks fit, make an arrangement with the Ombudsman of a State, or the Ombudsmen of 2 or more States, for and in relation to the investigation by any one or more of the Ombudsmen of action, being action that relates to a matter of administration, referred to in any of the following paragraphs:

(a) action taken by a Department or prescribed authority and action taken by a Department of a State or an authority of a State;

(b) action taken by an authority or other agency established jointly or administered jointly by the Commonwealth and one or more States;

(c) action taken by an authority or other agency referred to in paragraph

(b) and action taken by:

(i) a Department or prescribed authority; or

(ii) a Department of a State or an authority of a State.

(1A) The Commonwealth Ombudsman may, if he or she thinks fit, make an arrangement with the Ombudsman of a State, or the Ombudsmen of 2 or more States, for and in relation to the investigation, by any one or more of the Ombudsmen, of action to which subsection (1B) , (1C) or (1D) applies.

(1B) This subsection applies to action that:

(a) gives rise to an AFP conduct issue or AFP practices issue; and

(b) involves:

(i) an AFP conduct issue that relates to a member of the police force of a State; or

(ii) action taken by the police force of a State; or

(iii) action taken by a Department of a State or by an authority of a State.

(1C) This subsection applies to action taken by a body if the body:

(a) is established jointly, or administered jointly, by the Commonwealth and one or more States; and

(b) includes at least one AFP appointee and a member or members of the police force of a State or the police forces of 2 or more States.

(1D) This subsection applies to action taken by a body referred to in subsection (1C) together with action taken by:

(a) by an AFP appointee or by the Australian Federal Police; or

(b) by a member of the police force of a State; or

(c) by the police force of a State; or

(d) by a Department of a State or by an authority of a State.

(2) A reference in subsection (1) or (1B) to action taken by a Department, prescribed or other authority or an agency includes a reference to action taken by such a Department, prescribed or other authority or agency on behalf of another Department, prescribed or other authority or agency.

(3) An arrangement made in pursuance of subsection (1) or (1A) may relate to particular action or actions, to a series of related actions or to actions included in a class or classes of actions.

(4) The Commonwealth Ombudsman may arrange with the other Ombudsman or Ombudsmen with whom an arrangement is in force under this section for the variation or revocation of the arrangement.

(5) An arrangement under this section, or the variation or revocation of such an arrangement, shall be in writing.

(6) The regulations may make provision for and in relation to the participation by the Ombudsman in the carrying out of an investigation in pursuance of an arrangement under this section.

(7) Nothing in this section affects the powers and duties of the Ombudsman under any other provision of this Act.

(8) Subsection (1) or (1A) shall not be taken to empower the Ombudsman:

(a) to exercise any of the powers of the Ombudsman of a State except in accordance with subsection 34 (7); or

(b) to make an arrangement for the exercise by the Ombudsman of a State of a power of the Ombudsman except in accordance with an instrument of delegation referred to in subsection 34 (1).

8B Investigations by other authorities of ACC actions

(1) If an authority established under a law of the Commonwealth, a State or a Territory has power to investigate action taken by the ACC, or a member of

the staff of the ACC, the Ombudsman may enter into an arrangement with the authority for such an investigation.

(2) If the Ombudsman enters into such an arrangement with an authority established under a law of a State or a Territory, the authority may conduct the investigation to the full extent of its powers under State or Territory law.

(3) The Ombudsman may arrange with the authority for the variation or revocation of the arrangement.

(4) The arrangement may relate to particular action or actions, to a series of related actions or to actions included in a class of actions.

(5) The arrangement, or the variation or revocation of the arrangement, must be in writing.

(6) The regulations may make provision for and in relation to the participation by the Ombudsman in the carrying out of an investigation in accordance with an arrangement under this section.

(7) Nothing in this section affects the powers and duties of the Ombudsman under any other provision of this Act.

(8) In this section:

member of the staff of the ACC has the same meaning as in the *Australian Crime Commission Act 2002*.

8C Investigations by other authorities of ACLEI actions

(1) If an authority established under a law of the Commonwealth, or of a State or Territory, has power to investigate action taken by the Integrity Commissioner or a staff member of ACLEI, the Ombudsman may arrange with the head of the authority for the authority to investigate the action.

(2) If the Ombudsman enters into such an arrangement, the authority may investigate the action to the full extent of its powers under any laws of the

Commonwealth or of a State or Territory.

(3) The Integrity Commissioner may arrange with the head of the authority for the variation or revocation of the arrangement.

(4) The arrangement, or the variation or revocation of the arrangement, must be in writing.

(5) The regulations may make provision for and in relation to the participation by the Ombudsman in the carrying out of an investigation in accordance with an arrangement under this section.

(6) Nothing in this section affects the powers and duties of the Ombudsman under any other provision of this Act.

(7) In this section:

Integrity Commissioner has the same meaning as in the *Law Enforcement Integrity Commissioner Act 2006*.

staff member of ACLEI has the same meaning as in the *Law Enforcement Integrity Commissioner Act 2006*.

8D Investigations by Ombudsman and Australian Federal Police

(1) The Ombudsman may, if he or she thinks fit, make an arrangement with the AFP Commissioner for:

(a) a category 3 conduct issue; or

(b) an AFP practices issue;

to be dealt with jointly by the Ombudsman and the Australian Federal Police.

(2) The arrangement may relate to:

(a) a particular category 3 conduct issue or issues; or

(b) a series of related category 3 conduct issues; or

(c) a particular AFP practices issue or issues; or

(d) a series of related AFP practices issues.

(3) The Ombudsman may arrange with the AFP Commissioner for the variation or revocation of the arrangement.

(4) The arrangement, or the variation or revocation of the arrangement, must be in writing.

(5) Nothing in this section affects the powers or duties of the Ombudsman under any other provision of this Act.

(6) In this section:

category 3 conduct issue has the same meaning as in the *Australian Federal Police Act 1979*.

9 Power to obtain information and documents

(1) Where the Ombudsman has reason to believe that a person is capable of furnishing information or producing documents or other records relevant to an investigation under this Act, the Ombudsman may, by notice in writing served on the person, require that person, at such place, and within such period or on such date and at such time, as are specified in the notice:

(a) to furnish to the Ombudsman, by writing signed by that person or, in the case of a body corporate, by an officer of the body corporate, any such information; or

(b) to produce to the Ombudsman such documents or other records as are specified in the notice.

(1AA) If the Ombudsman has reason to believe that a person who is:

(aa) an officer of a Department or prescribed authority; or

(ab) a Commonwealth service provider of a Department or prescribed authority under a contract; or

(ac) an employee of Commonwealth service provider of a Department or prescribed authority under a contract;

is capable of furnishing information or producing documents or other records relevant to an investigation under this Act but the Ombudsman does not know the identity of the person, the Ombudsman may, by notice in writing served on the principal officer of the Department or authority, require the principal officer or a person nominated by the principal officer, at such place, and within such period or on such date and at such time, as are specified in the notice:

(a) to attend before a person specified in the notice to answer questions relevant to the investigation; or

(b) to produce to a person specified in the notice such documents or other records as are so specified.

(1A) Where documents or other records are produced to the Ombudsman in accordance with a requirement under subsection (1) or (1AA) or an order under subsection 11A（2）, the Ombudsman:

(a) may take possession of, and may make copies of, or take extracts from, the documents or other records;

(b) may retain possession of the documents or other records for such period as is necessary for the purposes of the investigation to which the documents or other records relate; and

(c) during that period shall permit a person who would be entitled to inspect any one or more of the documents or other records if they were not in the possession of the Ombudsman to inspect at all reasonable times such of the documents or other records as that person would be so entitled to inspect.

(2) Where the Ombudsman has reason to believe that a person is able to give information relevant to an investigation under this Act, the Ombudsman may, by notice in writing served on the person, require the person to attend before a person specified in the notice, on such date and at such time and place as are specified in the notice, to answer questions relevant to the investigation.

（3）Where the Attorney-General furnishes to the Ombudsman a certificate certifying that the disclosure to the Ombudsman of information concerning a specified matter（including the furnishing of information in answer to a question）or the disclosure to the Ombudsman of the contents of any documents or records would be contrary to the public interest:

（a）by reason that it would prejudice the security, defence or international relations of the Commonwealth; or

（b）by reason that it would involve the disclosure of communications between a Minister and a Minister of a State, being a disclosure that would prejudice relations between the Commonwealth Government and the Government of a State; or

（c）by reason that it would involve the disclosure of deliberations or decisions of the Cabinet or of a Committee of the Cabinet; or

（d）by reason that it would involve the disclosure of deliberations or advice of the Executive Council; or

（e）if the information, documents or records are, or were, in the possession or under the control of the ACC or the Board of the ACC—by reason that it would:

（ⅰ）endanger the life of a person; or

（ⅱ）create a risk of serious injury to a person; or

（f）if the information, documents or records are, or were, in the possession or under the control of the Integrity Commissioner（within the meaning of the *Law Enforcement Integrity Commissioner Act 2006*）—by reason that it would:

(i) endanger the life of a person; or

(ii) create a risk of serious injury to a person;

the Ombudsman is not entitled to require a person to furnish any information concerning the matter, to answer questions concerning the matter or to produce those documents or records to the Ombudsman.

(4) Notwithstanding the provisions of any enactment, a person is not excused from furnishing any information, producing a document or other record or answering a question when required to do so under this Act on the ground that the furnishing of the information, the production of the document or record or the answer to the question:

(a) would contravene the provisions of any other enactment (whether enacted before or after the commencement of the *Prime Minister and Cabinet Legislation Amendment Act 1991*) ; or

(aa) might tend to incriminate the person or make the person liable to a penalty; or

(ab) would disclose one of the following:

(i) a legal advice given to a Minister, a Department or a prescribed authority;

(ii) a communication between an officer of a Department or of a prescribed authority and another person or body, being a communication protected against disclosure by legal professional privilege; or

(b) would be otherwise contrary to the public interest;

but the information, the production of the document or record or the answer to the question is not admissible in evidence against the person in proceedings other than:

(c) an application under subsection 11A (2) ; or

(d) proceedings for an offence against section 36 of this Act or an offence against section 137.1, 137.2 or 149.1 of the *Criminal Code* that relates to this Act.

(5) A person is not liable to any penalty under the provisions of any other enactment by reason of his or her furnishing information, producing a document or other record or answering a question when required to do so under this Act.

(5A) The fact that a person is not excused under subsection (4) from furnishing information, producing a document or other record or answering a question does not otherwise affect a claim of legal professional privilege that anyone may make in relation to that information, document or other record or answer.

(6) The reference in subsection (1) to an officer, in relation to a body corporate, being a body corporate that is not a prescribed authority, includes a reference to a director, secretary, executive officer or employee of the body corporate.

(7) In this section:

State includes the Australian Capital Territory and the Northern Territory.

10 Unreasonable delay in exercising power

(1) Where:

(a) under an enactment, a person has a power to do an act or thing in the exercise of a discretion or otherwise;

(b) there is no enactment that prescribes a period within which the person is required to do or refuse to do the act or thing;

(c) an enactment provides that application may be made to a prescribed tribunal for the review of decisions made in the exercise of that power; and

(d) a complaint has been made to the Ombudsman concerning a failure to do the act or thing in the exercise of that power;

the Ombudsman, after having investigated the complaint, may, if he or she is of the opinion that there has been unreasonable delay in deciding whether to do the act or thing, grant to the complainant a certificate certifying, that, in the opinion of the Ombudsman, there has been unreasonable delay in deciding whether to do the act or thing and, if the Ombudsman does so, the person required or permitted to exercise the power, shall, for the purpose of enabling application to be made under the enactment referred to in paragraph (c) to the prescribed tribunal concerned, be deemed to have made, on the date on which the certificate is granted, a decision, in the exercise of that power, not to do the act or thing.

(1A) Where:

(a) under an enactment, a person has a power to do an act or thing in the exercise of a discretion or otherwise;

(b) there is no enactment that prescribes a period within which the person is required to do or refuse to do the act or thing;

(c) an enactment provides that application may be made to a person other than a prescribed tribunal for the review of decisions made in the exercise of that power and an enactment also provides that application may be made to a prescribed tribunal for the review of decisions made by the last-mentioned person upon an application first referred to in this paragraph; and

(d) a complaint has been made to the Ombudsman concerning a failure to do the act or thing in the exercise of that power;

the Ombudsman, after having investigated the complaint, may, if he or she is of the opinion that there has been unreasonable delay in deciding whether to do the act or thing, grant to the complainant a certificate certifying that, in the opinion of the Ombudsman, there has been unreasonable delay in deciding whether to do the act or thing and, if the Ombudsman does so, the person required or permitted to exercise the power, shall, for the purpose of enabling application to be made to the person other than a prescribed tribunal referred to in paragraph (c) under the enactment first referred to in that paragraph, be deemed to have made, on the date on which the certificate is granted, a decision, in the exercise of that power, not to do the act or thing.

(2) Where a board, committee or other unincorporated body constituted by 2 or more persons is empowered by an enactment to make decisions, subsections (1) and (1A) apply as if the board, committee or other body were a person empowered to make those decisions.

(3) In this section, ***prescribed tribunal*** means:

(a) the Administrative Appeals Tribunal; or

(b) any other tribunal that is declared by the regulations to be a prescribed tribunal for the purposes of this section.

10A Ombudsman may refer questions to the AAT

(1) Where the Ombudsman is investigating the taking of action by a Department or by a prescribed authority under a power, whether conferred by an enactment or otherwise, the Ombudsman may refer a specified question about the taking of the action, or the exercise of the power, to the Administrative Appeals Tribunal if he or she thinks it appropriate.

(2) If the Ombudsman refers a question to the Tribunal, the Ombudsman must, as soon as practicable, give written notice of the referral to the principal officer.

(3) The Tribunal may give an advisory opinion on the question.

11 Ombudsman may recommend that the principal officer refer questions to the AAT

(1) Where the Ombudsman is investigating the taking of action by a Department or by a prescribed authority under a power, whether conferred by an enactment or otherwise, the Ombudsman may recommend, in writing, to the principal officer of the Department or authority that the principal officer refer a specified question about the taking of the action, or the exercise of the power, to the Administrative Appeals Tribunal for an advisory opinion.

(2) The Ombudsman may:

(a) give the recommendation to the principal officer at any time before the Ombudsman completes the investigation; or

(b) include the recommendation in his or her report to the Department or prescribed authority under section 15.

(3) If the Ombudsman makes a recommendation, the principal officer must refer the question to the Tribunal within 30 days, or such longer period as is agreed to by the Ombudsman and the principal officer, after the day on which the principal officer received the recommendation.

(4) The Tribunal may give an advisory opinion on the question.

(5) This section does not limit the Ombudsman's power under section 10A.

11A Powers of Federal Court of Australia

(1) Where a question with respect to the exercise or proposed exercise of a power, or the performance or proposed performance of a function, of the Ombudsman arose before, or arises after, the commencement of this section between the Ombudsman and the principal officer of any Department or prescribed authority that is affected by that exercise or performance, or that would be affected by the exercise or performance of the power or function proposed to be exercised or performed, as the case may be, the Ombudsman or the principal officer of the Department or of the prescribed authority may, subject to subsections (4) and (5) , make an application to the Federal Court of

Australia for a determination of the question.

（2）Where a person fails to comply with a requirement made by the Ombudsman by notice under section 9 to furnish information, to produce documents or other records or to attend before the Ombudsman to answer questions in relation to an investigation under this Act, the Ombudsman may make an application to the Federal Court of Australia for an order directing that person to furnish the information, or to produce the documents or other records, at such place, and within such period or on such date and at such time, as are specified in the order, or to attend before the Ombudsman to answer questions at such place, and on such date and at such time, as are specified in the order, as the case may be.

（3）The Federal Court of Australia has jurisdiction with respect to matters arising under this section in respect of which applications are made to the Court.

（4）The Ombudsman shall not make an application to the Federal Court of Australia under this section unless he or she has informed the Minister in writing of the reasons for the proposed application.

（5）The principal officer of a Department or of a prescribed authority shall not make an application to the Federal Court of Australia under subsection（1）unless he or she has informed the responsible Minister in writing of the reasons for the proposed application.

12 Complainant and Department etc. to be informed

（1）Where the Ombudsman does not, for any reason, investigate, or continue to investigate, action taken by a Department or by a prescribed authority in respect of which a complaint has been made to him or her, the Ombudsman shall, as soon as practicable and in such manner as the Ombudsman thinks fit, inform the complainant and, except where an arrangement with the

Department or authority is in force under subsection (2) relating to a class of actions in which that action is included, the Department or authority, of his or her decision and of the reasons for his or her decision.

(2) The Ombudsman may from time to time make with a Department or with a prescribed authority an arrangement in relation to actions in respect of which complaints have been or are made to the Ombudsman, being actions taken by the Department or authority that are included in a class or classes of actions specified in the arrangement:

(a) providing for the manner in which, and the period within which, the Ombudsman is to inform the Department or authority of his or her decision not to investigate, or to continue to investigate, such actions and of the reasons for his or her decision; or

(b) providing that the Ombudsman is not required to inform the Department or authority of his or her decision not to investigate, or to continue to investigate, such actions and of the reasons for his or her decision.

(3) Where the Ombudsman completes an investigation of action taken by a Department or by a prescribed authority in respect of which a complaint has been made to him or her, the Ombudsman shall, in such manner and at such times as he or she thinks fit, furnish to the complainant and to the Department or authority particulars of the investigation.

(4) The Ombudsman may, if he or she thinks fit, furnish comments or suggestions with respect to any matter relating to or arising out of an investigation by him or her to any Department, body or person other than a Department, body or person to which or to whom he or she has furnished a report under section 15 relating to that matter or to matters that include that matter.

（5）Where the Ombudsman furnishes a report to a Department or prescribed authority under section 15 containing recommendations with respect to action in respect of which a complaint has been made:

（a）the Ombudsman shall, if action that is, in the opinion of the Ombudsman, adequate and appropriate in the circumstances is not taken with respect to the recommendations within a reasonable time after the recommendations are furnished to the Department or authority—furnish to the complainant a copy of the recommendations, together with such comments（if any）as he or she thinks fit; or

（b）in any other case—the Ombudsman may furnish to the complainant a copy of the recommendations, together with such comments（if any）as he or she thinks fit.

13 Power to examine witnesses

（1）The Ombudsman may administer an oath or affirmation to a person required to attend before him or her in pursuance of section 9 and may examine the person on oath or affirmation.

（2）A person before whom another person（in this subsection called the ***respondent***）attends in accordance with a notice under subsection 9（2）may:

（a）administer an oath or affirmation to the respondent; and

（b）examine the respondent on oath or affirmation.

14 Power to enter premises

（1）For the purposes of an investigation under this Act, an authorised person may, at any reasonable time of the day:

（a）enter a place that is:

（ⅰ）occupied by a Department or prescribed authority; or

（ⅱ）occupied by a person who is a Commonwealth service provider of a

Department or prescribed authority under a contract, if the person occupies the place predominantly for the purposes of the contract; and

(b) carry on the investigation at the place.

(2) Subsection (1) does not authorize a person to enter, or carry on an investigation at:

(a) a place referred to in paragraph 80 (c) of the *Crimes Act 1914*;

(b) a place that is a prohibited place for the purposes of the *Defence (Special Undertakings) Act 1952* by virtue of section 7 of that Act; or

(c) an area of land or water or an area of land and water that is declared under section 14 of the *Defence (Special Undertakings) Act 1952* to be a restricted area for the purposes of that Act;

unless the Minister administering that Act, or another Minister acting for and on behalf of that Minister, has approved the person entering the place or area and he or she complies with any conditions imposed by the Minister giving the approval in relation to his or her entering that place or area and the manner in which his or her investigation is to be conducted at that place or area.

(3) Where the Attorney-General is satisfied that the carrying on of an investigation at a place might prejudice the security or defence of the Commonwealth, the Attorney-General may, by notice in writing delivered to the Ombudsman, declare the place to be a place to which this subsection applies and, while the declaration is in force, subsection (1) does not authorize a person to enter, or carry on an investigation at, the place unless a Minister specified in the declaration, or another Minister acting for and on behalf of that Minister, has approved the person entering the place and he or she complies with any conditions imposed by the Minister giving the approval in relation to his or her entering the place and the manner in which his or her investigation is to be conducted at that place.

(4) For the purposes of an investigation under this Act, an authorized person is entitled to inspect any documents relevant to the investigation kept at premises entered by him or her under this section (including premises occupied by a Commonwealth service provider) , other than documents in respect of which the Attorney-General has furnished a certificate under subsection 9 (3) , at a reasonable time of the day arranged with the principal officer of the Department or prescribed authority concerned.

(5) Subsection (4) shall not be taken to restrict the operation of section 9.

(6) A reference in this section to an authorized person includes a reference to the Ombudsman and a Deputy Ombudsman.

Division 2 Reports

15 Reports by Ombudsman

(1) Where, after an investigation under this Act into action taken by a Department or prescribed authority has been completed, the Ombudsman is of the opinion:

(a) that the action:

(i) appears to have been contrary to law;

(ii) was unreasonable, unjust, oppressive or improperly discriminatory;

(iii) was in accordance with a rule of law, a provision of an enactment or a practice but the rule, provision or practice is or may be unreasonable, unjust, oppressive or improperly discriminatory;

(iv) was based either wholly or partly on a mistake of law or of fact; or

(v) was otherwise, in all the circumstances, wrong;

(b) that, in the course of the taking of the action, a discretionary power had been exercised for an improper purpose or on irrelevant grounds; or

(c) in a case where the action comprised or included a decision to exercise a discretionary power in a particular manner or to refuse to exercise such a power:

(i) that irrelevant considerations were taken into account, or that there was a failure to take relevant considerations into account, in the course of reaching the decision to exercise the power in that manner or to refuse to exercise the power, as the case may be; or

(ii) that the complainant in respect of the investigation or some other person should have been furnished, but was not furnished, with particulars of the reasons for deciding to exercise the power in that manner or to refuse to exercise the power, as the case may be;

this section applies to the decision, recommendation, act or omission constituting that action.

(2) Where the Ombudsman is of the opinion:

(a) that a decision, recommendation, act or omission to which this section applies should be referred to the appropriate authority for further consideration;

(b) that some particular action could be, and should be, taken to rectify, mitigate or alter the effects of, a decision, recommendation, act or omission to which this section applies;

(c) that a decision to which this section applies should be cancelled or varied;

(d) that a rule of law, provision of an enactment or practice on which a decision, recommendation, act or omission to which this section applies was based should be altered;

(e) that reasons should have been, but were not, given for a decision to which this section applies; or

(f) that any other thing should be done in relation to a decision, recommendation, act or omission to which this section applies;

the Ombudsman shall report accordingly to the Department or prescribed authority concerned.

(3) The Ombudsman:

(a) shall include in a report under subsection (2) his or her reasons for the opinions specified in the report; and

(b) may also include in such a report any recommendations he or she thinks fit to make.

(4) The Ombudsman may request the Department or prescribed authority to which the report is furnished to furnish to him or her, within a specified time, particulars of any action that it proposes to take with respect to the matters and recommendations included in the report.

(5) Where the Ombudsman reports under subsection (2) to a Department or prescribed authority, the Department or authority may furnish to the Ombudsman such comments concerning the report as it wishes to make.

(6) The Ombudsman shall furnish a copy of a report made by him or her under subsection (2) to the Minister concerned.

16 Reports where appropriate action not taken on Ombudsman's report

(1) Where action that is, in the opinion of the Ombudsman, adequate and appropriate in the circumstances is not taken with respect to the matters and recommendations included in a report to a Department or to a prescribed authority under section 15 within a reasonable time after the Ombudsman furnished the report to the Department or to the prescribed authority, the Ombudsman may inform the Prime Minister accordingly in writing.

(2) Where the Ombudsman furnishes information to the Prime Minister in accordance with subsection (1) in relation to a report, the Ombudsman shall furnish to the Prime Minister with the information:

(a) if a copy of the report has not previously been forwarded to the Prime Minister under subsection 15 (6) —a copy of the report; and

(b) if the Department or prescribed authority to which the report was made has furnished comments concerning the report to the Ombudsman—a copy of those comments.

(3) In considering whether to furnish information in relation to a report to the Prime Minister in accordance with subsection (1), the Ombudsman shall have regard to any comments furnished to him or her by the Department or prescribed authority to which the report was made.

(4) In the case of a report relating to a Parliamentary Department, subsections (1) to (3) have effect as follows:

(a) if the report relates to the Department of the Senate—a reference to the Prime Minister is to be read as a reference to the President of the Senate;

(b) if the report relates to the Department of the House of Representatives—a reference to the Prime Minister is to be read as a reference to the Speaker of the House of Representatives;

(c) in any other case—a reference to the Prime Minister is to be read as a reference to the President of the Senate and the Speaker of the House of Representatives.

(5) In the case of a report relating to a prescribed authority constituted by the chief executive officer of a court or tribunal, subsections (1) to (3) have

effect as follows:

(a) if the report relates to the chief executive officer of a court—a reference to the Prime Minister is to be read as a reference to the chief justice or chief judge (however described) of the court, as the case requires;

(b) if the report relates to the Registrar of the Administrative Appeals Tribunal—a reference to the Prime Minister is to be read as a reference to the President of the Tribunal;

(c) if the report relates to the chief executive officer of a tribunal other than the Administrative Appeals Tribunal—a reference to the Prime Minister is to be read as a reference to the president or principal member (however described) of the tribunal or, if the tribunal consists of a single member, as a reference to that member.

17 Special reports to Parliament

Where the Ombudsman has acted under subsection 16 (1) in relation to a report concerning an investigation made by him or her, the Ombudsman may also forward to the President of the Senate and the Speaker of the House of Representatives, for presentation to the Senate and the House of Representatives, respectively, copies of a report prepared by him or her concerning the investigation for presentation to both Houses of the Parliament, being a report that sets out a copy of any comments furnished to the Ombudsman under subsection 15 (5) by the Department or prescribed authority concerned.

18 Ombudsman may have further discussion with principal officer

After presentation to the Parliament of a report under section 17 in relation to action taken by a Department or prescribed authority, the Ombudsman may discuss any matter to which the report relates with the principal officer of the Department or authority for the purpose of resolving the matter.

19 Reports to Parliament

Reporting generally

(1) The Ombudsman may, from time to time, give the Minister, for presentation to the Parliament, a report:

(a) on the operations of the Ombudsman during a part of a year; or

(b) in relation to any matter relating to, or arising in connection with, the exercise of the powers, or the performance of the functions, of the Ombudsman.

Note: The Ombudsman must also give the Minister an annual report under section 46 of the *Public Governance, Performance and Accountability Act 2013*.

(2) The Minister must cause the report to be laid before each House of the Parliament within 15 sitting days of that House after the Minister receives the report.

(3) Subsection (1) does not affect the powers and duties of the Ombudsman under section 15, 16 or 17.

Reporting on investigations

(4) Subsection (5) applies if the Ombudsman refers to an investigation made by him or her under this Act in a report given to the Minister under:

(a) subsection (1); or

(b) section 46 of the *Public Governance, Performance and Accountability Act 2013*.

(5) The report must not, in referring to the investigation, set out opinions that are (either expressly or impliedly) critical of a Department, prescribed authority or person unless the Ombudsman has complied with subsection 8 (5) in relation to the investigation.

Part IIA Establishment, functions, powers and duties of the Defence Force Ombudsman

19B Establishment of office of Defence Force Ombudsman

(1) For the purposes of this Act, there shall be a Defence Force Ombudsman.

(2) The office of Defence Force Ombudsman shall be held by the person who holds the office of Commonwealth Ombudsman.

(3) The reference in subsection (2) to the person who holds the office of Commonwealth Ombudsman includes a reference to a person for the time being acting in that office by virtue of an appointment under section 29.

19C Functions of Defence Force Ombudsman

(1) The functions of the Defence Force Ombudsman are to investigate complaints made to him or her under this Act and to perform such other functions as are conferred on him or her by:

(a) this Act or the regulations; or

(b) another Act or regulations made under another Act.

(2) Subject to this Act, the Defence Force Ombudsman:

(a) shall investigate action that he or she is authorized by this Act to investigate and in respect of which a complaint has been made to him or her; and

(b) may, of his or her own motion, investigate action that he or she is authorized by this Act to investigate.

(3) Subject to subsection (5), the Defence Force Ombudsman is authorized by this Act to investigate action, being action that relates to a matter

of administration, taken either before or after the commencement of this Part by a Department or by a prescribed authority, with respect to a matter that is related to the service of a member of the Defence Force or that arises in consequence of a person serving or having served in the Defence Force.

(4) Without limiting the generality of subsection (3), action referred to in that subsection includes action taken by a Department, or by a prescribed authority, with respect to the payment of an allowance or pension to, or the provision of a benefit for, a member of the Defence Force or a dependant of such a member, being an allowance, pension or benefit that is or may be payable or is or may be provided by reason of, or as a result of, the service of the member in the Defence Force.

(5) The Defence Force Ombudsman is not authorized by this Act to investigate:

(a) action taken by a Minister;

(b) action taken by a Justice or Judge of a court created by the Parliament;

(c) action taken by:

(i) a magistrate or coroner for the Australian Capital Territory, the Territory of Christmas Island or the Territory of Cocos (Keeling) Islands; or

(ii) a person who holds office as a magistrate in a State or the Northern Territory in the performance of the functions of a magistrate conferred on him or her by or under an Act;

(d) action taken in connection with proceedings against a member of the Defence Force for an offence arising under any law, including a law of the United Kingdom as applying by virtue of a law of the Commonwealth, relating to the discipline of the Defence Force or of an arm or part of the Defence Force; or

(e) action taken in relation to the grant or refusal of an honour or award to a particular member of the Defence Force.

(6) The reference in paragraph (5) (a) to action taken by a Minister does not include a reference to action taken by a delegate of a Minister, and, for the purposes of this subsection, action shall be deemed to have been taken by such a delegate notwithstanding that the action is taken in pursuance of a power that is deemed by a provision of an enactment, when exercised by the delegate, to have been exercised by the Minister.

(7) For the purposes of the application of this Act to or in relation to the Defence Force Ombudsman, action taken by a Department or by a prescribed authority shall not be regarded as having been taken by a Minister by reason only that the action was taken by the Department or authority in relation to action that has been, is proposed to be, or may be, taken by a Minister personally.

(8) The reference in paragraph (5) (e) to action taken in relation to the grant or refusal of an honour or award to a particular member of the Defence Force does not include a reference to action taken in relation to the grant or refusal of honours or awards to members of the Defence Force generally, or of an arm or part of the Defence Force, with respect to their service in a particular area or for a particular period.

(9) The reference in subsection (4) to a dependant of a member of the Defence Force means:

(a) in relation to action taken under an enactment—a person who is, or is claiming to be, a dependant of a member, or was, or is claiming to have been, a dependant of a deceased member, of the Defence Force for the purposes of that enactment; or

(b) in any other case—a person who is, or is claiming to be, wholly or partly dependent on a member of the Defence Force or who was, or is claiming to have been, at the date of the death of a deceased member of the Defence Force, wholly or partly dependent on that member.

19D Discretion to investigate complaints as Commonwealth Ombudsman or as Defence Force Ombudsman

Where a complaint with respect to action taken by a Department or by a prescribed authority is made to the Commonwealth Ombudsman or the Defence Force Ombudsman and the person holding that office considers, having regard to the functions and duties of each of those offices, that it would be more appropriate to deal with, or to continue to deal with, the complaint or part of the complaint in his or her capacity as the holder of the other office, he or she may deal with, or continue or deal with, as the case may be, the complaint or that part of the complaint accordingly.

19E Discretion with respect to certain complaints

(1) Where a member of the Defence Force makes a complaint to the Defence Force Ombudsman with respect to action in respect of which the member was entitled to seek and has sought, in the manner provided by or under the *Defence Act 1903*, redress from a member of the Defence Force authorized by or under that Act to grant redress:

(a) the Defence Force Ombudsman shall not commence to investigate the action before the twenty-ninth day after the complainant sought the redress unless:

(i) redress is granted before that day and the conditions set out in subparagraphs (b)(i) and (ii) are satisfied in respect of the redress; or

(ii) the Defence Force Ombudsman is of the opinion that there are special reasons justifying the commencement of the investigation of the complaint before that day; and

(b) where redress is granted before the Defence Force Ombudsman commences, or after he or she has commenced, to investigate the action, the Defence Force Ombudsman shall not investigate, or continue to investigate, the action unless:

(i) the complainant notifies the Defence Force Ombudsman that the redress is not, in the opinion of the complainant, adequate in all the circumstances; and

(ii) the Defence Force Ombudsman is of the opinion that the redress was not reasonably adequate. (2) Where a member of the Defence Force who has complained to the Defence Force Ombudsman is able to seek, but has not sought, in the manner provided by or under the *Defence Act 1903*, redress in respect of the action to which the complaint relates from a member of the Defence Force authorized by or under that Act to grant redress, the Defence Force Ombudsman shall not investigate the complaint unless he or she is of the opinion that the member was, by reason of special circumstances, justified in refraining from seeking redress.

19F Application of provisions of Act to Defence Force Ombudsman

(1) The provisions of Part I, Part II (other than sections 4, 5, 8A and 19) , Division 2 of Part III (other than subsection 31 (2)) and Part IV (other than subsections 35 (7) and (7A)) apply to and in relation to the Defence Force Ombudsman and so apply as if:

(a) a reference in any of those provisions (other than section 34) to the Ombudsman were a reference to the Defence Force Ombudsman; and

(b) a reference in any of those provisions to a complaint made to the Ombudsman were a reference to a complaint made to the Defence Force Ombudsman.

（2）Subsection 6（1A）does not apply in relation to a complaint made by a member of the Defence Force to the Defence Force Ombudsman.

19FA Reports of the Defence Force Ombudsman

Annual reports

（1）As soon as practicable after the end of each financial year, the Defence Force Ombudsman must give an annual report to the Minister, for presentation to the Parliament, on the operations of the Defence Force Ombudsman during the financial year.

Additional reports

（2）The Defence Force Ombudsman may, from time to time, give the Minister, for presentation to the Parliament, a report:

（a）on the operations of the Defence Force Ombudsman during a part of a year; or

（b）in relation to any matter relating to, or arising in connection with, the exercise of the powers, or the performance of the functions, of the Defence Force Ombudsman.

（3）Subsections（1）and（2）do not affect the powers and duties of the Defence Force Ombudsman under section 15, 16 or 17（as the section applies because of subsection 19F（1））.

Tabling and inclusion in other reports

（4）If the Defence Force Ombudsman gives a report to the Minister under subsection（1）or（2）, the Minister must cause the report to be laid before each House of the Parliament within 15 sitting days of that House after the Minister receives the report.

（5）A report relating to the operations of the Defence Force Ombudsman during a period may be included in a report under:

(a) section 19; or

(b) section 46 of the *Public Governance, Performance and Accountability Act 2013*;

relating to the operations of the Ombudsman during that period.

Reporting on investigations

(6) If the Defence Force Ombudsman refers to an investigation made by him or her under this Act in a report given under this section, the report must not, in referring to the investigation, set out opinions that are (either expressly or impliedly) critical of:

(a) a Department; or

(b) a prescribed authority; or

(c) a person;

unless the Defence Force Ombudsman has complied with subsection 8 (5) in relation to the investigation.

Part IIB Establishment, functions, powers and duties of the Postal Industry Ombudsman

Division 1 Preliminary

19G Definitions

In this Part:

officer means:

(a) in relation to Australia Post:

(i) a person who is employed in the service of, or is a member of the staff of, Australia Post, whether or not he or she is employed by Australia Post; or

(ii) a person authorised by Australia Post to exercise any powers or perform any functions of Australia Post on behalf of Australia Post; or

(b) in relation to a registered PPO:

(i) if the registered PPO is an individual—the individual or an employee of the individual; or

(ii) if the registered PPO is a body corporate—a director, the secretary or an employee of the registered PPO; or

(iii) if the registered PPO is a partnership—a partner in, or an employee of, the partnership.

principal officer means:

(a) in relation to Australia Post—the Managing Director of Australia Post; or

(b) in relation to a registered PPO:

(i) if the registered PPO is an individual—the individual; or

(ii) in any other case—the individual primarily responsible for the management of the registered PPO.

19H Action taken by contractors

(1) Subsections (2) and (3) apply if:

(a) a contractor, or an employee of a contractor, in relation to a postal services contract with Australia Post or a registered PPO, takes action with respect to the provision of a postal or similar service; and

(b) the contractor, or the employee, took the action to fulfil or purport to fulfil an obligation under:

(i) if the contractor is responsible under another contract for the provision of services covered by the postal services contract—the other contract; or

(ii) otherwise—the postal services contract.

Attribution of action to Australia Post or registered PPO

（2）For the purposes of this Part, the action is taken to have been taken by Australia Post or the registered PPO（as the case may be）.

Persons taken to be officers of Australia Post or registered PPO

（3）For the purposes of this Part, the following are taken to be officers of Australia Post or the registered PPO（as the case may be）in relation to that action:

（a）the person who took the action;

（b）if the person who took the action was the employee of a contractor—the contractor;

（c）if paragraph（b）applies and the contractor is:

（ⅰ）a body corporate—the directors and the secretary of the body corporate; or

（ⅱ）a partnership—the partners in the partnership.

Contractors and postal services contracts

（4）In this section:

contractor, in relation to a postal services contract, means a person who is:

（a）a party to the postal services contract; or

（b）both:

（ⅰ）a party to a contract（the ***subcontract***）with a person who is a contractor, in relation to the postal services contract, because of a previous application of this definition; and

（ⅱ）responsible under the subcontract for the provision of services covered by the postal services contract.

postal services contract means a contract relating to the provision of postal or similar services within Australia.

19J Continued application of this Act to deregistered PPOs

(1) This section applies if:

(a) a registered PPO took action at a particular time; and

(b) the Postal Industry Ombudsman receives a complaint in respect of that action within 12 months after that time; and

(c) the PPO applies after that time, under subsection 19ZC (1) , to no longer be registered for the purposes of this Part (whether or not the application was made before the complaint was received) .

(2) This Act applies as if the PPO were a registered PPO in relation to that complaint.

19K Part IIB not to affect operation of other provisions of this Act

This Part does not, by implication, affect the operation of other provisions in this Act.

Division 2 Establishment and functions of the Postal Industry Ombudsman

19L Establishment of office of Postal Industry Ombudsman

(1) For the purposes of this Act, there is to be a Postal Industry Ombudsman.

(2) The office of Postal Industry Ombudsman is to be held by the person who holds the office of Commonwealth Ombudsman.

(3) The reference in subsection (2) to the person who holds the office of Commonwealth Ombudsman includes a reference to a person for the time being acting in that office because of an appointment under section 29.

19M Functions of Postal Industry Ombudsman

(1) The functions of the Postal Industry Ombudsman are to investigate complaints made to him or her under this Act and to perform such other functions as are conferred on him or her by:

(a) this Act or the regulations; or

(b) another Act or regulations made under another Act.

(2) Subject to this Act, the Postal Industry Ombudsman:

(a) is to investigate action that he or she is authorised by this Act to investigate and in respect of which a complaint has been made to him or her (other than a complaint excluded by subsection (4)) ; and

(b) may, on his or her own initiative, investigate action that he or she is authorised by this Act to investigate.

(3) The Postal Industry Ombudsman is authorised by this Act to investigate action taken by:

(a) Australia Post; or

(b) a registered PPO;

with respect to the provision of a postal or similar service.

(4) A complaint is excluded by this subsection if:

(a) the complaint was made by Australia Post in respect of action taken by a registered PPO; or

(b) the complaint was made by a registered PPO in respect of action taken by Australia Post or another registered PPO; or

(c) the complaint was made more than 12 months after the action was taken.

(5) Paragraph (2) (b) applies only if the Postal Industry Ombudsman starts the investigation no later than 12 months after the action was taken.

19N Discretion to investigate complaints as Commonwealth Ombudsman or as Postal Industry Ombudsman

(1) This section applies if a complaint has been made to the Postal Industry

Ombudsman or the Commonwealth Ombudsman with respect to action taken by Australia Post.

Postal Industry Ombudsman may transfer complaint to Commonwealth Ombudsman

(2) Subsection (3) applies if:

(a) the complaint was made to the Postal Industry Ombudsman; and

(b) in the opinion of the Postal Industry Ombudsman, it would be more appropriate to deal with, or to continue to deal with, the complaint or part of the complaint in his or her capacity as the Commonwealth Ombudsman.

(3) The Postal Industry Ombudsman may:

(a) either:

(ⅰ) decide not to deal with the complaint, or part of the complaint; or

(ⅱ) if he or she has started to deal with the complaint—decide not to deal further with the complaint, or part of the complaint; and

(b) transfer the complaint, or part of the complaint, to the Commonwealth Ombudsman.

(4) A complaint that is transferred under subsection (3) is taken to be a complaint that was made to the Commonwealth Ombudsman.

Commonwealth Ombudsman may transfer complaint to Postal Industry Ombudsman

(5) Subsection (6) applies if:

(a) the complaint was made to the Commonwealth Ombudsman; and

(b) the complaint was made no later than 12 months after the action was taken; and

(c) in the opinion of the Commonwealth Ombudsman, it would be more appropriate to deal with, or to continue to deal with, the complaint or part of the

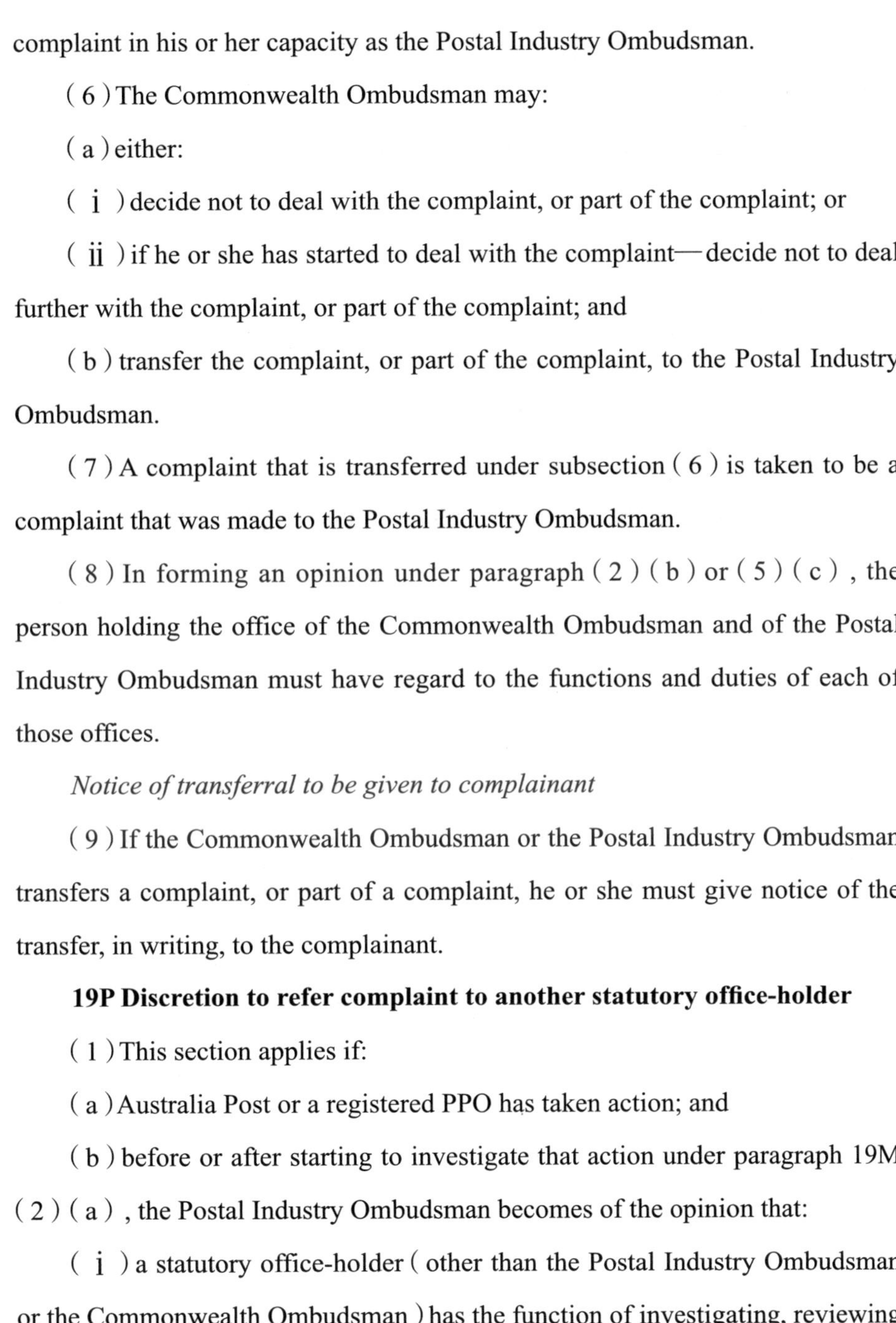

complaint in his or her capacity as the Postal Industry Ombudsman.

(6) The Commonwealth Ombudsman may:

(a) either:

(i) decide not to deal with the complaint, or part of the complaint; or

(ii) if he or she has started to deal with the complaint—decide not to deal further with the complaint, or part of the complaint; and

(b) transfer the complaint, or part of the complaint, to the Postal Industry Ombudsman.

(7) A complaint that is transferred under subsection (6) is taken to be a complaint that was made to the Postal Industry Ombudsman.

(8) In forming an opinion under paragraph (2)(b) or (5)(c), the person holding the office of the Commonwealth Ombudsman and of the Postal Industry Ombudsman must have regard to the functions and duties of each of those offices.

Notice of transferral to be given to complainant

(9) If the Commonwealth Ombudsman or the Postal Industry Ombudsman transfers a complaint, or part of a complaint, he or she must give notice of the transfer, in writing, to the complainant.

19P Discretion to refer complaint to another statutory office-holder

(1) This section applies if:

(a) Australia Post or a registered PPO has taken action; and

(b) before or after starting to investigate that action under paragraph 19M (2)(a), the Postal Industry Ombudsman becomes of the opinion that:

(i) a statutory office-holder (other than the Postal Industry Ombudsman or the Commonwealth Ombudsman) has the function of investigating, reviewing or enquiring into action of that kind; and

（ⅱ）the action could be more conveniently or effectively dealt with by that statutory office-holder.

（2）The Postal Industry Ombudsman may decide not to investigate the action, or not to investigate the action further, as the case may be, and, if the Postal Industry Ombudsman so decides, he or she must transfer the complaint to that other statutory office-holder.

（3）If the Postal Industry Ombudsman transfers a complaint under subsection（2）, the Postal Industry Ombudsman must, as soon as is reasonably practicable:

（a）give notice of the transfer, in writing, to the complainant; and

（b）give to the other statutory office-holder any information or documents that relate to the complaint and are in the possession or under the control of the Postal Industry Ombudsman.

（4）In this section:

statutory office-holder means a person who holds any office or appointment under a law of the Commonwealth, or under a law of a State or Territory.

19Q Discretion not to investigate certain complaints

（1）This section applies if:

（a）a complaint has been made to the Postal Industry Ombudsman with respect to action taken by Australia Post or by a registered PPO; and

（b）in the opinion of the Postal Industry Ombudsman:

（ⅰ）the complaint is frivolous or vexatious or was not made in good faith; or

（ⅱ）the complainant does not have a sufficient interest in the subject matter of the complaint; or

（ⅲ）an investigation, or further investigation, of the action is not warranted having regard to all the circumstances.

(2) The Postal Industry Ombudsman may, in his or her discretion:

(a) decide not to investigate the action; or

(b) if he or she has started to investigate the action—decide not to investigate the action further.

Division 3 Powers and duties of the Postal Industry Ombudsman

19R Application of other provisions of this Act to the Postal Industry Ombudsman

(1) Subject to this section, the provisions covered by subsection (3) apply in relation to the Postal Industry Ombudsman.

(2) Unless the contrary intention appears, the provisions covered by subsection (3) apply as if:

(a) a reference in any of those provisions to the Ombudsman were a reference to the Postal Industry Ombudsman; and

(b) a reference in any of those provisions to any of the following were a reference to Australia Post or a registered PPO:

(ⅰ) a Department;

(ⅱ) a prescribed authority;

(ⅲ) a Department or a prescribed authority; and

(c) a reference in any of those provisions to an officer were a reference to an officer within the meaning of this Part; and

(d) a reference in any of those provisions to a principal officer were a reference to a principal officer within the meaning of this Part.

(3) The provisions covered by this subsection are:

(a) Part I, other than the following provisions:

(i) subsections 3 (2) to (5A);

(ii) subsections 3 (6A) to (6C);

(iii) subsections 3 (7A) and (7B);

(iv) subsections 3 (9) to (18);

(v) section 3A; and

(b) Part II, other than the following provisions:

(i) sections 4 and 5;

(ii) subsection 6 (1);

(iii) subsections 6 (4D) to (4E);

(iv) subsections 6 (6) to (15);

(v) section 6A;

(vi) paragraph 8 (7A) (b);

(vii) subsections 8 (8) to (11);

(viii) sections 8A and 8B;

(viiia) paragraphs 9 (1AA) (ab) and (ac);

(ix) paragraph 9 (4) (ab);

(x) sections 10, 10A and 11;

(xi) subsections 11A (1) and (5);

(xii) sections 14 to 18;

(xiii) section 19; and

(c) subsection 31 (1); and

(d) Part IV, other than the following provisions:

(i) section 34;

(ia) subparagraph 35 (3) (b) (ia);

(ii) subsections 35 (7) and (7A);

（ⅲ）paragraph 35A（3）（a）.

（4）Each provision of this Act specified in column 1 of the table applies in relation to the Postal Industry Ombudsman in accordance with the table:

（5）For the purposes of this Part, subsection 3（6）applies in relation to the Postal Industry Ombudsman as if a reference in that subsection to a prescribed authority were a reference to Australia Post.

19S Powers of the Postal Industry Ombudsman under section 9

The Postal Industry Ombudsman may exercise his or her powers under section 9 for any of the following purposes:

（a）to determine whether he or she may investigate action under this Part;

（b）to decide whether or not to investigate action, or to investigate action further, under this Part;

（c）to start or further the conduct of an investigation under this Part;

（d）to prepare a report in relation to an investigation under this Part;

（e）if he or she has exercised a power for any of the purposes mentioned in paragraphs（a）to（d） —to ascertain what action has been taken by Australia Post or by a registered PPO following the exercise of that power.

19T Duty to accord procedural fairness

The Postal Industry Ombudsman must comply with the rules of procedural fairness when exercising a power under this Act.

Example 1: If the Postal Industry Ombudsman sets out a critical opinion of a person in a report under section 19V, he or she must give that person an opportunity to appear and make submissions to him or her（see subsection 8（5））.

Example 2: The Postal Industry Ombudsman must accord procedural fairness to a person if he or she sets out a critical opinion of the person:

(a) in disclosing information, or making a statement, under subsection 35A (1); or

(b) in referring to an investigation in a report under section 19X.

19U Disclosure of identifying information

The Postal Industry Ombudsman must not, in referring to an investigation in a report under section 19V or 19X, disclose the name of a complainant or any other matter that would enable a complainant to be identified, unless it is fair and reasonable in all the circumstances to do so.

19V Postal Industry Ombudsman may report to Australia Post or registered PPO

(1) This section applies if:

(a) an investigation under this Act into action taken by Australia Post or a registered PPO (the ***investigated body***) has been completed; and

(b) the Postal Industry Ombudsman is of the opinion that the action taken:

(i) appears to have been contrary to law; or

(ii) was unreasonable, unjust, oppressive or improperly discriminatory; or

(iii) was otherwise, in all the circumstances, wrong; and

(c) the Postal Industry Ombudsman is of the opinion that:

(i) some particular action could be, and should be, taken to rectify, mitigate or alter the effects of the action taken; or

(ii) a policy or practice on which the action taken was based should be altered; or

(iii) reasons should have been, but were not, given for the action taken; or

(iv) any other thing should be done in relation to the action taken.

(2) The Postal Industry Ombudsman must report accordingly to the investigated body.

（3）The Postal Industry Ombudsman:

（a）must include in the report his or her reasons for the opinions specified in the report; and

（b）may also include in the report any recommendations he or she thinks fit to make.

（4）The Postal Industry Ombudsman may ask the investigated body to give him or her, within a specified time, particulars of any action that the investigated body proposes to take with respect to the matters and recommendations included in the report.

（5）The investigated body may give the Postal Industry Ombudsman comments about the report.

（6）The Postal Industry Ombudsman must give a copy of:

（a）the report; and

（b）any comments given under subsection（5）;

to the Minister administering the *Australian Postal Corporation Act 1989*.

19W Minister to table certain reports in Parliament

（1）This section applies if:

（a）the Postal Industry Ombudsman has given a report under section 19V to an investigated body; and

（b）action that is, in the opinion of the Postal Industry Ombudsman, adequate and appropriate in the circumstances is not taken with respect to the matters and recommendations included in the report within a reasonable time after the report was given to the investigated body.

（2）The Postal Industry Ombudsman may request the Minister administering the *Australian Postal Corporation Act 1989* to cause copies of the report to be laid before each House of the Parliament.

（3）If the Postal Industry Ombudsman makes a request under subsection（2）, the Minister administering the *Australian Postal Corporation Act 1989* must cause copies of:

（a）the report; and

（b）any comments given under subsection 19V（5）before the request was made;

to be laid before each House of the Parliament within 15 sitting days of that House after that Minister receives the request.

19X Reports of the Postal Industry Ombudsman

Annual reports

（1）As soon as practicable after the end of each financial year, the Postal Industry Ombudsman must give an annual report to the Minister, for presentation to the Parliament, on the operations of the Postal Industry Ombudsman during the financial year.

Additional reports

（2）The Postal Industry Ombudsman may, from time to time, give the Minister, for presentation to the Parliament, a report:

（a）on the operations of the Postal Industry Ombudsman during a part of a year; or

（b）in relation to any matter relating to, or arising in connection with, the exercise of the powers, or the performance of the functions, of the Postal Industry Ombudsman.

（3）Subsections（1）and（2）do not affect the powers and duties of the Postal Industry Ombudsman under section 19V or 19W.

Tabling and inclusion in other reports

（4）If the Postal Industry Ombudsman gives a report to the Minister under subsection（1）or（2）, the Minister must cause the report to be laid before each House of the Parliament within 15 sitting days of that House after the Minister receives the report.

（5）A report relating to the operations of the Postal Industry Ombudsman during a period may be included in a report under:

（a）section 19; or

（b）section 46 of the *Public Governance, Performance and Accountability Act 2013*;

relating to the operations of the Ombudsman during that period.

Content of report

（6）A report relating to the operations of the Postal Industry Ombudsman during a period must:

（a）set out the number of complaints received by the Postal Industry Ombudsman under this Part during that period; and

（b）if the Postal Industry Ombudsman has investigated action under paragraph 19M（2）(a)—set out:

（ⅰ）the number of such investigations started during that period; and

（ⅱ）the number of such investigations completed during that period; and

（c）if the Postal Industry Ombudsman has investigated action under paragraph 19M（2）(b)—set out:

（ⅰ）the number of such investigations started during that period; and

（ⅱ）the number of such investigations completed during that period; and

（d）include details of the circumstances and number of occasions where the Postal Industry Ombudsman has made a requirement of a person under section 9（as that section applies because of sections 19R and 19S）during that period; and

(e) include details of the circumstances and number of occasions where the holder of the office of Postal Industry Ombudsman has decided under subsection 19N (3) to deal with, or to continue to deal with, a complaint or part of a complaint in his or her capacity as the holder of the office of Commonwealth Ombudsman during that period; and

(f) include details of recommendations made during that period in reports under section 19V; and

(g) include statistical information about actions taken during that period as a result of such recommendations.

19Y Postal Industry Ombudsman may notify employer of misconduct

(1) This section applies if the Postal Industry Ombudsman becomes of the opinion, either before or after completing an investigation under this Act, that there is evidence that a person who is an officer of Australia Post or of a registered PPO, has engaged in misconduct.

(2) If the Postal Industry Ombudsman is of the opinion that the evidence is, in all the circumstances, of sufficient force to justify his or her doing so, the Postal Industry Ombudsman may bring the evidence to the notice of:

(a) if the person is the principal officer of Australia Post—the Minister administering the *Australian Postal Corporation Act 1989*; or

(b) if the person is an officer of Australia Post but not the principal officer of Australia Post—the principal officer of Australia Post; or

(c) if the person is an officer of a registered PPO—the principal officer of that PPO.

19Z Limitation on liability where information or documents provided in good faith or when required to do so

(1) A person is neither liable to a proceeding, nor subject to a liability, under an enactment merely because the person, in good faith and in relation to the Postal Industry Ombudsman's functions or powers:

（a）gives information to the Postal Industry Ombudsman（other than in accordance with a requirement under section 9）; or

（b）gives a document or other record to the Postal Industry Ombudsman（other than in accordance with a requirement under section 9）.

Note: For information, documents or other records given in accordance with a requirement under section 9, see subsections 9（4）and（5）.

（2）To avoid doubt, subsection（1）does not prevent the person from being liable to a proceeding, or being subject to a liability, for conduct of the person that is revealed by the information, document or record given to the Postal Industry Ombudsman.

（3）This section does not limit section 37.

Division 4 Register of PPOs

19ZA Registration of PPOs

（1）The Postal Industry Ombudsman is to establish and maintain a Register of PPOs.

（2）A PPO may apply, in writing, to the Postal Industry Ombudsman to be registered for the purposes of this Part.

（3）If the Postal Industry Ombudsman receives an application under subsection（2）, the Postal Industry Ombudsman must include that PPO on the Register of PPOs.

（4）A PPO is taken to be registered for the purposes of this Part from the time when the Postal Industry Ombudsman includes that PPO on the Register.

19ZB Information to be included in Register

(1) The Postal Industry Ombudsman must include the following information in the register:

(a) the name of the PPO;

(b) if the PPO has an ABN (within the meaning of the section 41 of the *A New Tax System* (*Australian Business Number*) *Act 1999*) —that ABN;

(c) the date on which the PPO was included on the Register.

(2) A registered PPO must notify the Postal Industry Ombudsman of any changes to the information included in relation to that PPO in the Register.

19ZC Deregistration of PPOs

(1) A registered PPO may apply, in writing, to the Postal Industry Ombudsman to no longer be registered for the purposes of this Part.

(2) If the Postal Industry Ombudsman receives an application under subsection (1) on a particular date (the ***deregistration date***) :

(a) the Postal Industry Ombudsman must enter the deregistration date in the Register of PPOs; and

(b) the Postal Industry Ombudsman must remove the PPO from the Register of PPOs 12 months after the deregistration date; and

(c) the PPO is taken to no longer be registered for the purposes of this Part from the deregistration date.

Note: In certain circumstances, a PPO that is no longer registered for the purposes of this Part may still be treated as a registered PPO (see section 19J) .

19ZD Register may be maintained by electronic means

(1) The Register may be maintained by electronic means.

(2) The Register is to be made available for inspection on the internet.

Division 5 Fees for investigations

19ZE Fees for investigations

(1) The Postal Industry Ombudsman may, on behalf of the Commonwealth, charge Australia Post or a registered PPO fees in relation to an investigation:

(a) that was conducted under paragraph 19M (2) (a) , into action taken by Australia Post or the registered PPO (as the case may be) ; and

(b) that has been completed.

Note: In certain circumstances, a PPO that is no longer registered for the purposes of this Part may still be treated as a registered PPO (see section 19J) .

(2) The amount of a fee:

(a) must not be more than the amount that, in the opinion of the Postal Industry Ombudsman, represents the costs incurred by the Postal Industry Ombudsman in conducting the investigation; and

(b) must not be such as to amount to taxation.

(3) The Minister administering the *Australian Postal Corporation Act 1989* may make a written determination specifying the total amount of fees that may be charged under this section in relation to investigations that the Postal Industry Ombudsman completed during a specified financial year.

(4) A determination made under subsection (3) is not a legislative instrument for the purposes of the *Legislative Instruments Act 2003*.

(5) If a determination has been made under subsection (3) for a financial year, the total amount of fees charged under this section in relation to investigations that the Postal Industry Ombudsman completed during that financial year must not exceed the amount specified in the determination.

（6）The regulations may:

（a）prescribe one or more methods to be used in working out the amount of a fee; and

（b）prescribe the time by which a fee is due and payable.

（7）A fee is payable to the ACMA on behalf of the Commonwealth.

（9）A fee:

（a）is a debt due to the ACMA on behalf of the Commonwealth; and

（b）is recoverable by the ACMA, on behalf of the Commonwealth, in a court of competent jurisdiction.

Part IIC Establishment, functions, powers and duties of the Overseas Students Ombudsman

Division 1 Preliminary

19ZF Definitions

In this Part:

officer, of a private registered provider, means a person who:

（a）is employed in the service of a private registered provider; or

（b）is a member of the staff of a private registered provider, whether or not the person is employed by a private registered provider; or

（c）is authorised by a private registered provider to exercise any powers, or perform any functions, of the private registered provider（including a contractor, for example）.

Overseas Students Act means the *Education Services for Overseas Students*

Act 2000.

principal executive officer has the same meaning as in the Overseas Students Act.

private registered provider means a registered provider, within the meaning of the Overseas Students Act, that is not owned or administered by:

(a) the Commonwealth; or

(b) a State or Territory.

19ZG Continued application of Part to former registered providers

(1) This section applies if:

(a) a private registered provider took action at a particular time; and

(b) the Overseas Students Ombudsman receives a complaint in relation to that action within 12 months after that time; and

(c) after that time, the private registered provider ceases to be a private registered provider for the purposes of this Part.

(2) This Part applies, in relation to that complaint, as if the private registered provider continued to be a private registered provider.

19ZH Part not to affect operation of other provisions of this Act

This Part does not, by implication, affect the operation of other provisions in this Act.

Division 2 Establishment and functions of the Overseas Students Ombudsman

19ZI Establishment of office of Overseas Students Ombudsman

(1) For the purposes of this Act, there is to be an Overseas Students Ombudsman.

(2) The office of Overseas Students Ombudsman is to be held by the person who holds the office of Commonwealth Ombudsman.

（3）The reference in subsection（2）to the person who holds the office of Commonwealth Ombudsman includes a reference to a person for the time being acting in that office because of an appointment under section 29.

19ZJ Functions of Overseas Students Ombudsman

（1）The functions of the Overseas Students Ombudsman are:

（a）to investigate complaints made to him or her under this Act; and

（b）to give private registered providers advice and training about the best practice for the handling of complaints made by overseas students; and

（c）to perform such other functions as are conferred on him or her by:

（ⅰ）this Act or the regulations; or

（ⅱ）another Act or regulations made under another Act.

（2）Subject to this Act, the Overseas Students Ombudsman:

（a）is to investigate action that he or she is authorised by this Act to investigate and in respect of which a complaint has been made to him or her; and

（b）may, on his or her own initiative, investigate action that he or she is authorised by this Act to investigate.

（3）The Overseas Students Ombudsman is authorised by this Act to investigate action taken by a private registered provider in connection with an overseas student, an intending overseas student, an accepted student, or a former accepted student, within the meaning of the Overseas Students Act.

19ZK Transfer of complaints

（1）This section applies if:

（a）a complaint has been made to the Overseas Students Ombudsman with respect to action taken by a private registered provider; and

（b）the Overseas Students Ombudsman, either before or after starting to investigate that action, forms the opinion that:

（ⅰ）a statutory complaint handler has the function of investigating, reviewing or enquiring into action of that kind; or

（ⅱ）a statutory office-holder has the function of investigating, reviewing or enquiring into action of that kind.

（2）In the case of a statutory complaint handler, the Overseas Students Ombudsman:

（a）must not investigate or further investigate the action; and

（b）must transfer the complaint to the statutory complaint handler.

（3）In the case of a statutory office-holder, if the Overseas Students Ombudsman considers the action could be more conveniently or effectively dealt with by the statutory office-holder, the Overseas Students Ombudsman:

（a）may decide not to investigate or further investigate the action; and

（b）if that decision is made, must transfer the complaint to the statutory office-holder.（4）If the Overseas Students Ombudsman transfers a complaint under this section, the Overseas Students Ombudsman must, as soon as is reasonably practicable:

（a）give notice of the transfer to the complainant; and

（b）give any information or documents that relate to the complaint and are in the possession or under the control of the Overseas Students Ombudsman to the statutory complaint handler or statutory office-holder.

（5）In this section:

statutory complaint handler means a person, prescribed under the regulations, who has a function of investigating action taken by a private registered provider in connection with an overseas student, an intending overseas student, an accepted student, or a former accepted student, within the meaning of the

Overseas Students Act.

statutory office-holder means a person who holds any office or appointment under a law of the Commonwealth, or under a law of a State or Territory.

19ZL Discretion not to investigate certain complaints

(1) This section applies if:

(a) a complaint has been made to the Overseas Students Ombudsman with respect to action taken by a private registered provider; and

(b) the Overseas Students Ombudsman is of the opinion that:

(ⅰ) the complaint is frivolous or vexatious or was not made in good faith; or

(ⅱ) the complainant does not have a sufficient interest in the subject matter of the complaint; or

(ⅲ) an investigation, or further investigation, of the action is not warranted having regard to all the circumstances; or

(ⅳ) the complainant has not yet raised the complaint with the registered provider; or

(ⅴ) the action came to the complainant's knowledge more than 12 months before the complaint was made; or

(ⅵ) the complainant has, or had, a right to cause the action to which the complaint relates to be reviewed by a court or by a tribunal constituted by or under an enactment but has not exercised that right.

(2) The Overseas Students Ombudsman may, in his or her discretion:

(a) decide not to investigate the action; or

(b) if he or she has started to investigate the action—decide not to investigate the action further.

Division 3 Powers and duties of the Overseas Students Ombudsman

19ZM Application of other provisions of this Act to the Overseas Students Ombudsman

(1) Subject to this section, the provisions covered by subsection (3) apply in relation to the Overseas Students Ombudsman.

(2) Unless the contrary intention appears, the provisions covered by subsection (3) apply as if:

(a) a reference in any of those provisions to the Ombudsman were a reference to the Overseas Students Ombudsman; and

(b) a reference in any of those provisions to any of the following were a reference to a private registered provider:

(i) a Department;

(ii) a prescribed authority;

(iii) a Department or a prescribed authority; and

(c) a reference in any of those provisions to an officer were a reference to an officer within the meaning of this Part; and

(d) a reference in any of those provisions to a principal officer were a reference to a principal executive officer within the meaning of this Part.

(3) The following provisions are covered by this subsection:

(a) subsections 3 (1) and (8);

(b) sections 3C and 3D;

(c) sections 6A to 7A;

(d) section 8, other than:

（ⅰ）paragraph（7A）（b）; and

（ⅱ）subsections（8）to（12）;

（e）section 8A, other than subsections（1B）to（1D）;

（f）section 9, other than:

（ⅰ）paragraphs（1AA）（ab）and（ac）; and

（ⅱ）paragraph（4）（ab）;

（g）section 11A, other than subsections（1）and（5）;

（h）sections 12 to 14;

（ⅰ）section 18;

（k）subsection 31（1）;

（l）section 33;

（m）section 34, other than subsections 34（1）to（2A）;

（n）section 35, other than paragraph（1）（e）and subparagraph（3）（b）（ia）;

（o）section 35AA;

（p）section 35A, other than subsection（3A）;

（q）sections 35B to 38.

（4）Each provision of this Act specified in column 1 of the table applies in relation to the Overseas Students Ombudsman in accordance with the table:

19ZN Powers of the Overseas Students Ombudsman under section 9

The Overseas Students Ombudsman may exercise his or her powers under section 9 for any of the following purposes:

（a）to determine whether he or she may investigate action under this Part;

（b）to decide whether or not to investigate action, or to investigate action further, under this Part;

（c）to start or further the conduct of an investigation under this Part;

(d) to prepare a report in relation to an investigation under this Part;

(e) if he or she has exercised a power for any of the purposes mentioned in paragraphs (a) to (d) —to ascertain what action has been taken by a private registered provider following the exercise of that power.

19ZO Duty to accord procedural fairness

The Overseas Students Ombudsman must comply with the rules of procedural fairness when exercising a power under this Act.

Example 1: If the Overseas Students Ombudsman sets out a critical opinion of a person in a report under section 19ZQ, he or she must give that person an opportunity to appear and make submissions to him or her (see subsection 8 (5)) .

Example 2: The Overseas Students Ombudsman must accord procedural fairness to a person if he or she sets out a critical opinion of the person:

(a) in disclosing information, or making a statement, under subsection 35A (1) ; or

(b) in referring to an investigation in a report under section 19ZS.

19ZP Disclosure of identifying information

The Overseas Students Ombudsman must not, in referring to an investigation in a report under section 19ZQ or 19ZS, disclose the name of a complainant or any other matter that would enable a complainant to be identified, unless it is fair and reasonable in all the circumstances to do so.

19ZQ Overseas Students Ombudsman may report to private registered provider

(1) This section applies if:

(a) an investigation under this Act into action taken by a private registered provider has been completed; and

(b) the Overseas Students Ombudsman is of the opinion that the action taken:

(i) appears to have been contrary to law; or

(ii) was unreasonable, unjust, oppressive or improperly discriminatory; or

(iii) was otherwise, in all the circumstances, wrong; and

(c) the Overseas Students Ombudsman is of the opinion that:

(i) some particular action could be, and should be, taken to rectify, mitigate or alter the effects of the action taken; or

(ii) a policy or practice on which the action taken was based should be altered; or

(iii) reasons should have been, but were not, given for the action taken; or

(iv) any other thing should be done in relation to the action taken.

(2) The Overseas Students Ombudsman must report accordingly to the private registered provider.

(3) The Overseas Students Ombudsman:

(a) must include in the report his or her reasons for the opinions specified in the report; and

(b) may also include in the report any recommendations he or she thinks fit to make.

(4) The Overseas Students Ombudsman may ask the private registered provider to give him or her, within a specified time, particulars of any action that the private registered provider proposes to take with respect to the matters and recommendations included in the report.

(5) The private registered provider may give the Overseas Students Ombudsman comments about the report.

(6) The Overseas Students Ombudsman must give a copy of:

（a）the report; and

（b）any comments given under subsection（5）;

to the Minister administering the Overseas Students Act.

19ZR Minister to table certain reports in Parliament

（1）This section applies if:

（a）the Overseas Students Ombudsman has given a report under section 19ZQ to a private registered provider; and

（b）action that is, in the opinion of the Overseas Students Ombudsman, adequate and appropriate in the circumstances is not taken with respect to the matters and recommendations included in the report within a reasonable time after the report was given to the private registered provider.

（2）The Overseas Students Ombudsman may request the Minister administering the Overseas Students Act to cause copies of the report to be laid before each House of the Parliament.

（3）If the Overseas Students Ombudsman makes a request under subsection（2）, the Minister administering the Overseas Students Act must cause copies of:

（a）the report; and

（b）any comments given under subsection 19ZQ（5）before the request was made;

to be laid before each House of the Parliament within 15 sitting days of that House after that Minister receives the request.

19ZS Reports of the Overseas Students Ombudsman

Annual reports

（1）As soon as practicable after the end of each financial year, the Overseas Students Ombudsman must give an annual report to the Minister, for presentation to the Parliament, on the operations of the Overseas Students Ombudsman during the financial year.

Additional reports

(2) The Overseas Students Ombudsman may, from time to time, give the Minister, for presentation to the Parliament, a report:

(a) on the operations of the Overseas Students Ombudsman during a part of a year; or

(b) in relation to any matter relating to, or arising in connection with, the exercise of the powers, or the performance of the functions, of the Overseas Students Ombudsman.

(3) Subsections (1) and (2) do not affect the powers and duties of the Overseas Students Ombudsman under section 19ZQ or 19ZR.

Tabling and inclusion in other reports

(4) If the Overseas Students Ombudsman gives a report to the Minister under subsection (1) or (2), the Minister must cause the report to be laid before each House of the Parliament within 15 sitting days of that House after the Minister receives the report.

(5) A report relating to the operations of the Overseas Students Ombudsman during a period may be included in a report under:

(a) section 19; or

(b) section 46 of the *Public Governance, Performance and Accountability Act 2013*;

relating to the operations of the Ombudsman during that period.

Content of report

(6) A report relating to the operations of the Overseas Students Ombudsman during a period must:

(a) set out the number of complaints received by the Overseas Students Ombudsman under this Part during that period; and

(b) if the Overseas Students Ombudsman has investigated action under paragraph 19ZJ (2) (a) —set out:

(ⅰ) the number of such investigations started during that period; and

(ⅱ) the number of such investigations completed during that period; and

(c) if the Overseas Students Ombudsman has investigated action under paragraph 19ZJ (2) (b) —set out:

(ⅰ) the number of such investigations started during that period; and

(ⅱ) the number of such investigations completed during that period; and

(d) set out:

(ⅰ) the number of times when the Overseas Students Ombudsman has made a requirement of a person under section 9 (as that section applies because of sections 19ZM and 19ZN) during that period; and

(ⅱ) the circumstances in which each of those requirements was made.

(7) A report relating to the operations of the Overseas Students Ombudsman during a period may include:

(a) details of the circumstances and number of occasions during that period where the holder of the office of Overseas Students Ombudsman decided, under section 19ZK, to transfer a complaint to a statutory complaint handler or statutory office-holder; and

(b) details of recommendations made during that period in reports under section 19ZQ; and

(c) statistical information about actions taken during that period as a result of such recommendations; and

(d) details of action that the Overseas Students Ombudsman took during the period to promote best practice in dealing with complaints; and

(e) details of the Overseas Students Ombudsman's observations during the period regarding:

(i) any trends in complaints; or

(ii) any broader issues that arise from investigations.

19ZT Overseas Students Ombudsman may notify of misconduct

(1) This section applies if the Overseas Students Ombudsman forms the opinion, either before or after completing an investigation under this Act, that there is evidence that a person who is an officer of a private registered provider has engaged in misconduct.

(2) If the Overseas Students Ombudsman is of the opinion that the evidence is, in all the circumstances, of sufficient force to justify his or her doing so, the Overseas Students Ombudsman may bring the evidence to the notice of the principal executive officer of the private registered provider.

19ZU Limitation on liability where information or documents provided in good faith or when required to do so

(1) A person is neither liable to a proceeding, nor subject to a liability, under an enactment merely because the person, in good faith and in relation to the Overseas Students Ombudsman's functions or powers:

(a) gives information to the Overseas Students Ombudsman (other than in accordance with a requirement under section 9) ; or

(b) gives a document or other record to the Overseas Students Ombudsman (other than in accordance with a requirement under section 9) .

Note: For information, documents or other records given in accordance with a requirement under section 9, see subsections 9 (4) and (5) .

(2) To avoid doubt, subsection (1) does not prevent the person from being liable to a proceeding, or being subject to a liability, for conduct of the person that is revealed by the information, document or record given to the Overseas Students Ombudsman.

(3) This section does not limit section 37.

Part III Conditions of service, and staff, of the Ombudsman

Division 1 Ombudsman

20 Interpretation

In this Division, unless the contrary intention appears, ***Ombudsman*** means the Commonwealth Ombudsman or a Deputy Commonwealth Ombudsman.

21 Appointment of Ombudsman

(1) An Ombudsman shall be appointed by the Governor-General.

(2) An Ombudsman holds office on such terms and conditions (if any) in respect to matters not provided for in this Act as are prescribed.

22 Tenure of office

(1) Subject to this Act, an Ombudsman holds office for such period, not exceeding 7 years, as is specified in the instrument of his or her appointment, but is eligible for re-appointment.

23 Deputy Ombudsman

(1) The Minister may:

(b) by notice in writing published in the *Gazette*, designate a Deputy Ombudsman as the Deputy Ombudsman (Defence Force) .

24 Salary and allowances

（1）An Ombudsman shall be paid such remuneration as is determined by the Remuneration Tribunal.

（2）An Ombudsman shall be paid such allowances as are prescribed.

（3）This section has effect subject to the *Remuneration Tribunal Act 1973*.

25 Leave of absence

（1）The Ombudsman has such recreation leave entitlements as are determined by the Remuneration Tribunal.

（2）The Minister may grant the Ombudsman leave of absence, other than recreation leave, on such terms and conditions as to remuneration or otherwise as the Minister determines.

26 Resignation

An Ombudsman may resign his or her office by writing under his or her hand delivered to the Governor-General.

27 Retirement

The Governor-General may, with the consent of an Ombudsman, retire that Ombudsman on the ground of physical or mental incapacity.

28 Suspension and removal of Ombudsman

（1）The Governor-General may remove an Ombudsman from office on an address praying for his or her removal on the ground of misbehaviour or physical or mental incapacity being presented to the Governor-General by each House of the Parliament in the same session of the Parliament.

（2）The Governor-General may suspend an Ombudsman from office on the ground of misbehaviour or physical or mental incapacity.

（3）Where the Governor-General suspends an Ombudsman from office, the Minister shall cause a statement of the grounds of the suspension to be laid before each House of the Parliament within 7 sitting days of the House after the suspension.

（4）Where such a statement has been laid before a House of the Parliament, that House may, within 15 sitting days of that House after the day on which the statement has been laid before it, by resolution, declare that the Ombudsman should be removed from office and, if each House so passes such a resolution, the Governor-General shall remove the Ombudsman from office.

（5）If, at the expiration of 15 sitting days of a House of the Parliament after the day on which the statement has been laid before that House, that House has not passed such a resolution, the suspension terminates.

（6）The suspension of an Ombudsman from office under this section does not affect any entitlement of the Ombudsman to be paid remuneration and allowances.

（7）If an Ombudsman becomes bankrupt, applies to take the benefit of any law for the relief of bankrupt or insolvent debtors, compounds with his or her creditors or makes an assignment of his or her remuneration for their benefit, the Governor-General shall remove him or her from office.

（7A）If an Ombudsman is absent from duty, except on leave of absence, for 14 consecutive days or for 28 days in any 12 months, the Governor-General may remove him or her from office.

（8）An Ombudsman shall not be removed or suspended from office except as provided by this section.

28A Removal taken to be retirement on ground of invalidity

（1）If an Ombudsman is removed from office under section 28 of this Act following his or her suspension from office on the ground of physical or mental incapacity, then, for the purposes of the *Superannuation Act 1976*, he or she is taken to have been retired on the ground of invalidity within the meaning of Part

IVA of that Act.

（2）In spite of subsection（1）, section 54C of the *Superannuation Act 1976* applies in relation to the Ombudsman.

（3）If an Ombudsman is removed from office under section 28 of this Act following his or her suspension from office on the ground of physical or mental incapacity, then, for the purposes of the *Superannuation Act 1990*, he or she is taken to have been retired on the ground of invalidity within the meaning of that Act.

（4）In spite of subsection（3）, section 13 of the *Superannuation Act 1990* applies in relation to the Ombudsman.

（5）If an Ombudsman is removed from office under section 28 of this Act following his or her suspension from office on the ground of physical or mental incapacity, then, for the purposes of the *Superannuation Act 2005*, he or she is taken to have been retired on the ground of invalidity within the meaning of that Act.

（6）In spite of subsection（5）, section 43 of the *Superannuation Act 2005* applies in relation to the Ombudsman.

28B Retirement on ground of invalidity under the Superannuation Acts

（1）In spite of anything contained in sections 27 and 28, an Ombudsman who:

（a）is an eligible employee for the purposes of the *Superannuation Act 1976*; and

（b）has not reached his or her maximum retiring age（within the meaning of that Act）;

is not capable of being retired from office on the ground of invalidity（within the meaning of Part IVA of that Act）unless CSC has given a certificate under section 54C of that Act.

(2) In spite of anything contained in sections 27 and 28, an Ombudsman who:

(a) is a member of the superannuation scheme established by deed under the *Superannuation Act 1990*; and

(b) is under 60 years of age; is not capable of being retired from office on the ground of invalidity (within the meaning of that Act) unless CSC has given a certificate under section 13 of that Act.

(3) In spite of anything contained in sections 27 and 28, an Ombudsman who:

(a) is an ordinary employer-sponsored member of PSSAP, within the meaning of the *Superannuation Act 2005*; and

(b) is under 60 years of age;

is not capable of being retired from office on the ground of invalidity (within the meaning of that Act) unless CSC has given an approval and certificate under section 43 of that Act.

29 Acting appointments

(1) The Minister may appoint a person to act in the office of Commonwealth Ombudsman:

(a) during a vacancy in that office, whether or not an appointment has previously been made to that office; or

(b) during any period, or during all periods, when the Ombudsman is absent from duty or from Australia or is, for any other reason, unable to perform the functions of his or her office.

Note: For rules that apply to acting appointments, see section 33A of the *Acts Interpretation Act 1901*.

(1A) The Minister may appoint a person to act in an office of Deputy

Commonwealth Ombudsman:

(a) during a vacancy in that office, whether or not an appointment has previously been made to that office; or

(b) during any period, or during all periods, when a Deputy Ombudsman is absent from duty or from Australia or is, for any other reason, unable to perform the functions of Deputy Ombudsman.

Note: For rules that apply to acting appointments, see section 33A of the *Acts Interpretation Act 1901*.

(3) If a Deputy Commonwealth Ombudsman is at any time appointed to act in the office of Commonwealth Ombudsman, his or her office shall, during the period of his or her appointment, be deemed, for the purposes of this section, to be vacant.

(7) Sections 25 and 26 apply in relation to a person appointed under this section in like manner as they apply in relation to an Ombudsman.

Division 2 Staff

31 Staff

(1) The staff required for the purposes of this Act shall be persons engaged under the *Public Service Act 1999*.

(2) For the purposes of the *Public Service Act 1999*:

(a) the Ombudsman and the APS employees assisting the Ombudsman together constitute a Statutory Agency; and

(b) the Ombudsman is the Head of that Statutory Agency.

Part IV Miscellaneous

33 Ombudsman not to be sued

(1) Subject to section 35, neither the Ombudsman nor a person acting under his or her direction or authority is liable to an action, suit or proceeding for or in relation to an act done or omitted to be done in good faith in exercise or purported exercise of any power or authority conferred by this Act or Division 7 of Part V of the *Australian Federal Police Act 1979*.

(2) A reference in this section to the Ombudsman includes a reference to a Deputy Ombudsman or a delegate of the Ombudsman.

34 Delegation

(1) The Ombudsman may, either generally or as otherwise provided by the instrument of delegation, by instrument in writing, delegate to a person:

(a) all or any of his or her powers under this Act, other than his or her powers under sections 15, 16, 17 and 19 and this power of delegation; and

(b) any power exercisable by him or her by virtue of an instrument of delegation referred to in subsection (7) the sub-delegation of which is permitted by the relevant law of the State or by the instrument of delegation; and

(c) all or any of his or her powers under Division 7 of Part V of the *Australian Federal Police Act 1979*.

(2) The Defence Force Ombudsman may, either generally or as otherwise provided by the instrument of delegation, by instrument in writing, delegate to a person all or any of his or her powers under this Act, other than his or her powers under sections 15, 16 and 17 and his or her powers referred to in section

19FA.

(2A) The Postal Industry Ombudsman may, either generally or as otherwise provided by the instrument of delegation, by instrument in writing, delegate to a person all or any of his or her powers under this Act, other than his or her powers under sections 19V and 19W and his or her powers referred to in section 19X.

(2B) The Overseas Students Ombudsman may, either generally or as otherwise provided by the instrument of delegation, by instrument in writing, delegate to a person all or any of his or her powers under this Act, other than his or her powers under sections 19ZQ and 19ZR and his or her powers referred to in section 19ZS.

(5) A delegate shall, upon request by a person affected by the exercise of any powers delegated to him or her, produce the instrument of delegation or a copy of the instrument, for inspection by the person.

(7) Where:

(a) in accordance with a law of a State, the Ombudsman of the State delegates to the Commonwealth Ombudsman, either generally or as otherwise provided by the instrument of delegation, any of his or her powers under such a law; and

(b) the Minister consents to the exercise by the Ombudsman in accordance with the instrument of delegation of a power so delegated;

the Ombudsman is authorized to exercise that power accordingly.

35 Officers to observe confidentiality

(1) In this section, ***officer*** means:

(a) the Ombudsman;

(b) a Deputy Ombudsman;

（c）a person who is a member of the staff referred to in subsection 31（1）; or

（d）a person, not being a person referred to in paragraph（b）or（c）, to whom the Ombudsman has delegated any of his or her powers under section 34 or who is an authorized person; or

（e）a person who is made available to the Ombudsman as mentioned in subsection 8（12）.

（2）Subject to this section, an officer shall not, either directly or indirectly, and either while he or she is, or after he or she ceases to be, an officer, make a record of, or divulge or communicate to any person, any information acquired by him or her by reason of his or her being an officer, being information that was disclosed or obtained under the provisions of this Act or under Division 7 of Part V of the *Australian Federal Police Act 1979*, including information furnished by the Ombudsman of a State or information disclosed to or obtained by the Commonwealth Ombudsman in the exercise of a power of the Ombudsman of a State delegated to him or her as provided by subsection 34（7）.

Penalty: $500.

（3）Subsection（2）does not prevent an officer:

（a）from making a record of, or divulging or communicating to any person, information acquired by him or her in the performance of his or her duties as an officer for purposes connected with the exercise of the powers and the performance of the functions of the Ombudsman; or

（b）from divulging or communicating information to a person:

（i）if the information was given by an officer of a Department or prescribed authority in the performance of his or her duties as such an officer—with the consent of the principal officer of the Department or authority or of the responsible Minister; or

(ia) if the information was given by a person who is, or is an employee of, a Commonwealth service provider of a Department or prescribed authority under a contract—with the consent of the principal officer of the Department or prescribed authority or of the responsible Minister; or

(ii) if the information was given by a person otherwise than as set out in subparagraph (i) or (ia) —with the consent of the person who gave the information.

(4) Subject to subsection (5) , subsection (2) does not prevent the Ombudsman or a Deputy Ombudsman from disclosing, in a report made under this Act, such matters as, in his or her opinion, ought to be disclosed in the course of setting out the grounds for the findings, conclusions and recommendations contained in the report.

(5) Where the Attorney-General furnishes to the Ombudsman a certificate in writing certifying that:

(a) the disclosure of information or documents concerning a specified matter or matters included in a specified class of matters; or

(b) the disclosure of a specified document or of documents included in a specified class of documents;

would, for a reason specified in the certificate, being a reason referred to in paragraph 9 (3) (a) , (b) , (c) , (d) or (e) , be contrary to the public interest, an officer shall not, either directly or indirectly and either while he or she is, or after he or she ceases to be, an officer, except as provided in subsection (6) :

(c) divulge or communicate to any person any information acquired by him or her under the provisions of this Act concerning such a matter or such a document;

(d) divulge or communicate any of the contents of such a document to any person; or

(e) furnish such a document, or a copy of, or an extract from, such a document, to any person.

Penalty: Imprisonment for 2 years.

(6) Subsection (5) does not prevent an officer, in the performance of his or her duties as an officer:

(a) from divulging or communicating information referred to in that subsection to another officer;

(b) from furnishing any of the contents of, a copy of or an extract from a document referred to in that subsection to another officer; or

(c) from returning such a document that has been produced to him or her to the person lawfully entitled to the custody of the document.

(6A) Subsection (2) does not prevent the Ombudsman, or an officer acting on behalf of the Ombudsman, from giving information or documents under paragraph 6 (4D) (e) or paragraph 6 (18) (d) .

(7) Subject to subsection (7A) , where the Ombudsman proposes, for purposes connected with the exercise of his or her powers or performance of his or her functions, to furnish information, or to send a document, or a copy of, or extract from, a document, to the Ombudsman of a State, the Ombudsman shall satisfy himself or herself that a law of the State makes provision corresponding to the provision made by this section with respect to the confidentiality of information acquired by the Ombudsman of the State.

(7A) Subsection (7) does not apply in relation to any information or document obtained by the Ombudsman in the exercise of a power of the

Ombudsman of the State that the Ombudsman was authorized to exercise in pursuance of subsection 34（7）.

(8) A person who is or has been an officer is not compellable, in any proceedings before a court (whether exercising federal jurisdiction or not) or before a person authorized by a law of the Commonwealth or of a State or Territory, or by consent of parties, to hear, receive and examine evidence, to disclose any information acquired by him or her by reason of his or her being or having been an officer, being information that was disclosed or obtained under the provisions of this Act or under Division 7 of Part V of the *Australian Federal Police Act 1979*.

35AA Disclosure of information and documents to Integrity Commissioner

(1) This section applies if:

(a) the Ombudsman, of his or her own motion, investigates any action as mentioned in paragraph 5（1）(b）; and

(b) in the course of the investigation, the Ombudsman obtains information or a document that is, or may be, relevant to a corruption issue.

(2) Subject to section 35B, nothing in this Act precludes the Ombudsman from:

(a) disclosing the information; or

(b) making a statement; or

(c) giving the document;

to the Integrity Commissioner.

(3) In this section:

corruption issue has the same meaning as in the *Law Enforcement Integrity Commissioner Act 2006*.

Integrity Commissioner has the same meaning as in the *Law Enforcement*

Integrity Commissioner Act 2006.

35A Disclosure of information by Ombudsman

(1) Subject to sections 35B and 35C, nothing in this Act shall be taken to preclude the Ombudsman from disclosing information, or making a statement, to any person or to the public or a section of the public with respect to the performance of the functions of, or an investigation by, the Ombudsman if, in the opinion of the Ombudsman, it is in the interests of any Department, prescribed authority or person, or is otherwise in the public interest, so to disclose that information or to make that statement.

(2) The Ombudsman shall not disclose information or make a statement under subsection (1) with respect to a particular investigation where the disclosure of that information, or the making of that statement, is likely to interfere with the carrying out of that or any other investigation or the making of a report.

(3) The Ombudsman shall not, in disclosing information or making a statement under subsection (1) with respect to a particular investigation:

(a) set out opinions that are, either expressly or impliedly, critical of a Department, prescribed authority or person unless the Ombudsman has complied with subsection 8 (5) in relation to the investigation; or

(b) disclose the name of a complainant or any other matter that would enable a complainant to be identified unless it is fair and reasonable in all the circumstances to do so.

(4) This section has effect notwithstanding subsection 8 (2) and section 35 (other than subsection (5) of that section).

35B Disclosure of ACC information

(1) If the Attorney-General gives the Ombudsman a certificate certifying

that the disclosure of certain ACC information by one or more listed disclosure methods specified in the certificate would be contrary to the public interest by reason that it would prejudice:

(a) the safety of a person; or

(b) the fair trial of a person who has been, or may be, charged with an offence; or

(c) the proper performance of the functions of the ACC; or

(d) the operations of a law enforcement agency;

the Ombudsman must not so disclose the ACC information.

(2) In this section:

ACC information means information or the contents of a document or a record that is, or was, in the possession or under the control of the ACC or the Board of the ACC.

listed disclosure method, in relation to information, a document or a record, means:

(a) including the information or the contents of the document or record in any report under:

(ⅰ) Division 2 of Part II; or

(ⅱ) section 46 of the *Public Governance, Performance and Accountability Act 2013*; or

(b) giving the information, document or record to another person or authority under section 6 or 6A; or

(c) giving the information, document or record to an Ombudsman of a State; or

(d) giving the information, document or record to an authority with which the Ombudsman has made an arrangement under section 8B; or

(e) disclosing, or making a statement that discloses, the information or the contents of the document or record under subsection 35A（1）; or

(f) disclosing information or the contents of a document or record by any other specified method.

35C Disclosure of ACLEI information

(1) If the Attorney-General gives the Ombudsman a certificate certifying that the disclosure of certain ACLEI information by one or more listed disclosure methods specified in the certificate would be contrary to the public interest by reason that it would prejudice:

(a) the safety of a person; or

(b) the fair trial of a person who has been, or may be, charged with an offence; or

(c) the proper performance of the functions of the Integrity Commissioner; or

(d) the operations of a law enforcement agency;

the Ombudsman must not so disclose the ACLEI information.

(2) In this section:

ACLEI information means information or the contents of a document that is, or was, in the possession or under the control of the Integrity Commissioner.

listed disclosure method, in relation to information, a document or a record, means:

(a) including the information or the contents of the document or record in any report under Division 2 of Part 2; or

(b) giving the information, document or record to another person or authority under section 6 or 6A; or

(c) giving the information, document or record to an Ombudsman of a State; or （d）giving the information, document or record to an authority with which the Ombudsman has made an arrangement under section 8B; or

（e）disclosing, or making a statement that discloses, the information or the contents of the document or record under subsection 35A（1）; or

（f）disclosing information or the contents of a document or record by any other specified method.

36 Offences

（1）A person shall not refuse or fail:

（a）to attend before the Ombudsman;

（b）to be sworn or make an affirmation;

（ba）to furnish information; or

（c）to answer a question or produce a document or record;

when so required in pursuance of this Act.

Penalty: $1,000 or imprisonment for 3 months.

（2A）Subsection（1）does not apply if the person has a reasonable excuse.

Note: A defendant bears an evidential burden in relation to the matter in subsection（2A）（see subsection 13.3（3）of the *Criminal Code*）.

（3）A reference in this section to the Ombudsman includes a reference to a Deputy Ombudsman.

37 Protection from civil actions

Civil proceedings do not lie against a person in respect of loss, damage or injury of any kind suffered by another person by reason of any of the following acts done in good faith:

（a）the making of a complaint to the Ombudsman under this Act;

（b）the making of a statement to, or the furnishing of a document or information to, a person, being an officer within the meaning of section 35, for the purposes of this Act, whether or not the statement was made, or the document or information was furnished, in pursuance of a requirement under section 9 or an order under section 11A.

38 Regulations

The Governor-General may make regulations, not inconsistent with this Act, prescribing all matters that are required or permitted by this Act to be prescribed or are necessary or convenient to be prescribed for carrying out or giving effect to this Act and, in particular, prescribing matters in connexion with fees and expenses of witnesses appearing before the Ombudsman.

德　国

德国联邦基本法（节选）

第 17 条 人民均有以单独或与他人联合的方式书面向主管机关和民意代表机关提出请求或申诉的权利。

第 45C 条

（1）联邦议院设立请愿委员会，该委员会负责处理根据本法第 17 条向联邦议院提出的请求和申诉。

（2）该委员会审查申诉的职权由联邦法律规定。

（翻译：唐婧　审校：谢立斌）

Grundgesetz (Auszug)

Artikel 17 Jedermann hat das Recht, sich einzeln oder in Gemeinschaft mit anderen schriftlich mit Bitten oder Beschwerden an die zuständigen Stellen und an die Volksvertretung zu wenden.

Artikel 45c

（1）Der Bundestag bestellt einen Petitionsausschuß, dem die Behandlung der nach Artikel 17 an den Bundestag gerichteten Bitten und Beschwerden obliegt.

（2）Die Befugnisse des Ausschusses zur Überprüfung von Beschwerden regelt ein Bundesgesetz.

德国联邦议院请愿委员会权限法

（根据1975年7月19日版《基本法》第45C条，

《联邦法律公报I》第1921页）

第1条 联邦政府和联邦行政机关须将相关文书交予联邦议院请愿委员会，告知其相关情况并允许其进入相关部门，便于其准备对根据《基本法》第十七条提出的申诉做出决定。

第2条 联邦直属法人团体、机构和公法上的基金会在接受联邦政府监督的范围内，第一条相应适用。

第3条 （1）只有在当整个事情过程依法需要保密或者存在其他强制保密原因的情况下，才可以拒绝请愿委员会查阅文书、了解相关情况和进入相关部门。

（2）联邦主管最高监督机关具有做出拒绝决定的权力。决定应当说明理由。

第4条 请愿委员会有权听取请愿人、证人和专家的陈述。

第5条 被委员会邀请的请愿人、证人和专家根据《司法报酬和赔偿法》获得相应补偿或报酬。

第6条 请愿委员会可以根据《德国联邦议院议事规程》的规定，在个案中将其根据本法享有的权限委托给一名或者多名请愿委员会的委员行使。

第7条 法院和行政机关有义务为请愿委员会及受其委托的成员提供公务协助。

第 8 条 本法律根据 1952 年 1 月 4 日颁布的《第三适用法》第十三条第一款（《联邦法律公报 I》第 1 页）同样适用于联邦州柏林。

第 9 条 本法律自颁布之日起生效。

（翻译：唐婧 审校：谢立斌）

Gesetz über die Befugnisse des Petitionsausschusses

(Gesetz nach Artikel 45c des Grundgesetzes vom 19. Juli 1975, Bundesgesetzblatt I Seite 1921)

§ 1 Zur Vorbereitung von Beschlüssen über Beschwerden nach Artikel 17 des Grundgesetzes haben die Bundesregierung und die Behörden des Bundes dem Petitionsausschuss des Deutschen Bundestages Akten vorzulegen, Auskunft zu erteilen und Zutritt zu ihren Einrichtungen zu gestatten.

§ 2 Für die bundesunmittelbaren Körperschaften, Anstalten und Stiftungen des öffentlichen Rechts gilt § 1 entsprechend in dem Umfang, in dem sie der Aufsicht der Bundesregierung unterstehen.

§ 3 (1) Aktenvorlage, Auskunft sowie der Zutritt zu Einrichtungen dürfen nur verweigert werden, wenn der Vorgang nach einem Gesetz geheimgehalten werden muß oder sonstige zwingende Geheimhaltungsgründe bestehen.

(2) Über die Verweigerung entscheidet die zuständige oberste Aufsichtsbehörde des Bundes. Die Entscheidung ist zu begründen.

§ 4 Der Petitionsausschuss ist berechtigt, den Petenten, Zeugen und Sachverständige anzuhören.

§ 5 Der Petent, Zeugen und Sachverständige, die vom Ausschuss geladen worden sind, erhalten eine Entschädigung oder Vergütung nach dem Justizvergütungs- und -entschädigungsgesetz.

§ 6 Der Petitionsausschuss kann nach Maßgabe der Geschäftsordnung des

Deutschen Bundestages die Ausübung seiner Befugnisse nach diesem Gesetz im Einzelfall auf eines oder mehrere seiner Mitglieder übertragen.

§ 7 Gerichte und Verwaltungsbehörden sind verpflichtet, dem Petitionsausschuss und den von ihm beauftragten Mitgliedern Amtshilfe zu leisten.

§ 8 Dieses Gesetz gilt nach Maßgabe des § 13 Abs. 1 des Dritten Überleitungsgesetzes vom 4. Januar 1952 (Bundesgesetzbl. I S. 1) auch im Land Berlin.

§ 9 Dieses Gesetz tritt am Tage nach seiner Verkündung in Kraft.

德国联邦议院议事规程（节选）

第九章　请愿处理

第 108 条　请愿委员会的权限

（1）根据基本法第 45c 条由联邦议院设立的请愿委员会负责处理根据基本法第 17 条向联邦议院提出的请求和申诉。联邦议院中军队监督委员的任务和权限不受影响。

（2）《德国联邦议院请愿委员会权限法》没有另行规定的，按照以下规定处理请愿事宜。

第 109 条　提交请愿书

（1）议长将请愿书转交请愿委员会。请愿涉及与其他专业委员会审议事项的，请愿委员会向专业委员会征求意见。

（2）联邦议员提交请愿书的，可要求在委员会审议请愿时发表意见。

第 110 条　请愿委员会的权利

（1）请愿委员会需制定处理请求和申诉的原则，在个案中应把这些原则作为作出决定的出发点。

（2）请愿委员会直接向联邦行政机关、联邦直属机构、营造物或基金会提出调阅档案、要求提供资讯或者进入有关机构的，应当告知联邦政府相关负责成员。

（3）听取请愿人、证人以及专家陈述的，应当及时告知联邦政府相关负责成员。

第 111 条　向请愿委员会个别成员授予职权

向一个或者多个成员授予基本法第 45c 条意义上的法律所规定的职权，必须由请愿委员会在个案中作出决议。授权的内容和范围应当在决议中确定。

第 112 条　请愿委员会的决议建议和报告

（1）关于请愿委员会的请愿处理的报告以及决议建议应当以概要的形式呈交联邦议院。该报告应当每月呈交一次。此外，请愿委员会还应当每年向联邦议院呈交一份书面工作报告。

（2）上述报告予以分发，并在分发后三个会议周内提上议事日程；报告人可作口头补充。但是仅当一个议会党团或者超过百分之五的出席联邦议员要求时，才进行公开辩论。

（3）请愿处理结果须告知请愿人。告知应当附理由。

（翻译：唐婧　审校：谢立斌）

Behandlung von Petitionen (Auszug)

§ 108 Zuständigkeit des Petitionsausschusses

(1) Dem gemäß Artikel 45c des Grundgesetzes vom Bundestag zu bestellenden Petitionsausschuß obliegt die Behandlung der nach Artikel 17 des Grundgesetzes an den Bundestag gerichteten Bitten und Beschwerden. Aufgaben und Befugnisse des Wehrbeauftragten des Bundestages bleiben unberührt.

(2) Soweit sich aus dem Gesetz über die Befugnisse des Petitionsausschusses des Deutschen Bundestages nichts anderes ergibt, werden die Petitionen gemäß den nachfolgenden Bestimmungen behandelt.

§ 109 Überweisung der Petitionen

(1) Der Präsident überweist die Petitionen an den Petitionsausschuß. Dieser holt eine Stellungnahme der Fachausschüsse ein, wenn die Petitionen einen Gegenstand der Beratung in diesen Fachausschüssen betreffen.

(2) Mitglieder des Bundestages, die eine Petition überreichen, sind auf ihr Verlangen zu den Ausschußverhandlungen mit beratender Stimme zuzuziehen.

§ 110 Rechte des Petitionsausschusses

(1) Der Petitionsausschuß hat Grundsätze über die Behandlung von Bitten und Beschwerden aufzustellen und diese Grundsätze zum Ausgangspunkt seiner Entscheidung im Einzelfall zu machen.

(2) Soweit Ersuchen um Aktenvorlage, Auskunft oder Zutritt zu Einrichtungen unmittelbar an Behörden des Bundes, bundesunmittelbare

Körperschaften, Anstalten und Stiftungen des öffentlichen Rechts gerichtet werden, ist das zuständige Mitglied der Bundesregierung zu verständigen.

(3) Von der Anhörung des Petenten, Zeugen oder Sachverständigen ist das zuständige Mitglied der Bundesregierung rechtzeitig zu unterrichten.

§ 111 Übertragung von Befugnissen auf einzelne Mitglieder des Petitionsausschusses

Die Übertragung von Befugnissen nach dem Gesetz nach Artikel 45c des Grundgesetzes auf eines oder mehrere seiner Mitglieder muß der Petitionsausschuß im Einzelfall beschließen. Inhalt und Umfang der Übertragung sind im Beschluß zu bestimmen.

§ 112 Beschlußempfehlung und Bericht des Petitionsausschusses

(1) Der Bericht über die vom Petitionsausschuß behandelten Petitionen wird mit einer Beschlußempfehlung dem Bundestag in einer Sammelübersicht vorgelegt. Der Bericht soll monatlich vorgelegt werden. Darüber hinaus erstattet der Petitionsausschuß dem Bundestag jährlich einen schriftlichen Bericht über seine Tätigkeit.

(2) Die Berichte werden verteilt und innerhalb von drei Sitzungswochen nach der Verteilung auf die Tagesordnung gesetzt; sie können vom Berichterstatter mündlich ergänzt werden. Eine Aussprache findet jedoch nur statt, wenn diese von einer Fraktion oder von anwesenden fünf vom Hundert der Mitglieder des Bundestages verlangt wird.

(3) Den Einsendern wird die Art der Erledigung ihrer Petition mitgeteilt. Diese Mitteilung soll mit Gründen versehen sein.

请愿委员会规范请求和申诉处理规则（程序规则）

（最后更新时间：2014 年 1 月 15 日）

该程序准则于 1989 年 3 月 8 日颁布，由 1991 年 2 月 20 日决议编辑修改，由 1991 年 6 月 19 日决议以及 2005 年 6 月 1 日和 15 日决议补充。在第 16 届委员会任期中由 2005 年 11 月 30 日决议采纳。由 2006 年 4 月 5 日决议修改。在第 17 届委员会任期中由 2009 年 11 月 25 日决议采纳；最后由 2011 年 11 月 9 日决议修改，有效期至 2012 年 1 月 1 日。在第 18 届委员会任期中由 2014 年 1 月 15 日决议采纳。

根据《德国联邦议院议事规程》第一百一十条第一款，请愿委员会在处理请求和申诉时须遵循如下原则：

1. 法律根据

（1）根据《基本法》第 17 条，人人均有单独或与他人联合的方式书面向联邦议院提出请求或申诉的权利。

（2）根据《基本法》第 45c 条第 1 款，联邦议院设立请愿委员会，负责处理向联邦议院提出的请求和申诉。

（3）请愿委员会对请愿进行处理和决定的权限源于《基本法》第 17 条和《德国联邦议院请愿委员会权限法》（基于《基本法》第 45c 条的法律——也称《权限法》）。

2. 呈文

2.1 请愿书

（1）请愿书是陈述自身、他人或公众请求或申诉的呈文。

（2）请求是向履行公共任务的国家组织、部门或其他机构提出履行或搁置某行为的要求和建议。其中特别包括进行立法的建议。

（3）申诉是对履行公共任务的国家组织、部门或其他机构履行或搁置某行为提出的抗议。

2.2 多重请愿书、联名请愿书、大众请愿书、公开请愿书

（1）多重请愿书是个人起草的多份表达同一请求或申诉的呈文。

（2）联名请愿书是表达同一请求或申诉的联名呈文。

（3）大众请愿书是大量表达同一请求或申诉的呈文，且呈文的内容完全或基本一致。

（4）公开请愿书是因公众利益向德国联邦议院提出的请求或申诉。在经请愿人同意后，在请愿委员会网站上予以公布。据此，更多个人或群体得到通过网络参与请愿书签名或提交讨论稿的机会。

2.3 其他呈文

问讯、单纯告知、劝导、指责、赞扬以及其他不带实质要求的意见表达，不是请愿书。

3. 请愿人

（1）每个自然人和本国私法法人享有《基本法》第十七条规定的基本权利。

（2）行为能力并非行使请愿权所必须的，请愿人有能力将其关切表述清晰即可。请愿权与请愿人个人情况无关，比如其居住地或国籍。

（3）若为他人提交请愿书，则可被要求出示相关授权。若他人不同意此请愿书，则停止后续受理。

4. 书面形式

（1）请愿书以书面形式提交。通过签名，书面形式的要求即得以满足。

若请愿书以电子形式提交，则其发起者及通信地址均须清晰并使用网络上电子请愿书专用表格，其呈文才生效（通过电子形式替代签名）。

（2）请愿人不具有口头表达或亲自提交请愿书的权利。

5. 请愿委员会的职权范围

（1）请愿委员会受理在联邦议院职权范围内，特别是与联邦立法相关的请愿书。

（2）请愿委员会受理涉及联邦政府、联邦行政部门和其他履行联邦公共任务的机构的职权范围的请愿书。联邦行政机关和其他机构在多大程度上受联邦政府监督，在所不问。

（3）请愿委员会同时受理《基本法》允许范围内与其他联邦宪法机构相关的请愿书。

（4）针对各联邦州作为自身事务（《基本法》第八十三、八十四条）或受联邦层面委托（《基本法》第八十五条）执行联邦法律或欧共体法相关行为的请愿书，请愿委员会只受理针对联邦层面监督范围内的行为或包含联邦或欧共体立法方面意愿的请愿书。

（5）关于涉及法院诉讼程序的请愿，请愿委员会只处理联邦层面上相关事项：

- 某一特定行为被主管机关要求作为某一案件诉讼程序中的一部分；
- 需要制定法律规范，使得用请愿书反对法律裁定的行为将来不可能存在；
- 请求主管机关不予执行对其有利判决。

凡是干涉法庭独立的要求，都不会被请愿委员会受理。

6. 请愿资讯请求权和请愿书移交权

6.1 资讯请求权

（1）根据《基本法》第十七条，请求和申诉时都具备资讯请求权。

（2）在联邦行政机构事务中，资讯请求权原则上是针对联邦政府的。有关事项不在联邦监督范围内的，资讯请求权直接针对履行联邦公共任务的主管机关。

6.2 告知联邦政府

针对联邦机关、联邦直属法人团体、公法机构和基金会提出的出示文书、告知相关情况或允许进入相关部门的请求，应当告知联邦政府主管部门（《德国联邦议院议事规程》第一百一十条第二款）。

6.3 移交权

（1）为了完成请愿处理，请愿委员会可以拟定联邦议院全体大会决议的建议，以此方式申请将请愿书移交给联邦政府或其他联邦宪法机构。

（2）请愿事项不在联邦政府监督范围内的，直接将请愿书移交给联邦行政机关或履行联邦公共任务的主管机关。

7. 委员会工作人员处理申请书

7.1 申请书登记

（1）每份申请书原则上单独登记。

（2）在多重请愿书中选取一份请愿书作为主旨请愿书。

（3）大众请愿书作为一份请愿书（主旨请愿书）来受理。各份请愿书统一收集并记录其数量。

（4）公开请愿书作为一份请愿书（联名请愿书）来受理。在《处理公开请愿书准则》无特殊规定的情况下，由本程序准则规范。

7.2 非请愿书的申请书

非请愿书的申请书（第 2.3 条）尽可能告知投寄者，特别是通过建议、提示或转交的方式处理完毕。无法通过前述方式了结的，非请愿书的申请书予以搁置。

7.3　有瑕疵的请愿书

（1）委员会原则上不处理存在以下情形的请愿书：

- 内容含糊不清；
- 不可辨读；
- 请愿人的通信地址或签名是错误的或伪造的；
- 请愿人的通信地址或签名是全部或部分缺失的，或者在使用电子版网络表格时，必填区域填写不正确；
- 以此要求实现确实不可能实现的事情、违法行为、违纪行为或违反宪法规定或违背道德准则的措施；
- 其包含侮辱性、勒索性或强迫性内容。

（2）请愿人不能在恰当的期限内或委员会不能依职权消除瑕疵的，委员会工作人员将与主席取得一致意见之后搁置该请愿书。

7.4　审查请求权的限制

请愿人在之前的请愿书中已经表达其意愿，并已给予处理，不再有新的影响决定的事实或证据的，对请愿进行重新事实审查的要求不予受理。

7.5　请愿书转交

州议会或者其他部门有权进行处置的，原则上请愿书交由其处理。

7.6 涉及军人的请愿书

处理涉及军人的请愿书，适用《请愿委员会与德国联邦议院军队监督委员合作的程序准则》。

7.7 征求意见

对可受理的请愿书，委员会工作人员原则上应征求联邦政府或其他有义务提供相关情况的机构的意见。

7.8 涉及联邦议院专业委员会审议事项的请愿书

请愿书涉及专业委员会审议事项的，应当征求有关专业委员会的意见。(《德国联邦议院议事规程》第一百零九条第一款以及第六十二条第一款)。专业委员会在适当的期限内未发表意见的，应当处理请愿书。

7.9 成功的请愿

请愿人的愿望被满足的，会收到相应答复。委员会工作人员应制作成功请愿一览表（第 8.5 条）。

7.10 明显没有成功希望的请愿

委员会认为请愿明显没有成功希望的，委员会告知请愿人原因并提示，如果其在六周之内不提出反对意见，则请愿程序将终止。在这一期限内，请愿人若不作答复，则委员会将该请愿列入已受理完成请愿一览表中（第 8.5 条）。

7.11 发言人

委员会工作人员为每个没有根据第 7.9 条和第 7.10 条了结的请愿推荐两位不同党团的委员会成员，作为发言人。一位发言人应当属于政府党团的，一位属于反对党党团。此外，委员会中的每个党团都可以要求增加自己的一位发言人。

7.12 委员会工作人员的建议

委员会工作人员拟定进一步查明事实（第 7.13.1 条）、暂时处理（第 7.13.2 条）或终局处理（第 7.14 条）的建议，并将其转发给发言人。

7.13.1 进一步查明事实的建议

为进一步查明事实，可以特别建议采取如下措施：

- 继续征求意见；
- 邀请一位联邦政府代表参加会议；
- 处理申诉时，行使《权限法》相关权限，比如：
- 请求出示相关文书；
- 听取请愿人、证人或专家陈述；
- 考察相关地点。

7.13.2 暂时处理的建议

对于即将执行的已受异议的措施，可以特别建议请求联邦政府或其他主管机构（第 5 条）中止执行有关措施，直到请愿委员会对申诉做出决定。

7.14 终局处理的建议

对联邦议院终局处理的建议可以分为：

7.14.1 移交以供重视

请愿须移交联邦政府，以便其重视该请愿，

——因为该请愿人的关切是有依据的，有必要予以补救。

7.14.2 移交以供权衡

请愿须移交联邦政府进行权衡，

- 因为呈文使得有必要请求联邦政府复核请愿人关切事项并尽可能予以补救。

7.14.3 移交以作为材料

请愿须作为材料移交联邦政府，

- 以便联邦政府将其用于法律草案、法规命令、其他动议或研究的准备。

7.14.4 直接移交

请愿须移交联邦政府，

- 以提示联邦政府注意联邦议院所做决议的理由

或者

- 以提示其特别注意该请愿人的关切事项。

7.14.5 告知党团

请愿须告知联邦议院各党团，

- 因为，比如该请愿似乎是一个适合作为议院动议的建议；
- 以提示其特别注意该请愿人的关切事项。

7.14.6　转交欧洲议会

请愿须转交欧洲议会，

- 因为涉及其管辖权限。

7.14.7　程序终止

在以下情况下，请愿程序须终止：

- 因为该关切事项的内容已在同一任期中处理过；
- 因为该关切已被满足；
- 因为不可以答应进行法律修改或法律补充；
- 因为不可以满足该请求或申诉；
- 因为行政部门的该行为无可指摘；
- 因为呈文内容无法予以受理。

7.15　其他建议 / 说明理由的义务

第 7.14 条中列举的建议在受理方式和请愿可移交机构方面作出的规定是示例性质的。对这些建议应当书面说明理由。

8. 请愿委员会对请愿的处理

8.1　发言人申请

（1）发言人审查委员会工作人员建议并向委员会提交进一步处理请愿的申请（符合第 7.13.1 条、第 7.13.2 条和第 7.14 条）。对根据第 7.13.2 条提出的建议立即进行审查；其他建议在三周内审查。发言人进一步查明事实的申请在原则上须经请愿委员会同意。多份申请相互不一致的，应当简短说明原因。

（2）对于大众请愿书和多重请愿书，发言人的申请适用于主旨请愿书和其他相关请愿书。

8.2.1 单独审理和单独表决

在如下情况中，请愿书须在请愿委员会会议上单独审理：

- 申请移送请愿书以获得重视或权衡的；
- 申请告知联邦议院议会党团或者转交欧洲议会的；
- 报告人与委员会工作人员对请愿的处理意见未达成一致的；
- 申请对一个请愿书专门进行协商的；
- 申请邀请一位联邦政府代表出席的；
- 需要行使请愿委员会的其他职权的；
- 联名请愿书或大众请愿书获得至少 5 万人支持，或者在材料提交后四周之内支持人数达到这一数目的（参见第 8.4 条第 4 款）。公开发布的请愿书的提交日期从其在互联网上发布之日算起。

8.2.2 要求决议建议论证

决议建议只有在特殊情况下、特别是在某项申请终局处理的申请被驳回的时候，才在委员会会议上进行论证。

8.3 集中表决

所有由报告人和请愿委员会工作人员达成一致意见的请愿书，应当整理成一份清单，提交给委员会进行集中表决。

8.4 多重请愿书和大众请愿书的特别规定

（1）若委员会决议认为某份多重请愿书的主旨请愿与其他请愿事项相同，则须将这些请愿总结成一份清单，并在请愿委员会上以主旨请愿的名义对其进行集体表决。

（2）若委员会决议认为某份大众请愿书与其他请愿书事项相同（参见第 2.2 条第 3 款），则只需要将这些请愿书收集整理、对其数量进行记录；应当每季度向请愿委员会就此进行报告。

（3）上述两款规定仅在同一议会任期做出主旨请愿决定的情况下适用。如在议会任期内请愿委员会中基于主旨请愿决定的事实和法律情况或意见有所调整，则该程序不再适用。

（4）如果一个联名请愿书或大众请愿书的支持者达到 5 万人的法定人数（参见第 8.2.1 条第 7 点），则请愿委员会应召开公开会议，听取单个或者多个请愿人的陈述。若该请愿书得到三分之二以上参会人员的支持，则获得请愿委员会通过。上述规定适用于请求和申诉。出于隐私保护的需要，请愿委员会会议只有在经过当事人同意的情况下才能公开进行。

8.5 一览表和会议纪要的确认

以下材料应提交给请愿委员会确认：

- 第 7.9 和 7.10 条中的一览表；
- 假日通知（参见第 9.1.2 条）发出的请愿书一览表；
- 委员会各项会议的会议纪要。

8.6 汇总概述 / 决议建议的单独打印

（1）请愿委员会应以概述汇总的形式向联邦议院报告其请愿书的处理情况及其决议建议（参见《德国联邦议院议事规程》第 112 条第 1 款）。

（2）若议会党团要求要对一项决议建议进行讨论或者提出要申请修改决议建议，则该决议建议应单独打印。

9. 决议的公布

9.1 告知请愿人

9.1.1 告知时间及内容

联邦议院对请愿委员会提交的决议建议做出决议后，由主席告知请愿人其请愿的处理结果。告知的内容应包括该请愿的汇总概述，如对该决议建议进行过讨论，还应告知其讨论情况以及会议纪要。此外，还应附上决议建议的理由说明。

9.1.2 假日期间的决定

（1）如果联邦议院休会超过两个星期，且报告人的申请与请愿委员会工作人员对请愿处理的建议一致，则可在联邦议院做出决议前将决议建议告知请愿人（所谓的假日期间的决定）。

（2）假日期间的决定不适用于在请愿委员会会议上被单独审理的请愿（参见第 8.2.1 条），也不适用于从新的联邦议院首次开会到新的请愿委员会首次开会之间的期间。

9.1.3 通知联系人 / 公告

（1）无权利能力的群体（公民倡议等）以集体名义或者集体称号提交的请愿书，其处理结果通常只需告知该群体的共同联系人（联系地址）。

（2）此处理方式同样适用于联名请愿和大众请愿。

（3）如请愿集体没有共同联系地址，可通过公告的方式代替通知个人。公告的方式以及与此相关的诸项事宜由请愿委员会自行决定。

9.1.4 补充公告

在第 9.1.3 条第 1 款和第 2 款的情况下，请愿委员会可补充发布一个公告。

9.2　联邦政府和其他机构的通知

9.2.1　通知权限及报告期限

（1）如联邦议院决定将请愿书移送联邦政府以获得重视，则由联邦议院议长告知联邦总理。如联邦议院决定将请愿书移送联邦政府以进行权衡，则由主席告知相关联邦部长。

（2）联邦政府的答复期通常是六周。

（3）如某项重视或权衡决定是针对除联邦政府以外的其他机构（参见第 6.3 条）提出的，则应比照以上第 1 款和第 2 款适用。

（4）如联邦议院决定将请愿书递交欧洲议会，则由德国联邦议院议长告知欧洲议会议长。

（5）如联邦议院决定将请愿书作为材料提交联邦政府，则由主席告知相关联邦部长。后者应最晚在一年以后向请愿委员会报告相关后续事务处理情况。

（6）其他决议均以主席名义发出。

9.2.2　联邦政府和其他机构的答复

请愿委员会工作人员将联邦政府或其他机构（参见第 6.3 条）的答复通过材料印发的方式告知请愿委员会委员。

10. 工作报告

请愿委员会每年向联邦议院书面报告其工作情况。（参见《德国联邦议院议事规程》第 112 章第 1 款第 3 句）

第 7.6 条程序准则的附录：

请愿委员会与德国联邦议院军队监督委员合作的程序准则

1. 如请愿书涉及联邦国防军服役军人，请愿委员会应当告知军队监督委员。军队监督委员须告知请愿委员会其是否有涉及同一事项的处理程序，以及军队监督委员是否将采取行动。

2. 军队监督委员处理的程序中，对同一事项明显已经向请愿委员会提交了请愿书的，军队监督委员应当通知请愿委员会。

3. 如请愿委员会和军队监督委员所处理的事项相同，则原则上由军队监督委员先行处理。

请愿委员会进行处理的，应将其告知军队监督委员。

军队监督委员和请愿委员会应定期以书面形式互相通报处理的进程及结果。

第 7.1 条第 4 款程序准则的附录：

处理公开请愿书准则

根据《请愿委员会规范请求和申诉处理规则》第 7.1 条第 4 款

除一般请愿权外，请愿委员会还为民众提供机会，允许其提交公开请愿书。

这一机会具体是指，创建一个公共平台，在该平台上可就重要的公共事务进行实事求是的讨论，展现多样性的视角、评论和经验。该平台允许以不同的视角去了解事实、立法请求以及申诉，并将其用于自己观点的形成。请愿委员会旨在让尽可能多的话题呈现于网站之中，让尽可能多的请愿人表达自己的诉求。对公开请愿书的处理同非公开请愿书依照相同的程序准则进行。拒绝公开请愿内容对于请愿人在议会调查程序中不会造成任何不良影响。

平台按照上述原则和以下规定进行运转。

1. 公开请愿书可由个人单独提交，也可由团体以拟定的电子表格形式提交请愿委员会。公开请愿书将在请愿委员会的网站上公开发布。法律并不要求请愿必须要公开。若有人想要进行公开请愿，则必须持有一个有效电子邮箱。

2.1　公开请愿书的前提是，其请求或申诉在内容上是具有普遍利益的事项，且这一事项在内容上适合进行客观而公开的讨论。该事项必须由请愿委员会处理。其表达须客观、正确、容易理解，并且经过充分论证。该事项或部分事项不得涉及具体个人。

2.2　请愿委员会保留合并同类请愿并确定主请愿人的权利。主请愿人以外的其他请愿人被视为支持者。

3. 在如下情况中，公开请愿书及其理由陈述不被通过：

a）不满足第 2.1 条中的要求；

b）包含私人请求或申诉的内容；

c）没有使用德语进行陈述；

d）侵犯了人的尊严；

e）使用明显虚假的、带有诽谤性或侮辱性的表述；

f）其内容明显是不客观的，或者陈述从明显错误的前提出发；

g）其内容具有犯罪或违反纪律的指向，或者要求进行违反宪法规定或违背道德准则的措施；

h）其内容包含某些受到保护的信息，侵犯个人的人格权（如通过名称命名等方式），涉嫌为商业产品或程序做广告或包含其他的广告内容；

i）包含其他网页的网址链接；

j）使用对议会尊严不相适宜的语言。

4. 在如下情况中，请愿书可不予公开发布：

a）请愿委员会已在当前任期内对实质相同的事项做出裁决，且对于这一裁决并无新的有决定性意义的事由出现；

b）在议会审查中已出现类似的请愿书；

c）请愿书有可能对社会和平、国际关系或者跨文化对话造成不良影响；

d）请愿人已经在请愿委员会的网站上提交公开请愿书；

e）请愿明显不会成功；

f）技术和人力上无法保证请愿书以适当的形式公开展示。

5. 将请愿书作为公开请愿书在互联网上发布之前，请愿委员会工作处应审查其是否符合公开请愿书的要求。鉴于公开请愿书须公开发布，其评价标准更为严苛。请愿书公开发布应告知议会党团发言人（监督专员）。若公开请愿被拒绝，则应按照请愿的一般程序准则进行后续处理。应告知请愿人其请愿是否被公开发布，若没有公开还应告知其原因。

6. 公开请愿书的发起人为主请愿人。所有请愿过程中必要的通信往来只通过主请愿人进行。他的姓名和通讯地址与请愿书一同公开。

7. 公开请愿书的联名签署人，或在请愿讨论中发言的人，应告知姓名、通讯地址和电子邮箱。联名签署人的姓名或（应策划人要求所使用的）标准化名，以及签署日期会被公开。在平台中参与讨论的化名或匿名用户名称及其发言时间——若其发言被选中发布——也会被公开。

8. 公开请愿书的联合署名以及发表讨论的期限是四个周。

9.1 对公开请愿的讨论发言以及联合署名的要求比照请愿书的标准（参见第 2 至第 4 条）。那些不符合要求的或与请愿书内容没有实质联系的发言会从网上删除，标上“因违反规则被删”标识。由于技术原因，讨论发言的篇幅有一定限制。

9.2　真实作者身份有疑问的发言，也在网站上予以删除。

9.3　如无法保证对于请愿书进行实事求是讨论，或者因违反规则而须删除的发言数量过于庞大，则联合署名和讨论发言的平台可在规定的期限内提前关闭。

10. 联合署名期限结束后，不得再联名签署公开请愿书，不得再提交书面讨论发言。随后请愿委员会根据一般程序准则对请愿进行处理。

11. 议会审议程序的过程中，请愿委员会决定是否进行公开审议或听取请愿人陈述。

12. 请愿程序的结果在网上对公众发布。

（翻译：唐婧　审校：谢立斌）

Grundsätze des Petitionsausschusses über die Behandlung von Bitten und Beschwerden (Verfahrensgrundsätze)

Stand: 15. Januar 2014

Verfahrensgrundsätze vom 8. März 1989, redaktionell geändert durch Beschluss vom 20. Februar 1991, ergänzt durch Beschluss vom 19. Juni 1991, ergänzt durch Beschlüsse vom 1. und 15. Juni 2005. Für die 16. Wahlperiode übernommen durch den Beschluss vom 30. November 2005. Geändert durch Beschluss vom 5. April 2006. Für die 17. Wahlperiode übernommen durch den Beschluss vom 25. November 2009; zuletzt geändert mit Wirkung zum 1. Januar 2012 durch Beschluss vom 9. November 2011. Für die 18. Wahlperiode übernommen durch den Beschluss vom 15. Januar 2014.

Aufgrund des § 110 Abs. 1 der Geschäftsordnung des Deutschen Bundestages（GOBT）stellt der Petitionsausschuss für die Behandlung von Bitten und Beschwerden folgende Grundsätze auf:

1. Rechtsgrundlagen

（1）Nach Artikel 17 des Grundgesetzes（GG）hat jedermann das Recht, sich einzeln oder in Gemeinschaft mit anderen schriftlich mit Bitten oder Beschwerden an den Bundestag zu wenden.

（2）Nach Artikel 45c Abs. 1 GG bestellt der Bundestag einen Petitionsausschuss, dem die Behandlung der an den Bundestag gerichteten Bitten und Beschwerden obliegt.

（3）Die Befugnisse des Petitionsausschusses zur Vorbereitung seiner Beschlüsse über Petitionen ergeben sich aus Artikel 17 GG sowie aus dem Gesetz über die Befugnisse des Petitionsausschusses des Deutschen Bundestages（Gesetz nach Artikel 45c des Grundgesetzes - sog. Befugnisgesetz）.

2. Eingaben

2.1 Petitionen

（1）Petitionen sind Eingaben, mit denen Bitten oder Beschwerden in eigener Sache, für andere oder im allgemeinen Interesse vorgetragen werden.

（2）Bitten sind Forderungen und Vorschläge für ein Handeln oder Unterlassen von staatlichen Organen, Behörden oder sonstigen Einrichtungen, die öffentliche Aufgaben wahrnehmen. Hierzu gehören insbesondere Vorschläge zur Gesetzgebung.

（3）Beschwerden sind Beanstandungen, die sich gegen ein Handeln oder Unterlassen von staatlichen Organen, Behörden oder sonstigen Einrichtungen wenden, die öffentliche Aufgaben wahrnehmen.

2.2 Mehrfachpetitionen, Sammelpetitionen, Massenpetitionen, öffentliche Petitionen

（1）Mehrfachpetitionen sind Eingaben mit demselben Anliegen, die individuell abgefasst sind.

（2）Sammelpetitionen sind Unterschriftensammlungen mit demselben Anliegen.

（3）Massenpetitionen sind Eingaben in größerer Zahl mit demselben

Anliegen, deren Text ganz oder im Wesentlichen übereinstimmt.

(4) Öffentliche Petitionen sind Bitten oder Beschwerden von allgemeinem Interesse an den Deutschen Bundestag. Sie werden im Einvernehmen mit dem Petenten auf der Internetseite des Petitionsausschusses veröffentlicht. Mit der Veröffentlichung erhalten weitere Personen oder Personengruppen über das Internet die Gelegenheit zur Mitzeichnung der Petition oder zur Abgabe eines Diskussionsbeitrages hierzu.

2.3 Sonstige Eingaben

Keine Petitionen sind Auskunftsersuchen sowie bloße Mitteilungen, Belehrungen, Vorwürfe, Anerkennungen oder sonstige Meinungsäußerungen ohne materielles Verlangen.

3. Petenten

(1) Das Grundrecht nach Artikel 17 GG steht jeder natürlichen Person und jeder inländischen juristischen Person des Privatrechts zu.

(2) Geschäftsfähigkeit ist zur Ausübung des Petitionsrechts nicht erforderlich; es genügt, dass der Petent in der Lage ist, sein Anliegen verständlich zu äußern. Das Petitionsrecht ist von persönlichen Verhältnissen des Petenten wie Wohnsitz oder Staatsangehörigkeit unabhängig.

(3) Wird eine Petition für einen anderen eingereicht, kann eine Legitimation verlangt werden. Ist der andere mit der Petition nicht einverstanden, unterbleibt die weitere Behandlung.

4. Schriftform

(1) Petitionen sind schriftlich einzureichen. Die Schriftform ist bei Namensunterschrift gewahrt.

Bei elektronisch übermittelten Petitionen ist die Schriftlichkeit gewahrt, wenn der Urheber und dessen Postanschrift ersichtlich sind und das im Internet für elektronische Petitionen zur Verfügung gestellte Formular verwendet wird (elektronischer Ersatz der Unterschrift) .

(2) Ein Recht, Petitionen mündlich vorzubringen oder persönlich zu überreichen, besteht nicht.

5. Zuständigkeit des Petitionsausschusses

(1) Der Petitionsausschuss behandelt Petitionen, die den eigenen Zuständigkeitsbereich des Bundestages, insbesondere die Bundesgesetzgebung betreffen.

(2) Der Petitionsausschuss behandelt Petitionen, die den Zuständigkeitsbereich der Bundesregierung, von Bundesbehörden oder sonstigen Einrichtungen, die öffentliche Aufgaben des Bundes wahrnehmen, betreffen. Dies gilt unabhängig davon, inwieweit die Bundesbehörden und sonstigen Einrichtungen einer Aufsicht der Bundesregierung unterliegen.

(3) Der Petitionsausschuss behandelt in den durch das Grundgesetz gezogenen Grenzen auch Petitionen, die die anderenVerfassungsorgane des Bundes betreffen.

(4) Petitionen, die den Vollzug von Bundesrecht oder EG-Recht betreffen, das die Länder als eigene Angelegenheit (Artikel 83 und 84 GG) oder im Auftrag des Bundes (Artikel 85 GG) ausführen, behandelt der Petitionsausschuss nur insoweit, als der Vollzug einer Aufsicht des Bundes unterliegt oder die Petition ein Anliegen zur Gesetzgebung des Bundes oder der EG enthält.

(5) Petitionen, die ein Gerichtsverfahren betreffen, behandelt der Ausschuss nur insoweit, als auf Bundesebene

- von den zuständigen Stellen ein bestimmtes Verhalten als Verfahrensbeteiligte in einem Rechtsstreit verlangt wird;
- eine gesetzliche Regelung gefordert wird, die eine mit den Petitionen angegriffene Rechtsprechung für die Zukunft unmöglich machen würde;
- die zuständigen Stellen aufgefordert werden, ein ihnen günstiges Urteil nicht zu vollstrecken.

Soweit ein Eingriff in die richterliche Unabhängigkeit verlangt wird, werden sie nicht behandelt.

6. Petitionsinformations- und Petitionsüberweisungsrechte

6.1 Informationsrecht

(1) Aus Artikel 17 GG folgt ein Informationsrecht sowohl bei Bitten als auch Beschwerden.

(2) In Angelegenheiten der Bundesverwaltung richtet sich das Informationsrecht grundsätzlich gegen die Bundesregierung. Soweit eine Aufsicht des Bundes nicht besteht, richtet es sich unmittelbar gegen die zuständige Stelle, die öffentliche Aufgaben des Bundes wahrnimmt.

6.2 Verständigung der Bundesregierung

Soweit Ersuchen um Aktenvorlage, Auskunft oder Zutritt zu Einrichtungen unmittelbar an Behörden des Bundes, bundesunmittelbare Körperschaften, Anstalten und Stiftungen des öffentlichen Rechts gerichtet werden, ist das zuständige Mitglied der Bundesregierung zu verständigen (§ 110 Abs. 2 GOBT) .

6.3 Überweisungsrecht

(1) Zur Erledigung einer Petition kann der Petitionsausschuss mittels einer Beschlussempfehlung für das Plenum des Bundestages beantragen, die Petition der Bundesregierung oder einem anderen Verfassungsorgan des Bundes zu überweisen.

(2) Soweit eine Aufsicht der Bundesregierung nicht besteht, richtet sich das Überweisungsrecht unmittelbar an die Einrichtung der Bundesverwaltung oder die zuständige Stelle, die öffentliche Aufgaben des Bundes wahrnimmt.

7. Bearbeitung der Eingaben durch den Ausschussdienst

7.1 Erfassung der Eingaben

(1) Jede Eingabe wird grundsätzlich gesondert erfasst.

(2) Bei Mehrfachpetitionen wird eine Petition als Leitpetition geführt.

(3) Massenpetitionen werden als eine Petition (Leitpetition) für die Bearbeitung geführt. Die einzelnen Petitionen werden gesammelt und zahlenmäßig erfasst.

（4）Öffentliche Petitionen werden als eine Petition（Sammelpetition）bearbeitet. Es gelten die Verfahrensgrundsätze, soweit die „Richtlinie für die Behandlung von öffentlichen Petitionen“ nichts anderes vorsieht.

7.2 Eingaben, die keine Petitionen sind

Eingaben, die keine Petitionen sind（Nr. 2.3）, werden soweit wie möglich durch eine Mitteilung an den Einsender, insbesondere durch einen Rat oder Hinweis oder durch Weiterleitung erledigt. Im Übrigen werden sie weggelegt.

7.3 Mangelhafte Petitionen

（1）Zur Erledigung durch den Ausschuss bereitet der Ausschussdienst grundsätzlich Petitionen nicht vor,

- deren Inhalt verworren ist;
- die unleserlich sind;
- bei denen Anschrift oder Unterschrift des Petenten falsch oder gefälscht ist;
- bei denen Anschrift oder Unterschrift des Petenten ganz oder teilweise fehlen, oder wenn bei elektronischer Verwendung des Web-Formulars die Pflichtfelder nicht korrekt ausgefüllt worden sind;
- mit denen etwas tatsächlich Unmögliches, eine strafbare Handlung, eine Ordnungswidrigkeit oder eine Maßnahme verlangt wird, die gegen die verfassungsmäßige Ordnung oder gegen das Sittengesetz verstößt;
- die beleidigenden, erpresserischen oder nötigenden Inhalt haben.

（2）Sofern ein Mangel vom Petenten nicht innerhalb einer angemessenen

Frist oder von Amts wegen behoben wird, legt der Ausschussdienst die Petition im Einvernehmen mit der/dem Vorsitzenden weg.

7.4 Beschränkung des Anspruchs auf Prüfung

Ein Anspruch auf eine erneute sachliche Prüfung einer Petition besteht nicht, wenn der Petent sein Anliegen bereits in einer früheren Petition vorgebracht hat, diese beschieden worden ist und keine neuen entscheidungserheblichen Tatsachen oder Beweismittel vorgebracht werden.

7.5 Abgabe von Petitionen

Soweit für die Behandlung die Länderparlamente oder andere Stellen zuständig sind, werden die Petitionen in der Regel dorthin abgegeben.

7.6 Petitionen, die einen Soldaten betreffen

Für die Behandlung von Petitionen, die einen Soldaten betreffen, gelten die Verfahrensgrundsätze für die Zusammenarbeit zwischen dem Petitionsausschuss und dem Wehrbeauftragten.

7.7 Einholung von Stellungnahmen

Zu den behandelbaren Petitionen holt der Ausschussdienst in der Regel Stellungnahmen der Bundesregierung oder anderer zur Auskunft verpflichteter Stellen ein.

7.8 Petitionen zu Beratungsgegenständen von Fachausschüssen des Bundestages

Betrifft eine Petition einen Gegenstand der Beratung in einem Fachausschuss, wird eine Stellungnahme des Fachausschusses eingeholt（ § 109 Abs. 1 i.V.m. § 62 Abs. 1 GOBT）. Liegt die Stellungnahme des Fachausschusses nach Ablauf einer angemessenen Frist nicht vor, so ist die Petition zu bescheiden.

7.9 Positiv erledigte Petitionen

Wird dem Anliegen des Petenten entsprochen, erhält er hierüber einen Bescheid. Der Ausschussdienst erstellt ein Verzeichnis der positiv erledigten Petitionen（Nr. 8.5）.

7.10 Offensichtlich erfolglose Petitionen

Ist der Ausschussdienst der Auffassung, dass die Petition offensichtlich erfolglos bleiben wird, kann er dem Petenten die Gründe mit dem Hinweis mitteilen, dass das Petitionsverfahren abgeschlossen werde, wenn er innerhalb von sechs Wochen keine Einwendungen erhebe. Äußert sich der Petent nicht innerhalb dieser Frist, so nimmt der Ausschussdienst die Petition in ein Verzeichnis von erledigten Petitionen auf（Nr. 8.5）.

7.11 Berichterstatter

Der Ausschussdienst schlägt für jede nicht nach Nr. 7.9 und Nr. 7.10 erledigte

Petition zwei verschiedenen Fraktionen angehörende Ausschussmitglieder als Berichterstatter vor. Dabei soll ein Berichterstatter einer Regierungsfraktion und ein Berichterstatter einer Oppositionsfraktion angehören. Jede andere Fraktion im Ausschuss kann einen eigenen Berichterstatter zusätzlich verlangen.

7.12 Vorschläge des Ausschussdienstes

Der Ausschussdienst erarbeitet Vorschläge zur weiteren Sachaufklärung (Nr. 7.13.1) , für vorläufige Regelungen (Nr. 7.13.2) oder zur abschließenden Erledigung (Nr. 7.14) und leitet sie den Berichterstattern zu.

7.13.1 Vorschläge zur weiteren Sachaufklärung

Zur weiteren Sachaufklärung kann insbesondere vorgeschlagen werden,

- eine zusätzliche Stellungnahme einzuholen;
- einen Vertreter der Bundesregierung zur Sitzung zu laden;
- bei Beschwerden von den Befugnissen nach dem Befugnisgesetz Gebrauch zu machen, z. B.
- Akten anzufordern;
- den Petenten, Zeugen oder Sachverständige anzuhören;
- eine Ortsbesichtigung vorzunehmen.

7.13.2 Vorschläge für vorläufige Regelungen

Bei bevorstehendem Vollzug einer beanstandeten Maßnahme kann insbesondere vorgeschlagen werden, die Bundesregierung oder die sonst zuständige Stelle (Nr. 5) zu ersuchen, den Vollzug der Maßnahme auszusetzen, bis der Petitionsausschuss über die Beschwerde entschieden hat.

7.14 Vorschläge zur abschließenden Erledigung

Die Vorschläge zur abschließenden Erledigung durch den Bundestag können insbesondere lauten:

7.14.1 Überweisung zur Berücksichtigung

Die Petition der Bundesregierung zur Berücksichtigung zu überweisen,

- weil das Anliegen des Petenten begründet und Abhilfe notwendig ist.

7.14.2 Überweisung zur Erwägung

Die Petition der Bundesregierung zur Erwägung zu überweisen,

• weil die Eingabe Anlass zu einem Ersuchen an die Bundesregierung gibt, das Anliegen noch einmal zu überprüfen und nach Möglichkeiten der Abhilfe zu suchen.

7.14.3 Überweisung als Material

Die Petition der Bundesregierung als Material zu überweisen,

• um z. B. zu erreichen, dass die Bundesregierung sie in die Vorbereitung von Gesetzentwürfen, Verordnungen oder anderen Initiativen oder Untersuchungen einbezieht.

7.14.4 Schlichte Überweisung

Die Petition der Bundesregierung zu überweisen,

• um sie auf die Begründung des Beschlusses des Bundestages hinzuweisen oder

• um sie auf das Anliegen des Petenten besonders aufmerksam zu machen.

7.14.5 Kenntnisgabe an die Fraktionen

Die Petition den Fraktionen des Bundestages zur Kenntnis zu geben,

• weil sie z. B. als Anregung für eine parlamentarische Initiative geeignet erscheint;

• um sie auf das Anliegen des Petenten besonders aufmerksam zu machen.

7.14.6 Zuleitung an das Europäische Parlament

Die Petition dem Europäischen Parlament zuzuleiten

• weil dessen Zuständigkeit berührt ist.

7.14.7 Abschluss des Verfahrens

Das Petitionsverfahren abzuschließen,

• weil das Anliegen inhaltlich bereits in der laufenden Wahlperiode behandelt worden ist;

• weil dem Anliegen entsprochen worden ist;

• weil eine Gesetzesänderung oder Gesetzesergänzung nicht in Aussicht gestellt werden kann;

• weil der Bitte oder Beschwerde nicht entsprochen werden kann;

• weil das Verhalten der Verwaltung nicht zu beanstanden ist;

• weil die Eingabe inhaltlich nicht behandelt werden kann.

7.15 Sonstige Vorschläge/Begründungspflicht

Die zu Nr. 7.14 aufgeführten Vorschläge sind hinsichtlich der Art der Erledigung und hinsichtlich der Stelle, an die sich eine Überweisung richten kann, beispielhaft. Sie sind schriftlich zu begründen.

8. Behandlung der Petitionen durch den Petitionsausschuss

8.1 Anträge der Berichterstatter

(1) Die Berichterstatter prüfen den Vorschlag des Ausschussdienstes und legen dem Ausschuss Anträge zur weiteren Behandlung der Petitionen (entsprechend Nrn. 7.13.1, 7.13.2 und 7.14) vor. Ein Vorschlag nach Nr. 7.13.2 wird unverzüglich geprüft; andere Vorschläge werden binnen drei Wochen geprüft. Anträgen eines Berichterstatters zur weiteren Sachaufklärung soll der Ausschuss in der Regel stattgeben. Bei voneinander abweichenden Anträgen soll eine kurze Begründung gegeben werden.

(2) Bei Massen- und Mehrfachpetitionen gelten die Anträge der Berichterstatter zur Leitpetition auch für die dazu vorliegenden übrigen Petitionen.

8.2.1 Einzelaufruf und -abstimmung

In der Ausschusssitzung werden Petitionen einzeln aufgerufen,

- deren Überweisung zur Berücksichtigung oder zur Erwägung beantragt wird;
- zu denen beantragt wird, sie den Fraktionen des Bundestages zur Kenntnis zu geben oder sie dem Europäischen Parlament zuzuleiten;
- zu denen die Anträge der Berichterstatter und der Vorschlag des Ausschussdienstes nicht übereinstimmen;
- deren Einzelberatung beantragt ist;
- zu denen beantragt wird, einen Vertreter der Bundesregierung zu laden;
- zu denen beantragt wird, von den sonstigen Befugnissen des

Petitionsausschusses Gebrauch zu machen;

- wenn eine Sammel- oder Massenpetition bei deren Einreichung von mindestens 50.000 Personen unterstützt wird oder wenn dieses Quorum spätestens vier Wochen nach Einreichung erreicht wird（siehe auch Nr. 8.4 Abs. 4）. Bei veröffentlichten Petitionen rechnet die Frist ab der Veröffentlichung im Internet.

8.2.2 Aufruf der Begründung für die Beschlussempfehlung

Die Begründung für die Beschlussempfehlung wird in der Ausschusssitzung nur ausnahmsweise aufgerufen, insbesondere wenn im Einzelfall die Ablehnung eines Antrages zur abschließenden Erledigung in die Begründung aufgenommen werden soll.

8.3 Sammelabstimmung

Sonstige Petitionen, bei denen die Anträge der Berichterstatter und der Vorschlag des Ausschussdienstes übereinstimmen, werden in einer Aufstellung erfasst und dem Ausschuss zur Sammelabstimmung vorgelegt.

8.4 Sonderregelungen für Mehrfach- und Massenpetitionen

（1）Gehen nach dem Ausschussbeschluss über eine Leitpetition von Mehrfachpetitionen weitere Mehrfachpetitionen mit demselben Anliegen ein, werden sie in einer Aufstellung zusammengefasst und im Ausschuss mit dem Antrag zur Leitpetition zur Sammelabstimmung gestellt.

（2）Nach dem Ausschussbeschluss über eine Massenpetition（Nr. 2.2 Abs. 3）eingehende weitere Eingaben mit demselben Anliegen werden nur noch gesammelt und zahlenmäßig erfasst. Dem Ausschuss wird vierteljährlich darüber berichtet.

（3）Das Verfahren nach den Absätzen 1 und 2 ist nur während der Wahlperiode anwendbar, in der der Beschluss zur Leitpetition gefasst wurde. Ändert sich während der Wahlperiode die Sach- und Rechtslage oder die Auffassung des Ausschusses, die der Beschlussfassung zum Gegenstand der Leitpetition zugrunde lag, ist das Verfahren nicht mehr anwendbar.

（4）Hat eine Sammel- oder Massenpetition das Quorum von 50.000 Unterstützern erreicht（Nr. 8.2.1, 7. Spiegelstrich）, so werden ein Petent oder mehrere Petenten in öffentlicher Ausschusssitzung angehört. Der Ausschuss kann mit einer Mehrheit von zwei Dritteln der anwesenden Mitglieder beschließen, dass hiervon abgesehen wird. Diese Vorschriften gelten für Bitten und Beschwerden. Aus Gründen des Persönlichkeitsschutzes kann in persönlichen Angelegenheiten nur dann eine öffentliche Ausschusssitzung stattfinden, wenn der oder die Betroffene zustimmt.

8.5 Bestätigung von Verzeichnissen und Protokollen

Dem Ausschuss werden zur Bestätigung vorgelegt:

- die Verzeichnisse nach Nr. 7.9 und Nr. 7.10;
- das Verzeichnis der Petitionen, zu denen Ferienbescheide（Nr. 9.1.2）ergangen sind;
- das Protokoll über jede Ausschusssitzung in der auf die Protokollverteilung folgenden Sitzung.

8.6 Sammelübersichten/Gesonderter Ausdruck einer Beschlussempfehlung

(1) Der Petitionsausschuss berichtet dem Bundestag über die von ihm behandelten Petitionen mit einer Beschlussempfehlung in Form von Sammelübersichten (§ 112 Abs. 1 GOBT) .

(2) Wird von einer Fraktion eine Aussprache über eine Beschlussempfehlung oder ein Änderungsantrag zu einer Beschlussempfehlung angekündigt, wird die Beschlussempfehlung gesondert ausgedruckt.

9. Bekanntgabe der Beschlüsse

9.1 Benachrichtigung der Petenten

9.1.1 Zeitpunkt und Inhalt der Benachrichtigung

Nachdem der Bundestag über die Beschlussempfehlung entschieden hat, teilt die/der Vorsitzende dem Petenten die Art der Erledigung seiner Petition mit. Die Mitteilung soll einen Hinweis auf die Sammelübersicht und - wenn über die Beschlussempfehlung eine Aussprache stattgefunden hat - auch einen Hinweis auf die Aussprache und das Plenarprotokoll enthalten. Die Begründung zur Beschlussempfehlung ist beizufügen.

9.1.2 Ferienbescheide

(1) Tritt der Bundestag für mehr als zwei Wochen nicht zu einer Sitzung zusammen und stimmen die Anträge der Berichterstatter und der Vorschlag des Ausschussdienstes zur Erledigung einer Petition überein, so wird der Petent bereits vor der Beschlussfassung durch den Bundestag über die

Beschlussempfehlung mit Begründung unterrichtet (sog. Ferienbescheid) .

(2) Dies gilt nicht bei Petitionen, die in den Ausschusssitzungen einzeln aufzurufen sind (Nr. 8.2.1) , sowie in der Zeit vom Zusammentritt eines neuen Bundestages bis zum Zusammentritt eines neuen Petitionsausschusses.

9.1.3 Benachrichtigung einer Kontaktperson / Öffentliche Bekanntmachung

(1) Bei Petitionen, die von einer nichtrechtsfähigen Personengemeinschaft (Bürgerinitiative etc.) unter einem Gesamtnamen oder einer Kollektivbezeichnung eingebracht werden, wird über die Art der Erledigung in der Regel nur informiert, wer als gemeinsame Kontaktperson (Kontaktadresse) anzusehen ist.

(2) Das gleiche gilt bei Sammel- und Massenpetitionen.

(3) Haben die Petenten keine gemeinsame Kontaktadresse, kann die Einzelbenachrichtigung durch öffentliche Bekanntmachung ersetzt werden. Hierüber sowie über die Art und Weise der öffentlichen Bekanntmachung entscheidet der Petitionsausschuss.

9.1.4 Zusätzliche öffentliche Bekanntmachung

Der Petitionsausschuss kann bei Nr. 9.1.3 Abs. 1 und 2 zusätzlich eine öffentliche Bekanntmachung beschließen.

9.2 Unterrichtung der Bundesregierung und anderer Stellen

9.2.1 Zuständigkeit für die Unterrichtung/Berichtsfristen

(1) Beschlüsse des Bundestages, eine Petition der Bundesregierung zur Berücksichtigung zu überweisen, teilt der Bundestagspräsident dem Bundeskanzler mit. Beschlüsse des Bundestages, eine Petition der Bundesregierung zur Erwägung zu überweisen, teilt die/der Vorsitzende dem zuständigen Bundesminister mit.

(2) Der Bundesregierung wird zur Beantwortung eine Frist von in der

Regel 6 Wochen gesetzt.

(3) Richtet sich ein Berücksichtigungs- oder Erwägungsbeschluss an eine andere Stelle als die Bundesregierung (Nr. 6.3) , gelten die Absätze 1 und 2 entsprechend.

(4) Beschlüsse des Bundestages, eine Petition dem Europäischen Parlament zuzuleiten, teilt der Bundestagspräsident dem Präsidenten des Europäischen Parlaments mit.

(5) Beschlüsse des Bundestages, eine Petition der Bundesregierung als Material zu überweisen, teilt die/der Vorsitzende dem zuständigen Bundesminister mit. Dieser soll dem Petitionsausschuss über die weitere Sachbehandlung spätestens nach einem Jahr berichten.

(6) Alle anderen Beschlüsse übermittelt die/der Vorsitzende.

9.2.2 Antworten der Bundesregierung und anderer Stellen

Der Ausschussdienst gibt die Antwort der Bundesregierung oder einer anderen Stelle (Nr. 6.3) den Ausschussmitgliedern durch eine Ausschussdrucksache zur Kenntnis.

10. Tätigkeitsbericht

Der Petitionsausschuss erstattet dem Bundestag jährlich einen schriftlichen Bericht über seine Tätigkeit (§ 112 Abs. 1 Satz 3 GOBT) .

Anlage zu Ziffer 7.6 Verfahrensgrundsätze

Verfahrensgrundsätze für die Zusammenarbeit zwischen dem Petitionsausschuss und dem Wehrbeauftragten des Deutschen Bundestages

1. Der Petitionsausschuss unterrichtet den Wehrbeauftragten von einer Petition, wenn sie einen Soldaten der Bundeswehr betrifft. Der Wehrbeauftragte teilt dem Petitionsausschuss mit, ob bei ihm in derselben Angelegenheit ein Vorgang entstanden ist und ob er tätig wird.

2. Der Wehrbeauftragte unterrichtet den Petitionsausschuss von einem Vorgang, wenn in derselben Angelegenheit erkennbar dem Petitionsausschuss eine Petition vorliegt.

3. Sind der Petitionsausschuss und der Wehrbeauftragte sachgleich befasst, so wird der Vorgang grundsätzlich zunächst vom Wehrbeauftragten bearbeitet.

Wird der Petitionsausschuss tätig, so teilt er dies dem Wehrbeauftragten mit.

Der Wehrbeauftragte und der Petitionsausschuss unterrichten sich - regelmäßig schriftlich - von dem Fortgang der Bearbeitung und deren Ergebnis.

Anlage zu Ziffer 7.1 (4) Verfahrensgrundsätze

Richtlinie für die Behandlung von öffentlichen Petitionen (öP) gem. Ziff 7.1 (4) der Verfahrensgrundsätze

Über das allgemeine Petitionsrecht hinaus eröffnet der Petitionsausschuss als zusätzliches Angebot die Möglichkeit, öffentliche Petitionen einzureichen.

Mit dieser Möglichkeit soll ein öffentliches Forum zu einer sachlichen Diskussion wichtiger allgemeiner Anliegen geschaffen werden, in dem sich die Vielfalt unterschiedlicher Sichtweisen, Bewertungen und Erfahrungen darstellt. Dieses Forum bietet eine Möglichkeit, vorgetragene Sachverhalte und Bitten zur Gesetzgebung wie auch Beschwerden aus unterschiedlichen Sichtweisen kennen zu lernen und in die eigene Meinungsbildung einzubeziehen. Der Ausschuss möchte erreichen, dass ein möglichst breites Themenspektrum auf seiner Internetseite angeboten und möglichst viele Petenten ihr Anliegen vorstellen können. Öffentliche Petitionen werden ebenso wie nicht öffentliche Petitionen entsprechend den allgemeinen Verfahrensgrundsätzen für Petitionen behandelt. Aus einer Ablehnung der Veröffentlichung entstehen dem Petenten im parlamentarischen Prüfverfahren keine Nachteile.

In diesem Sinne und entsprechend den nachfolgenden Regularien wird auch das Forum moderiert.

1. Öffentliche Petitionen können von jedermann einzeln oder in Gemeinschaft mit anderen unter Verwendung des hierfür vorgesehenen elektronischen Formulars an den Petitionsausschuss eingereicht werden. Öffentliche Petitionen werden auf der Internetseite des Petitionsausschusses veröffentlicht. Es besteht kein Rechtsanspruch auf Annahme einer Petition als

öffentliche Petition. Wer sich an einer öffentlichen Petition beteiligen möchte, muss über eine gültige E-Mail-Anschrift verfügen.

2.1 Voraussetzung für eine öffentliche Petition ist, dass die Bitte oder Beschwerde inhaltlich ein Anliegen von allgemeinem Interesse zum Gegenstand hat und das Anliegen und dessen Darstellung für eine sachliche öffentliche Diskussion geeignet sind. Die Behandlung des Anliegens muss in die Zuständigkeit des Petitionsausschusses fallen. Das Anliegen muss sachlich, konkret und verständlich formuliert und durch eine Begründung getragen sein. Anliegen oder Teile eines Anliegens dürfen sich nicht erkennbar auf Personen beziehen.

2.2 Der Ausschuss behält sich vor, gleichgerichtete Petitionen zusammenzufassen und den Hauptpetenten zu bestimmen. Die weiteren Petenten werden als Unterstützer behandelt.

3. Eine öffentliche Petition einschließlich ihrer Begründung wird nicht zugelassen, wenn sie

a) die Anforderungen der Ziffer 2.1 nicht erfüllt;

b) persönliche Bitten oder Beschwerden zum Inhalt hat;

c) nicht in deutscher Sprache abgefasst ist;

d) gegen die Menschenwürde verstößt;

e) offensichtlich falsche, entstellende oder beleidigende Meinungsäußerungen enthält;

f) offensichtlich unsachlich ist oder der Verfasser offensichtlich von falschen Voraussetzungen ausgeht;

g) zu Straftaten oder Ordnungswidrigkeiten auffordert oder Maßnahmen verlangt werden, die gegen die verfassungsmäßige Ordnung oder gegen das Sittengesetz verstoßen;

h) geschützte Informationen enthält, in Persönlichkeitsrechte von Personen (z.B. durch Namensnennung) eingreift, kommerzielle Produkte oder Verfahren bewirbt oder anderweitige Werbung enthält;

i) Links (URLs) auf andere Web-Seiten enthält;

j) sich einer der Würde des Parlaments nicht angemessenen Sprache bedient.

4. Von einer Veröffentlichung kann abgesehen werden, insbesondere wenn

a) der Ausschuss bereits in der laufenden Wahlperiode in einer im Wesentlichen sachgleichen Angelegenheit eine Entscheidung getroffen hat und keine entscheidungserheblichen neuen Gesichtspunkte vorgetragen werden;

b) sich bereits eine sachgleiche Petition in der parlamentarischen Prüfung befindet;

c) sie geeignet erscheint, den sozialen Frieden, die internationalen Beziehungen oder den interkulturellen Dialog zu belasten;

d) der Petent bereits mit öffentlichen Petitionen auf der Internetseite des Petitionsausschusses präsent ist;

e) die Petition offensichtlich erfolglos bleiben wird oder

f) die technischen oder personellen Kapazitäten für eine angemessene öffentliche Präsentation nicht gewährleistet sind.

5. Vor Annahme einer Petition als öffentliche Petition und deren Einstellung ins Internet prüft der Ausschussdienst, ob die Voraussetzungen für eine öffentliche Petition erfüllt sind. Im Hinblick auf die Veröffentlichung wird ein strenger Bewertungsmaßstab angelegt. Über die Veröffentlichung werden die Sprecher der Fraktionen (Obleute) unterrichtet. Bei einer Ablehnung erfolgt die weitere Behandlung entsprechend den allgemeinen Verfahrensgrundsätzen für Petitionen. Der Petent soll über eine Veröffentlichung oder eine

Nichtveröffentlichung informiert werden; Gründe für Nichtveröffentlichungen sollen ihm mitgeteilt werden.

6. Der Initiator einer öffentlichen Petition ist der Hauptpetent. Alle für das Petitionsverfahren notwendige Korrespondenz erfolgt ausschließlich mit dem Hauptpetenten. Sein Name und seine Kontaktanschrift werden zusammen mit der Petition veröffentlicht.

7. Mitzeichner einer öffentlichen Petition oder Personen, die sich mit Diskussionsbeiträgen daran beteiligen, geben ihren Namen, ihre Anschrift und E-Mail-Adresse an. Veröffentlicht werden der Name oder – auf Wunsch der/des Mitzeichnenden – ein standardisiertes Pseudonym sowie das Datum der Mitzeichnung. Bei einer Beteiligung am Diskussionsforum werden – sofern gewählt – ein Pseudonym oder die anonyme Nutzerkennung sowie das Datum des Beitrages veröffentlicht.

8. Die Mitzeichnungsfrist, in der weitere Personen die öffentliche Petition mitzeichnen oder Diskussionsbeiträge abgeben können, beträgt vier Wochen.

9.1 Für Diskussionsbeiträge zu einer öffentlichen Petition sowie deren Mitzeichnungen gelten sinngemäß dieselben Anforderungen wie für die Petition（vgl. Ziffern 2 bis 4）. Beiträge, die diese Anforderungen nicht erfüllen oder in keinem sachlichen Zusammenhang mit der Petition stehen, werden von der Web-Seite entfernt und als „wegen Regelverstoßes gelöscht " kenntlich gemacht. Der maximale Umfang von Diskussionsbeiträgen ist technisch vorgegeben.

9.2 Ebenfalls von der Web-Seite entfernt werden Beiträge, deren Zuordnung zum angegebenen Verfasser Zweifeln unterliegt.

9.3 Während der Mitzeichnungsfrist können die Mitzeichnungsliste oder das Diskussionsforum vorzeitig geschlossen werden, wenn eine sachliche Diskussion nicht mehr gewährleistet ist oder Löschungen von Beiträgen wegen

Regelverstoßes in beachtlichem Umfange notwendig werden.

10. Nach Abschluss der Mitzeichnungsfrist wird die öffentliche Petition für weitere Mitzeichnungen sowie für die Abgabe von Diskussionsbeiträgen geschlossen. Danach erfolgt die Behandlung entsprechend den allgemeinen Verfahrensgrundsätzen für Petitionen.

11. Im Laufe des parlamentarischen Prüfverfahrens entscheidet der Ausschuss, ob eine öffentliche Beratung oder eine Anhörung von Petenten durchgeführt werden soll.

12. Die Öffentlichkeit wird im Internet über das Ergebnis des Petitionsverfahrens unterrichtet.

其他法律的相关规定

德国联邦基本法

第 19 条　（4）无论何人，其权利受到公权力侵害的，均可提起诉讼。如无其他管辖法院的，可向普通法院提出诉讼。第十条第二款第二句的规定不受影响。

第 38 条　（1）德国联邦议院的议员由普遍、直接、自由、平等和无记名选举产生。他们是全体人民的代表，不受委托和指令的约束，只基于其良知任职。

德国联邦议院调查委员会权力规范法
（调查委员会法）

第 36 条　法院职权

（3）对于调查法官的裁决允许提出申诉，该申诉由联邦最高法院审判。

联邦选举条例

第 22 条　对选民名单的异议和申诉

（1）认为选民名单不正确或不完整的，可以在公示期限内提出异议。

（2）异议可以通过书面形式或笔录方式交予乡镇行政机关。所主张的事实并非显而易见的，提出异议者应当出具必需的证明材料。

（3）乡镇行政机关准予某人对他人的选民登记提出异议的，乡镇行政机关应当在作出决定前向受异议者提供发表意见的机会。

（4）乡镇行政机关须最晚在选举前十日向异议者和受异议者送交决定，并说明可以采用的法律救济途径。对登记内容提出异议的，乡镇行政机关通过如下方式准予，乡镇行政机关在纠正选民名单之后给予该选民选举通知。在第十八条第五款和第六款规定的情况中，乡镇行政机关即刻告知主管机构相关登记情况。

（5）对乡镇行政机关的决定提出异议，可以在决定送达后两天之内向区选举委员会负责人提交申诉。申诉须通过书面或笔录的方式向乡镇行政机关提交。乡镇行政机关应当立即将申诉和相关材料提交给区选举负责人。区选举负责人须最晚在选举前四日对该申诉做出裁决；第三款相应适用。对于申诉的决定须告知相关方和乡镇行政机关。除选举审核程序中作出的其他裁决外，该决定是终局裁决。

第 31 条　对拒发选举证的抗辩和申诉

如申请选举证遭拒，可提出申诉。第 22 条第 2 款、第 4 款和第 5 款规定相应适用。只有申诉人在选举开始前十二日之前提出申诉，方适用对送达裁定结果（第 22 条第 4 款第 1 句）以及申诉裁定（第 22 条第 5 款第 4 句）的期限要求。

第 37 条 对县选举委员会裁决的申诉

（1）对县选举委员会裁决的申诉须以书面形式提交或在县选举委员会负责人处做笔录。联邦选举负责人应当将申诉提交给县选举负责人，县选举负责人应当将申诉提交给州选举负责人。书面申诉也可以电报、电传或传真方式提交。县选举负责人收到申诉后须立即告知州及联邦选举负责人，并按照州选举负责人的指示进行处理。

（2）州选举负责人应召开会议对申诉做出裁决，与会者应包括申诉人、相关的选举中提名的受信赖人士以及县选举负责人、联邦选举负责人。受信赖人士应给与发言机会。

（3）州选举委员会负责人应在会议作出裁决后，将州选举委员会的决定及其简要理由公之于众，并立即告知联邦选举委员会负责人。

第 42 条 对州选举委员会裁决的申诉

（1）对州选举委员会裁决的申诉应当以书面形式提交或在州选举负责人处做笔录；州选举负责人应当将申诉提交给联邦选举负责人。书面申诉也可以电报、电传或传真方式提交。州选举负责人收到申诉后须立即告知联邦选举负责人并按其指示进行处理。

（2）联邦选举负责人应召开会议对申诉做出裁决，与会者应包括申诉人、相关的选举中提名的受信赖人士以及州选举负责人。受信赖人士应给与发言机会。

（3）联邦选举负责人应在会议做出决议后，将联邦选举委员会的决定及其简要理由公之于众。

（翻译：唐婧　审校：谢立斌）

Grundgesetz für die Bundesrepublik Deutschland

Artikel 19 （4）Wird jemand durch die öffentliche Gewalt in seinen Rechten verletzt, so steht ihm der Rechtsweg offen. Soweit eine andere Zuständigkeit nicht begründet ist, ist der ordentliche Rechtsweg gegeben. Artikel 10 Abs. 2 Satz 2 bleibt unberührt.

Artikel 38 （1）Die Abgeordneten des Deutschen Bundestages werden in allgemeiner, unmittelbarer, freier, gleicher und geheimer Wahl gewählt. Sie sind Vertreter des ganzen Volkes, an Aufträge und Weisungen nicht gebunden und nur ihrem Gewissen unterworfen.

Gesetz zur Regelung des Rechts der Untersuchungsausschüsse des Deutschen Bundestages (Untersuchungsausschussgesetz)

§36 Gerichtliche Zuständigkeiten

（3）Gegen Entscheidungen des Ermittlungsrichters oder der Ermittlungsrichterin des Bundesgerichtshofes ist die Beschwerde statthaft, über die der Bundesgerichtshof entscheidet.

Bundeswahlordnung (BWO)

§22 Einspruch gegen das Wählerverzeichnis und Beschwerde

(1) Wer das Wählerverzeichnis für unrichtig oder unvollständig hält, kann innerhalb der Einsichtsfrist Einspruch einlegen.

(2) Der Einspruch ist schriftlich oder zur Niederschrift bei der Gemeindebehörde einzulegen. Soweit die behaupteten Tatsachen nicht offenkundig sind, hat der Einspruchsführer die erforderlichen Beweismittel beizubringen.

(3) Will die Gemeindebehörde einem Einspruch gegen die Eintragung eines anderen stattgeben, so hat sie diesem vor der Entscheidung Gelegenheit zur Äußerung zu geben.

(4) Die Gemeindebehörde hat ihre Entscheidung dem Einspruchsführer und dem Betroffenen spätestens am zehnten Tage vor der Wahl zuzustellen und auf den zulässigen Rechtsbehelf hinzuweisen. Einem auf Eintragung gerichteten Einspruch gibt die Gemeindebehörde in der Weise statt, dass sie dem Wahlberechtigten nach Berichtigung des Wählerverzeichnisses die Wahlbenachrichtigung zugehen lässt. In den Fällen des § 18 Abs. 5 und 6 unterrichtet sie unverzüglich die zuständigen Stellen von der Eintragung.

(5) Gegen die Entscheidung der Gemeindebehörde kann binnen zwei Tagen nach Zustellung Beschwerde an den Kreiswahlleiter eingelegt werden. Die Beschwerde ist schriftlich oder zur Niederschrift bei der Gemeindebehörde einzulegen. Die Gemeindebehörde legt die Beschwerde mit den Vorgängen

unverzüglich dem Kreiswahlleiter vor. Der Kreiswahlleiter hat über die Beschwerde spätestens am vierten Tage vor der Wahl zu entscheiden; Absatz 3 gilt entsprechend. Die Beschwerdeentscheidung ist den Beteiligten und der Gemeindebehörde bekannt zu geben. Sie ist vorbehaltlich anderer Entscheidung im Wahlprüfungsverfahren endgültig.

§31 Einspruch gegen die Versagung des Wahlscheines und Beschwerde

Wird die Erteilung eines Wahlscheines versagt, so kann dagegen Einspruch eingelegt werden. § 22 Abs. 2, 4 und 5 gilt entsprechend. Die Frist für die Zustellung der Entscheidung (§ 22 Abs. 4 Satz 1) und für die Beschwerdeentscheidung (§ 22 Abs. 5 Satz 4) gilt nur, wenn der Einspruch vor dem zwölften Tage vor der Wahl eingelegt worden ist.

§37 Beschwerde gegen Entscheidungen des Kreiswahlausschusses

(1) Die Beschwerde gegen eine Entscheidung des Kreiswahlausschusses ist schriftlich oder zur Niederschrift beim Kreiswahlleiter einzulegen. Der Bundeswahlleiter hat seine Beschwerde beim Kreiswahlleiter, der Kreiswahlleiter seine Beschwerde beim Landeswahlleiter einzulegen. Die Schriftform gilt auch durch Telegramm, Fernschreiben oder Telefax als gewahrt. Der Kreiswahlleiter unterrichtet unverzüglich den Landeswahlleiter und den Bundeswahlleiter über die eingegangenen Beschwerden und verfährt nach den Anweisungen des Landeswahlleiters.

(2) Der Landeswahlleiter lädt die Beschwerdeführer, die Vertrauenspersonen der betroffenen Kreiswahlvorschläge sowie den Kreiswahlleiter und den Bundeswahlleiter zu der Sitzung, in der über die Beschwerde entschieden wird. Den Vertrauenspersonen ist Gelegenheit zur Äußerung zu geben.

(3) Der Landeswahlleiter gibt die Entscheidung des Landeswahlausschusses in der Sitzung im Anschluss an die Beschlussfassung unter kurzer Angabe der Gründe bekannt und teilt sie sofort dem Bundeswahlleiter mit.

§42 Beschwerde gegen Entscheidungen des Landeswahlausschusses

（1）Die Beschwerde gegen eine Entscheidung des Landeswahlausschusses ist schriftlich oder zur Niederschrift beim Landeswahlleiter einzulegen; der Landeswahlleiter hat seine Beschwerde beim Bundeswahlleiter einzulegen. Die Schriftform gilt auch durch Telegramm, Fernschreiben oder Telefax als gewahrt. Der Landeswahlleiter unterrichtet unverzüglich den Bundeswahlleiter über die eingegangenen Beschwerden und verfährt nach dessen Anweisungen.

（2）Der Bundeswahlleiter lädt die Beschwerdeführer, die Vertrauenspersonen der betroffenen Landeslisten und den Landeswahlleiter zu der Sitzung, in der über die Beschwerde entschieden wird. Den Vertrauenspersonen ist Gelegenheit zur Äußerung zu geben.

（3）Der Bundeswahlleiter gibt die Entscheidung des Bundeswahlausschusses in der Sitzung im Anschluss an die Beschlussfassung unter kurzer Angabe der Gründe bekannt.

丹　麦

宪法（节选）

第 55 条　应立法规定，议会可任命一至二人，以监督国家民事和军事行政事务。被任命者不得为议员。

（翻译：闫建　审校：张万洪）

THE CONSTITUTIONAL ACT OF DENMARK

of June 5th 1953

part V

Section 55 Statutory provision shall be made for the appointment by the Folketing of one or two persons, who shall not be Members of the Folketing, to supervise the civil and military administration of the State.

申诉专员法案

关于申诉专员的第 473 号法案（1996 年 6 月 12 日）经过第 556 号综合法案（2005 年 6 月 24 日）、第 502 号综合法案（2009 年 6 月 12 日）、第 568 号综合法案（2012 年 6 月 18 日）以及第 349 号综合法案（2013 年 3 月 22 日）修订。

第一章　选举、离职及其他事宜

1.（1）在每次大选过后并且当出现空缺时，丹麦议会应当选举产生申诉专员。

（2）申诉专员的总任期不能超过 10 年。

（3）在大选过后或者现任申诉专员的任期已满时，申诉专员应继续履行职责，直至议会选举产生新的申诉专员且就职时。在大选之后的六个月内或是申诉专员任期届满之前，议会应当选举产生新的申诉专员。

（4）现任申诉专员在任期内死亡的，在议会选举产生新的申诉专员前，议会法律事务委员会应当决定接替履行申诉专员职责的人选。

2.（1）申诉专员不应当是议会、市政议会或地区议会的议员。

（2）申诉专员应当是法律专业的毕业生。

3. 若申诉专员不再得到议会信任的，议会可以解除其职务。

4.（1）申诉专员提前六个月告知后，可以正式提出辞职，辞职从当月末生效。

（2）申诉专员应当在年满 70 周岁前的最后一个月前退休。

5.（1）议会应当决定申诉专员的薪酬。申诉专员可以享受《部长报酬与退休金法案》第 3 条至第 5 条内容所规定的补助报酬和养老金。

（2）作为《部长报酬与退休金法案》第 5 条规定的补助报酬和退休金的替代方案，申诉专员可以要求退休金参照议会公务人员退休金的计算方法（参见《公务员退休金法案》第 1 条第 2 款）。申诉专员的履职期限可以计算到退休金服务期中。

6.（1）申诉专员在未告知的情况下不得已退休的，他可以从退休的当月月末起继续领取三个月的薪水。申诉专员在任期内死亡的，其死亡之时所有未支付的薪水应当支付给配偶，没有配偶的，支付给有权利获得“子女抚恤金”的子女。

（2）在享有薪酬的期限内，申诉专员不再享有补助报酬或退休金。

（3）《部长报酬与退休金法案》第 3 条第 2 款规定的计算薪酬方法可以适用于本条第 1 款所规定的薪酬。

（4）如若申诉专员与议会议长达成协议，则可免于第 4 条第 1 款、第 5 条第 1 款第二项和第 2 款、第 6 条第 1-3 款的相关规定。

第二章　申诉专员的管辖范围

7.（1）申诉专员的管辖范围应当覆盖所有的公共管理部门以及私人机构中被剥夺自由的人。这些人或是等待公共权力的决定，或是等待公共权力的建议，或是等待公共权力的同意或准许。此外，申诉专员的管辖范围还应扩展至直接负责儿童事务的私人机构中的儿童。

（2）申诉专员的管辖范围不应当覆盖法院的司法活动。

（3）一些委员会以令人满意的方式解决私人当事方之间的争端，申诉专员不应当处理针对这些委员会的投诉，尽管后者在其他场景下会被视为是公共部门的组成部分。

（4）公司、机构、团体等依据法律、法规全部地或部分地遵守公共管理部门适用的规则、原则的，申诉专员可以将管辖权限相应地扩展到上述组织。

8. 在评估市和地区时，申诉专员应当考虑公共部门职责的特殊性。

9. 申诉专员的管辖范围应当覆盖国家教会，直接或间接地涉及教会原则或教义的事项除外。

第三章　申诉专员与议会的关系

10. 申诉专员应当独立于议会履行职责。议会应当为监督申诉专员的行为制定一般性规则。

11.（1）申诉专员应当向议会提交年度工作报告，年度工作报告应当向公众公开。

（2）申诉专员向议会、部长、市议会或地区议会（参见第 24 条）通报案件的，或是申诉专员将案件收录在年度报告中的，通报或年度报告应当记载涉案部门或个人的辩护理由。

12.（1）申诉专员在特定案件审理过程中发现现有法律或行政规章存有疏漏的，他应当向议会以及负责此事的部长通报。市议会或地区议会制定的地区法规存有疏漏的，申诉专员应当向相关的市议会或者地区议会通报。

（2）在履行职责过程中，申诉专员应当重点关注既有的法律或行政规章是否与丹麦履行儿童权利的国际义务（包括《联合国儿童权利公约》）相一致。申诉专员洞察到这方面的疏漏的，他应当通告议会以及相关部长。市议会或地区议会制定的法规存有疏漏的，申诉专员应当通告相关的市议会或地区议会。

第四章 提出申诉

13.（1）任何人均可针对第 7 条—第 9 条所涉及的公共部门向申诉专员提出申诉。任何被剥夺人身自由的人也有权通过密封信件的方式向申诉专员提出申诉。

（2）申诉人应当注明自己的姓名。

（3）申诉人应当在受害行为发生后的 12 个月内提出申诉。

（4）特殊情况下，申诉专员可以延长本条第 3 款规定的提出申诉的时间限制。

14. 申诉人可以向其他行政部门提出申诉的，申诉专员不得受理，除非该行政部门已就此申诉作出了裁决。

15. 如果某人经程序被剥夺个人自由（刑事司法程序除外），则他应当根据《宪法》第 71 条第 7 款的规定向监督委员会提出申诉。被申诉人属于申诉专员的监察职责范围内的，监督委员会在处理申诉时可以提请申诉专员协助。

16.（1）申诉专员应当决定是否具有足够的理由就申诉开展调查。

（2）申诉专员认为没有必要提出批评或建议的，可不提请相关部门作出陈述而直接结案。（参见第 20 条第 1 款）

第五章 自行发起的调查和检查

17.（1）申诉专员可以自行发起调查事项。

（2）申诉专员可以对公共机构的办事过程进行一般性调查。

18. 申诉专员可以检查管辖范围之内的任何组织或公司以及其他机构。除第 21 条所列监督内容之外，申诉专员基于普遍的人权和人道主义考虑，可以对公共机构或行政部门的组织与运转展开检查，对公共机构或行政部门为用户提供的服务或活动展开检查。

第六章　案件调查

19.（1）在申诉专员管辖范围之内的所有机构有义务为申诉专员提供所要求的信息或文件。

（2）申诉专员可以要求管辖范围之内的所有机构作出书面陈述。

（3）对影响申诉专员调查的重要事项，申诉专员可以传唤人员提供证据。传唤程序适用《司法行政法》第 68 章所确定的规则。

（4）申诉专员可以检查任何雇佣机构，可以进入所有的经营场所。

（5）必要时，申诉专员可以在没有法院的搜查令的情况下，凭借适当的身份证明，在任何时候进入私人机构进行检查。这里的私人机构包括可以剥夺人身自由的机构（参见第 7 条第 1 款第 2 项）和直接与儿童职责相关的机构等。必要时，警察应当协助检查。

20.（1）在相关机构或人员有机会作出声明之前，申诉专员不应当提出批评或建议等。

（2）在最终的声明、解释或报告送达相关机构前，申诉专员可以决定不公开以下信息：声明、解释或报告（包括其初稿），以及向相关机构提交的反映情况的相关信件和后者作出的回复。

第七章　评估与回复

21. 申诉专员应当对管辖范围内的相关机构或人员是否违法、违规、渎职等事项作出评判。此外，申诉专员应当遵守第 18 条关于检查活动的规定。

22. 申诉专员可以对案件提出批评、建议，或通过其他形式发表看法。

23. 对属于管辖范围内的事件，申诉专员可以建议为申诉人提供无偿法律援助。

24. 如果申诉专员对案件的调查表明公共管理部门存在重大的错误或严重的渎职行为，则申诉专员应当向议会法律事务委员会报告。同时，申诉专员也应当向相关的部长、市议会或地区议会通报。

25. 在申诉专员反对的情况下，对申诉专员作出的决定、声明等提起的民事诉讼，可以不予受理。

第八章　人员、组织、行动能力等事项

26. 申诉专员应当自行聘用或解雇工作人员，工作人员的数量、薪酬以及退休金应当依据《议会程序规则》确定。申诉专员署的经费应当从议会预算中拨付。

27. 申诉专员可以任命一位工作人员暂时履行申诉专员职责。

28. 申诉专员应当就其在履行职责过程中知晓的任何事件予以保密，保密程度视实际情况而定。申诉专员的工作人员应当具有同样的保密义务。

29.（1）申诉专员处理案件的公正性遭受质疑的，申诉专员应当向议会法律事务委员会报告。法律事务委员会应当决定履行申诉专员职责的人选。

（2）除非得到议会法律事务委员会的准许，申诉专员不得在公共或私营公司、企业或机构中担任任何职位。

30. 除非议会通过的法案批准，不得使用“申诉专员”的称谓以及其他可能造成混淆的称谓。

第九章 生效及其他事宜

31.（1）本法案自1997年1月1日起生效。

（2）与《申诉专员法》相似的其他法律和条款同时废止，包括第642号综合法案（1986年9月17日）、关于申诉专员行为指南的第48号行政命令（1962年2月9日）、《司法行政法》第779条、第905号综合法案（1992年11月10日），以及最近刚刚修订的第291号法案第4条（1996年4月24日）。

32.（略）

33. 本法不适用于法罗群岛。法罗群岛具有需要适用本法案的特殊情况时，皇室敕令可以修改此条款以使本法适用于法罗群岛。

34.（1）对于法罗群岛，情况特殊且必要时，皇室敕令可以修订本法案。

（2）对于格陵兰岛，情况特殊且必要时，皇室敕令可以修订本法案。

（翻译：闫建 审校：张万洪）

The Ombudsman Act

Act No. 473 of 12 June 1996 concerning the Ombudsman as amended by Consolidated Act No. 556 of 24 June 2005, Consolidated Act No. 502 of 12 June 2009, Consolidated Act No. 568 of 18 June 2012 and Consolidated Act No. 349 of 22 March 2013

Chapter I Election, dismissal, etc.

1.(1) Following each general election and when a vacancy occurs, the Folketing (the Danish Parliament) shall elect an Ombudsman.

(2) The Ombudsman's total term of office cannot exceed 10 years.

(3) Following a general election or expiry of the Ombudsman's term of office, the Ombudsman will remain in office until the Folketing has elected a new ombudsman and the newly elected Ombudsman has taken up the post. The Folketing shall, however, elect an ombudsman no later than 6 months after a general election or the expiry of the Ombudsman's term of office.

(4) In the event of the death of the Ombudsman, the Folketing's Legal Affairs Committee shall determine who shall carry out the functions of the Ombudsman until the Folketing has elected a new Ombudsman.

2.(1) The Ombudsman shall not be a member of the Folketing, a municipal council or a regional council.

（2）The Ombudsman shall be a law graduate.

3. If the Ombudsman ceases to enjoy the confidence of the Folketing, it may dismiss him.

4.（1）Giving six months' notice, the Ombudsman may tender his resignation, effective from the end of a month.

（2）The Ombudsman shall retire at the end of the month in which he attains the age of 70.

5.（1）The Folketing shall determine the salary of the Ombudsman. The Ombudsman shall be entitled to supplementary remuneration and pension under provisions corresponding to those of Sections 3-5 of the Remuneration and Pension of Ministers Act.

（2）In lieu of receiving supplementary remuneration and pension calculated in accordance with Section 5 of the Remuneration and Pension of Ministers Act, the Ombudsman may request that the pension is calculated in accordance with provisions corresponding to those applying to public servants working at the Folketing, cf. Section 1（2）of the Pension of Public Servants Act, and so that the Ombudsman's term of office is included in the total pensionable term of service.

6.（1）If the Ombudsman has to retire without notice, he shall retain his salary for three months from the end of the month in which he retires. If the Ombudsman dies before the expiry of that period, any salary outstanding at the time of his death shall be payable to his spouse or, if he leaves no spouse, to any of his children who are entitled to children's pension.

（2）For the duration of the period of entitlement to salary, supplementary remuneration or pension shall not be paid.

（3）Section 3（2）of the Remuneration and Pension of Ministers Act shall apply by analogy to the salary payable under Subsection（1）of this Section.

（4）Section 4（1）, Section 5（1）（ii）and（2）, and Section 6（1-3）may be dispensed from by agreement between the Ombudsman and the Speaker of the Folketing.

Chapter 2 The jurisdiction of the Ombudsman

7.（1）The jurisdiction of the Ombudsman shall extend to all parts of the public administration. The jurisdiction of the Ombudsman shall also extend to the conditions of persons deprived of their liberty in private institutions, etc. where they have been placed either in pursuance of a decision made by a public authority, at the recommendation of a public authority, or with the consent or approval of a public authority. In addition, the Ombudsman's jurisdiction shall extend to the conditions of children in private institutions, etc. which are responsible for tasks directly related to children.

（2）The jurisdiction of the Ombudsman shall not extend to the courts of justice.

（3）The Ombudsman shall not consider complaints against boards which in a satisfactory way make decisions on disputes between private parties, even if the board concerned in other contexts is regarded as part of the public administration.

（4）If companies, institutions, associations, etc. legally or administratively fully or partly are subject to the rules and principles applicable to the public administration, the Ombudsman may determine that his jurisdiction shall extend to those bodies to the same extent.

8. When assessing municipalities and regions, the Ombudsman shall take

account of the special conditions under which these authorities function.

9. The jurisdiction of the Ombudsman shall extend to the National Church, except in matters which directly or indirectly involve the tenets or doctrines of the Church.

Chapter 3 The relationship with the Folketing

10. The Ombudsman shall be independent of the Folketing in the discharge of his functions. The Folketing shall lay down general rules governing the activities of the Ombudsman.

11.（1）The Ombudsman shall submit an annual report on his work to the Folketing. This report shall be made public.

（2）If the Ombudsman gives notice of a case to the Folketing, a Minister, a municipal council or a regional council, cf. Section 24, or if he includes a case in his annual report, the notification or the report shall state what the authority or person concerned cited in defence.

12. If any deficiencies in existing laws or administrative regulations come to the attention of the Ombudsman in particular cases, he shall notify the Folketing and the responsible Minister thereof. In the case of deficiencies in bylaws laid down by a municipal council or a regional council, the Ombudsman shall notify the municipal or regional council concerned.

（2）In the course of his activities, the Ombudsman shall monitor that existing legislation or administrative regulations are consistent with, in particular, Denmark's international obligation to ensure the rights of children, including the UN Convention on the Rights of the Child. If the Ombudsman becomes aware of deficiencies, he shall notify the Folketing and the relevant

Minister thereof. In the case of deficiencies in regulations laid down by a municipality or a region, he shall notify the municipal or regional council thereof.

Chapter 4 Lodging a complaint

13. (1) Any person may lodge a complaint with the Ombudsman against the authorities referred to in Sections 7-9. Any person deprived of his personal liberty shall be entitled to send a letter to the Ombudsman in a sealed envelope.

(2) Complainants shall state their name.

(3) A complaint shall be lodged not later than twelve months after the grievance took place.

(4) In special circumstances, the Ombudsman may extend the deadline laid down in Subsection (3) of this Section.

14. A complaint concerning matters which may be appealed to another administrative authority cannot be lodged with the Ombudsman until that authority has made a decision in the matter.

15. Complaints about the treatment of persons deprived of their personal liberty through any procedure other than the administration of criminal justice shall be referred to the Supervisory Board in accordance with Section 71 (7) of the Constitution. The Supervisory Board may invoke the assistance of the Ombudsman in the consideration of such complaints if the latter are made against any person falling within his jurisdiction.

16. (1) The Ombudsman shall determine whether a complaint offers sufficient grounds for investigation.

(2) If a complaint gives the Ombudsman no occasion for criticism, recommendations, etc., the case may be closed without being submitted by the Ombudsman to the authority concerned for a statement, cf. section 20（1）.

Chapter 5 Own-initiative investigations and inspection

17.（1）The Ombudsman may take up a matter for investigation on his own initiative.

（2）The Ombudsman may undertake general investigations of an authority's case processing.

18. The Ombudsman may inspect any institution or company and any place of employment which fall within the jurisdiction of the Ombudsman. In addition to assessments pursuant to Section 21, and on the basis of universal human and humanitarian considerations, the Ombudsman may in connection with such an investigation assess matters concerning the organisation and operation of an institution or authority and matters concerning the treatment of and activities for users of the institution or authority..

Chapter 6 The case investigation

19.（1）Authorities, etc. which fall within the jurisdiction of the Ombudsman shall be under an obligation to furnish the Ombudsman with such information and to produce such documents, etc. as he may demand.

（2）The Ombudsman may demand written statements from authorities, etc. which fall within his jurisdiction.

（3）The Ombudsman may subpoena persons to give evidence in court on any matter of importance to his investigations. The procedure is subject to the rules laid down in Chapter 68 of the Administration of Justice Act.

(4) The Ombudsman may inspect any place of employment and shall have access to all premises.

(5) If it is deemed necessary, the Ombudsman shall at any time, without a court warrant and upon suitable proof of identity, have access to inspect private institutions, etc. where persons are or may be deprived of their personal liberty, cf. section 7 (1) (ii) , and private institutions, etc. responsible for tasks directly related to children. If necessary, the police shall assist in carrying out the inspection.

20. (1) The Ombudsman shall not express criticism, make recommendations, etc. until the authority or person concerned has had an opportunity to make a statement.

(2) The Ombudsman may determine that a statement, an explanation or a report, preliminary versions of these, letters submitting a matter to the authorities and the authorities' response to these shall not be subject to disclosure until the day after the final statement, explanation or report has been sent to the authority concerned.

Chapter 7 Assessment and reaction

21. The Ombudsman shall assess whether authorities or persons falling within his jurisdiction act in contravention of existing legislation or otherwise commit errors or derelictions in the discharge of their duties. In addition, the provision in Section 18 shall apply in connection with the Ombudsman's inspection activities.

22. The Ombudsman may express criticism, make recommendations and

otherwise state his views of a case.

23. The Ombudsman may recommend that a complainant be granted free legal aid in connection with any matter falling under his jurisdiction.

24. If the Ombudsman's investigation of a case reveals that the public administration must be presumed to have committed errors or derelictions of major importance, he shall report the matter to the Folketing's Legal Affairs Committee. The Ombudsman shall also report the matter to the minister, municipal council or regional council concerned.

25. Actions brought against the Ombudsman in civil procedure form in consequence of his decisions, statements, etc. may be dismissed at the objection of the Ombudsman.

Chapter 8 Staff, organisation, competence to act, etc.

26. The Ombudsman shall engage and dismiss his own staff. The number, salaries and pensions of his staff shall be fixed in accordance with the Rules of Procedure of the Folketing. The expenditure incident to the office of Ombudsman shall be charged to the budget of the Folketing.

27. The Ombudsman may order that one of his staff members shall carry out his functions temporarily.

28. The Ombudsman shall observe confidentiality in any matter coming to his knowledge in the performance of his functions, provided that confidentiality is required ipso facto. The staff of the Ombudsman shall be bound by the same obligation.

29.（1）If a case involves circumstances which may give rise to doubt about the impartiality of the Ombudsman, he shall advise the Folketing's Legal

Affairs Committee of the matter. The Committee shall determine who shall carry out the Ombudsman's functions.

(2) The Ombudsman shall not, except with the consent of the Folketing's Legal Affairs Committee, hold any office in public or private companies, undertakings or institutions.

30. The appellation ombudsman or any other appellation which may be confused therewith shall not be used except when authorised by an Act passed by the Folketing.

Chapter 9 Coming into force, etc.

31. (1) This Act shall enter into force on 1 January 1997.

(2) Concurrently the Ombudsman Act shall be repealed, cf. Consolidated Act No. 642 of 17 September 1986, Executive Order No. 48 of 9 February 1962 on practice direction for the Ombudsman, and Section 779 of the Administration of Justice Act, cf. Consolidated Act No. 905 of 10 November 1992, as most recently amended by Section 4 of Act No. 291 of 24 April 1996.

32. Omitted.

33. This Act shall not apply to the Faroe Islands, but may be put into force for the Faroe Islands by Royal Decree subject to such modifications as circumstances peculiar to the Faroese Islands may require.

34. For the Faroe Islands, the Act may subsequently be amended by Royal Decree as rendered necessary by the special Faroese circumstances.

(2) For Greenland, the Act may be amended by Royal Decree as rendered ne-cessary by the special Greenlandic circumstances.

俄罗斯

俄罗斯联邦人权全权代表法（部分）

（国家杜马 1996 年 12 月 25 日通过，联邦委员会 1997 年 2 月 12 日同意，2014 年 3 月 12 日第 5 号联邦宪法性法律版本）

第一条 （一）为保证公民权利和自由受到国家保护，保证国家机关、地方自治机关和公职人员维护并尊重公民的权利和自由，根据《俄罗斯联邦宪法》设立俄罗斯联邦人权全权代表（以下简称“人权全权代表”）职位。

（二）人权全权代表由俄罗斯联邦会议国家杜马任免。

（三）人权全权代表要运用本联邦宪法性法律规定的手段促进恢复受到侵犯的权利，促进完善俄罗斯联邦关于人权和公民权的立法并促进相关立法符合公认的国际法原则和准则，促进发展人权领域的国际合作，推动人权和自由问题以及维护人权和自由的方式和方法问题等方面的法治教育。

第二条 （一）人权全权代表独立行使职权，不从属于任何国家机关和公职人员。

（二）人权全权代表在其活动中应遵循《俄罗斯联邦宪法》、本联邦宪法性法律、俄罗斯联邦法律、公认的国际法原则和准则以及俄罗斯联邦签订的国际条约。

第三条 人权全权代表的活动是对现有公民权利和自由保护措施的补充，不会取消和导致重新调整负责保护权利和自由以及恢复受到侵犯的权利和自由的国家机关的权限。

第四条 在俄罗斯联邦全境或者部分地区实施紧急状态或者军事状态不得终止或暂停人权全权代表的活动，不得对人权全权代表的权限构成限制。

第五条 （一）俄罗斯联邦主体可根据该联邦主体宪法（章程）、法律的规定设立人权全权代表职位。

（二）俄罗斯联邦主体人权全权代表及其办事机构的活动经费由该联邦主体财政提供。

第八条 （一）人权全权代表由国家杜马全体代表以无记名投票方式，多数票通过任免。

（二）国家杜马应在上一任人权全权代表任期届满前三十日内作出任命人权全权代表的决定。

（三）根据本联邦宪法性法律第七条推荐的供无记名投票任命的人权全权代表候选人，应得到国家杜马全体代表三分之二的多数票通过方可列入供无记名投票的名单。

第九条 （一）人权全权代表就职时应作如下宣誓："我宣誓捍卫人与公民的权利和自由，恪尽职守，遵循俄罗斯联邦宪法和法律、正义和良心"。

（二）人权全权代表接受任命之后直接在国家杜马会议上宣誓。

（三）人权全权代表自宣誓之时起即被视为就职。

第十条 （一）人权全权代表任职期限为五年，自宣誓之时算起。人权全权代表的职权自新任人权全权代表宣誓就职之时终止。

（二）国家杜马任期届满以及国家杜马被解散均不导致人权全权代表职权的终止。

（三）同一人不得连任人权全权代表超过两届。

第十一条 （一）人权全权代表不能是国家杜马代表、联邦委员会成员或联邦主体立法（代议）机关代表，不能担任国家公职，不能从事其他有偿或者无偿活动，教学、学术或其他创作性活动除外。

（二）人权全权代表无权从事政治活动，无权成为政党党员或其他有政治目标的社会团体成员。

（三）人权全权代表必须自就职之日起十四日内终止与其身份不相符的活动。如果在上述期限内人权全权代表没有履行规定的要求，其职权应被终止，国家杜马应任命新的人权全权代表。

第十二条 （一）人权全权代表在整个任期内享有不受侵犯权。未经国家杜马同意，人权全权代表不得被司法追究刑事或者行政责任，不得被拘押、逮捕和搜查，在犯罪现场被拘捕的情况除外，也不得遭受人身检查，联邦法律为保障他人安全而规定的情况除外。人权全权代表权力不受侵犯还适用于其住所和办公场所、行李、个人和公务交通工具、通信、通讯工具及其文件。

（二）人权全权代表在犯罪现场被拘捕时，实施拘捕的公职人员应立即将此事通报国家杜马，而国家杜马则应就是否同意继续采取这一诉讼措施作出决定。如果在二十四小时之内未获国家杜马同意拘捕，人权全权代表应被立即释放。

第十三条 （一）在下列情况下，人权全权代表应被提前解除职务：

1）人权全权代表违背本联邦宪法性法律第十一条的规定；

2）法院对人权全权代表的有罪判决生效。

（二）人权全权代表的职权还可因健康状况或者其他原因导致长期（连续四个月以上）无法履职而被国家杜马终止。

（三）人权全权代表也可因本人提出辞职申请而被解除职务。

（四）人权全权代表提前解除职务应由俄罗斯联邦会议国家杜马作决定。

第十四条 人权全权代表被提前解除职务时，国家杜马应自提前解除前任人权全权代表职务之日起两个月内按照本联邦宪法性法律第六至十条规定的程序任命新的人权全权代表。

第三章 人权全权代表的职权范围

第十五条 人权全权代表处理俄罗斯联邦公民和俄罗斯联邦境内的外国公民和无国籍人士（以下简称“申请人”）的申诉。

第十六条 （一）人权全权代表处理对国家机关、地方自治机关、公职人员和国家公务员的决定或行为（不作为）的申诉，前提是申请人此前已按司法或行政程序对这些决定或行为（不作为）进行了申诉，但不同意对其申诉所作的决定。

（二）人权全权代表不处理对俄罗斯联邦会议上下两院以及各联邦主体国家立法（代议）机关通过的决定的申诉。

（三）向俄罗斯联邦主体的人权全权代表提出申诉，不构成人权全权代表拒绝受理类似申诉的理由。

第十七条 （一）申请人应在其权利和自由受到侵害之日起或知悉其权利受到侵害之日起一年内向人权全权代表提出申诉。

（二）申诉状应包含申请人的姓、名、父称和地址，阐明申请人认为已侵害或正在对其权利和自由构成侵害的决定或行为（不作为）的实质，并附上按司法或行政程序审理其申诉后所作决定的副本。

第十八条 向人权全权代表提交的申诉书免征国家税。

第十九条 被拘留的人士向人权全权代表提交的申诉状，不得遭受拘留场所行政机关的审查，而应在二十四小时内送交人权全权代表。

第二十条 （一）人权全权代表收到申诉状后有权：

1）受理申诉；

2）向申请人说明其可以用于维护自身权利和自由的手段；

3）将申诉状转交给相关有实际处理权限的国家机关、地方自治机关或公职人员；

4）拒绝受理申诉。

（二）人权全权代表在十日内将所作的决定通知申请人。开始处理申诉时，人权全权代表还要通知其决定或行为（不作为）受到投诉的国家机关、地方自治机关或者公职人员。

（三）拒绝受理申诉时应说明理由。申诉不予受理时不可上诉。

第二十一条 在得知公民权利和自由受到大规模或粗暴侵犯时，或者在具有特殊社会意义的情况下，或者涉及保护无法独自运用法律手段维护利益的人时，人权全权代表有权主动在其职权范围内采取适当措施。

第二十二条 （一）人权全权代表在着手处理申诉之后有权要求主管国家机关或者公职人员协助核查应予查明的情况。

（二）不得委托其决定或者行为（不作为）被投诉的国家机关、地方自治机关或者公职人员进行核查。

第二十三条 （一）人权全权代表在对申诉进行核查时有权：

1）不受阻碍地访问所有国家权力机关和地方自治机关，出席这些机关的领导办公会议，还可以不受阻碍地访问所有各类法律组织形式和所有制形式的企业、机构和组织，部队和社会团体；

2）向国家机关、地方自治机关、公职人员和国家公务员查询并取得处理申诉所需的资料、文件和材料；

3）就处理申诉过程中应予查明的问题得到公职人员和国家公务员（法官除外）的解释；

4）独立或者会同主管国家机关、公职人员及国家公务员对国家机关、地方自治机关及公职人员的活动进行检查；

5）委托权威国家机构就处理申诉过程中应予查明的问题进行专家鉴

定并起草结论意见；

6）了解判决已经生效的刑事案件、民事案件和行政违法案件，以及了解已终止诉讼程序的案件和作为不予刑事立案依据的材料。

（二）人权全权代表就其工作问题有权紧急会见俄罗斯联邦境内的国家政权机关、地方自治机关、所有各类法律组织形式和所有制形式的企业、机构、组织的领导人和其他公职人员、社会团体的领导人、俄罗斯联邦武装力量、其他部队和军事组织的各级指挥人员、拘留场所的行政管理人员。

第二十四条 （一）向人权全权代表提供涉及国家秘密、商业秘密或者其他受法律保护秘密的信息应根据俄罗斯联邦立法进行；

（二）人权全权代表有权拒绝就刑事或者民事案件提供有关因其履行职务而知悉的情况的证人证词。

第二十五条 人权全权代表在处理申诉时必须为其决定或行为（不作为）被投诉的国家机关、地方自治机关或者公职人员提供机会对核查过程中应予查明的问题作出解释以及说明其整体上的立场。

第二十六条 （一）人权全权代表必须将申诉处理结果通知申请人；

（二）申请人的权利受到侵害的事实一旦确立，人权全权代表必须在本联邦宪法性法律确定的权限范围内采取措施。

第二十七条 人权全权代表一旦发现国家机关、地方自治机关或者公职人员的决定或者行为（不作为）侵犯公民权利和自由时，必须向其送交自己的结论意见，结论中应建议采取可能和必要措施恢复上述权利和自由。

第二十八条 （一）在作最终决定之前，不得泄露处理申诉时获取的文件资料；

（二）未经申请人和其他人书面许可，人权全权代表无权泄露其在处理申诉过程中知悉的有关申请人和他人个人隐私的资料。

第二十九条　（一）人权全权代表根据申诉处理结果有权：

1）向法院申请保护受到国家机关、地方自治机关或者公职人员的决定或者行为（不作为）侵害的权利和自由，以及亲自或者通过其代表按照各种法定形式参与诉讼程序；

2）在发现公职人员的决定或者行为（不作为）侵犯了人与公民的权利和自由时，提请国家主管机关对其进行纪律或者行政处分，或者刑事立案；

3）提请法院或者检察院审查已生效的法院裁决、判决、决定或者法官的决定；

4）向有权提出异议的公职人员陈述其理由，以及按照监督程序参与案件的法庭审理；

5）对具体案件中适用或者应当适用的法律侵犯公民的宪法权利和自由向俄罗斯联邦宪法法院提出申诉。

（二）人权全权代表根据本条第一款第 3 项规定递交的申请书或者申诉书免征国家税。

第三十条　（一）人权全权代表有权公布其所作的结论意见；

（二）国家机关或者地方机关、地方自治机关、国有企业、机构和组织参与创办（或者共同创办）的定期出版物，或者由俄罗斯联邦财政或俄罗斯联邦主体财政提供全部或部分经费的定期出版物，无权拒绝公布人权全权代表所作的结论及其他文件。

第三十一条　根据对有关侵犯公民权利与自由的信息的研究分析并综合各项申诉处理结果，人权全权代表有权：

（一）向国家机关、地方自治机关及公职人员提出保障公民权利和自由、完善行政程序的一般性意见和建议；

（二）建议立法动议权主体修改和补充联邦立法和俄罗斯联邦主体立法，或者弥补联邦立法或者俄罗斯联邦主体立法中的空白，如果人权全权代表认为，国家机关、地方自治机关或公职人员侵犯公民权利和自由的决定或行为（不作为）是依据或者为了执行联邦立法和俄罗斯联邦主体立法，或是由于联邦立法和俄罗斯联邦主体的立法中存在空白，或者是由于立法与公认的国际法原则和准则以及俄罗斯联邦签订的国际条约相矛盾。

第三十二条

（2006 年 10 月 16 日第 4 号联邦宪法性法律版本）

（一）当俄罗斯联邦宪法保障的人与公民的权利和自由受到粗暴或者大规模侵害时，人权全权代表有权：

1）在国家杜马例行会议上作报告。

2）建议国家杜马成立议会委员会对构成实施议会调查依据的事实和情况进行调查，直接或者通过其代表参与上述委员会的工作，以及出席俄罗斯联邦会议上下两院审议批准上述委员会的结论报告问题的会议。

（二）人权全权代表有权建议国家杜马就侵犯公民权利和自由的事实举行议会听证会，以及直接或者通过其代表参加举行的议会听证会。

第三十三条 （一）人权全权代表在每年年终时要向俄罗斯联邦总统、联邦委员会和国家杜马、俄罗斯联邦政府、俄罗斯联邦宪法法院、俄罗斯联邦最高法院、俄罗斯联邦总检察长和俄罗斯联邦调查委员会主席提交工作报告。

（2010 年 12 月 28 日第 8 号、2014 年 3 月 12 日第 5 号联邦宪法性法律版本）

（二）人权全权代表可就俄罗斯联邦维护公民权利和自由的个别问题向国家杜马提交专门报告。

（三）人权全权代表的年度报告必须在《俄罗斯报》上予以正式公布，针对个别问题的专门报告可以根据人权全权代表的决定在《俄罗斯报》和其他出版物上予以公布。

第三十四条 （一）公职人员必须无偿、无阻碍地向人权全权代表提供其查询的材料和文件及人权全权代表履职所需的其他信息。

（二）如果查询函中没有规定期限，则查询的材料和文件及其他信息应自收到查询函之日起十五日内送交人权全权代表。

第三十五条 国家机关、地方自治机关或者公职人员收到人权全权代表带有建议的结论意见后，必须在一个月内对其进行审议，并将采取的措施以书面形式告知人权全权代表。

第三十六条 公职人员为影响人权全权代表的决定而干预其活动，不履行本联邦宪法性法律规定的职责，以及通过其他形式妨碍人权全权代表的活动，将被追究俄罗斯联邦立法规定的责任。

（翻译：李铁军　审校：哈书菊）

Извлечения из текста Федерального конституционного закона

«Об Уполномоченном по правам человека в Российской Федерации» (статьи 1-5, 8-36)

26 февраля 1997 года № 1-ФКЗ

РОССИЙСКАЯ ФЕДЕРАЦИЯ

ФЕДЕРАЛЬНЫЙ КОНСТИТУЦИОННЫЙ ЗАКОН

ОБ УПОЛНОМОЧЕННОМ ПО ПРАВАМ ЧЕЛОВЕКА

В РОССИЙСКОЙ ФЕДЕРАЦИИ

Принят Государственной Думой 25 декабря 1996 года

Одобрен Советом Федерации 12 февраля 1997 года

(в ред. Федерального конституционного закона от 12.03.2014 № 5-ФКЗ)

Статья 1

1. Должность Уполномоченного по правам человека в Российской Федерации (далее-Уполномоченный) учреждается в соответствии с Конституцией Российской Федерации в целях обеспечения гарантий государственной защиты прав и свобод граждан, их соблюдения и уважения государственными органами, органами местного самоуправления и должностными лицами.

2. Уполномоченный назначается на должность и освобождается от

должности Государственной Думой Федерального Собрания Российской Федерации.

3. Средствами, указанными в настоящем Федеральном конституционном законе, Уполномоченный способствует восстановлению нарушенных прав, совершенствованию законодательства Российской Федерации о правах человека и гражданина и приведению его в соответствие с общепризнанными принципами и нормами международного права, развитию международного сотрудничества в области прав человека, правовому просвещению по вопросам прав и свобод человека, форм и методов их защиты.

Статья 2

1. Уполномоченный при осуществлении своих полномочий независим и неподотчетен каким-либо государственным органам и должностным лицам.

2. В своей деятельности Уполномоченный руководствуется Конституцией Российской Федерации, настоящим Федеральным конституционным законом, законодательством Российской Федерации, а также общепризнанными принципами и нормами международного права, международными договорами Российской Федерации.

Статья 3

Деятельность Уполномоченного дополняет существующие средства защиты прав и свобод граждан, не отменяет и не влечет пересмотра компетенции государственных органов, обеспечивающих защиту и восстановление нарушенных прав и свобод.

Статья 4

Введение режима чрезвычайного или военного положения на всей территории Российской Федерации либо на ее части не прекращает и не приостанавливает деятельности Уполномоченного и не влечет ограничения его компетенции.

Статья 5

1. В соответствии с конституцией (уставом), законом субъекта Российской Федерации может учреждаться должность Уполномоченного по правам человека в субъекте Российской Федерации.

2. Финансирование деятельности Уполномоченного по правам человека в субъекте Российской Федерации и его аппарата осуществляется из средств бюджета субъекта Российской Федерации.

Статья 8

1. Уполномоченный назначается на должность и освобождается от должности Государственной Думой большинством голосов от общего числа депутатов Государственной Думы тайным голосованием.

2. Государственная Дума принимает постановление о назначении на должность Уполномоченного не позднее 30 дней со дня истечения срока полномочий предыдущего Уполномоченного.

3. Каждая кандидатура, выносимая на тайное голосование при назначении Уполномоченного, выдвинутая в соответствии со статьей 7 настоящего Федерального конституционного закона, включается в список для тайного голосования двумя третями голосов от общего числа депутатов Государственной Думы.

Статья 9

1. При вступлении в должность Уполномоченный приносит присягу следующего содержания: «Клянусь защищать права и свободы человека и гражданина, добросовестно исполнять свои обязанности, руководствуясь

Конституцией Российской Федерации, законодательством Российской Федерации, справедливостью и голосом совести».

2. Присяга приносится на заседании Государственной Думы непосредственно после назначения Уполномоченного на должность.

3. Уполномоченный считается вступившим в должность с момента принесения присяги.

Статья 10

1. Уполномоченный назначается на должность сроком на пять лет, считая с момента принесения присяги. Его полномочия прекращаются с момента принесения присяги вновь назначенным Уполномоченным.

2. Истечение срока полномочий Государственной Думы, а также ее роспуск не влекут прекращения полномочий Уполномоченного.

3. Одно и то же лицо не может быть назначено на должность Уполномоченного более чем на два срока подряд.

Статья 11

1. Уполномоченный не может являться депутатом Государственной Думы, членом Совета Федерации или депутатом законодательного (представительного) органа субъекта Российской Федерации, находиться на государственной службе, заниматься другой оплачиваемой или неоплачиваемой деятельностью, за исключением преподавательской, научной либо иной творческой деятельности.

2. Уполномоченный не вправе заниматься политической деятельностью, быть членом политической партии или иного общественного объединения, преследующего политические цели.

3. Уполномоченный обязан прекратить деятельность, несовместимую с его статусом, не позднее 14 дней со дня вступления в должность.

В случае, если в течение указанного срока Уполномоченный не выполнит установленные требования, его полномочия прекращаются и Государственная Дума назначает нового Уполномоченного.

Статья 12

1. Уполномоченный обладает неприкосновенностью в течение всего срока его полномочий. Он не может быть без согласия Государственной Думы привлечен к уголовной или административной ответственности, налагаемой в судебном порядке, задержан, арестован, подвергнут обыску, за исключением случаев задержания на месте преступления, а также подвергнут личному досмотру, за исключением случаев, когда это предусмотрено федеральным законом для обеспечения безопасности других лиц. Неприкосновенность Уполномоченного распространяется на его жилое и служебное помещения, багаж, личное и служебное транспортные средства, переписку, используемые им средства связи, а также на принадлежащие ему документы.

2. В случае задержания Уполномоченного на месте преступления должностное лицо, произведшее задержание, немедленно уведомляет об этом Государственную Думу, которая должна принять решение о даче согласия на дальнейшее применение этой процессуальной меры. При неполучении в течение 24 часов согласия Государственной Думы на задержание Уполномоченный должен быть немедленно освобожден.

Статья 13

1. Уполномоченный досрочно освобождается от должности в случаях:

1) нарушения требований статьи 11 настоящего Федерального конституционного закона;

2) вступления в законную силу обвинительного приговора суда в

отношении Уполномоченного.

2. Полномочия Уполномоченного могут быть прекращены Государственной Думой также ввиду его неспособности по состоянию здоровья или по иным причинам в течение длительного времени (не менее четырех месяцев подряд) исполнять свои обязанности.

3. Уполномоченный может быть освобожден от должности также в случае подачи им заявления о сложении полномочий.

4. Досрочное освобождение Уполномоченного от должности производится постановлением Государственной Думы Федерального Собрания Российской Федерации.

Статья 14

В случае досрочного освобождения Уполномоченного от должности новый Уполномоченный должен быть назначен Государственной Думой в течение двух месяцев со дня досрочного освобождения предыдущего Уполномоченного от должности в порядке, установленном статьями 6 - 10 настоящего Федерального конституционного закона.

Глава III КОМПЕТЕНЦИЯ УПОЛНОМОЧЕННОГО

Статья 15

Уполномоченный рассматривает жалобы граждан Российской Федерации и находящихся на территории Российской Федерации иностранных граждан и лиц без гражданства (далее - заявители).

Статья 16

1. Уполномоченный рассматривает жалобы на решения или действия (бездействие) государственных органов, органов местного самоуправления,

должностных лиц, государственных служащих, если ранее заявитель обжаловал эти решения или действия (бездействие) в судебном либо административном порядке, но не согласен с решениями, принятыми по его жалобе.

2. Уполномоченный не рассматривает жалобы на решения палат Федерального Собрания Российской Федерации и законодательных (представительных) органов государственной власти субъектов Российской Федерации.

3. Подача жалобы Уполномоченному по правам человека в субъекте Российской Федерации не является основанием для отказа в принятии аналогичной жалобы к рассмотрению Уполномоченным.

Статья 17

1. Жалоба должна быть подана Уполномоченному не позднее истечения года со дня нарушения прав и свобод заявителя или с того дня, когда заявителю стало известно об их нарушении.

2. Жалоба должна содержать фамилию, имя, отчество и адрес заявителя, изложение существа решений или действий (бездействия), нарушивших или нарушающих, по мнению заявителя, его права и свободы, а также сопровождаться копиями решений, принятых по его жалобе, рассмотренной в судебном или административном порядке.

Статья 18

Жалоба, направляемая Уполномоченному, не облагается государственной пошлиной.

Статья 19

Жалобы, адресованные Уполномоченному лицами, находящимися в местах принудительного содержания, просмотру администрацией мест принудительного содержания не подлежат и в течение 24 часов направляются Уполномоченному.

Статья 20

1. Получив жалобу, Уполномоченный имеет право:

1) принять жалобу к рассмотрению;

2) разъяснить заявителю средства, которые тот вправе использовать для защиты своих прав и свобод;

3) передать жалобу государственному органу, органу местного самоуправления или должностному лицу, к компетенции которых относится разрешение жалобы по существу;

4) отказать в принятии жалобы к рассмотрению.

2. О принятом решении Уполномоченный в десятидневный срок уведомляет заявителя. В случае начала рассмотрения жалобы Уполномоченный информирует также государственный орган, орган местного самоуправления или должностное лицо, решения или действия (бездействие) которых обжалуются.

3. Отказ в принятии жалобы к рассмотрению должен быть мотивирован. Отказ в принятии жалобы к рассмотрению обжалованию не подлежит.

Статья 21

При наличии информации о массовых или грубых нарушениях прав и свобод граждан либо в случаях, имеющих особое общественное значение или связанных с необходимостью защиты интересов лиц, не способных самостоятельно использовать правовые средства защиты, Уполномоченный вправе принять по собственной инициативе соответствующие меры в пределах своей компетенции.

Статья 22

1. Приступив к рассмотрению жалобы, Уполномоченный вправе обратиться к компетентным государственным органам или должностным лицам за содействием в проведении проверки обстоятельств, подлежащих выяснению.

2. Проверка не может быть поручена государственному органу, органу местного самоуправления или должностному лицу, решения или действия (бездействие) которых обжалуются.

Статья 23

1. При проведении проверки по жалобе Уполномоченный вправе:

1) беспрепятственно посещать все органы государственной власти, органы местного самоуправления, присутствовать на заседаниях их коллегиальных органов, а также беспрепятственно посещать предприятия, учреждения и организации независимо от организационно-правовых форм и форм собственности, воинские части, общественные объединения;

2) запрашивать и получать от государственных органов, органов местного самоуправления и у должностных лиц и государственных служащих сведения, документы и материалы, необходимые для рассмотрения жалобы;

3) получать объяснения должностных лиц и государственных служащих, исключая судей, по вопросам, подлежащим выяснению в ходе рассмотрения жалобы;

4) проводить самостоятельно или совместно с компетентными государственными органами, должностными лицами и государственными служащими проверку деятельности государственных органов, органов местного самоуправления и должностных лиц;

5) поручать компетентным государственным учреждениям проведение экспертных исследований и подготовку заключений по вопросам, подлежащим выяснению в ходе рассмотрения жалобы;

6) знакомиться с уголовными, гражданскими делами и делами об административных правонарушениях, решения (приговоры) по которым вступили в законную силу, а также с прекращенными производством делами и материалами, по которым отказано в возбуждении уголовных дел.

2. По вопросам своей деятельности Уполномоченный пользуется правом безотлагательного приема руководителями и другими должностными лицами расположенных на территории Российской Федерации органов государственной власти, органов местного самоуправления, предприятий, учреждений и организаций независимо от организационно-правовых форм и форм собственности, руководителями общественных объединений, лицами начальствующего состава Вооруженных Сил Российской Федерации, других войск и воинских формирований, администрацией мест принудительного содержания.

Статья 24

1. Предоставление Уполномоченному информации, составляющей государственную, коммерческую либо иную охраняемую законом тайну, осуществляется в соответствии с законодательством Российской Федерации.

2. Уполномоченный вправе отказаться от дачи свидетельских показаний по гражданскому или уголовному делу об обстоятельствах, ставших ему известными в связи с выполнением его обязанностей.

Статья 25

При рассмотрении жалобы Уполномоченный обязан предоставить

государственному органу, органу местного самоуправления или должностному лицу, чьи решения или действия (бездействие) обжалуются, возможность дать свои объяснения по любым вопросам, подлежащим выяснению в процессе проверки, а также мотивировать свою позицию в целом.

Статья 26

1. О результатах рассмотрения жалобы Уполномоченный обязан известить заявителя.

2. В случае установления факта нарушения прав заявителя Уполномоченный обязан принять меры в пределах его компетенции, определенной настоящим Федеральным конституционным законом.

Статья 27

Уполномоченный обязан направить государственному органу, органу местного самоуправления или должностному лицу, в решениях или действиях (бездействии) которых он усматривает нарушение прав и свобод граждан, свое заключение, содержащее рекомендации относительно возможных и необходимых мер восстановления указанных прав и свобод.

Статья 28

1. До вынесения окончательного решения материалы, полученные при рассмотрении жалобы, разглашению не подлежат.

2. Уполномоченный не вправе разглашать ставшие ему известными в процессе рассмотрения жалобы сведения о частной жизни заявителя и других лиц без их письменного согласия.

Статья 29

1. По результатам рассмотрения жалобы Уполномоченный вправе:

1) обратиться в суд с заявлением в защиту прав и свобод, нарушенных

решениями или действиями (бездействием) государственного органа, органа местного самоуправления или должностного лица, а также лично либо через своего представителя участвовать в процессе в установленных законом формах;

2) обратиться в компетентные государственные органы с ходатайством о возбуждении дисциплинарного или административного производства либо уголовного дела в отношении должностного лица, в решениях или действиях (бездействии) которого усматриваются нарушения прав и свобод человека и гражданина;

3) обратиться в суд или прокуратуру с ходатайством о проверке вступившего в законную силу решения, приговора суда, определения или постановления суда либо постановления судьи;

4) изложить свои доводы должностному лицу, которое вправе вносить протесты, а также присутствовать при судебном рассмотрении дела в порядке надзора;

5) обращаться в Конституционный Суд Российской Федерации с жалобой на нарушение конституционных прав и свобод граждан законом, примененным или подлежащим применению в конкретном деле.

2. Заявление или жалоба, направляемые Уполномоченным в соответствии с подпунктом 3 пункта 1 настоящей статьи, государственной пошлиной не облагаются.

Статья 30

1. Уполномоченный вправе опубликовать принятое им заключение.

2. Периодическое печатное издание, одним из учредителей (соучредителей) которого являются государственные или муниципальные органы, органы местного самоуправления, государственные предприятия,

учреждения и организации либо которое финансируется полностью или частично за счет средств федерального бюджета или бюджета субъекта Российской Федерации, не вправе отказать в публикации заключений и иных документов Уполномоченного.

Статья 31

По результатам изучения и анализа информации о нарушении прав и свобод граждан, обобщения итогов рассмотрения жалоб Уполномоченный вправе:

1) направлять государственным органам, органам местного самоуправления и должностным лицам свои замечания и предложения общего характера, относящиеся к обеспечению прав и свобод граждан, совершенствованию административных процедур;

2) обращаться к субъектам права законодательной инициативы с предложениями об изменении и о дополнении федерального законодательства и законодательства субъектов Российской Федерации либо о восполнении пробелов в федеральном законодательстве и законодательстве субъектов Российской Федерации, если Уполномоченный полагает, что решения или действия (бездействие) государственных органов, органов местного самоуправления или должностных лиц, нарушающие права и свободы граждан, совершаются на основании и во исполнение федерального законодательства и законодательства субъектов Российской Федерации, либо в силу существующих пробелов в федеральном законодательстве и законодательстве субъектов Российской Федерации, либо в случае, если законодательство противоречит общепризнанным принципам и нормам международного права и международным договорам Российской Федерации.

Статья 32

(в ред. Федерального конституционного закона от 16.10.2006 № 4-ФКЗ)

1. В случае грубого или массового нарушения гарантированных Конституцией Российской Федерации прав и свобод человека и гражданина Уполномоченный вправе:

1) выступить с докладом на очередном заседании Государственной Думы;

2) обратиться в Государственную Думу с предложением о создании парламентской комиссии по расследованию фактов и обстоятельств, послуживших основанием для проведения парламентского расследования, принимать участие в работе указанной комиссии непосредственно либо через своего представителя, а также участвовать в заседаниях палат Федерального Собрания Российской Федерации при рассмотрении ими вопроса об утверждении итогового доклада указанной комиссии.

2. Уполномоченный вправе обратиться в Государственную Думу с предложением о проведении парламентских слушаний по фактам нарушения прав и свобод граждан, а также непосредственно либо через своего представителя участвовать в проводимых парламентских слушаниях.

Статья 33

1. По окончании календарного года Уполномоченный направляет доклад о своей деятельности Президенту Российской Федерации, в Совет Федерации и Государственную Думу, Правительство Российской Федерации, Конституционный Суд Российской Федерации, Верховный Суд

Российской Федерации, Генеральному прокурору Российской Федерации и Председателю Следственного комитета Российской Федерации.

(в ред. Федеральных конституционных законов от 28.12.2010 № 8-ФКЗ, от 12.03.2014 № 5-ФКЗ)

2. По отдельным вопросам соблюдения прав и свобод граждан в Российской Федерации Уполномоченный может направлять в Государственную Думу специальные доклады.

3. Ежегодные доклады Уполномоченного подлежат обязательному официальному опубликованию в «Российской газете», специальные доклады по отдельным вопросам могут быть опубликованы по решению Уполномоченного в «Российской газете» и в других изданиях.

Статья 34

1. Должностные лица бесплатно и беспрепятственно обязаны предоставлять Уполномоченному запрошенные материалы и документы, иную информацию, необходимую для осуществления его полномочий.

2. Запрошенные материалы и документы и иная информация должны быть направлены Уполномоченному не позднее 15 дней со дня получения запроса, если в самом запросе не установлен иной срок.

Статья 35

Государственный орган, орган местного самоуправления или должностное лицо, получившие заключение Уполномоченного, содержащее его рекомендации, обязаны в месячный срок рассмотреть их и о принятых мерах в письменной форме сообщить Уполномоченному.

Статья 36

Вмешательство в деятельность Уполномоченного с целью повлиять на его решение, неисполнение должностными лицами обязанностей, установленных настоящим Федеральным конституционным законом, а равно воспрепятствование деятельности Уполномоченного в иной форме влечет ответственность, установленную законодательством Российской Федерации.

俄罗斯联邦处理公民信访程序法

（2006 年 4 月 21 日由国家杜马通过，2006 年 4 月 26 日由联邦委员会批准。2013 年 7 月 2 日第 182 号联邦法律版本，修改内容包含 2012 年 7 月 18 日俄罗斯联邦宪法法院第 19 号决定所作规定）

第一条 本联邦法适用范围

（一）本联邦法调节涉及俄罗斯联邦公民（以下简称“公民”）行使《俄罗斯联邦宪法》赋予其到国家机关和地方自治机关信访权的法律关系，并规定国家机关、地方自治机关和公职人员处理公民信访的程序。

（二）本联邦法规定的处理公民信访的程序适用于公民的所有信访活动，应按照联邦宪法性法律和其他联邦法律规定程序处理的信访除外。

（三）本联邦法规定的处理公民信访程序适用于涉及处理外国公民和无国籍人士信访的法律关系，俄罗斯联邦签订的国际条约或者联邦法律另有规定的情况除外。

（四）本联邦法规定的国家机关、地方自治机关和公职人员处理公民信访的程序适用于涉及上述机关和公职人员处理公民团体包括法人信访的法律关系，也适用于涉及履行公共职能的国家和地方机构、其他组织和公职人员处理公民、公民团体包括法人信访的法律关系。（第四款根据 2013 年 5 月 7 日第 80 号联邦法律列入）

第二条 公民的信访权

（一）公民有权亲自造访以及个人和集体（包括公民团体和法人）对

国家机关、地方自治机关及其公职人员、承担公共职能的国家和地方机构和其他组织及其公职人员提出信访。（第一款为 2013 年 5 月 7 日第 80 号联邦法律版本）

（二）公民自由自愿行使信访权。公民行使信访权不得侵犯他人的权利和自由。

（三）处理公民信访不收取费用。

第三条 涉及公民信访的法律关系的调整

（一）与处理公民信访有关的法律关系，由俄罗斯联邦宪法、俄罗斯联邦签订的国际条约、联邦宪法性法律、本联邦法及其他联邦法律调节。

（二）俄罗斯联邦主体的法律法规可以规定保护公民信访权的条款，对于公民信访权保障的条款是对本联邦法规定的补充。

第四条 本联邦法使用的基本术语

本联邦法使用以下基本术语：

1）公民信访（以下简称信访）——指以书面形式或者电子文件形式送交国家机关、地方自治机关或者公职人员的建议、申请或者申诉，以及公民向国家机关、地方自治机关的口头陈述；（2010 年 7 月 27 日第 227 号联邦法律版本）

2）建议——指公民就完善法律法规、国家机关和地方自治机关的工作、发展社会关系、改善社会经济领域以及国家和社会其他活动领域提出的建议；

3）申请——指公民请求协助其行使宪法权利和自由或者请求协助他人行使宪法权利和自由，或者指举报违反法律法规的行为，举报国家机关、地方自治机关和公职人员工作中的不足之处，或者对上述机关和公职人员活动的批评；

4）申诉——指公民请求恢复或者保护其受到侵害的权利、自由或者合法利益，或者他人的权利、自由或者合法利益；

5）公职人员——指长期、临时或者经专门授权行使权力代表职能或者在国家机关或者地方自治机关履行组织、管理、行政、经营职能的人员。

第五条 公民在处理信访时的权利

国家机关、地方自治机关或者公职人员在处理公民信访时，公民有权：

1）提交补充文件材料，或者请求索取这些文件材料，包括其电子版；（2010年7月27日第227号联邦法律版本）

2）了解与信访处理有关的文件材料，如果这不涉及他人的权利、自由和合法利益，且上述文件材料中未包括国家秘密或者其他受联邦法律保护秘密的资料；

3）就信访反映问题的实质获得书面答复，本联邦法第十一条规定的情况除外，得到关于书面请求已转交给相关负责解决信访反映问题的国家机关、地方自治机关或者公职人员的通知；

4）根据俄罗斯联邦法律规定对按行政程序和（或者）司法程序处理信访所作的决定或行为（不作为）提出申诉；

5）申请终止信访处理。

第六条 保障公民信访安全

（一）禁止迫害因为批评国家机关、地方自治机关或者公职人员的活动或者为了恢复或维护本人权利、自由和合法利益或他人权利、自由和合法利益而找上述机关或者公职人员信访的公民；

（二）处理信访时，未经公民同意，不得泄露书面信访中包含的资料以及涉及公民个人隐私的资料。将书面请求转交给负责解决信访反映问题的相关国家机关、地方自治机关或公职人员，不属于泄露书面信访中包含的资料。

第七条 对书面信访的要求

（一）公民在其书面信访中必须标明收信国家机关或地方自治机关的

名称，或有关公职人员的姓、名、父名或相关人员的职务，以及本人的姓、名、父名（如果有父名），本人的邮寄地址，以便能收到对信访的答复和书面信访已转发的通知，公民要在书面信访中阐明建议、申请或者申诉的实质，亲笔签名，注明日期。

（二）公民在必需证明其理由时可在书面信访中附上文件材料或者文件材料的复印件。

（三）以电子文件形式寄给国家机关、地方自治机关或者公职人员的书面信访，按照本联邦法规定的程序处理。公民在书面信访中必须指明本人的姓、名、父名（如果有父名），电子邮箱地址（如果答复应以电子文件格式寄送），邮寄地址（如果答复应以书面寄送）。公民有权在此类书面信访中附上必要的电子版文件材料或者以书面形式寄送上述文件材料或其复印件。

第八条　书面信访的寄送和登记

（一）公民应直接致信相关负责解决信访反映问题的国家机关、地方自治机关或者公职人员。

（二）国家机关、地方自治机关或者公职人员自公民书面信访送达之时起三日内必须对书面信访进行登记。

（三）不属于该国家机关、地方自治机关或者公职人员责任的信访，应自登记之日起七日内将信访转送相关负责解决信访反映问题的机关或者相关公职人员，并将这一消息通知书面信访的公民，本联邦法第十一条第四款规定的情况除外。

（四）如果解决书面信访反映的问题归多个国家机关、地方自治机关或者公职人员负责，应自书面信访登记之日起七日内将书面信访复印件转送所有相关国家机关、地方自治机关或者相关公职人员。

（五）国家机关、地方自治机关或者公职人员在将公民书面信访转送其他国家机关、地方自治机关或者其他公职人员处理时，必要时可以向上述机关或公职人员查询有关公民书面信访处理结果的文件和材料。

（六）禁止将申诉信送交其决定和行为（不作为）被投诉的国家机关、地方自治机关或者公职人员处理。

（七）如果根据本条第六款规定的禁令不能将申诉信送交相关负责解决信访反映问题的国家机关、地方自治机关或公职人员处理，应将申诉信退回公民，并向该公民说明其有权按照规定程序向法院申诉相关的决定或者行为（不作为）。

第九条 受理信访的强制性

（一）国家机关、地方自治机关或者公职人员按照各自权限接到信访后必须进行处理。

（二）处理信访的国家机关、地方自治机关或者公职人员必要时可保证去现场处理信访。

第十条 信访的处理

（一）国家机关、地方自治机关或者公职人员：

1）要保证客观、全面、及时处理信访，必要时应保证来信访的公民参与处理；

2）要向其他国家机关、地方自治机关和其他公职人员查询处理信访所需的文件材料包括电子版文件材料，法院、调查机关和预侦查机关除外；（2010年7月27日第227号联邦法律版本）

3）要采取措施恢复或者维护公民受到侵犯的权利、自由和合法利益；

4）要就信访反映问题的实质给予书面答复，本联邦法第十一条所规定的情况除外；

5）要通知公民其书面信访已送交其他负责解决问题的国家机关、地方自治机关或者公职人员处理。

（二）国家机关、地方自治机关或者公职人员收到处理信访的国家机关、地方自治机关或公职人员按规定程序发来的查询函后，必须在十五日内提供处理信访所需的文件材料，涉及国家秘密或其他受联邦法律保护秘密的文件材料以及规定了特殊提供程序的文件材料除外。

（三）请求答复函应由国家机关或地方自治机关领导人、公职人员或者全权代表签名。

（四）国家机关、地方自治机关或者公职人员对电子文件形式书面信访的答复应按照书面信访中指定的电子邮件地址以电子文件形式发送，或者按书面信访中指定的邮寄地址以书面形式发送。（第四款为 2010 年 7 月 27 日第 227 号联邦法律版本）

第十一条　个别信访处理程序

（一）如果书面信访中未指明来信公民的姓名或者供收取答复函的邮政地址，则来信将不予答复。如果上述来信中有关于正在筹划、正在实施或者已实施违法行为的举报，以及关于正在筹划、正在实施或者已实施违法行为的人员的举报，则来信应送交相关负责解决问题的国家机关。（2013 年 7 月 2 日第 182 号联邦法律版本）

（二）对法院判决进行申诉的信访应自登记之日起七日内退给来信访的公民，并向其说明对该法院判决进行上诉的程序。（2010 年 6 月 29 日第 126 号联邦法律版本）

（三）国家机关、地方自治机关或者公职人员在收到带有违禁或者侮辱性用语、威胁公职人员及其家庭成员的生命、健康和财产的来信时，有权对来信反映问题的实质不予答复，并告知书面信访的公民不应滥用权利。

（四）如果书面信访文本无法阅读，则对书面信访不予答复，并且不用送交相关负责解决问题的国家机关、地方自治机关或者公职人员，并将这一消息自该书面信访登记之日起七日内通知书面信访的公民，前提是其姓名和邮政地址可以看清。

（五）如果公民书面信访中反映的问题曾经因为以前的书面信访而多

次得到过书面答复，且在此次书面信访中没有举出新证据或者新情况，在此次书面信访和以前的书面信访均送到同一国家机关、地方自治机关或者同一公职人员的情况下，国家机关或者地方自治机关领导人、公职人员或者全权代表有权认定此次书面信访毫无根据并停止与该公民就此问题进行通信。（2013 年 7 月 2 日第 182 号联邦法律版本）

（六）如果不泄露国家秘密或者其他受联邦法律保护的涉密资料，就无法针对书面信访反映问题的实质予以答复，在此情况下应告知书面信访的公民，因不允许泄露上述资料，故不能就其书面信访反映问题的实质予以答复。

（七）如果不能就书面信访反映问题的实质予以答复的原因后来已消除，则公民有权再次致信相关国家机关、地方自治机关或者相关公职人员。

第十二条 书面信访处理期限

（一）按照国家机关、地方自治机关或者公职人员的管辖权送达的书面信访，应自书面信访登记之日起三十日内处理。

（二）在特殊情况下，以及在寄送本联邦法第十条第二款规定的查询函时，国家机关或者地方自治机关的领导人、公职人员或者全权代表有权延长书面信访处理期限，但不超过三十日，并将延长处理书面信访期限的消息通知书面信访的公民。

第十三条 亲自接见公民

（一）国家机关、地方自治机关的领导人和全权代表在国家机关和地方自治机关亲自接见来访公民。接访地点、接访日期和钟点等信息应通知公民。

（二）在亲自接待来访时，来访公民应出示证明其个人身份的证件。

（三）口头陈述的内容要记入接待公民来访卡。如果口头陈述的事实和情况明显无疑，无需进一步核实，经来访公民同意可在接访过程中予以口头答复，并将此记入接待公民来访卡。在其他情况下，应就来访反映问题的实质予以书面答复。

（四）接待来访过程中收到的书信应按照本联邦法规定的程序予以登记和处理。

（五）如果来访反映的问题不归该国家机关、地方自治机关或者公职人员解决，则应向来访公民说明其应到何处并按何种程序反映问题。

（六）如果之前就其信访反映问题的实质已经给予过答复，在接待来访过程中可以拒绝对来访公民的信访作进一步处理。

第十四条 对遵守信访处理程序的监督

国家机关、地方自治机关和公职人员在各自管辖范围内对遵守信访处理程序的情况进行监督，分析信访的内容，及时采取查明和消除侵犯公民权利、自由和合法利益的原因措施。

第十五条 违反本联邦法应承担的责任

违反本联邦法的个人承担俄罗斯联邦法律规定的责任。

第十六条 处理信访时对造成损失的赔偿和对产生开销的追偿

公民有权根据法院的判决就国家机关、地方自治机关或者公职人员在处理信访时的不法行为（不作为）造成的损失和精神伤害得到赔偿。

如果公民在信访中提供了明显虚假的信息，国家机关、地方自治机关或者公职人员可根据法院的判决向该公民追索在处理该信访时产生的开支。

第十七条 苏联部分法规在俄罗斯联邦境内被认定无效

下列法规在俄罗斯联邦境内被认定无效：

1）1968 年 4 月 12 日苏联最高苏维埃主席团《关于公民建议、申请和申诉处理程序》第 2534—Ⅶ号命令（《苏联最高苏维埃公报》，1968 年，第 17 号，第 144 条）；

2）1968 年 6 月 26 日苏联《关于批准苏联最高苏维埃主席团〈关于公

民建议、申请和申诉处理程序〉的命令》的第 2830-VII 号法律（《苏联最高苏维埃公报》，1968 年，第 27 号，第 237 条）；

3）1980 年 3 月 4 日苏联最高苏维埃主席团《关于对苏联最高苏维埃主席团〈关于公民建议、申请和申诉处理程序〉的命令进行修改和补充》的第 1662-X 号命令（《苏联最高苏维埃公报》，1980 年，第 11 号，第 192 条）；

4）1980 年 6 月 25 日苏联《关于批准苏联最高苏维埃主席团〈关于对某些苏联法令进行修改和补充〉的命令》的第 2365-X 号法律（《苏联最高苏维埃公报》，1980 年，第 27 号，第 540 条）涉及批准苏联最高苏维埃主席团《关于对苏联最高苏维埃主席团〈关于公民建议、申请和申诉处理程序〉的命令进行修改和补充》的命令的相关条款；

5）1988 年 2 月 2 日苏联最高苏维埃主席团《关于对苏联最高苏维埃主席团〈关于公民建议、申请和申诉处理程序〉的命令进行补充》的第 8422-XI 号命令（《苏联最高苏维埃公报》，1988 年，第 6 号，第 94 条）；

6）1988 年 5 月 26 日苏联《关于批准苏联最高苏维埃主席团〈关于对苏联法令进行修改和补充〉的命令》的法律（《苏联最高苏维埃公报》，1988 年，第 22 号，第 361 条）涉及批准苏联最高苏维埃主席团《关于对苏联最高苏维埃主席团〈关于公民建议、申请和申诉处理程序〉的命令进行补充》的命令的相关条款。

第十八条 本联邦法的生效

本联邦法自正式颁布之日起满 180 日后生效。

（翻译：李铁军　审校：哈书菊）

Федеральный закон «О порядке рассмотрения обращений граждан Российской Федерации»

от 02.05.2006 года № 59-ФЗ

РОССИЙСКАЯ ФЕДЕРАЦИЯ

ФЕДЕРАЛЬНЫЙ ЗАКОН О ПОРЯДКЕ РАССМОТРЕНИЯ ОБРАЩЕНИЙ ГРАЖДАН РОССИЙСКОЙ ФЕДЕРАЦИИ

Принят Государственной Думой 21 апреля 2006 года

Одобрен Советом Федерации 26 апреля 2006 года

(в ред. Федерального закона от 02.07.2013 № 182-ФЗ, с изм., внесенными Постановлением Конституционного Суда РФ от 18.07.2012 № 19-П)

Статья 1 Сфера применения настоящего Федерального закона

1. Настоящим Федеральным законом регулируются правоотношения, связанные с реализацией гражданином Российской Федерации (далее также - гражданин) закрепленного за ним Конституцией Российской Федерации права на обращение в государственные органы и органы местного самоуправления, а также устанавливается порядок рассмотрения обращений граждан государственными органами, органами местного самоуправления и должностными лицами.

2. Установленный настоящим Федеральным законом порядок рассмотрения обращений граждан распространяется на все обращения граждан, за исключением обращений, которые подлежат рассмотрению

в порядке, установленном федеральными конституционными законами и иными федеральными законами.

3. Установленный настоящим Федеральным законом порядок рассмотрения обращений граждан распространяется на правоотношения, связанные с рассмотрением обращений иностранных граждан и лиц без гражданства, за исключением случаев, установленных международным договором Российской Федерации или федеральным законом.

4. Установленный настоящим Федеральным законом порядок рассмотрения обращений граждан государственными органами, органами местного самоуправления и должностными лицами распространяется на правоотношения, связанные с рассмотрением указанными органами, должностными лицами обращений объединений граждан, в том числе юридических лиц, а также на правоотношения, связанные с рассмотрением обращений граждан, объединений граждан, в том числе юридических лиц, осуществляющими публично значимые функции государственными и муниципальными учреждениями, иными организациями и их должностными лицами.

(часть 4 введена Федеральным законом от 07.05.2013 N 80-ФЗ)

Статья 2 Право граждан на обращение

1. Граждане имеют право обращаться лично, а также направлять индивидуальные и коллективные обращения, включая обращения объединений граждан, в том числе юридических лиц, в государственные органы, органы местного самоуправления и их должностным лицам, в государственные и муниципальные учреждения и иные организации, на которые возложено осуществление публично значимых функций, и их должностным лицам.

(часть 1 в ред. Федерального закона от 07.05.2013 N 80-ФЗ)

2. Граждане реализуют право на обращение свободно и добровольно. Осуществление гражданами права на обращение не должно нарушать права и свободы других лиц.

3. Рассмотрение обращений граждан осуществляется бесплатно.

Статья 3 Правовое регулирование правоотношений, связанных с рассмотрением обращений граждан

1. Правоотношения, связанные с рассмотрением обращений граждан, регулируются Конституцией Российской Федерации, международными договорами Российской Федерации, федеральными конституционными законами, настоящим Федеральным законом и иными федеральными законами.

2. Законы и иные нормативные правовые акты субъектов Российской Федерации могут устанавливать положения, направленные на защиту права граждан на обращение, в том числе устанавливать гарантии права граждан на обращение, дополняющие гарантии, установленные настоящим Федеральным законом.

Статья 4 Основные термины, используемые в настоящем Федеральном законе

Для целей настоящего Федерального закона используются следующие основные термины:

1) обращение гражданина (далее - обращение) - направленные в государственный орган, орган местного самоуправления или должностному лицу в письменной форме или в форме электронного документа предложение, заявление или жалоба, а также устное обращение гражданина в государственный орган, орган местного самоуправления;

(в ред. Федерального закона от 27.07.2010 N 227-ФЗ)

2) предложение - рекомендация гражданина по совершенствованию законов и иных нормативных правовых актов, деятельности государственных органов и органов местного самоуправления, развитию общественных отношений, улучшению социально-экономической и иных сфер деятельности государства и общества;

3) заявление - просьба гражданина о содействии в реализации его конституционных прав и свобод или конституционных прав и свобод других лиц, либо сообщение о нарушении законов и иных нормативных правовых актов, недостатках в работе государственных органов, органов местного самоуправления и должностных лиц, либо критика деятельности указанных органов и должностных лиц;

4) жалоба - просьба гражданина о восстановлении или защите его нарушенных прав, свобод или законных интересов либо прав, свобод или законных интересов других лиц;

5) должностное лицо - лицо, постоянно, временно или по специальному полномочию осуществляющее функции представителя власти либо выполняющее организационно-распорядительные, административно-хозяйственные функции в государственном органе или органе местного самоуправления.

Статья 5 Права гражданина при рассмотрении обращения

При рассмотрении обращения государственным органом, органом местного самоуправления или должностным лицом гражданин имеет право:

1) представлять дополнительные документы и материалы либо обращаться с просьбой об их истребовании, в том числе в электронной

форме;

(в ред. Федерального закона от 27.07.2010 N 227-ФЗ)

2) знакомиться с документами и материалами, касающимися рассмотрения обращения, если это не затрагивает права, свободы и законные интересы других лиц и если в указанных документах и материалах не содержатся сведения, составляющие государственную или иную охраняемую федеральным законом тайну;

3) получать письменный ответ по существу поставленных в обращении вопросов, за исключением случаев, указанных в статье 11 настоящего Федерального закона, уведомление о переадресации письменного обращения в государственный орган, орган местного самоуправления или должностному лицу, в компетенцию которых входит решение поставленных в обращении вопросов;

4) обращаться с жалобой на принятое по обращению решение или на действие (бездействие) в связи с рассмотрением обращения в административном и (или) судебном порядке в соответствии с законодательством Российской Федерации;

5) обращаться с заявлением о прекращении рассмотрения обращения.

Статья 6 Гарантии безопасности гражданина в связи с его обращением

1. Запрещается преследование гражданина в связи с его обращением в государственный орган, орган местного самоуправления или к должностному лицу с критикой деятельности указанных органов или должностного лица либо в целях восстановления или защиты своих прав, свобод и законных интересов либо прав, свобод и законных интересов других лиц.

2. При рассмотрении обращения не допускается разглашение

сведений, содержащихся в обращении, а также сведений, касающихся частной жизни гражданина, без его согласия. Не является разглашением сведений, содержащихся в обращении, направление письменного обращения в государственный орган, орган местного самоуправления или должностному лицу, в компетенцию которых входит решение поставленных в обращении вопросов.

Статья 7 Требования к письменному обращению

1. Гражданин в своем письменном обращении в обязательном порядке указывает либо наименование государственного органа или органа местного самоуправления, в которые направляет письменное обращение, либо фамилию, имя, отчество соответствующего должностного лица, либо должность соответствующего лица, а также свои фамилию, имя, отчество (последнее - при наличии), почтовый адрес, по которому должны быть направлены ответ, уведомление о переадресации обращения, излагает суть предложения, заявления или жалобы, ставит личную подпись и дату.

2. В случае необходимости в подтверждение своих доводов гражданин прилагает к письменному обращению документы и материалы либо их копии.

3. Обращение, поступившее в государственный орган, орган местного самоуправления или должностному лицу в форме электронного документа, подлежит рассмотрению в порядке, установленном настоящим Федеральным законом. В обращении гражданин в обязательном порядке указывает свои фамилию, имя, отчество (последнее - при наличии), адрес электронной почты, если ответ должен быть направлен в форме электронного документа, и почтовый адрес, если ответ должен быть направлен в письменной форме. Гражданин вправе приложить к такому

обращению необходимые документы и материалы в электронной форме либо направить указанные документы и материалы или их копии в письменной форме.

(часть 3 в ред. Федерального закона от 27.07.2010 N 227-ФЗ)

Статья 8 Направление и регистрация письменного обращения

1. Гражданин направляет письменное обращение непосредственно в тот государственный орган, орган местного самоуправления или тому должностному лицу, в компетенцию которых входит решение поставленных в обращении вопросов.

2. Письменное обращение подлежит обязательной регистрации в течение трех дней с момента поступления в государственный орган, орган местного самоуправления или должностному лицу.

3. Письменное обращение, содержащее вопросы, решение которых не входит в компетенцию данных государственного органа, органа местного самоуправления или должностного лица, направляется в течение семи дней со дня регистрации в соответствующий орган или соответствующему должностному лицу, в компетенцию которых входит решение поставленных в обращении вопросов, с уведомлением гражданина, направившего обращение, о переадресации обращения, за исключением случая, указанного в части 4 статьи 11 настоящего Федерального закона.

4. В случае, если решение поставленных в письменном обращении вопросов относится к компетенции нескольких государственных органов, органов местного самоуправления или должностных лиц, копия обращения в течение семи дней со дня регистрации направляется в соответствующие государственные органы, органы местного самоуправления или соответствующим должностным лицам.

5. Государственный орган, орган местного самоуправления или должностное лицо при направлении письменного обращения на рассмотрение в другой государственный орган, орган местного самоуправления или иному должностному лицу может в случае необходимости запрашивать в указанных органах или у должностного лица документы и материалы о результатах рассмотрения письменного обращения.

6. Запрещается направлять жалобу на рассмотрение в государственный орган, орган местного самоуправления или должностному лицу, решение или действие (бездействие) которых обжалуется.

7. В случае, если в соответствии с запретом, предусмотренным частью 6 настоящей статьи, невозможно направление жалобы на рассмотрение в государственный орган, орган местного самоуправления или должностному лицу, в компетенцию которых входит решение поставленных в обращении вопросов, жалоба возвращается гражданину с разъяснением его права обжаловать соответствующие решение или действие (бездействие) в установленном порядке в суд.

Статья 9 Обязательность принятия обращения к рассмотрению

1. Обращение, поступившее в государственный орган, орган местного самоуправления или должностному лицу в соответствии с их компетенцией, подлежит обязательному рассмотрению.

2. В случае необходимости рассматривающие обращение государственный орган, орган местного самоуправления или должностное лицо может обеспечить его рассмотрение с выездом на место.

Статья 10 Рассмотрение обращения

1. Государственный орган, орган местного самоуправления или должностное лицо:

1) обеспечивает объективное, всестороннее и своевременное рассмотрение обращения, в случае необходимости - с участием гражданина, направившего обращение;

2) запрашивает, в том числе в электронной форме, необходимые для рассмотрения обращения документы и материалы в других государственных органах, органах местного самоуправления и у иных должностных лиц, за исключением судов, органов дознания и органов предварительного следствия;

(в ред. Федерального закона от 27.07.2010 № 227-ФЗ)

3) принимает меры, направленные на восстановление или защиту нарушенных прав, свобод и законных интересов гражданина;

4) дает письменный ответ по существу поставленных в обращении вопросов, за исключением случаев, указанных в статье 11 настоящего Федерального закона;

5) уведомляет гражданина о направлении его обращения на рассмотрение в другой государственный орган, орган местного самоуправления или иному должностному лицу в соответствии с их компетенцией.

2. Государственный орган, орган местного самоуправления или должностное лицо по направленному в установленном порядке запросу государственного органа, органа местного самоуправления или должностного лица, рассматривающих обращение, обязаны в течение 15 дней предоставлять документы и материалы, необходимые для рассмотрения обращения, за исключением документов и материалов, в которых содержатся сведения, составляющие государственную или иную охраняемую федеральным законом тайну, и для которых установлен

особый порядок предоставления.

3. Ответ на обращение подписывается руководителем государственного органа или органа местного самоуправления, должностным лицом либо уполномоченным на то лицом.

4. Ответ на обращение, поступившее в государственный орган, орган местного самоуправления или должностному лицу в форме электронного документа, направляется в форме электронного документа по адресу электронной почты, указанному в обращении, или в письменной форме по почтовому адресу, указанному в обращении.

(часть 4 в ред. Федерального закона от 27.07.2010 № 227-ФЗ)

Статья 11 Порядок рассмотрения отдельных обращений

1. В случае, если в письменном обращении не указаны фамилия гражданина, направившего обращение, или почтовый адрес, по которому должен быть направлен ответ, ответ на обращение не дается. Если в указанном обращении содержатся сведения о подготавливаемом, совершаемом или совершенном противоправном деянии, а также о лице, его подготавливающем, совершающем или совершившем, обращение подлежит направлению в государственный орган в соответствии с его компетенцией.

(в ред. Федерального закона от 02.07.2013 № 182-ФЗ)

2. Обращение, в котором обжалуется судебное решение, в течение семи дней со дня регистрации возвращается гражданину, направившему обращение, с разъяснением порядка обжалования данного судебного решения.

(в ред. Федерального закона от 29.06.2010 N 126-ФЗ)

3. Государственный орган, орган местного самоуправления или

должностное лицо при получении письменного обращения, в котором содержатся нецензурные либо оскорбительные выражения, угрозы жизни, здоровью и имуществу должностного лица, а также членов его семьи, вправе оставить обращение без ответа по существу поставленных в нем вопросов и сообщить гражданину, направившему обращение, о недопустимости злоупотребления правом.

4. В случае, если текст письменного обращения не поддается прочтению, ответ на обращение не дается и оно не подлежит направлению на рассмотрение в государственный орган, орган местного самоуправления или должностному лицу в соответствии с их компетенцией, о чем в течение семи дней со дня регистрации обращения сообщается гражданину, направившему обращение, если его фамилия и почтовый адрес поддаются прочтению.

(в ред. Федерального закона от 29.06.2010 № 126-ФЗ)

5. В случае, если в письменном обращении гражданина содержится вопрос, на который ему неоднократно давались письменные ответы по существу в связи с ранее направляемыми обращениями, и при этом в обращении не приводятся новые доводы или обстоятельства, руководитель государственного органа или органа местного самоуправления, должностное лицо либо уполномоченное на то лицо вправе принять решение о безосновательности очередного обращения и прекращении переписки с гражданином по данному вопросу при условии, что указанное обращение и ранее направляемые обращения направлялись в один и тот же государственный орган, орган местного самоуправления или одному и тому же должностному лицу. О данном решении уведомляется гражданин, направивший обращение.

(в ред. Федерального закона от 02.07.2013 № 182-ФЗ)

6. В случае, если ответ по существу поставленного в обращении вопроса не может быть дан без разглашения сведений, составляющих государственную или иную охраняемую федеральным законом тайну, гражданину, направившему обращение, сообщается о невозможности дать ответ по существу поставленного в нем вопроса в связи с недопустимостью разглашения указанных сведений.

7. В случае, если причины, по которым ответ по существу поставленных в обращении вопросов не мог быть дан, в последующем были устранены, гражданин вправе вновь направить обращение в соответствующий государственный орган, орган местного самоуправления или соответствующему должностному лицу.

Статья 12 Сроки рассмотрения письменного обращения

1. Письменное обращение, поступившее в государственный орган, орган местного самоуправления или должностному лицу в соответствии с их компетенцией, рассматривается в течение 30 дней со дня регистрации письменного обращения.

2. В исключительных случаях, а также в случае направления запроса, предусмотренного частью 2 статьи 10 настоящего Федерального закона, руководитель государственного органа или органа местного самоуправления, должностное лицо либо уполномоченное на то лицо вправе продлить срок рассмотрения обращения не более чем на 30 дней, уведомив о продлении срока его рассмотрения гражданина, направившего обращение.

Статья 13 Личный прием граждан

1. Личный прием граждан в государственных органах, органах местного

самоуправления проводится их руководителями и уполномоченными на то лицами. Информация о месте приема, а также об установленных для приема днях и часах доводится до сведения граждан.

2. При личном приеме гражданин предъявляет документ, удостоверяющий его личность.

3. Содержание устного обращения заносится в карточку личного приема гражданина. В случае, если изложенные в устном обращении факты и обстоятельства являются очевидными и не требуют дополнительной проверки, ответ на обращение с согласия гражданина может быть дан устно в ходе личного приема, о чем делается запись в карточке личного приема гражданина. В остальных случаях дается письменный ответ по существу поставленных в обращении вопросов.

4. Письменное обращение, принятое в ходе личного приема, подлежит регистрации и рассмотрению в порядке, установленном настоящим Федеральным законом.

5. В случае, если в обращении содержатся вопросы, решение которых не входит в компетенцию данных государственного органа, органа местного самоуправления или должностного лица, гражданину дается разъяснение, куда и в каком порядке ему следует обратиться.

6. В ходе личного приема гражданину может быть отказано в дальнейшем рассмотрении обращения, если ему ранее был дан ответ по существу поставленных в обращении вопросов.

Статья 14 Контроль за соблюдением порядка рассмотрения обращений

Государственные органы, органы местного самоуправления и должностные лица осуществляют в пределах своей компетенции контроль за соблюдением порядка рассмотрения обращений, анализируют содержание поступающих обращений, принимают меры по своевременному выявлению и устранению причин нарушения прав, свобод и законных интересов граждан.

Статья 15 Ответственность за нарушение настоящего Федерального закона

Лица, виновные в нарушении настоящего Федерального закона, несут ответственность, предусмотренную законодательством Российской Федерации.

Статья 16 Возмещение причиненных убытков и взыскание понесенных расходов при рассмотрении обращений

1. Гражданин имеет право на возмещение убытков и компенсацию морального вреда, причиненных незаконным действием (бездействием) государственного органа, органа местного самоуправления или должностного лица при рассмотрении обращения, по решению суда.

2. В случае, если гражданин указал в обращении заведомо ложные сведения, расходы, понесенные в связи с рассмотрением обращения государственным органом, органом местного самоуправления или должностным лицом, могут быть взысканы с данного гражданина по решению суда.

Статья 17 Признание не действующими на территории Российской Федерации отдельных нормативных правовых актов Союза ССР

Признать не действующими на территории Российской Федерации:

1) Указ Президиума Верховного Совета СССР от 12 апреля 1968 года N 2534-VII “О порядке рассмотрения предложений, заявлений и жалоб граждан” (Ведомости Верховного Совета СССР, 1968, N 17, ст. 144);

2) Закон СССР от 26 июня 1968 года N 2830-VII “Об утверждении

Указа Президиума Верховного Совета СССР “О порядке рассмотрения предложений, заявлений и жалоб граждан” (Ведомости Верховного Совета СССР, 1968, N 27, ст. 237);

3) Указ Президиума Верховного Совета СССР от 4 марта 1980 года N 1662-X "О внесении изменений и дополнений в Указ Президиума Верховного Совета СССР “О порядке рассмотрения предложений, заявлений и жалоб граждан” (Ведомости Верховного Совета СССР, 1980, N 11, ст. 192);

4) Закон СССР от 25 июня 1980 года N 2365-X “Об утверждении Указов Президиума Верховного Совета СССР о внесении изменений и дополнений в некоторые законодательные акты СССР” (Ведомости Верховного Совета СССР, 1980, N 27, ст. 540) в части, касающейся утверждения Указа Президиума Верховного Совета СССР “О внесении изменений и дополнений в Указ Президиума Верховного Совета СССР “О порядке рассмотрения предложений, заявлений и жалоб граждан”;

5) Указ Президиума Верховного Совета СССР от 2 февраля 1988 года N 8422-XI “О внесении дополнений в Указ Президиума Верховного Совета СССР “О порядке рассмотрения предложений, заявлений и жалоб граждан” (Ведомости Верховного Совета СССР, 1988, N 6, ст. 94);

6) Закон СССР от 26 мая 1988 года N 9004-XI "Об утверждении Указов Президиума Верховного Совета СССР о внесении изменений и дополнений в законодательные акты СССР“ (Ведомости Верховного Совета СССР, 1988, N 22, ст. 361) в части, касающейся утверждения Указа Президиума Верховного Совета СССР” О внесении дополнений в Указ Президиума Верховного Совета СССР “О порядке рассмотрения предложений,

заявлений и жалоб граждан".

Статья 18 Вступление в силу настоящего Федерального закона

Настоящий Федеральный закон вступает в силу по истечении 180 дней после дня его официального опубликования.

俄罗斯联邦总统办公厅条例

俄罗斯联邦总统 2004 年 4 月 6 日第 490 号令批准

（俄罗斯联邦总统令 2004 年 6 月 7 日第 726 号、2005 年 8 月 1 日第 903 号、2007 年 3 月 20 日第 370 号、2008 年 10 月 21 日第 1510 号、2010 年 1 月 12 日第 59 号、2011 年 1 月 14 日第 38 号、2013 年 2 月 11 日第 128 号、2013 年 12 月 3 日第 878 号、2014 年 7 月 25 日第 529 号版本）

一、俄罗斯联邦总统办公厅（以下简称“办公厅”）是根据《俄罗斯联邦宪法》第八十三条第九款组建的国家机关，负责保障俄罗斯联邦总统的活动和监督俄罗斯联邦总统决定的执行。

二、办公厅在其活动中遵循《俄罗斯联邦宪法》、联邦法律、俄罗斯联邦总统的命令和指令以及本条例。

三、办公厅的构成：

俄罗斯联邦总统办公厅主任（以下简称“办公厅主任”）、两名俄罗斯联邦总统办公厅第一副主任（以下简称“办公厅第一副主任”）、两名俄罗斯联邦总统办公厅副主任（以下简称“办公厅副主任”）、俄罗斯联邦总统办公厅副主任兼俄罗斯联邦总统新闻秘书（以下简称“办公厅副主任兼俄罗斯联邦总统新闻秘书”）、俄罗斯联邦总统助理（包括兼任俄罗斯联邦总统下属各局局长的俄罗斯联邦总统助理）、俄罗斯联邦总统礼宾官、俄罗斯联邦总统驻各联邦区全权代表、俄罗斯联邦总统驻俄罗斯联邦会议联邦委员会全权代表、俄罗斯联邦总统驻俄罗斯联邦会议国家杜马全权代表、俄罗斯联邦总统驻俄罗斯联邦宪法法院全权代表、俄罗斯联邦总统保护企业家权利全权代表、俄罗斯联邦总统儿童权利全权代表、俄罗斯联邦总统顾问、俄罗斯联邦总统高级参事、参事及其他公职人员；

（俄罗斯联邦总统令2013年2月11日第128号版本）

俄罗斯联邦总统各局；

办公厅其他独立部门。

办公厅独立部门由各司构成。

办公厅工作人员人数上限和预算由俄罗斯联邦总统批准。

四、组建办公厅的目的：

保障俄罗斯联邦总统行使国家元首的职权；

监督执行俄罗斯联邦总统的决定；

为俄罗斯联邦总统起草有关捍卫俄罗斯联邦主权、独立和国家完整的措施建议；

协助俄罗斯联邦总统确定国家内政外交的基本方向；

制定俄罗斯联邦的总体外交战略，保障俄罗斯联邦总统行使其领导俄罗斯联邦外交的职权；

会同有关联邦政府机关和机构制定全国性规划并监督其实施；

保障俄罗斯联邦总统处理归其管辖的人事问题、颁发俄罗斯联邦国家奖励和授予俄罗斯联邦荣誉称号等问题的活动；

协助俄罗斯联邦总统处理有关保障人与公民权利和自由的问题；

协助俄罗斯联邦总统保障国家政权机关的协调运行和协作；

保障俄罗斯联邦总统行使俄罗斯联邦宪法和联邦法律赋予总统的其他职权。

五、办公厅为保障俄罗斯联邦总统的活动履行如下职能：

组织起草供俄罗斯联邦总统按照立法动议程序向俄罗斯联邦会议国家

杜马提交的法律草案；

起草对俄罗斯联邦会议国家杜马通过的法律草案所作的结论草案；

起草关于俄罗斯联邦总统签署或者驳回联邦法律的建议；

起草、协商并向俄罗斯联邦总统提交俄罗斯联邦总统命令、指令、委托书草案和演讲稿，以及分析报告、参考资料和俄罗斯联邦总统需要的其他文件；

保障联邦法律的颁布、俄罗斯联邦总统命令和指令的颁发以及俄罗斯联邦总统签署的其他文件的颁发；

为俄罗斯联邦总统向俄罗斯联邦会议发表年度国情咨文及其纲领性讲话准备材料；

保障俄罗斯联邦安全会议、俄罗斯联邦国务委员会和俄罗斯联邦总统直属的其他协商和咨询机构的活动；

监督执行联邦法律（涉及俄罗斯联邦总统职权的条款，包括保障人与公民的权利和自由）、俄罗斯联邦总统的命令和其他决定；

起草俄罗斯联邦总统致俄罗斯联邦宪法法院的信件草案；

为俄罗斯联邦总统起草关于保障国家政权机关协调运行和协作的建议；

保障俄罗斯联邦总统与政党、社会团体和宗教团体、工会、企业家组织和工商会的互动；

保障与公民社会组织的对话，促进公民社会组织的发展壮大；

保障俄罗斯联邦总统与外国国家机关及其公职人员、俄罗斯和外国政治和社会活动家、国际和外国组织的互动；

协助俄罗斯联邦总统行使其在人事问题方面的职权；

协助俄罗斯联邦总统行使其在反腐败领域的职权；

（本段落根据俄罗斯联邦总统令 2010 年 1 月 12 日第 59 号列入）

保障俄罗斯联邦总统行使其在处理俄罗斯联邦国籍问题方面的职权；

为俄罗斯联邦总统行使其颁布特赦令方面的职权提供组织保障；

收集、处理和分析关于国内外社会经济和政治进程的信息；

统计分析公民信访、社会团体和地方自治机关的建议，向俄罗斯联邦总统提交相关报告；

保障保存联邦法律、俄罗斯联邦总统命令和指令的正式文本（原件）。

六、办公厅在履行职能时：

与俄罗斯联邦会议联邦委员会、俄罗斯联邦会议国家杜马、俄罗斯联邦政府、俄罗斯联邦宪法法院、俄罗斯联邦最高法院、俄罗斯联邦其他法院、俄罗斯联邦总检察院、俄罗斯联邦调查委员会、联邦政府机关及其地方机关、俄罗斯联邦主体国家政权机关及其办公机构、地方自治机关以及与外国国家机关及其公职人员、俄罗斯机构、国际和外国机构协作；

（俄罗斯联邦总统令 2008 年 10 月 21 日第 1510 号、2011 年 1 月 14 日第 38 号、2014 年 7 月 25 日第 529 号版本）

为俄罗斯联邦总统起草关于落实人与公民权利和自由方面的国家政策的建议；

为俄罗斯联邦总统起草关于落实国家大众传媒政策的建议，以及保障俄罗斯联邦公民得到关于俄罗斯联邦内政外交的客观信息的建议；

与联邦政府机关共同按照俄罗斯联邦法律规定程序履行大众传媒创办人的职能；

为俄罗斯联邦总统起草关于落实在国家政权机关、其他国家机关、地方自治机关和机构打击腐败、调解利益冲突、改革和发展国家和地方公务部门方面的国家政策的建议；

（俄罗斯联邦总统令 2010 年 1 月 12 日第 59 号、2013 年 12 月 3 日第 878 号版本）

为俄罗斯联邦总统起草关于落实国家的地方自治政策的建议；

登记由俄罗斯联邦总统任免或由俄罗斯联邦总统提名担任俄罗斯联邦

国家职务和联邦国家公职的人士、俄罗斯联邦主体的高级公职人员（最高政府机关领导人）、被推荐担任这些职务的人选，并根据俄罗斯联邦法规登记其他人士，以及建立上述人士的个人数据库；

（俄罗斯联邦总统令 2010 年 1 月 12 日第 59 号版本）

采取措施预防腐败，核查希望担任俄罗斯联邦国家职务、俄罗斯联邦主体高级公职（最高政府机关领导人职务）、国有公司、基金会及其他机构国家公职和领导职务的公民以及担任上述职务的人士提交的收入、支出、财产和财产性债务资料的准确性和完整性，以及根据俄罗斯联邦总统的命令实施其他检查；

（本段落根据俄罗斯联邦总统令 2010 年 1 月 12 日第 59 号列入，俄罗斯联邦总统令 2013 年 12 月 3 日第 878 号版本）

向联邦国家政权机关、俄罗斯联邦主体国家政权机关、执法机关和其他国家机关、地方自治机关以及各机构查询并获取必要的信息；

（俄罗斯联邦总统令 2010 年 1 月 12 日第 59 号版本）

利用国家数据库，使用国家包括政府的通讯系统；

领导办公厅下属单位；

组织学术和研究工作，包括以合同方式邀请学术机构和专家学者参与；

执行俄罗斯联邦总统的委托和监督执行俄罗斯联邦总统的委托；

会同俄罗斯联邦总统事务管理局为担任俄罗斯联邦国家职务的人士（在俄罗斯联邦法律规定的情况下）和在办公厅担任联邦国家公职的人士提供财政保障、物质技术保障、组织保障及其他保障，并为其提供社会和日常服务，以及保障办公厅的工作，包括统一办公厅内的文件流转和存档制度。

（俄罗斯联邦总统令 2005 年 8 月 1 日第 903 号版本）

七、俄罗斯联邦总统全面领导办公厅。

办公厅以下人员归俄罗斯联邦总统直属：

办公厅主任、办公厅第一副主任、办公厅副主任、兼任俄罗斯联邦总统新闻秘书的办公厅副主任、俄罗斯联邦总统助理（包括兼任俄罗斯总统各局局长的俄罗斯联邦总统助理）、俄罗斯联邦总统礼宾官、俄罗斯联邦总统驻各联邦区全权代表、俄罗斯联邦总统驻俄罗斯联邦会议联邦委员会全权代表、俄罗斯联邦总统驻俄罗斯联邦会议国家杜马全权代表、俄罗斯联邦总统驻俄罗斯联邦宪法法院全权代表、俄罗斯联邦总统高级参事和参事；

（俄罗斯联邦总统令2010年1月12日第59号、2013年2月11日第128号版本）

俄罗斯联邦安全会议秘书。

俄罗斯联邦总统：

任免办公厅内归总统直属的公职人员、俄罗斯联邦总统保护企业家权利全权代表、俄罗斯联邦总统儿童权利全权代表、俄罗斯联邦总统各局局长、办公厅其他独立部门领导人、俄罗斯联邦安全会议第一副秘书、俄罗斯联邦安全会议副秘书和俄罗斯联邦安全会议秘书助理；

（俄罗斯联邦总统令2010年1月12日第59号、2013年2月11日第128号版本）

确定办公厅其他由总统直接任免并归其直属的人员；

批准俄罗斯联邦总统各局和办公厅其他各独立部门的条例。

八、办公厅主任：

在联邦国家政权机关、俄罗斯联邦主体国家政权机关、地方自治机关以及俄罗斯、国际和外国机构代表办公厅；

全面领导俄罗斯联邦总统各局局长和办公厅其他各独立部门负责人的工作；

分配办公厅第一副主任和副主任的职责；

（俄罗斯联邦总统令2010年1月12日第59号、2013年2月11日第

128号版本）

协调俄罗斯联邦总统助理和顾问的工作，分配其各自管辖的事项；

根据俄罗斯联邦总统的委托和在行使办公厅承担的职能时向俄罗斯联邦政府提交关于起草联邦法律草案、俄罗斯联邦总统命令和指令草案的建议，以及关于通过俄罗斯联邦政府决定和指令的建议；

将俄罗斯联邦总统各局和办公厅其他各独立部门的条例草案提交俄罗斯联邦总统批准；

根据本条例向俄罗斯联邦总统提出公职人员任职人选和免职建议；

批准办公厅第一副主任、办公厅副主任、兼任俄罗斯联邦总统新闻秘书的办公厅副主任和俄罗斯联邦总统助理提交的归其分管和（或）领导的俄罗斯联邦总统各局、办公厅其他各独立部门的机构设置和编制；

（俄罗斯联邦总统令2010年1月12日第59号、2013年2月11日第128号版本）

批准俄罗斯联邦安全会议秘书提交的俄罗斯联邦安全会议办公机构设置和人员编制；

批准俄罗斯联邦总统驻联邦区全权代表提交的办公机构设置和人员编制；

批准办公厅应予保密的资料清单；

任免下列办公厅人员：俄罗斯联邦总统办公厅主任秘书处处长和副处长、俄罗斯联邦总统各局副局长、办公厅其他各独立部门领导人的副手、俄罗斯联邦总统驻联邦区全权代表的副手、办公厅各独立部门的其他工作人员；

确定办公厅第一副主任和办公厅副主任任免其他公职人员、对其进行奖励和纪律处分的职权；

（俄罗斯联邦总统令2010年1月12日第59号、2013年2月11日第128号版本）

就归其管辖的办公厅工作事项发布指令；

确定有权代表雇主与到办公厅出任联邦国家文职的公民签订任职合同的办公厅公职人员，并批准担任办公厅联邦国家文职公务职位的联邦国家文职公务员的职务规定；

（俄罗斯联邦总统令2005年8月1日第903号版本）

确保在办公厅实行竞争选拔出任联邦国家文职公务空缺职位，对办公厅工作人员进行考核并确保工作人员通过任职资格考试，组织办公厅工作人员职业培训、进修和见习，授予办公厅工作人员俄罗斯联邦国家文职公务官衔，由俄罗斯联邦总统授予上述官衔的工作人员除外；

（俄罗斯联邦总统令2010年1月12日第59号版本）

组织执行俄罗斯联邦总统的委托；

向联邦国家政权机关、俄罗斯联邦主体国家政权机关、地方自治机关以及各机构提供查询和获取必要的信息；

组织起草并按规定程序提交有关保障俄罗斯联邦总统活动、维持办公厅、维持和保障俄罗斯联邦总统驻联邦区全权代表的活动以及向其副职提供薪水等事宜的预算申请；

（俄罗斯联邦总统令2007年3月20日第370号版本）

根据办公厅的预算支配财政资金；

有权根据俄罗斯联邦总统的委托对办公厅预算做出部分修改，但不应导致支出超过当年的联邦预算拨款额。

（俄罗斯联邦总统令2010年1月12日第59号、2013年2月11日第128号令版本）

九、办公厅第一副主任和办公厅副主任按各自职责分工并按办公厅主任规定的程序发布有关其工作事项的办公厅指令。

（俄罗斯联邦总统令2010年1月12日第59号、2013年2月11日第128号版本）

十、俄罗斯联邦总统办公厅主任秘书处直接保障办公厅主任、办公厅第一副主任、办公厅副主任、兼任俄罗斯联邦总统新闻秘书的办公厅副主任、俄罗斯联邦总统助理（办公厅主任规定的情况除外）和俄罗斯联邦总统顾问的活动。

（第十条为俄罗斯联邦总统令2013年2月11日第128号版本）

十一、俄罗斯联邦总统助理：

为俄罗斯联邦总统起草有关行使总统职权的建议；

在俄罗斯联邦总统各局、办公厅其他独立部门的参与下为俄罗斯联邦总统起草分析材料、参考材料和信息材料；

起草有关俄罗斯联邦总统长远和当前工作计划的建议；

会同俄罗斯联邦总统各局、办公厅其他独立部门、联邦政府机关、俄罗斯联邦主体国家政权机关参与准备俄罗斯联邦总统的国事访问、正式访问和其他访问、正式会晤、会谈、谈判、公务出行、接见公民、政党和其他社会团体代表等活动；

根据俄罗斯联邦总统或者办公厅主任的决定保障俄罗斯联邦国务委员会、俄罗斯联邦总统其他协商和咨询机关的活动；

起草俄罗斯联邦总统委托书草案并执行俄罗斯联邦总统的专门委托。

俄罗斯联邦总统助理在履行承担的职能时：

与俄罗斯联邦总统各局、办公厅其他独立部门协作；

根据俄罗斯联邦总统和办公厅主任的委托将俄罗斯总统收到的来信和其他供起草决定草案用的材料送交俄罗斯联邦总统各局和办公厅其他独立部门处理；

就俄罗斯联邦总统助理管辖的事宜向俄罗斯联邦政府各部部长和其他成员、其他非俄罗斯联邦政府班子成员的联邦政府机关领导人查询并获取有关信息；

对俄罗斯联邦总统收到的联邦法律草案、俄罗斯联邦总统命令和指令草案提出处理建议；

签署其管辖范围内的公文；

根据俄罗斯联邦总统或者办公厅主任的委托，担任为筹备有俄罗斯联邦总统参与的活动而成立的工作组的领导；

使用办公厅、俄罗斯联邦政府的数据库；

向办公厅主任以及分管工作的办公厅第一副主任或办公厅副主任提出担任保障俄罗斯联邦总统助理活动的工作人员职务的人选和免去上述人员职务的建议。

（俄罗斯联邦总统令 2010 年 1 月 12 日第 59 号、2013 年 2 月 11 日第 128 号版本）

俄罗斯联邦总统助理根据俄罗斯联邦总统的决定可担任办公厅独立部门的领导。

俄罗斯联邦总统助理的人数由俄罗斯联邦总统确定。

根据本条例，俄罗斯联邦总统礼宾官具有俄罗斯联邦总统助理地位。根据办公厅主任的决定，可由其领导俄罗斯联邦总统礼宾局。

（俄罗斯联邦总统令 2013 年 2 月 11 日第 128 号版本）

十二、俄罗斯联邦总统顾问：

就其分管的有关事宜为俄罗斯联邦总统起草分析材料、参考资料、信息材料和建议；

根据俄罗斯联邦总统或者办公厅主任的委托保障俄罗斯联邦总统协商和咨询机关的活动；

执行俄罗斯联邦总统的专门委托。

俄罗斯联邦总统顾问在履行承担的职责时：

与俄罗斯联邦总统各局、办公厅其他独立部门协作；

签署其管辖范围内的公文；

根据俄罗斯联邦总统或者办公厅主任的委托，担任为筹备有俄罗斯联邦总统参与的活动而成立的工作组的领导；

使用办公厅、俄罗斯联邦政府的数据库。

俄罗斯联邦总统顾问的人数由俄罗斯联邦总统确定。

十三、俄罗斯联邦总统高级参事和参事为俄罗斯联邦总统起草发言和演讲提纲、分析材料和书面报告，主持信息协商工作，执行俄罗斯联邦总统和办公厅主任的专门委托。

俄罗斯联邦总统高级参事和参事的人数由俄罗斯联邦总统确定。

十四、俄罗斯联邦安全会议的办事机构为俄罗斯联邦安全会议的活动提供组织技术保障和信息保障。

俄罗斯联邦安全会议秘书：

领导俄罗斯联邦安全会议的办事机构；

向俄罗斯联邦总统提出担任俄罗斯联邦安全会议第一副秘书、俄罗斯联邦安全会议副秘书和俄罗斯联邦安全会议秘书助理职务的人选和免去上述人员职务的建议；

（俄罗斯联邦总统令2004年6月7日第726号、2010年1月12日第59号版本）

向办公厅主任以及分管工作的办公厅第一副主任或办公厅副主任提出担任俄罗斯联邦安全会议办事机构工作人员职务的人选和免去上述人员职务的建议。

（俄罗斯联邦总统令2010年1月12日第59号、2013年2月11日第128号版本）

十五、俄罗斯联邦总统全权代表在联邦国家政权机关和俄罗斯联邦主体国家政权机关代表俄罗斯联邦总统的利益。

俄罗斯联邦总统全权代表的活动由其办事机构予以保障。

十六、俄罗斯联邦总统驻联邦区全权代表向办公厅主任提出担任副代表和代表助理职务的人选和免去上述人员职务的建议。俄罗斯联邦总统全权代表在征得俄罗斯联邦总统国家公务和人事局同意后任免其办事机构的其他工作人员。

（俄罗斯联邦总统令2010年1月12日第59号版本）

十七、办公厅为法人，有带俄罗斯联邦国徽图案和“俄罗斯联邦总统办公厅”名称的印章，在银行和其他信贷机构有结算账户和活期账户。

（翻译：李铁军　审校：哈书菊）

Положение об Администрации Президента Российской Федерации, утвержденное Указом Президента Российской Федерации от 6 апреля 2004 г. № 490 «Об Администрации Президента Российской Федерации»

от 06 апреля 2004 года № 490

(в ред. Указов Президента РФ от 07.06.2004 № 726, от 01.08.2005 № 903, от 20.03.2007 № 370, от 21.10.2008 № 1510, от 12.01.2010 № 59, от 14.01.2011 № 38, от 11.02.2013 № 128, от 03.12.2013 № 878, от 25.07.2014 № 529)

1.Администрация Президента Российской Федерации (далее - Администрация) является государственным органом, сформированным в соответствии с пунктом «и» статьи 83 Конституции Российской Федерации, который обеспечивает деятельность Президента Российской Федерации и осуществляет контроль за исполнением решений Президента Российской Федерации.

2.Администрация в своей деятельности руководствуется Конституцией Российской Федерации, федеральными законами, указами и распоряжениями Президента Российской Федерации, а также настоящим Положением.

3. В состав Администрации входят:

Руководитель Администрации Президента Российской Федерации

(далее - Руководитель Администрации), два первых заместителя Руководителя Администрации Президента Российской Федерации (далее - первые заместители Руководителя Администрации), два заместителя Руководителя Администрации Президента Российской Федерации (далее - заместители Руководителя Администрации), заместитель Руководителя Администрации Президента Российской Федерации - пресс-секретарь Президента Российской Федерации (далее - заместитель Руководителя Администрации - пресс-секретарь Президента Российской Федерации), помощники Президента Российской Федерации, включая помощников Президента Российской Федерации - начальников управлений Президента Российской Федерации, руководитель протокола Президента Российской Федерации, полномочные представители Президента Российской Федерации в федеральных округах, полномочные представители Президента Российской Федерации в Совете Федерации Федерального Собрания Российской Федерации, Государственной Думе Федерального Собрания Российской Федерации, Конституционном Суде Российской Федерации, Уполномоченный при Президенте Российской Федерации по защите прав предпринимателей, Уполномоченный при Президенте Российской Федерации по правам ребенка, советники Президента Российской Федерации, старшие референты, референты Президента Российской Федерации и иные должностные лица Администрации;

(в ред. Указа Президента РФ от 11.02.2013 № 128)

управления Президента Российской Федерации;

иные самостоятельные подразделения Администрации.

Самостоятельные подразделения Администрации состоят из департаментов.

Предельная численность работников Администрации и ее смета утверждаются Президентом Российской Федерации.

4. Администрация формируется в целях:

обеспечения реализации Президентом Российской Федерации полномочий главы государства;

осуществления контроля за исполнением решений Президента Российской Федерации;

подготовки предложений Президенту Российской Федерации о мерах, направленных на охрану суверенитета Российской Федерации, ее независимости и государственной целостности;

содействия Президенту Российской Федерации в определении основных направлений внутренней и внешней политики государства;

разработки общей стратегии внешней политики Российской Федерации, обеспечения реализации Президентом Российской Федерации его полномочий по руководству внешней политикой Российской Федерации;

разработки совместно с соответствующими федеральными органами исполнительной власти и организациями общенациональных проектов и контроля за их реализацией;

обеспечения деятельности Президента Российской Федерации по решению кадровых вопросов, относящихся к его ведению, вопросов о награждении государственными наградами Российской Федерации и присвоении почетных званий Российской Федерации;

содействия Президенту Российской Федерации в решении вопросов, касающихся обеспечения прав и свобод человека и гражданина;

содействия Президенту Российской Федерации в обеспечении

согласованного функционирования и взаимодействия органов государственной власти;

обеспечения реализации Президентом Российской Федерации иных возложенных на него Конституцией Российской Федерации и федеральными законами полномочий.

5. Администрация в целях обеспечения деятельности Президента Российской Федерации осуществляет следующие функции:

организация подготовки законопроектов для внесения их Президентом Российской Федерации в Государственную Думу Федерального Собрания Российской Федерации в порядке законодательной инициативы;

подготовка проектов заключений на законопроекты, принятые Государственной Думой Федерального Собрания Российской Федерации;

подготовка предложений о подписании Президентом Российской Федерации федеральных законов либо об их отклонении;

подготовка, согласование и представление Президенту Российской Федерации проектов указов, распоряжений, поручений и обращений Президента Российской Федерации, а также аналитических докладов, справок и иных необходимых Президенту Российской Федерации документов;

обеспечение обнародования федеральных законов, выпуск указов и распоряжений Президента Российской Федерации, а также иных документов, подписанных Президентом Российской Федерации;

подготовка материалов для ежегодных посланий Президента Российской Федерации Федеральному Собранию Российской Федерации и для его программных выступлений;

обеспечение деятельности Совета Безопасности Российской Федерации, Государственного совета Российской Федерации и других совещательных и консультативных органов при Президенте Российской Федерации;

осуществление контроля за исполнением федеральных законов (в части, касающейся полномочий Президента Российской Федерации, в том числе по обеспечению прав и свобод человека и гражданина), указов, других решений Президента Российской Федерации;

подготовка проектов обращений Президента Российской Федерации в Конституционный Суд Российской Федерации;

подготовка предложений Президенту Российской Федерации об обеспечении согласованного функционирования и взаимодействия органов государственной власти;

обеспечение взаимодействия Президента Российской Федерации с политическими партиями, общественными и религиозными объединениями, профессиональными союзами, организациями предпринимателей и торгово-промышленными палатами;

обеспечение диалога со структурами гражданского общества, содействие их развитию и укреплению;

обеспечение взаимодействия Президента Российской Федерации с государственными органами иностранных государств и их должностными лицами, с российскими и зарубежными политическими и общественными деятелями, с международными и иностранными организациями;

содействие Президенту Российской Федерации в реализации его полномочий по кадровым вопросам;

содействие Президенту Российской Федерации в реализации его полномочий в области противодействия коррупции;

(абзац введен Указом Президента РФ от 12.01.2010 № 59)

обеспечение реализации Президентом Российской Федерации его полномочий по решению вопросов гражданства Российской Федерации;

организационное обеспечение реализации Президентом Российской Федерации его полномочий по осуществлению актов помилования;

сбор, обработка и анализ информации о социально-экономических и политических процессах в стране и за рубежом;

учет и анализ обращений граждан, предложений общественных объединений и органов местного самоуправления, представление соответствующих докладов Президенту Российской Федерации;

обеспечение хранения официальных текстов (оригиналов) федеральных законов, указов и распоряжений Президента Российской Федерации.

6. Администрация при реализации возложенных на нее функций:

взаимодействует с Советом Федерации Федерального Собрания Российской Федерации, Государственной Думой Федерального Собрания Российской Федерации, Правительством Российской Федерации, Конституционным Судом Российской Федерации, Верховным Судом Российской Федерации, иными судами Российской Федерации, Генеральной прокуратурой Российской Федерации, Следственным комитетом Российской Федерации, федеральными органами исполнительной власти и их территориальными органами, органами государственной власти субъектов Российской Федерации и их аппаратами, органами местного самоуправления, а также с государственными органами иностранных государств и их должностными лицами, с российскими, международными и иностранными организациями;

(в ред. Указов Президента РФ от 21.10.2008 № 1510, от 14.01.2011 № 38, от 25.07.2014 № 529) подготавливает предложения Президенту Российской Федерации по реализации государственной политики в области обеспечения прав и свобод человека и гражданина;

подготавливает предложения Президенту Российской Федерации по реализации государственной политики в отношении средств массовой информации, а также по обеспечению граждан Российской Федерации объективной информацией о внутренней и внешней политике Российской Федерации;

осуществляет совместно с федеральными органами исполнительной власти в порядке, установленном законодательством Российской Федерации, функции учредителя средств массовой информации;

подготавливает предложения Президенту Российской Федерации по реализации государственной политики в области противодействия коррупции в органах государственной власти, иных государственных органах, органах местного самоуправления и организациях, урегулирования конфликта интересов, реформирования и развития государственной и муниципальной службы;

(в ред. Указов Президента РФ от 12.01.2010 № 59, от 03.12.2013 № 878)

подготавливает предложения Президенту Российской Федерации по реализации государственной политики в области местного самоуправления;

осуществляет учет лиц, замещающих государственные должности Российской Федерации и должности федеральной государственной службы, назначение на которые и освобождение от которых осуществляются Президентом Российской Федерации или по представлению Президента Российской Федерации, высших должностных лиц (руководителей высших исполнительных органов государственной власти) субъектов Российской

Федерации, лиц, кандидатуры которых представлены для назначения на эти должности, и других лиц в соответствии с нормативными правовыми актами Российской Федерации, а также ведет базы персональных данных указанных лиц;

(в ред. Указа Президента РФ от 12.01.2010 № 59)

принимает меры по профилактике коррупции, осуществляет проверку достоверности и полноты сведений о доходах, расходах, об имуществе и обязательствах имущественного характера, представляемых гражданами, претендующими на замещение государственных должностей Российской Федерации, должностей высших должностных лиц (руководителей высших исполнительных органов государственной власти) субъектов Российской Федерации, должностей государственной службы и руководящих должностей в государственных корпорациях, фондах и иных организациях, лицами, замещающими указанные должности, а также другие проверки в соответствии с указами Президента Российской Федерации;

(абзац введен Указом Президента РФ от 12.01.2010 № 59, в ред. Указа Президента РФ от 03.12.2013 № 878)

запрашивает и получает необходимую информацию от федеральных органов государственной власти, органов государственной власти субъектов Российской Федерации, правоохранительных и иных государственных органов, органов местного самоуправления, а также от организаций;

(в ред. Указа Президента РФ от 12.01.2010 № 59)

пользуется государственными банками данных, использует государственные, в том числе правительственные, системы связи;

осуществляет руководство организациями, находящимися в ее ведении;

организует проведение научных и исследовательских работ, в том числе с привлечением на договорной основе научных организаций, ученых и экспертов;

исполняет поручения и контролирует исполнение поручений Президента Российской Федерации;

осуществляет во взаимодействии с Управлением делами Президента Российской Федерации финансовое, материально-техническое, организационное и иное обеспечение лиц, замещающих государственные должности Российской Федерации (в установленных законодательством Российской Федерации случаях), лиц, замещающих в Администрации должности федеральной государственной гражданской службы, и их социально-бытовое обслуживание, а также обеспечение деятельности Администрации, в том числе единого порядка документооборота в Администрации и комплектования архивного фонда.

(в ред. Указа Президента РФ от 01.08.2005 № 903)

7. Общее руководство Администрацией осуществляет Президент Российской Федерации.

Президенту Российской Федерации в Администрации непосредственно подчиняются:

Руководитель Администрации, первые заместители Руководителя Администрации, заместители Руководителя Администрации, заместитель Руководителя Администрации - пресс-секретарь Президента Российской Федерации, помощники Президента Российской Федерации, включая помощников Президента Российской Федерации - начальников управлений Президента Российской Федерации, руководитель протокола Президента Российской Федерации, полномочные представители Президента Российской Федерации в федеральных округах, полномочные представители Президента Российской Федерации в Совете Федерации Федерального Собрания Российской Федерации, Государственной Думе Федерального Собрания Российской Федерации, Конституционном Суде Российской Федерации, советники Президента Российской Федерации, старшие референты и референты Президента Российской Федерации;

(в ред. Указов Президента РФ от 12.01.2010 № 59, от 11.02.2013 № 128)

Секретарь Совета Безопасности Российской Федерации.

Президент Российской Федерации:

назначает на должность и освобождает от должности в Администрации должностных лиц, непосредственно ему подчиненных, Уполномоченного при Президенте Российской Федерации по защите прав предпринимателей, Уполномоченного при Президенте Российской Федерации по правам ребенка, а также начальников управлений Президента Российской Федерации, руководителей иных самостоятельных подразделений Администрации, первого заместителя Секретаря Совета Безопасности Российской Федерации, заместителей Секретаря Совета Безопасности Российской Федерации и помощников Секретаря Совета Безопасности Российской Федерации;

(в ред. Указов Президента РФ от 12.01.2010 № 59, от 11.02.2013 № 128)

определяет иных лиц в Администрации, назначаемых на должность и освобождаемых от должности им непосредственно и подчиняющихся ему;

утверждает положения об управлениях Президента Российской Федерации, иных самостоятельных подразделениях Администрации.

8. Руководитель Администрации:

представляет Администрацию в федеральных органах государственной власти, органах государственной власти субъектов Российской Федерации, органах местного самоуправления, а также в российских, международных и иностранных организациях;

осуществляет общее руководство деятельностью начальников управлений Президента Российской Федерации, руководителей иных самостоятельных подразделений Администрации;

распределяет обязанности между первыми заместителями Руководителя Администрации и заместителями Руководителя Администрации;

(в ред. Указов Президента РФ от 12.01.2010 № 59, от 11.02.2013 № 128)

координирует деятельность помощников и советников Президента Российской Федерации, распределяет вопросы, относящиеся к их ведению;

координирует деятельность полномочных представителей Президента Российской Федерации в федеральных округах;

по поручению Президента Российской Федерации и при реализации функций, возложенных на Администрацию, вносит в Правительство Российской Федерации предложения о подготовке проектов федеральных законов, указов и распоряжений Президента Российской Федерации, а также о принятии постановлений и распоряжений Правительства Российской Федерации;

представляет Президенту Российской Федерации на утверждение проекты положений об управлениях Президента Российской Федерации, иных самостоятельных подразделениях Администрации;

представляет Президенту Российской Федерации кандидатуры для назначения на должность и вносит Президенту Российской Федерации предложения об освобождении от должности должностных лиц в соответствии с настоящим Положением;

утверждает по представлению первых заместителей Руководителя

Администрации, заместителей Руководителя Администрации, заместителя Руководителя Администрации - пресс-секретаря Президента Российской Федерации и помощников Президента Российской Федерации структуру и штатную численность управлений Президента Российской Федерации, иных самостоятельных подразделений Администрации, оперативное руководство которыми на них возложено и (или) которые они возглавляют;

(в ред. Указов Президента РФ от 12.01.2010 № 59, от 11.02.2013 № 128)

утверждает по представлению Секретаря Совета Безопасности Российской Федерации структуру и штатную численность аппарата Совета Безопасности Российской Федерации;

утверждает по представлению полномочных представителей Президента Российской Федерации в федеральных округах структуру и штатную численность их аппаратов;

утверждает перечень сведений, подлежащих засекречиванию в Администрации;

назначает на должность и освобождает от должности в Администрации руководителя Секретариата Руководителя Администрации Президента Российской Федерации и его заместителей, заместителей начальников управлений Президента Российской Федерации и заместителей руководителей иных самостоятельных подразделений Администрации, заместителей полномочных представителей Президента Российской Федерации в федеральных округах, иных работников самостоятельных подразделений Администрации;

определяет полномочия первых заместителей Руководителя Администрации и заместителей Руководителя Администрации по назначению на должность и освобождению от должности иных должностных лиц, их поощрению и применению к ним мер дисциплинарного взыскания;

(в ред. Указов Президента РФ от 12.01.2010 № 59, от 11.02.2013 № 128)

издает распоряжения по вопросам деятельности Администрации, отнесенным к его компетенции;

определяет должностных лиц Администрации, уполномоченных подписывать от имени представителя нанимателя служебные контракты о прохождении федеральной государственной гражданской службы и замещении должностей федеральной государственной гражданской службы с гражданами, поступающими на федеральную государственную гражданскую службу в Администрацию, а также утверждать должностные регламенты федеральных государственных гражданских служащих, замещающих должности федеральной государственной гражданской службы в Администрации;

(абзац введен Указом Президента РФ от 01.08.2005 № 903)

обеспечивает проведение в Администрации конкурсов на замещение вакантных должностей федеральной государственной гражданской службы, аттестации работников Администрации и сдачу ими квалификационных экзаменов, организацию профессиональной переподготовки, повышения квалификации и стажировки работников Администрации, присваивает классные чины государственной гражданской службы Российской Федерации работникам Администрации, кроме тех работников, которым указанные классные чины присваиваются Президентом Российской Федерации;

(в ред. Указа Президента РФ от 12.01.2010 № 59)

организует исполнение поручений Президента Российской Федерации;

запрашивает и получает необходимую информацию от федеральных органов государственной власти, органов государственной власти субъектов Российской Федерации, органов местного самоуправления, а также от организаций;

организует подготовку и осуществляет представление в установленном порядке бюджетной заявки по вопросам обеспечения деятельности Президента Российской Федерации, содержания Администрации, содержания и обеспечения деятельности полномочных представителей Президента Российской Федерации в федеральных округах и содержания их заместителей;

(в ред. Указа Президента РФ от 20.03.2007 № 370)

распоряжается бюджетными средствами в соответствии со сметой Администрации;

имеет право по поручению Президента Российской Федерации вносить в смету Администрации отдельные изменения, которые не должны приводить к превышению расходования средств, выделяемых из федерального бюджета на соответствующий год;

имеет право поручить одному из первых заместителей Руководителя Администрации или одному из заместителей Руководителя Администрации распоряжаться бюджетными средствами в соответствии со сметой Администрации.

(в ред. Указов Президента РФ от 12.01.2010 № 59, от 11.02.2013 № 128)

9. Первые заместители Руководителя Администрации и заместители Руководителя Администрации издают распоряжения Администрации по вопросам ее деятельности в соответствии с распределением обязанностей и в порядке, установленном Руководителем Администрации.

(в ред. Указов Президента РФ от 12.01.2010 № 59, от 11.02.2013 № 128)

10. Непосредственное обеспечение деятельности Руководителя Администрации, первых заместителей Руководителя Администрации, заместителей Руководителя Администрации, заместителя Руководителя Администрации - пресс-секретаря Президента Российской Федерации, помощников Президента Российской Федерации (кроме случаев, устанавливаемых Руководителем Администрации) и советников Президента Российской Федерации осуществляет Секретариат Руководителя Администрации Президента Российской Федерации.

(п. 10 в ред. Указа Президента РФ от 11.02.2013 № 128)

11. Помощники Президента Российской Федерации:

подготавливают предложения Президенту Российской Федерации по реализации его полномочий;

подготавливают с участием управлений Президента Российской Федерации, иных самостоятельных подразделений Администрации аналитические, справочные, информационные материалы для Президента Российской Федерации;

подготавливают предложения по перспективным и текущим планам работы Президента Российской Федерации;

участвуют совместно с управлениями Президента Российской Федерации, иными самостоятельными подразделениями Администрации, федеральными органами исполнительной власти, органами государственной власти субъектов Российской Федерации в подготовке государственных, официальных и иных визитов, официальных встреч, бесед, переговоров, рабочих поездок Президента Российской Федерации, его встреч с гражданами, представителями политических партий и иных общественных объединений;

обеспечивают по решению Президента Российской Федерации или

Руководителя Администрации деятельность Государственного совета Российской Федерации, иных совещательных и консультативных органов при Президенте Российской Федерации;

подготавливают проекты поручений Президента Российской Федерации и исполняют отдельные поручения Президента Российской Федерации.

Помощники Президента Российской Федерации при реализации возложенных на них функций:

взаимодействуют с управлениями Президента Российской Федерации, иными самостоятельными подразделениями Администрации;

направляют по поручению Президента Российской Федерации и Руководителя Администрации на рассмотрение управлений Президента Российской Федерации, иных самостоятельных подразделений Администрации поступившие на имя Президента Российской Федерации обращения и другие материалы для подготовки проектов решений;

обращаются к федеральным министрам и иным членам Правительства Российской Федерации, руководителям федеральных органов исполнительной власти, не входящим в состав Правительства Российской Федерации, по вопросам, отнесенным к компетенции помощников Президента Российской Федерации, и получают от них соответствующую информацию;

представляют предложения по поступившим на рассмотрение Президента Российской Федерации проектам федеральных законов, указов и распоряжений Президента Российской Федерации;

подписывают служебные документы в пределах своей компетенции;

возглавляют по поручению Президента Российской Федерации

или Руководителя Администрации рабочие группы, создаваемые для подготовки мероприятий с участием Президента Российской Федерации;

пользуются банками данных Администрации, Правительства Российской Федерации;

представляют Руководителю Администрации, а также одному из первых заместителей Руководителя Администрации или одному из заместителей Руководителя Администрации в соответствии с распределением обязанностей кандидатуры для назначения на должность и вносят им предложения об освобождении от должности работников, обеспечивающих деятельность помощников Президента Российской Федерации.

(в ред. Указов Президента РФ от 12.01.2010 № 59, от 11.02.2013 № 128)

Помощники Президента Российской Федерации по решению Президента Российской Федерации могут возглавлять самостоятельные подразделения Администрации.

Число помощников Президента Российской Федерации определяется Президентом Российской Федерации.

Для целей настоящего Положения руководитель протокола Президента Российской Федерации имеет статус помощника Президента Российской Федерации. По решению Руководителя Администрации на него может быть возложено руководство Управлением протокола Президента Российской Федерации.

(в ред. Указа Президента РФ от 11.02.2013 № 128)

12. Советники Президента Российской Федерации:

подготавливают для Президента Российской Федерации аналитические, справочные, информационные материалы и рекомендации по вопросам, отнесенным к их ведению в соответствии с распределением обязанностей;

обеспечивают по поручению Президента Российской Федерации или Руководителя Администрации деятельность совещательных и консультативных органов при Президенте Российской Федерации;

исполняют отдельные поручения Президента Российской Федерации.

Советники Президента Российской Федерации при реализации возложенных на них функций:

взаимодействуют с управлениями Президента Российской Федерации, иными самостоятельными подразделениями Администрации;

подписывают служебные документы в пределах своей компетенции;

возглавляют по поручению Президента Российской Федерации или Руководителя Администрации рабочие группы, создаваемые для подготовки мероприятий с участием Президента Российской Федерации;

пользуются банками данных Администрации, Правительства Российской Федерации.

Число советников Президента Российской Федерации определяется Президентом Российской Федерации.

13. Старшие референты и референты Президента Российской Федерации осуществляют подготовку тезисов выступлений и обращений Президента Российской Федерации, аналитических справок и записок, ведут информационно-консультативную работу, исполняют отдельные поручения Президента Российской Федерации и Руководителя Администрации.

Число старших референтов и референтов Президента Российской Федерации определяется Президентом Российской Федерации.

14. Аппарат Совета Безопасности Российской Федерации осуществляет

организационно-техническое и информационное обеспечение деятельности Совета Безопасности Российской Федерации.

Секретарь Совета Безопасности Российской Федерации:

возглавляет аппарат Совета Безопасности Российской Федерации;

представляет Президенту Российской Федерации кандидатуры для назначения на должность и вносит Президенту Российской Федерации предложения об освобождении от должности первого заместителя Секретаря Совета Безопасности Российской Федерации, заместителей Секретаря Совета Безопасности Российской Федерации и помощников Секретаря Совета Безопасности Российской Федерации;

(в ред. Указов Президента РФ от 07.06.2004 № 726, от 12.01.2010 № 59)

представляет Руководителю Администрации, а также одному из первых заместителей Руководителя Администрации или одному из заместителей Руководителя Администрации в соответствии с распределением обязанностей кандидатуры для назначения на должность и вносит им предложения об освобождении от должности работников аппарата Совета Безопасности Российской Федерации.

(в ред. Указов Президента РФ от 12.01.2010 № 59, от 11.02.2013 № 128)

15. Полномочные представители Президента Российской Федерации представляют интересы Президента Российской Федерации в федеральных органах государственной власти и органах государственной власти субъектов Российской Федерации.

Обеспечение деятельности полномочных представителей Президента Российской Федерации осуществляют их аппараты.

16. Полномочные представители Президента Российской Федерации в федеральных округах представляют Руководителю Администрации

кандидатуры для назначения на должность и вносят ему предложения об освобождении от должности своих заместителей, а также помощников полномочных представителей Президента Российской Федерации. Другие работники аппаратов полномочных представителей Президента Российской Федерации назначаются на должность и освобождаются от должности полномочными представителями Президента Российской Федерации по согласованию с Управлением Президента Российской Федерации по вопросам государственной службы и кадров.

(в ред. Указа Президента РФ от 12.01.2010 № 59)

17. Администрация является юридическим лицом, имеет печать с изображением Государственного герба Российской Федерации, наименованием «Администрация Президента Российской Федерации», расчетные и текущие счета в банках и других кредитных организациях.

俄罗斯联邦总统公民和机构信访工作局条例

（俄罗斯联邦总统令2010年2月17日第201号批准，俄罗斯联邦总统令2011年1月14日第38号、2012年11月3日第1474号、2014年7月25日第529号版本）

一、俄罗斯联邦总统公民和机构信访工作局（以下简称“信访局”）是俄罗斯联邦总统办公厅的独立部门。

二、信访局在其活动中应遵循《俄罗斯联邦宪法》、联邦法律、俄罗斯联邦总统的命令和指令、《俄罗斯联邦总统办公厅条例》、俄罗斯联邦总统办公厅的指令以及本条例。

三、《信访局条例》由俄罗斯联邦总统办公厅主任提交俄罗斯联邦总统批准。

四、信访局的主要任务：

（一）保障处理俄罗斯联邦公民、外国公民和无国籍人士、机构和社会团体致俄罗斯联邦总统和俄罗斯联邦总统办公厅的信访，包括经通用信息系统送达的来信（以下简称请求）；

（二）保障处理俄罗斯联邦公民、外国公民和无国籍人士、机构和社会团体口头和书面请求提供有关俄罗斯联邦总统和俄罗斯联邦总统办公厅活动信息的查询（以下简称查询）；

（三）为俄罗斯联邦总统、俄罗斯联邦总统办公厅及办公厅各独立部门处理信访和查询等活动提供信息统计、分析和技术保障；

（四）保障俄罗斯联邦总统公民接待室的活动；

（五）研究信访、信访处理结果及采取的措施，在此基础上起草信息统计综述和报告；

（六）进行与信访和查询有关的信息咨询工作；

（七）保障俄罗斯联邦总统直属的政治迫害受害者平反委员会的活动。

五、信访局的主要职能：

（一）信访局工作人员在俄罗斯联邦总统公民接待室接见俄罗斯联邦公民、外国公民和无国籍人士、机构和社会团体代表（以下简称“申请人”）；

（二）信访局工作人员在俄罗斯联邦总统公民接待室接待前来查询的申请人，以及通过俄罗斯联邦总统办公厅和工作局的咨询电话为其提供咨询；

（三）筹备和组织俄罗斯联邦总统亲自接见（包括通过视频会议通讯模式）申请人的活动；

（四）根据俄罗斯联邦总统的委托，筹备和组织俄罗斯联邦总统办公厅主任、俄罗斯联邦总统办公厅第一副主任和副主任、俄罗斯联邦总统助理和顾问、俄罗斯联邦总统办公厅各独立部门负责人及其他公职人员亲自接见申请人的活动；

（五）对信访和查询进行集中统计；

（六）及时处理信访和查询，以及将来信送往相关负责解决信访反映问题的俄罗斯联邦总统办公厅各独立部门、联邦国家政权机关、其他国家机关、俄罗斯联邦主体国家政权机关和（或）地方自治机关处理，将查询函送往相关的俄罗斯联邦总统办公厅独立部门处理；

（七）按规定程序核实俄罗斯联邦总统收到的电子举报信中陈述的信息；

（八）对负责解决信访反映问题的俄罗斯联邦总统办公厅各独立部门、

联邦国家政权机关、俄罗斯联邦主体国家政权机关和（或）地方自治机关处理信访的结果以及所采取的措施等信息进行收集、概括和分析；

（九）监督联邦政府机关、俄罗斯联邦主体政府机关及时完成有关信访的委托任务；

（十）参与落实恢复或者保护申请人受到侵犯的权利、自由和合法利益的措施；

（十一）在对信访和查询进行系统整理和统计的基础上建立信息资料库，并确保俄罗斯联邦总统办公厅相关独立部门获取库里的资料，以及按规定程序向联邦国家政权机关、俄罗斯联邦主体国家政权机关和地方自治机关提供资料；

（十二）分析和总结申请人在信访和查询中提出的问题；

（十三）定期（必要时可随时）向俄罗斯联邦总统、俄罗斯联邦总统办公厅主任和俄罗斯联邦总统办公厅各独立部门通报信访和查询的数量和性质；

（十四）在对信访进行分析和总结的基础上起草关于信访处理结果和采取的相关措施的信息统计综述和信息分析材料，以及起草关于如何消除引起合理投诉的原因的建议；

（十五）分析和总结申请人提出的有关完善法律法规、联邦国家政权机关、俄罗斯联邦主体国家政权机关和地方自治机关的活动、发展社会关系、改善国家社会经济和社会政治形势的建议；

（十六）会同俄罗斯联邦总统办公厅其他独立部门对大众媒体和互联网发布的有关信访和查询工作的材料进行监测，处理致俄罗斯联邦总统和俄罗斯联邦总统办公厅的公开信；

（十七）确保俄罗斯联邦总统驻各联邦区和俄罗斯联邦主体行政中心接待室在组织技术上相互协作；

（十八）会同俄罗斯联邦总统办公厅其他独立部门起草介绍信访和查

询处理结果的材料供大众媒体发布；

（十九）研究外国信访和查询机构的工作经验。

六、为完成任务、履行职能，信访局有权：

（一）按规定程序向俄罗斯联邦总统办公厅各独立部门、联邦国家政权机关、俄罗斯联邦主体国家政权机关和地方自治机关以及各机构、社会团体和公职人员查询和获取必要的材料；

（二）按规定程序使用俄罗斯联邦总统办公厅、联邦政府机关、俄罗斯联邦主体政府机关和地方自治机关的数据库；

（三）按规定程序（包括以合同方式）聘请学者和专家完成某些工作。

七、信访局在履行职能时与下列单位配合：俄罗斯联邦会议联邦委员会办公厅、俄罗斯联邦会议国家杜马办公厅、俄罗斯联邦政府办公厅、俄罗斯联邦宪法法院办公厅和最高法院办公厅、检察机关、俄罗斯联邦调查委员会，以及联邦政府机关、其他国家机关、俄罗斯联邦主体国家政权机关和地方自治机关。

（俄罗斯联邦总统令 2011 年 1 月 14 日第 38 号、2014 年 7 月 25 日第 529 号版本）

八、俄罗斯联邦总统事务管理局和俄罗斯联邦总统办公厅相关独立部门为信访局的工作提供信息、文件、法律、物质技术和交通保障，并为信访局工作人员提供社会和日常服务。

九、俄罗斯联邦总统公民和机构信访工作局局长（以下简称“信访局局长”）领导信访局的工作，信访局局长由俄罗斯联邦总统根据俄罗斯联邦总统办公厅主任的提名任免。

十、信访局局长有数名副局长。

十一、信访局局长：

（一）分配副局长、参事和各司司长的职责；

（二）建议以俄罗斯联邦总统办公厅的名义与科研机构和专家就有关

归信访局办理的事项签订工作合同；

1）履行俄罗斯联邦总统办公厅公民和机构信访工作协调和评估工作组秘书的职责，筹备和组织该工作组的会议；

（第 2.1 款根据俄罗斯联邦总统令 2012 年 11 月 3 日第 1474 号列入）

（三）就信访局工作事项颁布指示。

十二、信访局局长对信访局承担任务的完成情况负责。

十三、信访局副局长、参事、各司司长根据信访局局长批准的职责分工对各自承担职责的履行情况负责。

（翻译：李铁军　审校：哈书菊）

Положение об Управлении Президента Российской Федерации по работе с обращениями граждан и организаций, утвержденное Указом Президента Российской Федерации от 17 февраля 2010 г. № 201 «Об Управлении Президента Российской Федерации по работе с обращениями граждан и организаций»

от 17 февраля 2010 года № 201

Положение об Управлении Президента Российской Федерации по работе с обращениями граждан и организаций

(в ред. Указов Президента РФ от 14.01.2011 № 38,от 03.11.2012 № 1474, от 25.07.2014 № 529)

1. Управление Президента Российской Федерации по работе с обращениями граждан и организаций (далее - Управление) является самостоятельным подразделением Администрации Президента Российской Федерации.

2. Управление в своей деятельности руководствуется Конституцией Российской Федерации, федеральными законами, указами и распоряжениями Президента Российской Федерации, Положением об Администрации Президента Российской Федерации, распоряжениями Администрации Президента Российской Федерации, а также настоящим

Положением.

3. Положение об Управлении утверждается Президентом Российской Федерации по представлению Руководителя Администрации Президента Российской Федерации.

4. Основными задачами Управления являются:

а) обеспечение рассмотрения устных и письменных обращений граждан Российской Федерации, иностранных граждан и лиц без гражданства, организаций и общественных объединений, адресованных Президенту Российской Федерации и Администрации Президента Российской Федерации, в том числе обращений, поступивших по информационным системам общего пользования (далее - обращения);

б) обеспечение рассмотрения устных и письменных запросов граждан Российской Федерации, иностранных граждан и лиц без гражданства, организаций и общественных объединений, в том числе запросов в виде электронного документа, о предоставлении информации, касающейся деятельности Президента Российской Федерации и Администрации Президента Российской Федерации (далее - запросы);

в) информационно-статистическое, аналитическое и методическое обеспечение деятельности Президента Российской Федерации, Администрации Президента Российской Федерации и ее самостоятельных подразделений по рассмотрению обращений и запросов;

г) обеспечение деятельности Приемной Президента Российской Федерации по приему граждан;

д) анализ обращений, результатов их рассмотрения и принятых по ним мер, подготовка на его основе информационно-статистических обзоров и докладов;

е) осуществление информационно-справочной работы, связанной с обращениями и запросами;

ж) обеспечение деятельности Комиссии при Президенте Российской Федерации по реабилитации жертв политических репрессий.

5. Основными функциями Управления являются:

а) прием граждан Российской Федерации, иностранных граждан и лиц без гражданства, представителей организаций и общественных объединений (далее - заявители) работниками Управления в Приемной Президента Российской Федерации по приему граждан;

б) прием заявителей, обратившихся с устными запросами, работниками Управления в Приемной Президента Российской Федерации по приему граждан, а также их консультация по справочным телефонам Администрации Президента Российской Федерации и Управления;

в) подготовка и организация проведения личного приема заявителей, в том числе в режиме видео-конференц-связи, Президентом Российской Федерации;

г) подготовка и организация проведения по поручению Президента Российской Федерации личного приема заявителей, в том числе в режиме видео-конференц-связи, Руководителем Администрации Президента Российской Федерации, первым заместителем и заместителями Руководителя Администрации Президента Российской Федерации, помощниками и советниками Президента Российской Федерации, руководителями самостоятельных подразделений Администрации Президента Российской Федерации и иными должностными лицами;

д) централизованный учет обращений и запросов;

е) своевременное рассмотрение обращений и запросов, а также

направление обращений для рассмотрения в соответствующие самостоятельные подразделения Администрации Президента Российской Федерации, федеральные органы государственной власти, иные государственные органы, органы государственной власти субъектов Российской Федерации и (или) органы местного самоуправления, в компетенцию которых входит решение вопросов, поставленных в обращениях, и направление запросов для рассмотрения в соответствующие самостоятельные подразделения Администрации Президента Российской Федерации;

ж) проверка в установленном порядке информации, изложенной в электронных сообщениях, адресованных Президенту Российской Федерации;

з) сбор, обобщение и анализ информации о результатах рассмотрения обращений и принятых по ним мерах самостоятельными подразделениями Администрации Президента Российской Федерации, федеральными органами государственной власти, органами государственной власти субъектов Российской Федерации и (или) органами местного самоуправления, в компетенцию которых входит решение вопросов, поставленных в обращениях;

и) контроль за своевременным исполнением федеральными органами исполнительной власти и органами исполнительной власти субъектов Российской Федерации поручений по обращениям;

к) участие в осуществлении мер, направленных на восстановление или защиту нарушенных прав, свобод и законных интересов заявителей;

л) формирование на основе систематизации и учета обращений и запросов информационного фонда и обеспечение получения содержащихся в нем сведений соответствующими самостоятельными подразделениями Администрации Президента Российской Федерации, а также предоставление в установленном порядке таких сведений федеральным органам государственной власти, органам государственной власти субъектов Российской Федерации и органам местного самоуправления;

м) анализ и обобщение вопросов, поставленных заявителями в обращениях и запросах;

н) периодическое, а при необходимости оперативное информирование Президента Российской Федерации, Руководителя Администрации Президента Российской Федерации и самостоятельных подразделений Администрации Президента Российской Федерации о количестве и характере обращений и запросов;

о) подготовка на основе анализа и обобщения обращений информационно-статистических обзоров, информационно-аналитических материалов о результатах рассмотрения обращений и принятых по ним мерах, а также предложений об устранении причин, порождающих обоснованные жалобы;

п) анализ и обобщение предложений заявителей, касающихся совершенствования законодательных и иных нормативных правовых актов, деятельности федеральных органов государственной власти, органов государственной власти субъектов Российской Федерации и органов местного самоуправления, развития общественных отношений, улучшения социально-экономической и общественно-политической ситуации в стране;

р) мониторинг во взаимодействии с другими самостоятельными подразделениями Администрации Президента Российской Федерации опубликованных в средствах массовой информации и размещенных в сети Интернет материалов о работе с обращениями и запросами, рассмотрение открытых писем, адресованных Президенту Российской Федерации и Администрации Президента Российской Федерации;

с) обеспечение организационно-методического взаимодействия приемных Президента Российской Федерации в федеральных округах и административных центрах субъектов Российской Федерации;

т) подготовка во взаимодействии с самостоятельными подразделениями Администрации Президента Российской Федерации для опубликования в средствах массовой информации материалов, освещающих итоги рассмотрения обращений и запросов;

у) изучение опыта работы органов иностранных государств, занимающихся рассмотрением обращений и запросов.

6. Управление для осуществления своих задач и функций имеет право:

а) запрашивать и получать в установленном порядке необходимые материалы от самостоятельных подразделений Администрации Президента Российской Федерации, от федеральных органов государственной власти, органов государственной власти субъектов Российской Федерации и органов местного самоуправления, а также от организаций, общественных объединений и должностных лиц;

б) пользоваться в установленном порядке банками данных Администрации Президента Российской Федерации, федеральных органов исполнительной власти, органов исполнительной власти субъектов Российской Федерации и органов местного самоуправления;

в) привлекать в установленном порядке для осуществления отдельных работ ученых и специалистов, в том числе на договорной основе.

7. Управление при реализации своих функций взаимодействует с Аппаратом Совета Федерации Федерального Собрания Российской

Федерации, Аппаратом Государственной Думы Федерального Собрания Российской Федерации, Аппаратом Правительства Российской Федерации, аппаратами Конституционного Суда Российской Федерации, Верховного Суда Российской Федерации, с органами прокуратуры, со Следственным комитетом Российской Федерации, а также с федеральными органами исполнительной власти, иными государственными органами, органами государственной власти субъектов Российской Федерации и органами местного самоуправления.

(в ред. Указов Президента РФ от 14.01.2011 № 38, от 25.07.2014 № 529)

8. Информационное, документационное, правовое, материально-техническое, транспортное обеспечение деятельности Управления, а также социально-бытовое обслуживание его работников осуществляют Управление делами Президента Российской Федерации и соответствующие самостоятельные подразделения Администрации Президента Российской Федерации.

9. Руководство деятельностью Управления осуществляет начальник Управления Президента Российской Федерации по работе с обращениями граждан и организаций (далее - начальник Управления), который назначается на должность и освобождается от должности Президентом Российской Федерации по представлению Руководителя Администрации Президента Российской Федерации.

10. Начальник Управления имеет заместителей начальника Управления.

11. Начальник Управления:

а) распределяет должностные обязанности между заместителями начальника Управления, референтами и начальниками департаментов;

б) вносит предложения о заключении от имени Администрации Президента Российской Федерации договоров с научно- исследовательскими организациями и специалистами на проведение работ по вопросам, находящимся в ведении Управления;

б.1) выполняет обязанности секретаря рабочей группы при Администрации Президента Российской Федерации по координации и оценке работы с обращениями граждан и организаций и осуществляет подготовку и организацию заседаний этой рабочей группы;

(пп. «б.1» введен Указом Президента РФ от 03.11.2012 № 1474)

в) издает распоряжения по вопросам работы Управления.

12. Начальник Управления несет ответственность за выполнение задач, возложенных на Управление.

13. Заместители начальника Управления, референты, начальники департаментов несут ответственность за выполнение возложенных на них обязанностей в соответствии с утверждаемым начальником Управления распределением должностных обязанностей.

俄罗斯联邦总统办公厅公民和机构信访工作协调和评估工作组条例

（俄罗斯联邦总统2011年4月11日第219号指令，俄罗斯联邦总统2012年9月10日第410号、2013年4月20日第160号指令修订）

一、俄罗斯联邦总统办公厅公民和机构信访工作协调和评估工作组（以下简称“工作组”）是集体领导机关，成立该机关是为了协调俄罗斯联邦总统公民接待室、俄罗斯联邦总统驻联邦区和驻俄罗斯联邦主体行政中心流动接待室（以下简称“俄罗斯联邦总统接待室”)、俄罗斯联邦总统办公厅各独立部门、联邦国家权力机关、俄罗斯联邦主体国家权力机关、其他国家机关（以下简称“国家机关”）和地方自治机关确保在俄罗斯联邦各主体内处理俄罗斯联邦公民、外国公民和无国籍人致俄罗斯联邦总统涉及联邦国家权力机关、俄罗斯联邦主体国家权力机关、其他国家机关和地方自治机关公职人员包括选举产生的国家和地方机关公职人员、国家和地方公务员（以下简称“公职人员”）行为（不作为）的信访（投诉）工作。工作组协调俄罗斯联邦总统接待室、俄罗斯联邦总统办公厅各独立部门、国家机关和地方自治机关的工作，以保障申请人赴国家机关和地方自治机关信访权统一落实系统的运行，并对上述机关完成俄罗斯联邦总统确定的俄罗斯联邦社会经济发展目标指标（以下简称“社会经济发展目标指标”）的工作效率进行评估。

（第一条为俄罗斯联邦总统2013年4月20日第160号指令修订）

二、俄罗斯联邦总统办公厅副主任领导工作组的工作。

三、工作组在其活动中应遵循《俄罗斯联邦宪法》、俄罗斯联邦宪法性法律、联邦法律、俄罗斯联邦总统的法令以及本条例。

四、工作组会同俄罗斯联邦总统接待室、俄罗斯联邦总统办公厅各独立部门、国家机关和地方自治机关开展工作。

（俄罗斯联邦总统2013年4月20日第160号指令修订）

五、工作组的主要职能：

（一）为俄罗斯联邦总统接待室、俄罗斯联邦总统办公厅各独立部门、国家机关和地方自治机关的工作提供组织方法保障，以确保申请人赴国家机关和地方自治机关信访权统一落实系统的运行，并对上述机关完成社会经济发展目标指标的工作效率进行评估；

（二）从组织方法上指导俄罗斯联邦总统接待室处理申请人致俄罗斯联邦总统的信访（投诉）；

（三）确保在俄罗斯联邦主体内处理申请人致俄罗斯联邦总统涉及公职人员行为（不作为）的信访（投诉）；

（四）确保针对申请人致俄罗斯联邦总统涉及公职人员行为（不作为）的信访（投诉）迅速采取措施以恢复或者维护申请人受侵犯的权利、自由和合法利益；

（五）组织起草关于国家机关和地方自治机关工作的信息分析材料，以确保申请人赴国家机关和地方自治机关信访权统一落实系统的运行，评估上述机关完成社会经济发展目标指标的工作效率，以及关于处理申请人致俄罗斯联邦总统涉及公职人员行为（不作为）的信访（投诉）工作的信息分析材料；

（六）总结国家机关和地方自治机关在申请人赴国家机关和地方自治机关信访权统一落实系统框架内的工作实践，以及有关处理申请人致俄罗斯联邦总统涉及公职人员行为（不作为）的信访（投诉）的工作实践；

（七）建议国家机关和地方自治机关完善其工作，以保障申请人赴国家机关和地方自治机关信访权统一落实系统的运行，评估上述机关完成社会经济发展目标指标的工作效率，以及保障处理申请人致俄罗斯联邦总统涉及公职人员行为（不作为）的信访（投诉）；

（八）对俄罗斯联邦总统委托举办的亲自（包括以视频会议通讯模式）接见申请人活动的汇总数据进行总结；

（九）建议采取措施恢复或者维护申请人受侵害的权利、自由和合法利益；

（十）制定措施完善国家机关和地方自治机关之间交换有关申请人赴国家机关和地方自治机关信访权统一落实系统框架内的信访工作以及申请人致俄罗斯联邦总统涉及公职人员行为（不作为）的信访（投诉）工作资料（包括电子版）的形式；

（十一）在俄罗斯联邦总统接待室、俄罗斯联邦总统办公厅各独立部门、国家机关和地方自治机关系统整理和登记申请人来信的基础上，为申请人赴国家机关和地方自治机关信访统一信息库的工作提供组织方法保障。

（第五条为俄罗斯联邦总统2013年4月20日第160号指令修订）

六、为履行承担的职能，工作组有权：

（一）按规定程序派遣俄罗斯联邦总统办公厅各独立部门工作人员前往联邦政府机关、俄罗斯联邦主体国家政权机关和地方自治机关；

（二）成立俄罗斯联邦总统流动接待室在俄罗斯联邦各主体内的工作保障组，按规定程序吸收俄罗斯联邦总统办公厅各独立部门、国家机关和地方自治机关工作人员参与；

（俄罗斯联邦总统2013年4月20日第160号指令修订）

（三）使用俄罗斯联邦总统接待室的物质技术保障、文件保障和信息保障；

（四）向俄罗斯联邦总统接待室、俄罗斯联邦总统办公厅各独立部门、联邦政府机关、俄罗斯联邦主体国家权力机关、其他国家机关和地方自治机关查询和获取有关归工作组管辖事项的信息（材料）；

（五）在俄罗斯联邦主体内处理申请人致俄罗斯联邦总统涉及公职人员的行为（不作为）的信访（投诉），申请人、国家机关和地方自治机关公职人员参与处理；

（俄罗斯联邦总统2013年4月20日第160号指令修订）

（六）邀请申请人和公职人员出席工作组的会议；

（第六款为俄罗斯联邦总统2013年4月20日第160号指令修订）

（七）邀请公职人员就未执行或者未妥善执行2006年5月2日第59号联邦法律《俄罗斯联邦处理公民信访程序法》（涉及俄罗斯联邦总统保障人与公民权利和自由的职权的条款）作口头和书面解释。

七、工作组人员构成由工作组组长批准。

八、工作组成员在社会公益原则基础上开展工作。

九、工作组秘书负责筹备和组织工作组会议，俄罗斯联邦总统公民和机构信访局局长履行工作组秘书职责。

（第九条为俄罗斯联邦总统2012年9月10日第410号指令修订）

十、为履行工作组职能，工作组秘书：

（一）为工作组会议起草必要的文件和分析材料；

（二）确保在规定期限内举行工作组会议；

（三）对工作组会议内容进行记录，参与起草给工作组组长的信息材料；

十一、工作组的决定应记录在案，由工作组组长签字。

十二、根据工作组所作的决定，工作组组长有权：

（一）就申请人的信访（投诉）工作向俄罗斯联邦总统接待室下达必

须执行的委托和指示；

（二）按规定程序提出俄罗斯联邦总统、俄罗斯联邦政府和联邦政府机关法令草案；

（三）向俄罗斯联邦总统、俄罗斯联邦政府、国家机关和地方自治机关领导人建议追究违反2006年5月2日第59号联邦法律《俄罗斯联邦处理公民信访程序法》的国家机关和地方自治机关公职人员的法定责任；

（俄罗斯联邦总统2013年4月20日第160号指令修订）

（四）建议俄罗斯联邦总统、俄罗斯联邦政府、国家机关和地方自治机关领导人完善申请人信访工作机制，以确保申请人赴国家机关和地方自治机关信访权统一落实系统的运行，以及评估上述机关完成社会经济发展目标指标的工作效率。

（第四款为俄罗斯联邦总统2013年4月20日第160号指令修订）

十三、针对申请人向俄罗斯联邦总统信访（投诉）中归国家机关和地方自治机关负责解决的问题，工作组组长有权向上述机关下达委托，委托其采取措施恢复或维护申请人受侵害的权利、自由和合法利益。

（俄罗斯联邦总统2013年4月20日第160号指令修订）

十四、工作组有权设立负责某些方面工作的小组。

十五、俄罗斯联邦总统公民和机构信访局为工作组的活动提供物质技术保障、文件保障和信息保障。

（翻译：李铁军　审校：哈书菊）

Распоряжение Президента Российской Федерации от 11.04.2011 № 219-рп «О рабочей группе при Администрации Президента Российской Федерации по координации и оценке работы с обращениями граждан и организаций»

Распоряжение Президента Российской Федерации

от 11 апреля 2011 г. № 219-рп (в ред. распоряжений Президента РФ от 10.09.2012 N 410-рп и от 20.04.2013 № 160-рп)

О рабочей группе при Администрации Президента Российской Федерации по координации и оценке работы с обращениями граждан и организаций

В целях дальнейшего совершенствования обеспечения рассмотрения обращений (жалоб) граждан Российской Федерации, иностранных граждан и лиц без гражданства, организаций и общественных объединений, касающихся действий (бездействия) должностных лиц федеральных органов государственной власти, органов государственной власти субъектов Российской Федерации, иных государственных органов, органов местного самоуправления, государственных и муниципальных служащих:

1. Образовать рабочую группу при Администрации Президента Российской Федерации по координации и оценке работы с обращениями граждан и организаций (далее - рабочая группа).

2. Утвердить прилагаемое Положение о рабочей группе при Администрации Президента Российской Федерации по координации и оценке работы с обращениями граждан и организаций.

3. Утратил силу с 10 сентября 2012 года. - Распоряжение Президента РФ от 10.09.2012 N 410-рп.

4. Руководителю рабочей группы утвердить состав рабочей группы.

5. Настоящее распоряжение вступает в силу со дня его подписания.

Президент Российской Федерации

Д.МЕДВЕДЕВ

11 апреля 2011 года N 219-рп

Положение о рабочей группе при Администрации Президента Российской Федерации по координации и оценке работы с обращениями граждан и организаций

(в ред. распоряжений Президента РФ от 10.09.2012 N 410-рп и от 20.04.2013 № 160-рп)

1. Рабочая группа при Администрации Президента Российской Федерации по координации и оценке работы с обращениями граждан и организаций (далее - рабочая группа) является коллегиальным органом, образованным в целях координации деятельности Приемной Президента Российской Федерации по приему граждан, мобильной приемной Президента Российской Федерации, приемных Президента Российской Федерации в федеральных округах и административных центрах субъектов Российской Федерации (далее - приемные Президента Российской Федерации), самостоятельных подразделений Администрации Президента

Российской Федерации, федеральных органов государственной власти, органов государственной власти субъектов Российской Федерации, иных государственных органов (далее - государственные органы) и органов местного самоуправления по обеспечению рассмотрения в субъектах Российской Федерации адресованных Президенту Российской Федерации обращений (жалоб) граждан Российской Федерации, иностранных граждан, лиц без гражданства, организаций и общественных объединений (далее - заявители), касающихся действий (бездействия) должностных лиц федеральных органов государственной власти, органов государственной власти субъектов Российской Федерации, иных государственных органов, органов местного самоуправления, в том числе выборных должностных лиц государственных и муниципальных органов, государственных и муниципальных служащих (далее - должностные лица). Рабочая группа координирует деятельность приемных Президента Российской Федерации, самостоятельных подразделений Администрации Президента Российской Федерации, государственных органов и органов местного самоуправления в целях обеспечения функционирования единой системы реализации права заявителей на обращение в государственные органы и органы местного самоуправления, а также оценки эффективности деятельности указанных органов, направленной на достижение целевых показателей социально-экономического развития Российской Федерации, определенных Президентом Российской Федерации (далее - целевые показатели социально-экономического развития).

(п. 1 в ред. распоряжения Президента РФ от 20.04.2013 N 160-рп)

2. Руководство деятельностью рабочей группы осуществляет заместитель Руководителя Администрации Президента Российской

Федерации.

3. Рабочая группа в своей деятельности руководствуется Конституцией Российской Федерации, федеральными конституционными законами, федеральными законами, актами Президента Российской Федерации и настоящим Положением.

4. Рабочая группа осуществляет свою деятельность во взаимодействии с приемными Президента Российской Федерации, самостоятельными подразделениями Администрации Президента Российской Федерации, государственными органами и органами местного самоуправления.

(в ред. распоряжения Президента РФ от 20.04.2013 N 160-рп)

5. Основными функциями рабочей группы являются:

а) организационно-методическое обеспечение деятельности приемных Президента Российской Федерации, самостоятельных подразделений Администрации Президента Российской Федерации, государственных органов и органов местного самоуправления для обеспечения функционирования единой системы реализации права заявителей на обращение в государственные органы и органы местного самоуправления, а также для оценки эффективности деятельности указанных органов, направленной на достижение целевых показателей социально-экономического развития;

б) организационно-методическое руководство приемными Президента Российской Федерации по работе с обращениями (жалобами) заявителей, адресованными Президенту Российской Федерации;

в) обеспечение рассмотрения в субъектах Российской Федерации адресованных Президенту Российской Федерации обращений (жалоб) заявителей, касающихся действий (бездействия) должностных лиц;

г) обеспечение по адресованным Президенту Российской Федерации обращениям (жалобам) заявителей, касающимся действий (бездействия) должностных лиц, оперативного принятия мер, направленных на восстановление или защиту нарушенных прав, свобод и законных интересов заявителей;

д) организация подготовки информационно-аналитических материалов о работе государственных органов и органов местного самоуправления для обеспечения функционирования единой системы реализации права заявителей на обращение в государственные органы и органы местного самоуправления, оценки эффективности деятельности указанных органов, направленной на достижение целевых показателей социально-экономического развития, а также о работе с адресованными Президенту Российской Федерации обращениями (жалобами) заявителей, касающимися действий (бездействия) должностных лиц;

е) обобщение практики работы государственных органов и органов местного самоуправления в рамках единой системы реализации права заявителей на обращение в государственные органы и органы местного самоуправления, а также работы с адресованными Президенту Российской Федерации обращениями (жалобами) заявителей, касающимися действий (бездействия) должностных лиц;

ж) подготовка для государственных органов и органов местного самоуправления предложений, направленных на совершенствование их деятельности в целях обеспечения функционирования единой системы реализации права заявителей на обращение в государственные органы и органы местного самоуправления, оценки эффективности деятельности указанных органов, направленной на достижение целевых показателей социально-экономического развития, а также работы с адресованными Президенту Российской Федерации обращениями (жалобами) заявителей, касающимися действий (бездействия) должностных лиц;

з) обобщение данных, полученных по итогам проведения по поручению Президента Российской Федерации личного приема заявителей, в том числе в режиме видеоконференцсвязи;

и) подготовка предложений по осуществлению мер, направленных на восстановление или защиту нарушенных прав, свобод и законных интересов заявителей;

к) разработка мер по совершенствованию форм обмена данными о работе с обращениями заявителей в рамках единой системы реализации права заявителей на обращение в государственные органы и органы местного самоуправления, а также с адресованными Президенту Российской Федерации обращениями (жалобами) заявителей, касающимися действий (бездействия) должностных лиц, между государственными органами и органами местного самоуправления, в том числе в электронной форме;

л) организационно-методическое обеспечение деятельности единого информационного фонда обращений заявителей в государственные органы и органы местного самоуправления на основе систематизации и учета обращений заявителей приемными Президента Российской Федерации, самостоятельными подразделениями Администрации Президента Российской Федерации, государственными органами и органами местного самоуправления.

(п. 5 в ред. распоряжения Президента РФ от 20.04.2013 N 160-рп)

6. Рабочая группа в целях реализации возложенных на нее функций

имеет право:

а) направлять в установленном порядке работников самостоятельных подразделений Администрации Президента Российской Федерации в федеральные органы исполнительной власти, органы государственной власти субъектов Российской Федерации и органы местного самоуправления;

б) создавать группы по обеспечению деятельности в субъектах Российской Федерации мобильной приемной Президента Российской Федерации с привлечением в установленном порядке работников самостоятельных подразделений Администрации Президента Российской Федерации, государственных органов и органов местного самоуправления;

(в ред. распоряжения Президента РФ от 20.04.2013 N 160-рп)

в) использовать материально-техническое, документационное и информационное обеспечение приемных Президента Российской Федерации;

г) запрашивать и получать от приемных Президента Российской Федерации, самостоятельных подразделений Администрации Президента Российской Федерации, от федеральных органов исполнительной власти, органов государственной власти субъектов Российской Федерации, иных государственных органов и органов местного самоуправления информацию (материалы) по вопросам, отнесенным к компетенции рабочей группы;

д) рассматривать в субъектах Российской Федерации адресованные Президенту Российской Федерации обращения (жалобы) заявителей, касающиеся действий (бездействия) должностных лиц, с участием заявителей, должностных лиц государственных органов и органов местного самоуправления;

(в ред. распоряжения Президента РФ от 20.04.2013 N 160-рп)

е) направлять обращения (жалобы) заявителей, адресованные Президенту Российской Федерации, для рассмотрения в соответствующие самостоятельные подразделения Администрации Президента Российской Федерации, государственные органы и (или) органы местного самоуправления, в компетенцию которых входит решение вопросов, поставленных в обращениях (жалобах);

(в ред. распоряжения Президента РФ от 20.04.2013 N 160-рп)

ж) приглашать на свои заседания заявителей и должностных лиц;

(пп. «ж» в ред. распоряжения Президента РФ от 20.04.2013 N 160-рп)

з) приглашать должностных лиц для дачи устных и письменных объяснений по поводу неисполнения или ненадлежащего исполнения Федерального закона от 2 мая 2006 г. N 59-ФЗ «О порядке рассмотрения обращений граждан Российской Федерации» (в части, касающейся полномочий Президента Российской Федерации по обеспечению прав и свобод человека и гражданина).

7. Состав рабочей группы утверждается руководителем рабочей группы.

8. Члены рабочей группы осуществляют свою деятельность на общественных началах.

9. Подготовку и организацию заседаний рабочей группы осуществляет секретарь рабочей группы, обязанности которого выполняет начальник Управления Президента Российской Федерации по работе с обращениями граждан и организаций.

(п. 9 в ред. распоряжения Президента РФ от 10.09.2012 N 410-рп)

10. Для реализации возложенных на рабочую группу функций

секретарь рабочей группы:

а) осуществляет подготовку необходимых документов и аналитических материалов к заседаниям рабочей группы;

б) обеспечивает проведение заседаний рабочей группы в установленные сроки;

в) оформляет протоколы заседаний рабочей группы, участвует в подготовке информационных материалов для руководителя рабочей группы.

11. Решения рабочей группы оформляются протоколом, который подписывает руководитель рабочей группы.

12. На основании принятых рабочей группой решений руководитель рабочей группы вправе:

а) давать обязательные для исполнения поручения и указания по работе с обращениями (жалобами) заявителей приемным Президента Российской Федерации;

б) вносить в установленном порядке проекты актов Президента Российской Федерации, Правительства Российской Федерации и федеральных органов исполнительной;

в) вносить предложения Президенту Российской Федерации, в Правительство Российской Федерации, руководителям государственных органов и органов местного самоуправления о привлечении должностных лиц, виновных в нарушении норм Федерального закона от 2 мая 2006 г. N 59-ФЗ «О порядке рассмотрения обращений граждан Российской Федерации», к ответственности, предусмотренной законодательством Российской Федерации государственных органов и органов местного самоуправления;

(в ред. распоряжения Президента РФ от 20.04.2013 N 160-рп)

г) вносить Президенту Российской Федерации, в Правительство Российской Федерации, руководителям государственных органов и органов местного самоуправления предложения, направленные на совершенствование механизма работы с обращениями заявителей в целях обеспечения функционирования единой системы реализации права заявителей на обращение в государственные органы и органы местного самоуправления, а также оценки эффективности деятельности указанных органов, направленной на достижение целевых показателей социально-экономического развития.

(пп. «г» введен распоряжением Президента РФ от 20.04.2013 N 160-рп)

13. По вопросам, содержащимся в обращениях (жалобах) заявителей, адресованных Президенту Российской Федерации, решение которых входит в компетенцию государственных органов и органов местного самоуправления, руководитель рабочей группы вправе направлять в указанные органы поручения о принятии мер, направленных на восстановление или защиту нарушенных прав, свобод и законных интересов заявителей.

(в ред. распоряжения Президента РФ от 20.04.2013 N 160-рп)

14. Рабочая группа имеет право создавать подгруппы по отдельным направлениям своей деятельности.

15. Материально-техническое, документационное и информационное обеспечение деятельности рабочей группы осуществляет Управление Президента Российской Федерации по работе с обращениями граждан и организаций.

俄罗斯联邦总统流动接待室条例

（包含俄罗斯联邦总统2012年10月12日第1964号指令所作修改）

一、为了对俄罗斯联邦公民、外国公民、无国籍人、社会团体和机构（以下简称“申请人”）致俄罗斯联邦总统涉及联邦国家权力机关、俄罗斯联邦主体国家权力机关、其他国家机关和地方自治机关公职人员包括选举产生的公职人员、国家和地方公务员（以下简称“公职人员”）行为（不作为）的信访（投诉）及时做出处理，成立俄罗斯联邦总统流动接待室。

二、俄罗斯联邦总统流动接待室在工作中应遵循《俄罗斯联邦宪法》、联邦宪法性法律、2006年5月2日第59号联邦法律《俄罗斯联邦处理公民信访程序法》（以下简称“《俄罗斯联邦处理公民信访程序法》”）、2009年2月9日第8号联邦法律《国家机关和地方自治机关工作信息公开法》（以下简称“《国家机关和地方自治机关工作信息公开法》”）、其他联邦法律、俄罗斯联邦总统的命令和指令、俄罗斯联邦总统办公厅的指令，以及本条例。

三、俄罗斯联邦总统流动接待室的主要任务：

（一）保障在俄罗斯联邦主体内客观、全面地处理申请人致俄罗斯联邦总统涉及公职人员行为（不作为）的信访（投诉），保障申请人和联邦国家政权机关、俄罗斯联邦主体国家政权机关及地方自治机关的代表参与处理；

（二）根据俄罗斯联邦总统的委托保障在俄罗斯联邦主体内开展下列俄罗斯联邦总统办公厅公职人员和全权代表亲自接见申请人的活动：

俄罗斯联邦总统办公厅公民和机构信访工作协调和评估工作组（根据俄罗斯联邦总统2011年4月11日第219号指令成立，以下简称“工作组”）设立的俄罗斯联邦总统驻俄罗斯联邦主体流动接待室工作保障组的组长（副组长）；

工作组设立的负责某些方面工作的小组组长（副组长）；

（三）及时采取措施恢复或者维护申请人受到侵害的权利、自由和合法利益；

（四）协调俄罗斯联邦总统驻各联邦区和驻俄罗斯联邦各主体行政中心的接待室（以下简称“俄罗斯联邦总统接待室”）、联邦国家权力机关、俄罗斯联邦主体国家权力机关、其他国家机关和地方自治机关确保在俄罗斯联邦主体内处理申请人致俄罗斯联邦总统涉及公职人员行为（不作为）的信访（投诉）工作。

四、俄罗斯联邦总统流动接待室的主要职能：

（一）根据俄罗斯联邦总统、俄罗斯联邦总统办公厅主任或者工作组组长的委托及时赴联邦政府机关、俄罗斯联邦主体国家政权机关和地方自治机关接访；

（二）确保在俄罗斯联邦主体内接受申请人致俄罗斯联邦总统涉及公职人员行为（不作为）的信访（投诉）；

（三）对申请人致俄罗斯联邦总统涉及公职人员行为（不作为）的信访（投诉）及时做出反应，必要时可会同联邦国家权力机关、俄罗斯联邦主体国家权力机关、地方自治机关的领导人；

对互联网或者大众媒体发布的具有社会反响的信息及时做出反应；

（四）如果俄罗斯联邦主体内申请人致俄罗斯联邦总统涉及公职人员行为（不作为）的信访投诉量超过了该联邦主体所在联邦区的绝对或者相

对指标，则查明导致信访（投诉）数量增长的原因；

（五）研究国家机关和地方自治机关实施《俄罗斯联邦处理公民信访程序法》和《国家机关和地方自治机关工作信息公开法》的实践；

（六）确保执行申请人致俄罗斯联邦总统涉及公职人员行为（不作为）的信访（投诉）处理结果下达的委托；

（七）为俄罗斯联邦总统出行起草如下信息分析材料：

关于联邦国家政权机关、俄罗斯联邦主体国家政权机关、其他国家机关和地方自治机关处理申请人致俄罗斯联邦总统涉及公职人员行为（不作为）的信访（投诉）工作的信息分析材料；

关于俄罗斯联邦主体国家政权机关和地方自治机关处理申请人信访（投诉）工作的信息分析材料；

（八）在互联网上发布关于俄罗斯联邦总统流动接待室工作的信息、关于根据申请人致俄罗斯联邦总统涉及公职人员行为（不作为）的信访（投诉）处理结果下达的委托及其执行过程的信息。

五、为履行承担的职能，俄罗斯联邦总统流动接待室有权：

（一）按规定程序请联邦国家政权机关、俄罗斯联邦主体国家政权机关、其他国家机关和地方自治机关的工作人员参与处理申请人致俄罗斯联邦总统涉及公职人员行为（不作为）的信访（投诉）；

（二）使用俄罗斯联邦总统接待室的物质技术保障、文件和信息保障；

（三）向俄罗斯联邦总统接待室、俄罗斯联邦总统办公厅各独立部门、联邦政府机关、俄罗斯联邦主体国家政权机关、其他国家机关和地方自治机关查询和获取有关归上述机关负责解决的问题的信息（材料）；

（四）将申请人致俄罗斯联邦总统涉及公职人员行为（不作为）的来信（投诉）送往相关负责解决信访（投诉）反映问题的俄罗斯联邦总统办公厅各独立部门、联邦国家政权机关、俄罗斯联邦主体国家政权机关、其他国家机关和（或）地方自治机关处理；

（五）邀请申请人和公职人员进一步详细说明申请人致俄罗斯联邦总统涉及公职人员行为（不作为）的信访（投诉）中所反映的问题；

（六）邀请公职人员就未执行或者未适当执行《俄罗斯联邦处理公民信访程序法》（涉及俄罗斯联邦总统保障人与公民权利和自由的职权的部分）做出口头和书面解释；

（七）依据工作组的决定，就申请人致俄罗斯联邦总统涉及公职人员行为（不作为）的信访（投诉）处理工作向俄罗斯联邦总统接待室下达必须执行的委托和指示；

（八）将有关俄罗斯联邦总统、俄罗斯联邦政府和联邦政府机关法令草案的建议提交工作组审议；

（九）按规定程序向俄罗斯联邦总统办公厅主任提交关于追究违反《俄罗斯联邦处理公民信访程序法》公职人员的法定责任的建议，以及关于采取措施恢复或者维护申请人受到侵害的权利、自由和合法利益的建议。

六、俄罗斯联邦总统公民和机构信访局为俄罗斯联邦总统流动接待室的活动提供物质技术保障、文件和信息保障。

（翻译：李铁军　审校：哈书菊）

Распоряжение Администрации Президента Российской Федерации от 10.05.2011 № 631 о мобильной приемной Президента Российской Федерации

Администрация Президента Российской Федерации

Распоряжение от 10 мая 2011 г. № 631

Москва

О мобильной приемной Президента Российской Федерации

В соответствии с распоряжением Президента Российской Федерации от 11 апреля 2011 г. № 219-рп «О рабочей группе при Администрации Президента Российской Федерации по координации и оценке работы с обращениями граждан и организаций» утвердить прилагаемое Положение о мобильной приемной Президента Российской Федерации.

Руководитель Администрации

Президента Российской Федерации

С. Нарышкин

Положение о мобильной приемной Президента Российской Федерации

(с изменениями, внесенными распоряжением Администрации Президента Российской Федерации от 12.10.2012 № 1964)

1. Мобильная приемная Президента Российской Федерации организуется в целях оперативного реагирования на адресованные Президенту Российской Федерации обращения (жалобы) граждан

Российской Федерации, иностранных граждан, лиц без гражданства, общественных объединений и организаций (далее - заявители), касающиеся действий (бездействия) должностных лиц федеральных органов государственной власти, органов государственной власти субъектов Российской Федерации, иных государственных органов, органов местного самоуправления, в том числе выборных должностных лиц, государственных и муниципальных служащих (далее - должностные лица).

2. Мобильная приемная Президента Российской Федерации в своей деятельности руководствуется Конституцией Российской Федерации, федеральными конституционными законами, Федеральным законом от 2 мая 2006 г. № 59-ФЗ «О порядке рассмотрения обращений граждан Российской Федерации» (далее -Федеральный закон «О порядке рассмотрения обращений граждан Российской Федерации»), Федеральным законом от 9 февраля 2009 г. № 8-ФЗ «Об обеспечении доступа к информации о деятельности государственных органов и органов местного самоуправления» (далее - Федеральный закон «Об обеспечении доступа к информации о деятельности государственных органов и органов местного самоуправления»), иными федеральными законами, указами и распоряжениями Президента Российской Федерации, распоряжениями Администрации Президента Российской Федерации, а также настоящим Положением.

3. Основными задачами мобильной приемной Президента Российской Федерации являются:

а) обеспечение объективного и всестороннего рассмотрения в субъектах Российской Федерации адресованных Президенту Российской Федерации обращений (жалоб) заявителей, касающихся действий (бездействия) должностных лиц, с участием заявителей, представителей федеральных органов государственной власти, органов государственной власти субъектов Российской Федерации и органов местного самоуправления;

б) обеспечение по поручению Президента Российской Федерации проведения в субъектах Российской Федерации личного приема заявителей должностными лицами Администрации Президента Российской Федерации и уполномоченными лицами:

руководителями (заместителями руководителей) групп по обеспечению деятельности мобильной приемной Президента Российской Федерации в субъектах Российской Федерации, созданных рабочей группой при Администрации Президента Российской Федерации по координации и оценке работы с обращениями граждан и организаций, образованной распоряжением Президента Российской Федерации от 11 апреля 2011 г. № 219-рп (далее - рабочая группа);

руководителями (заместителями руководителей) подгрупп, созданных рабочей группой по отдельным направлениям своей деятельности;

в) оперативное принятие мер, направленных на восстановление или защиту нарушенных прав, свобод и законных интересов заявителей;

г) координация деятельности приемных Президента Российской Федерации в федеральных округах и административных центрах субъектов Российской Федерации (далее - приемные Президента Российской Федерации), федеральных органов государственной власти, органов государственной власти субъектов Российской Федерации, иных государственных органов и органов местного самоуправления по обеспечению рассмотрения в субъектах Российской Федерации адресованных Президенту Российской Федерации обращений (жалоб) заявителей, касающихся действий (бездействия) должностных лиц.

4.Основными функциями мобильной приемной Президента Российской Федерации являются:

а) оперативный выезд в федеральные органы исполнительной власти, органы государственной власти субъектов Российской Федерации и органы местного самоуправления по поручению Президента Российской Федерации, Руководителя Администрации Президента Российской Федерации или руководителя рабочей группы;

б) обеспечение в субъектах Российской Федерации приема от заявителей адресованных Президенту Российской Федерации обращений (жалоб), касающихся действий (бездействия) должностных лиц;

в) оперативное реагирование:

на адресованные Президенту Российской Федерации обращения (жалобы) заявителей, касающиеся действий (бездействия) должностных лиц, во взаимодействии, при необходимости, с руководителями федеральных органов государственной власти, органов государственной власти субъектов Российской Федерации, органов местного самоуправления;

на информацию, размещенную в в информационно-телекоммуникационной сети «Интернет» или - опубликованную в средствах массовой информации и имеющую общественный резонанс;

г) выявление причин, способствующих росту количества адресованных Президенту Российской Федерации обращений (жалоб), касающихся действий (бездействия) должностных лиц, от заявителей, проживающих на территории субъекта Российской Федерации, если это количество превышает абсолютные или относительные показатели по Российской Федерации и по федеральному округу, в пределах которого находится субъект Российской Федерации;

д) изучение практики применения государственными органами и органами местного самоуправления Федерального закона «О порядке рассмотрения обращений граждан Российской Федерации» и Федерального закона «Об обеспечении доступа к информации о деятельности государственных органов и органов местного самоуправления»;

е) обеспечение исполнения поручений, данных по результатам рассмотрения адресованных Президенту Российской Федерации обращений (жалоб) заявителей, касающихся действий (бездействия) должностных лиц;

ж) подготовка к поездкам Президента Российской Федерации информационно-аналитических материалов:

о работе федеральных органов государственной власти, органов государственной власти субъектов Российской Федерации, иных государственных органов и органов местного самоуправления с адресованными Президенту Российской Федерации обращениями (жалобами) заявителей, касающимися действий (бездействия) должностных лиц;

о работе органов государственной власти субъектов Российской Федерации и органов местного самоуправления с обращениями (жалобами) заявителей;

з) размещение в информационно-телекоммуникационной сети «Интернет» информации о работе мобильной приемной Президента Российской Федерации, о поручениях, данных по результатам рассмотрения адресованных Президенту Российской Федерации обращений (жалоб) заявителей, касающихся действий (бездействия) должностных лиц, и ходе их исполнения.

5. Мобильная приемная Президента Российской Федерации в целях реализации возложенных на нее функций имеет право:

а) привлекать в установленном порядке к рассмотрению адресованных Президенту Российской Федерации обращений (жалоб) заявителей, касающихся действий (бездействия) должностных лиц, работников федеральных органов государственной власти, органов государственной власти субъектов Российской Федерации, иных государственных органов и органов местного самоуправления;

б) использовать материально-техническое, документационное и информационное обеспечение приемных Президента Российской Федерации;

в) запрашивать и получать от приемных Президента Российской Федерации, самостоятельных подразделений Администрации Президента Российской Федерации, от федеральных органов исполнительной власти, органов государственной власти субъектов Российской Федерации, иных государственных органов и органов местного самоуправления информацию (материалы) по вопросам, решение которых входит в компетенцию данных органов;

г) направлять адресованные Президенту Российской Федерации обращения (жалобы) заявителей, касающиеся действий (бездействия) должностных лиц, для рассмотрения в соответствующие самостоятельные подразделения Администрации Президента Российской Федерации, федеральные органы государственной власти органы государственной власти субъектов Российской Федерации, иные государственные органы и (или) органы местного самоуправления, в компетенцию которых входит решение вопросов, поставленных в обращениях (жалобах);

д) приглашать заявителей и должностных лиц для уточнения вопросов, поставленных в адресованных Президенту Российской Федерации обращениях (жалобах) заявителей, касающихся действий (бездействия) должностных лиц;

е) приглашать должностных лиц для дачи устных и письменных объяснений по поводу неисполнения или ненадлежащего исполнения Федерального закона «О порядке рассмотрения обращений граждан Российской Федерации» (в части, касающейся полномочий Президента Российской Федерации по обеспечению прав и свобод человека и гражданина);

ж) давать на основании решений рабочей группы приемным Президента Российской Федерации обязательные для исполнения поручения и указания по работе с адресованными Президенту Российской Федерации обращениями (жалобами) заявителей, касающимися действий (бездействия) должностных лиц;

з) вносить на рассмотрение рабочей группы предложения о проектах актов Президента Российской Федерации, Правительства Российской Федерации и федеральных органов исполнительной власти;

и) вносить в установленном порядке Руководителю Администрации Президента Российской Федерации предложения о привлечении должностных лиц, виновных в нарушении норм Федерального закона «О порядке рассмотрения обращений граждан Российской Федерации», к ответственности, предусмотренной законодательством Российской Федерации, а также о принятии мер, направленных на восстановление или защиту нарушенных прав, свобод и законных интересов заявителей.

6. Материально-техническое, документационное и информационное обеспечение деятельности мобильной приемной Президента Российской Федерации осуществляет Управление Президента Российской Федерации по работе с обращениями граждан и организаций.

俄罗斯联邦总统驻联邦区接待室条例

（俄罗斯联邦总统办公厅2009年10月2日第1441号指令批准）

一、本条例确定俄罗斯联邦总统驻联邦区接待室的工作制度。

为保障在联邦区范围内处理公民致俄罗斯联邦总统的口头和书面信访（以下简称“信访”），组建俄罗斯联邦总统驻联邦区接待室（以下简称“俄罗斯联邦总统接待室”）。俄罗斯联邦总统接待室的工作由俄罗斯联邦总统驻联邦区全权代表办公室提供保障。

二、俄罗斯联邦总统接待室在工作中应遵循《俄罗斯联邦宪法》、联邦宪法性法律、2006年5月2日第59号联邦法律《俄罗斯联邦处理公民信访程序法》、其他联邦法律、俄罗斯联邦总统的命令和指令、俄罗斯联邦总统办公厅的指令以及本条例。

三、成立俄罗斯联邦总统接待室目的是协助俄罗斯联邦总统：

（一）行使总统保障俄罗斯联邦宪法、人与公民权利和自由（包括公民赴国家机关和地方自治机关信访权）的职权；

（二）保障国家政权机关在公民信访工作中协调运行和协作配合。

四、俄罗斯联邦总统接待室包括俄罗斯联邦总统驻该联邦区范围内各联邦主体行政中心的接待室。

五、俄罗斯联邦总统驻联邦区全权代表：

（一）征得俄罗斯联邦总统办公厅分管该项事务的办公厅副主任同意后批准俄罗斯联邦总统驻该联邦区内各联邦主体行政中心接待室条例；

（二）在俄罗斯联邦总统驻联邦区全权代表办公室担任联邦国家公职的联邦国家公务员中任命保障俄罗斯联邦总统接待室工作的公职人员，包括领导俄罗斯联邦总统接待室工作的公职人员和在俄罗斯联邦总统接待室做公民信访工作的公职人员（以下简称“接待室工作人员”）；

（三）批准俄罗斯联邦总统接待室以及俄罗斯联邦总统驻该联邦区范围内各联邦主体行政中心接待室的工作制度，以及亲自（包括通过视频会议通讯模式接见）接见公民的时间表。

六、俄罗斯联邦总统接待室的主要任务：

（一）保障及时处理俄罗斯联邦总统接待室收到的俄罗斯联邦公民、外国公民和无国籍人士（以下简称“申请人”）的信访，以及申请人致俄罗斯联邦总统的信访；

（二）完成与申请人致俄罗斯联邦总统的信访有关的信息咨询、技术和分析工作；

（三）在对申请人信访反映的问题进行分析概括的基础上起草相关报告，以及起草有关如何消除引起申请人合理投诉的原因的建议；

（四）参与俄罗斯联邦总统公民信访局（以下简称“信访局”）筹备和举办俄罗斯联邦总统、俄罗斯联邦总统办公厅主任、俄罗斯联邦总统办公厅第一副主任和副主任、俄罗斯联邦总统助理、俄罗斯联邦总统顾问和俄罗斯联邦总统办公厅各独立部门负责人以视频会议通讯模式亲自接见申请人的活动。

七、俄罗斯联邦总统接待室的主要职能：

（一）接待室工作人员根据俄罗斯联邦总统驻联邦区全权代表批准的俄罗斯联邦总统接待室工作制度在申请人到俄罗斯联邦总统接待室信访当日亲自接见申请人；

（二）筹备、组织和举办每年不少于两次由俄罗斯联邦总统驻联邦区全权代表、俄罗斯联邦总统驻联邦区副全权代表和全权代表助理亲自（包括用视频会议通讯模式）接见申请人的活动；

（三）处理（在信访局和俄罗斯联邦总统办公厅的信息系统中集中登记注册）申请人送达俄罗斯联邦总统接待室和致俄罗斯联邦总统的来信；

（四）及时处理申请人送达俄罗斯联邦总统接待室的来信，以及申请人致俄罗斯联邦总统的来信；

（五）将申请人送达俄罗斯联邦总统接待室的来信以及致俄罗斯联邦总统的来信送往联邦政府机关驻该联邦区的相关地方机关、该联邦区内各联邦主体国家政权机关和地方自治机关，并委托其根据各自管辖范围解决反映的实质性问题，并将这一消息通知申请人；

（六）如果申请人送达俄罗斯联邦总统接待室的来信以及致俄罗斯联邦总统的来信中反映的问题归联邦政府机关管辖，需要联邦政府机关予以解决并且值得俄罗斯联邦总统关注，则将来信送往信访局并将这一消息通知申请人；

（七）以申请人送达俄罗斯联邦总统接待室的来信以及致俄罗斯联邦总统的来信为基础建立信息库，并保障信访局、联邦政府机关驻本联邦区范围内的地方机关以及本联邦区范围内的俄罗斯联邦主体国家政权机关能够使用信息库；

（八）依据经俄罗斯联邦总统办公厅指令批准的《俄罗斯联邦总统接待室信息咨询处条例》保障公民信访信息咨询处的运行；

（九）对申请人送达俄罗斯联邦总统接待室的来信以及致俄罗斯联邦总统的来信进行分析和概括；

（十）在对申请人送达俄罗斯联邦总统接待室的来信以及致俄罗斯联邦总统的来信进行分析概括的基础上，按标准格式起草并向信访局提交：

公布一定时间段内申请人信访的主题、行业和地域特点（基于绝对指标的每月综述、基于每十万人相对指标的季度综述、基于绝对和相对指标的年度综述）的信息统计综述；

公布公民对国际性事件、全国性事件、区域和地方性事件的态度的信息材料；

阐明极为迫切、具有社会和国家重要意义、需紧急做出反应的申请人来信的随机信息材料；

提出有关消除导致申请人合理投诉根源、完善法律法规、完善国家机关和地方自治机关工作、改善国家社会经济及其他社会生活领域的建议的专题信息分析材料；

（十一）为信访局起草有关对请求俄罗斯联邦总统、俄罗斯联邦总统办公厅主任、俄罗斯联邦总统办公厅第一副主任和副主任、俄罗斯联邦总统助理、俄罗斯联邦总统顾问、俄罗斯联邦总统办公厅各独立部门领导人以视频会议通讯方式亲自接见的申请人进行预先登记的建议；

（十二）组织监督联邦政府机关驻该联邦区内的地方机关、本联邦区内俄罗斯联邦主体国家政权机关和地方自治机关处理俄罗斯联邦总统接待室委托其处理的申请人信访事宜；

（十三）在处理申请人送达俄罗斯联邦总统接待室的来信以及致俄罗斯联邦总统的来信过程中，与联邦政府机关驻该联邦区内的地方机关、该联邦区范围内俄罗斯联邦主体国家政权机关在组织方法上相互配合；

八、主持俄罗斯联邦总统接待室工作的公职人员在征得俄罗斯联邦总统驻联邦区全权代表同意后，有权：

（一）按规定程序向联邦政府机关驻该联邦区内的地方机关、该联邦区范围内的俄罗斯联邦主体国家政权机关、地方自治机关和机构查询和获取工作所需的文件和材料；

（二）在征得联邦政府机关驻该联邦区内的跨区和地区级地方机关、该联邦区范围内的俄罗斯联邦主体国家政权机关同意后，可使用这些机关的信息系统和数据库；

（三）按规定程序向俄罗斯联邦总统驻联邦区全权代表建议聘请俄罗

斯联邦宪法学者和专家做一些完善俄罗斯联邦总统接待室信息和软件技术保障方面的工作；

（四）将申请人送达俄罗斯联邦总统接待室的来信以及致俄罗斯联邦总统的来信以俄罗斯总统接待室主任身份签署后送交联邦政府机关驻该联邦区内的地方机关、该联邦区范围内的俄罗斯联邦主体国家政权机关、地方自治机关和机构处理，同时规定向俄罗斯联邦总统驻联邦区全权代表办公室提交信息的期限，以及以俄罗斯总统接待室主任的身份签署给申请人的答复函和通知。

九、信访局保障俄罗斯联邦总统驻各联邦区接待室在组织方法上协作配合。

俄罗斯联邦总统驻各联邦区接待室一览表

1. 俄罗斯联邦总统驻中央联邦区接待室，坦波夫市。
2. 俄罗斯联邦总统驻西北联邦区接待室，圣彼得堡市。
3. 俄罗斯联邦总统驻南方联邦区接待室，顿河罗斯托夫市。
4. 俄罗斯联邦总统驻伏尔加河沿岸联邦区接待室，下诺夫哥罗德市。
5. 俄罗斯联邦总统驻乌拉尔联邦区接待室，叶卡捷琳堡市。
6. 俄罗斯联邦总统驻西伯利亚联邦区接待室，新西伯利亚市。
7. 俄罗斯联邦总统驻远东联邦区接待室，哈巴罗夫斯克市。
8. 俄罗斯联邦总统驻北高加索联邦区接待室，皮亚季戈尔斯克市。

（翻译：李铁军　审校：哈书菊）

Положение о приемной Президента Российской Федерации в федеральном округе, утвержденное распоряжением Администрации Президента Российской Федерации от 02 октября 2009 г. № 1441

1. Настоящим Положением определяется порядок деятельности приемной Президента Российской Федерации в федеральном округе.

Приемная Президента Российской Федерации в федеральном округе (далее - приемная Президента Российской Федерации) организуется в целях обеспечения рассмотрения в пределах федерального округа устных и письменных обращений (далее - обращения) граждан, адресованных Президенту Российской Федерации. Деятельность приемной Президента Российской Федерации обеспечивается аппаратом полномочного представителя Президента Российской Федерации в федеральном округе.

2. В своей деятельности приемная Президента Российской Федерации руководствуется Конституцией Российской Федерации, федеральными конституционными законами, Федеральным законом от 2 мая 2006 г. № 59-ФЗ «О порядке рассмотрения обращений граждан Российской Федерации», иными федеральными законами, указами и распоряжениями Президента Российской Федерации, распоряжениями Администрации Президента Российской Федерации, а также настоящим Положением.

3. Приемная Президента Российской Федерации создается в целях содействия Президенту Российской Федерации:

а) в реализации его полномочий как гаранта Конституции Российской Федерации, прав и свобод человека и гражданина, в том числе права граждан на обращение в государственные органы и органы местного самоуправления;

б) в обеспечении согласованного функционирования и взаимодействия органов государственной власти в работе с обращениями граждан.

4. В состав приемной Президента Российской Федерации входят приемные Президента Российской Федерации в административных центрах субъектов Российской Федерации, находящихся в пределах федерального округа.

5. Полномочный представитель Президента Российской Федерации в федеральном округе:

а) утверждает по согласованию с заместителем Руководителя Администрации Президента Российской Федерации, отвечающим за эти вопросы в Администрации Президента Российской Федерации, положения о приемных Президента Российской Федерации в административных центрах субъектов Российской Федерации, находящихся в пределах федерального округа;

б) назначает из числа федеральных государственных служащих, замещающих должности федеральной государственной службы в аппарате полномочного представителя Президента Российской Федерации в федеральном округе, должностных лиц, обеспечивающих деятельность приемной Президента Российской Федерации: должностное лицо, осуществляющее руководство деятельностью приемной Президента Российской Федерации, и должностных лиц, осуществляющих работу с обращениями граждан в приемной Президента Российской Федерации (далее – работники приемной);

в) утверждает режим работы приемной Президента Российской

Федерации и приемных Президента Российской Федерации в административных центрах субъектов Российской Федерации, находящихся в пределах федерального округа, а также график личного приема граждан, в том числе в режиме видео-конференц-связи.

6. Основными задачами приемной Президента Российской Федерации являются:

а) обеспечение своевременного рассмотрения обращений граждан Российской Федерации, иностранных граждан и лиц без гражданства (далее - заявители), поступивших в приемную Президента Российской Федерации и адресованных Президенту Российской Федерации;

б) осуществление информационно-справочной, методической и аналитической работы, связанной с рассмотрением обращений заявителей, адресованных Президенту Российской Федерации;

в) подготовка на основе анализа и обобщения вопросов, поставленных в обращениях заявителей, соответствующих докладов, а также предложений по устранению причин, порождающих обоснованные жалобы заявителей;

г) участие в подготовке и проведении Управлением Президента Российской Федерации по работе с обращениями граждан (далее - Управление) личного приема заявителей в режиме видео-конференц-связи Президентом Российской Федерации, Руководителем Администрации Президента Российской Федерации, его первым заместителем и заместителями, помощниками Президента Российской Федерации, советниками Президента Российской Федерации и руководителями самостоятельных подразделений Администрации Президента Российской Федерации.

7. Основными функциями приемной Президента Российской

Федерации являются:

а) личный прием работниками приемной заявителей в день их обращения в приемную Президента Российской Федерации, осуществляемый в соответствии с утвержденным полномочным представителем Президента Российской Федерации в федеральном округе режимом работы приемной Президента Российской Федерации;

б) подготовка, организация и проведение не реже двух раз в год личного приема заявителей, в том числе в режиме видео-конференц-связи, полномочным представителем Президента Российской Федерации в федеральном округе, его заместителями и помощниками;

в) обработка (централизованный учет и регистрация в информационных системах Управления и Администрации Президента Российской Федерации) обращений заявителей, поступивших в приемную Президента Российской Федерации и адресованных Президенту Российской Федерации;

г) своевременное рассмотрение обращений заявителей, поступивших в приемную Президента Российской Федерации и адресованных Президенту Российской Федерации;

д) направление обращений заявителей, поступивших в приемную Президента Российской Федерации и адресованных Президенту Российской Федерации, с поручением о решении по существу поставленных вопросов в соответствующие территориальные органы федеральных органов исполнительной власти, размещенные в пределах федерального округа, органы государственной власти субъектов Российской Федерации и органы местного самоуправления, находящиеся в пределах федерального округа, в соответствии с их компетенцией с уведомлением об этом заявителей;

е) направление обращений заявителей, поступивших в приемную

Президента Российской Федерации и адресованных Президенту Российской Федерации, которые содержат вопросы, относящиеся к компетенции федеральных органов исполнительной власти и требующие их решения, а также внимания Президента Российской Федерации, в Управление с уведомлением об этом заявителей;

ж) формирование на основе обращений заявителей, поступивших в приемную Президента Российской Федерации и адресованных Президенту Российской Федерации, информационного фонда и обеспечение возможности его использования Управлением, территориальными органами федеральных органов исполнительной власти, размещенными в пределах федерального округа, и органами государственной власти субъектов Российской Федерации, находящимися в пределах федерального округа;

з) обеспечение функционирования информационных справочных служб по работе с обращениями граждан на основании Положения об информационно-справочной службе приемной Президента Российской Федерации, утверждаемого распоряжением Администрации Президента Российской Федерации;

и) анализ и обобщение обращений заявителей, поступивших в приемную Президента Российской Федерации и адресованных Президенту Российской Федерации;

к) подготовка по типовой форме и представление в Управление на основе анализа и обобщения обращений заявителей, поступивших в приемную Президента Российской Федерации и адресованных Президенту Российской Федерации:

информационно-статистических обзоров, раскрывающих тематические, отраслевые, региональные особенности обращений заявителей за определенный период времени (ежемесячные обзоры на основе абсолютных показателей, ежеквартальные на основе относительных показателей на 100 тыс. населения и годовые на основе абсолютных и относительных показателей);

информационных материалов, раскрывающих отношение граждан к событиям международного, общероссийского, регионального и территориального масштаба;

оперативных информационных материалов, освещающих наиболее актуальные, имеющие общественное и государственное значение обращения заявителей, требующие безотлагательного реагирования;

тематических информационно-аналитических материалов, содержащих предложения по устранению причин, порождающих обоснованные жалобы заявителей, совершенствованию законодательных и иных нормативных правовых актов, совершенствованию деятельности государственных органов и органов местного самоуправления и улучшению социально-экономической и иных сфер общественной жизни страны;

л) подготовка для Управления предложений о предварительной записи заявителей на личный прием в режиме видео-конференц-связи к Президенту Российской Федерации, Руководителю Администрации Президента Российской Федерации, его первому заместителю и заместителям, помощникам Президента Российской Федерации, советникам Президента Российской Федерации и руководителям самостоятельных подразделений Администрации Президента Российской Федерации;

м) организация контроля за рассмотрением территориальными

органами федеральных органов исполнительной власти, размещенными в пределах федерального округа, органами государственной власти субъектов Российской Федерации и органами местного самоуправления, находящимися в пределах федерального округа, направленных в их адрес приемной Президента Российской Федерации поручений о рассмотрении обращений заявителей;

н) организационно-методическое взаимодействие с территориальными органами федеральных органов исполнительной власти, размещенными в пределах федерального округа, органами государственной власти субъектов Российской Федерации, находящимися в пределах федерального округа, при рассмотрении обращений заявителей, поступивших в приемную Президента Российской Федерации и адресованных Президенту Российской Федерации.

8. Должностное лицо, осуществляющее руководство деятельностью приемной Президента Российской Федерации, по согласованию с полномочным представителем Президента Российской Федерации в федеральном округе имеет право:

а) запрашивать и получать в установленном порядке необходимые для работы документы и материалы от территориальных органов федеральных органов исполнительной власти, размещенных в пределах федерального округа, органов государственной власти субъектов Российской Федерации, органов местного самоуправления и организаций, находящихся в пределах федерального округа;

б) пользоваться информационными системами и базами данных территориальных органов федеральных органов исполнительной власти межрегионального и регионального уровня, размещенных в пределах федерального округа, органов государственной власти субъектов Российской Федерации, находящихся в пределах федерального округа, по согласованию с этими органами;

в) вносить в установленном порядке полномочному представителю Президента Российской Федерации в федеральном округе предложения о привлечении ученых и специалистов Конституции Российской Федерации осуществлению отдельных работ по совершенствованию информационного и программно-технического обеспечения деятельности приемной Президента Российской Федерации;

г) направлять за своей подписью, как руководитель приемной Президента Российской Федерации, поступившие в приемную Президента Российской Федерации и адресованные Президенту Российской Федерации обращения заявителей на рассмотрение в территориальные органы федеральных органов исполнительной власти, размещенные в пределах федерального округа, органы государственной власти субъектов Российской Федерации, органы местного самоуправления и организации, находящиеся в пределах федерального округа, устанавливая сроки представления информации в аппарат полномочного представителя Президента Российской Федерации в федеральном округе, а также ответы и уведомления заявителям.

9. Обеспечение организационно-методического взаимодействия приемных Президента Российской Федерации в федеральных округах осуществляется Управлением.

УТВЕРЖДЕН

распоряжением Администрации

Президента Российской Федерации

от 2 октября 2009 г. № 1441

ПЕРЕЧЕНЬ приемных Президента

Российской Федерации в федеральных округах

1. Приемная Президента Российской Федерации в Центральном федеральном округе, г. Тамбов.

2. Приемная Президента Российской Федерации в Северо-Западном федеральном округе, г. Санкт-Петербург.

3. Приемная Президента Российской Федерации в Южном федеральном округе, г. Ростов-на-Дону.

4. Приемная Президента Российской Федерации в Приволжском федеральном округе, г. Нижний Новгород.

5. Приемная Президента Российской Федерации в Уральском федеральном округе, г.Екатеринбург.

6. Приемная Президента Российской Федерации в Сибирском федеральном округе, г. Новосибирск.

7. Приемная Президента Российской Федерации в Дальневосточном федеральном округе, г. Хабаровск.

8. Приемная Президента Российской Федерации в Северо-Кавказском федеральном округе, г. Пятигорск.

俄罗斯联邦总统驻联邦区接待室信息咨询处条例

（俄罗斯联邦总统办公厅，2009 年 10 月 8 日第 1489 号指令批准）

一、本条例规范俄罗斯联邦总统驻联邦区接待室信息咨询处（以下简称“信息处”）的活动。

二、信息处的主要任务是保障俄罗斯联邦公民、外国公民和无国籍人（以下简称“申请人”）获得信息，有助于个人和集体亲自到国家机关和地方自治机关行使信访权（以下简称“信访”）的信息。

三、信息处的活动由担任俄罗斯联邦总统驻有关联邦区全权代表办公室的联邦国家公职并按照俄罗斯联邦总统驻联邦区全权代表的决定从事申请人信访工作的联邦国家公务员（以下简称“信息处工作人员”）予以保障。

四、信息处设在俄罗斯联邦总统驻联邦区接待室（以下简称“俄罗斯联邦总统接待室”）办公场所内。

五、信息处由俄罗斯联邦总统驻该联邦区范围内各联邦主体行政中心接待室的信息咨询处构成。俄罗斯联邦驻该联邦区范围内各联邦主体行政中心接待室信息咨询处的条例由俄罗斯联邦总统驻该联邦区全权代表批准。

六、信息处通过如下途径向申请人公开信息：

（一）在大众媒体上发表信息；

（二）在互联网、俄罗斯联邦总统接待室办公场所及其他为此目的而设置的场所发布信息；

（三）根据申请人口头或者书面以及电子查询请求提供信息。

七、信息处可以提供以下信息：

（一）提供口头信息：

当申请人通过俄罗斯联邦总统接待室的咨询电话咨询时；

当申请人亲自向信息处口头咨询时；

（二）根据申请人的来信提供书面形式的信息；

（三）在申请人通过通用信息系统、俄罗斯联邦总统接待室的电子邮件地址咨询时提供电子形式的信息。

八、信息处按规定程序在大众媒体上发布如下信息：

（一）俄罗斯联邦总统接待室的邮政地址；

（二）俄罗斯联邦总统接待室的电子邮件地址；

（三）俄罗斯联邦总统接待室的咨询电话号码；

（四）俄罗斯联邦总统接待室的工作制度；

（五）对请求亲自接见的申请人进行登记的程序；

（六）申请人信访处理程序；

（七）对公职人员和全权代表的行为（不作为）的投诉程序。

九、信息处按规定程序在俄罗斯联邦总统接待室网站上发布如下信息：

（一）俄罗斯联邦总统接待室的邮政地址；

（二）俄罗斯联邦总统接待室的电子邮件地址；

（三）俄罗斯联邦总统接待室的咨询电话号码；

（四）俄罗斯联邦总统接待室的工作制度；

（五）经过批准的俄罗斯联邦总统接待室亲自接见申请人的时间表（日期和钟点）；

（六）俄罗斯联邦总统接待室负责亲自接见申请人和安排保障信访处

理工作的人员姓名；

（七）对俄罗斯联邦接待室接到的信访所作的综述；

（八）关于俄罗斯联邦总统接待室接到的信访的处理结果及采取的相关措施的概括性资料；

（九）俄罗斯联邦总统驻该联邦区范围内各联邦主体行政中心接待室的邮政地址、电子邮件地址、咨询电话和工作制度；

（十）对请求亲自接见的申请人进行登记的程序；

（十一）申请人信访处理程序；

（十二）对公职人员和全权代表的行为（不作为）的投诉程序。

十、俄罗斯联邦总统接待室网站是俄罗斯联邦总统驻联邦区全权代表官方互联网资源的组成部分，拥有必要的技术装备和发送、接收、处理电子消息的用户界面。

十一、在俄罗斯联邦总统接待室办公场所内，信息发布在信息展台上。信息展台上必须发布如下信息：

（一）2006 年 5 月 2 日第 59 号联邦法律《俄罗斯联邦处理公民信访程序法》的文本；

（二）俄罗斯联邦总统 2004 年 4 月 6 日第 490 号《关于批准〈俄罗斯联邦总统办公厅〉条例》的总统令批准的《俄罗斯联邦总统办公厅条例》摘要；

（三）其他调整与公民信访有关的法律法规（摘要）；

（四）经过批准的俄罗斯联邦总统接待室亲自接见申请人的时间表（日期和钟点）；

（五）俄罗斯联邦总统接待室负责亲自接见申请人和安排保障信访处理工作的人员姓名；

（六）俄罗斯联邦总统驻该联邦区范围内各联邦主体行政中心接待室的邮政地址、电子邮件地址、咨询电话和工作制度；

（七）对请求亲自接见的申请人进行登记的程序；

（八）申请人信访处理程序；

（九）对公职人员和全权代表的行为（不作为）的投诉程序。

十二、根据申请人的请求，信息处向其提供与申请人信访处理有关的文件和材料供其知悉，前提是这不会涉及他人的权利、自由和合法利益，而且这些文件和材料中未包括国家秘密或者其他受联邦法律保护的秘密的资料。

十三、申请人有权直接向信息处申请获取信息，也可以通过代理人向信息处查询，代理权应按照俄罗斯联邦法律规定的程序办理。

十四、申请人向信息处申请提供信息查询（以下简称“查询”）时应明确：

（一）供回信或以便进一步明确查询内容的邮政地址、电话和（或者）传真号码或者电子邮件地址；

（二）申请人的姓名；

（三）申请人认为与其信访有关的国家机关名称或者人员姓名或职务。

十五、填写书面查询函时，申请人要亲笔签名并注明写信日期和收信地址。

匿名查询不予受理。

十六、信息处收到的书面查询应自收到之日起三日内予以登记。

信息处收到的口头查询应在收到当日予以登记，并注明收到日期和时间。

十七、如果俄罗斯联邦法律未另行规定，查询应自其登记之日起三十日内予以处理。

如果不能在上述期限内提供查询的信息，应自查询登记之日起七日内通知申请人将延期答复，并指明延期的原因和提供查询信息的期限，提供查询信息的期限不能超过本条例规定答复期限十五日以上。

十八、如果俄罗斯联邦总统接待室收到的查询与自身工作无关，则应自查询登记之日起七日内将其转交负责提供查询信息的国家机关、地方自治机关或者俄罗斯联邦总统驻其他联邦区的接待室，并将所做的决定通知申请人。

十九、信息处工作人员有权进一步明确查询的内容，以便向申请人提供更加准确的信息。

二十、本条例第十四至第十九条阐述的类似要求，除了查询人必须亲笔签名之外，均适用于经通用信息系统收到的查询。

二十一、根据查询信息进行查询答复。答复应当：

（一）包含或者附上查询的信息；

（二）说明不予提供上述信息的依据，如果：

查询的资料属于限制公开的信息。在此情况下，应当在答复中指出该信息被限制公开的法规依据；

部分查询信息属于限制公开的信息。在此情况下，应提供没有使用限制的资料；

查询的资料已在大众媒体或者互联网上公开发布。在此情况下，答复查询时应列出发表文献并可以指明发布信息的官方网站名称、日期、刊号和（或者）电子地址；

（三）指明俄罗斯联邦总统接待室的名称、邮政地址、签署答复函的人员职务，以及答复函要项（登记号、日期）。

二十二、如果出现下列情况，则不予提供信息：

（一）查询的内容无助于查明信访的实质；

（二）查询中未指明收取答复函的邮政地址、电子邮件地址或者传真号码，或者申请人的联系电话；

（三）查询的信息是：

限制公开的信息；

已向申请人提供过；

涉及对国家机关和地方自治机关通过的法令做法律评估，对国家机关及其地方机关、地方自治机关及其下属机构的工作进行分析，或者与维护查询人权利无直接关联的其他分析性工作；

涉及俄罗斯联邦各法院，根据2008年12月22日第262号联邦法律《俄罗斯联邦法院工作信息公开法》不予提供。

二十三、根据申请人的口头查询提供下列信息：

（一）俄罗斯联邦总统驻该联邦区范围内各联邦主体行政中心接待室的地址和工作制度；

（二）对请求亲自接见的申请人进行登记的程序；

（三）经过批准的亲自接见申请人的时间表（日期和钟点）；

（四）俄罗斯联邦法律规定的申请人来信处理期限；

（五）俄罗斯联邦总统接待室负责亲自接见申请人和安排保障信访处理的人员姓名；

（六）申请人来信的登记号，和已送交相关国家机关、地方自治机关或公职人员处理的信息；

（七）对公职人员和全权代表的行为（不作为）的投诉程序；

（八）其他无需进行收集和分析的信息。

二十四、应保障有残疾的申请人能够得到提供的信息。

二十五、信息处按照俄罗斯联邦总统接待室的工作制度运行。

二十六、俄罗斯联邦总统接待室咨询电话运行时间：

（一）工作日9:00—18:00期间，信息处工作人员接听申请人电话并对申请人的来电进行录音；

（二）节假日以及工作日18:00—9:00期间，利用信息系统采取电话自动应答工作模式对申请人来电进行录音。

（翻译：李铁军　审校：哈书菊）

Положение об информационно-справочной службе приемной Президента Российской Федерации в федеральном округе, утвержденное распоряжением Администрации Президента Российской Федерации от 08 октября 2009 г. № 1489

1. Настоящим Положением регламентируется деятельность информационно-справочной службы приемной Президента Российской Федерации в федеральном округе (далее - информационная служба).

2. Основной задачей информационной службы является обеспечение гражданам Российской Федерации, иностранным гражданам и лицам без гражданства (далее - заявители) доступа к информации, помогающей реализовать право обращаться лично, а также направлять индивидуальные и коллективные обращения в государственные органы и органы местного самоуправления (далее - обращения).

3. Деятельность информационной службы обеспечивают федеральные государственные служащие, замещающие должности федеральной государственной службы в аппарате полномочного представителя Президента Российской Федерации в соответствующем федеральном округе и осуществляющие по решению полномочного представителя Президента Российской Федерации в федеральном округе работу с обращениями заявителей (далее - работники информационной службы).

4. Информационная служба располагается в помещениях приемной

Президента Российской Федерации в федеральном округе (далее - приемная Президента Российской Федерации).

5. В состав информационной службы входят информационно-справочные службы приемных Президента Российской Федерации в административных центрах субъектов Российской Федерации, находящихся в пределах федерального округа.

Положение об информационно-справочных службах приемных Президента Российской Федерации в административных центрах субъектов Российской Федерации, находящихся в пределах федерального округа, утверждает полномочный представитель Президента Российской Федерации в федеральном округе.

6. Информационная служба обеспечивает заявителям доступ к информации путем:

а) опубликования информации в средствах массовой информации;

б) размещения информации: в сети Интернет; в помещениях приемной Президента Российской Федерации; в иных отведенных для этих целей местах;

в) предоставления информации по запросу заявителя в устной или письменной форме, а также в электронном виде.

7. Информационная служба может предоставлять информацию:

а) в устной форме:

при обращении по справочному телефону приемной Президента Российской Федерации;

при личном устном обращении в информационную службу;

б) в письменной форме по письменному обращению заявителя;

в) в электронном виде при обращении заявителя по информационным системам общего пользования по электронному адресу приемной Президента Российской Федерации.

8. Информационная служба в установленном порядке размещает в средствах массовой информации следующую информацию:

а) почтовый адрес приемной Президента Российской Федерации;

б) электронный адрес приемной Президента Российской Федерации;

в) номер справочного телефона приемной Президента Российской Федерации;

г) режим работы приемной Президента Российской Федерации;

д) порядок записи заявителей на личный прием;

е) порядок рассмотрения обращений заявителей;

ж) порядок обжалования действий (бездействия) должностных и уполномоченных лиц.

9. Информационной службой в установленном порядке размещается в сети Интернет на сайте приемной Президента Российской Федерации следующая информация:

а) почтовый адрес приемной Президента Российской Федерации;

б) электронный адрес приемной Президента Российской Федерации;

в) номер справочного телефона приемной Президента Российской Федерации;

г) режим работы приемной Президента Российской Федерации;

д) утвержденный график (дни и часы) личного приема заявителей в приемной Президента Российской Федерации;

е) фамилия, имя и отчество лица, к полномочиям которого отнесены организация личного приема заявителей и обеспечение рассмотрения обращений в приемной Президента Российской Федерации;

ж) обзоры обращений, поступивших в приемную Президента Российской Федерации;

з) обобщенные данные о результатах рассмотрения обращений, поступивших в приемную Президента Российской Федерации, и принятых по этим обращениям мерах;

и) почтовые и электронные адреса, справочные телефоны и режим работы приемных Президента Российской Федерации в административных центрах субъектов Российской Федерации, находящихся в пределах федерального округа;

к) порядок записи заявителей на личный прием;

л) порядок рассмотрения обращений заявителей;

м) порядок обжалования действий (бездействия) должностных и уполномоченных лиц.

10. Сайт приемной Президента Российской Федерации является компонентом официального Интернет-ресурса полномочного представителя Президента Российской Федерации в федеральном округе, имеет необходимое техническое оснащение, пользовательский интерфейс для отправки, приема и обработки электронных сообщений.

11. В помещениях приемной Президента Российской Федерации информация размещается на информационных стендах. В обязательном порядке размещаются:

а) текст Федерального закона от 2 мая 2006 г. № 59-ФЗ «О порядке рассмотрения обращений граждан Российской Федерации»;

б) выписка из Положения об Администрации Президента Российской Федерации, утвержденного Указом Президента Российской Федерации от 6 апреля 2004 г. № 490 «Об утверждении Положения об Администрации

Президента Российской Федерации»;

в) иные нормативные правовые акты (выписки из них), регулирующие правоотношения, связанные с рассмотрением обращений заявителей;

г) утвержденный график (дни и часы) личного приема заявителей в приемной Президента Российской Федерации;

д) фамилия, имя и отчество лица, к полномочиям которого отнесены организация личного приема заявителей и обеспечение рассмотрения обращений в приемной Президента Российской Федерации;

е) почтовые и электронные адреса, справочные телефоны и режим работы приемных Президента Российской Федерации в административных центрах субъектов Российской Федерации, находящихся в пределах федерального округа;

ж) порядок записи заявителей на личный прием;

з) порядок рассмотрения обращений заявителей;

и) порядок обжалования действий (бездействия) должностных и уполномоченных лиц.

12. Информационная служба по просьбе заявителей предоставляет им для ознакомления документы и материалы, касающиеся рассмотрения обращений заявителей, если это не затрагивает права, свободы и законные интересы других лиц и если в указанных документах и материалах не содержатся сведения, составляющие государственную или иную охраняемую федеральным законом тайну.

13. Заявители имеют право обращаться в информационную службу с запросом о получении информации как непосредственно, так и через своего представителя, полномочия которого оформляются в порядке, установленном законодательством Российской Федерации.

14. В обращении заявителя в информационную службу о предоставлении информации (далее - запрос) указываются:

а) почтовый адрес, номер телефона и (или) факса либо адрес электронной почты для направления ответа на запрос или уточнения содержания запроса;

б) фамилия, имя, отчество заявителя;

в) наименование государственного органа либо фамилия, инициалы или должность лица, которые, по мнению заявителя, имеют отношение к его обращению.

15. При составлении запроса в письменной форме проставляются личная подпись заявителя и дата составления запроса, адрес для направления ответа.

Анонимные запросы не рассматриваются.

16. Запрос, составленный в письменной форме, подлежит регистрации в течение трех дней со дня его поступления в информационную службу.

Запрос в устной форме подлежит регистрации в день его поступления в информационную службу с указанием даты и времени поступления.

17. Запрос подлежит рассмотрению в 30-дневный срок со дня его регистрации, если иное не предусмотрено законодательством Российской Федерации.

В случае если предоставление запрашиваемой информации невозможно в указанный срок, в течение семи дней со дня регистрации запроса заявитель уведомляется об отсрочке ответа на запрос с указанием ее причины и срока предоставления запрашиваемой информации, который не может превышать 15 дней сверх установленного настоящим Положением срока для ответа на запрос.

18. Если запрос не относится к деятельности приемной Президента Российской Федерации, в которую он направлен, то в течение семи дней со дня регистрации запроса он направляется в государственный орган, орган местного самоуправления или приемную Президента Российской Федерации в ином федеральном округе, к полномочиям которых отнесено предоставление запрашиваемой информации. Заявитель информируется о принятом решении.

19. Работники информационной службы вправе уточнять содержание запроса в целях предоставления заявителю более полной информации.

20. Требования, аналогичные изложенным в пунктах 14-19 настоящего Положения, исключая обязательность проставления личной подписи заявителя, обратившегося с запросом, распространяются на запросы, поступившие по информационным системам общего пользования.

21. Информация по запросу предоставляется в виде ответа на запрос, в котором:

а) содержится или к которому прилагается запрашиваемая информация;

б) содержится мотивированный отказ в предоставлении указанной информации, если:

запрашиваемые сведения относятся к информации ограниченного доступа. В этом случае в ответе указывается нормативный правовой акт, в соответствии с которым доступ к этой информации ограничен;

часть запрашиваемой информации относится к информации ограниченного доступа. В этом случае предоставляются сведения, не имеющие ограничений пользования;

интересующие сведения опубликованы в средствах массовой информации либо размещены в сети Интернет. В этом случае в ответе на запрос должен быть приведен источник опубликования и могут быть указаны наименование, дата, номер и (или) электронный адрес официального сайта, где размещена информация;

в) указываются наименование, почтовый адрес приемной Президента Российской Федерации, должность лица, подписавшего ответ, а также реквизиты ответа на запрос (регистрационный номер и дата).

22. Информация не предоставляется, в случае если:

а) содержание запроса не позволяет установить существо обращения;

б) в запросе не указан почтовый адрес, адрес электронной почты или номер факса для направления ответа на запрос либо номер телефона, по которому можно связаться с заявителем;

в) запрашиваемая информация:

является информацией ограниченного доступа;

ранее предоставлялась заявителю;

касается правовой оценки актов, принятых государственным органом, органом местного самоуправления, анализа деятельности государственного органа, его территориальных органов, органа местного самоуправления либо подведомственных организаций или осуществления иной аналитической работы, непосредственно не связанной с защитой прав направившего запрос заявителя;

касается судов в Российской Федерации и не предоставляется в соответствии с Федеральным законом от 22 декабря 2008 г. № 262-ФЗ «Об обеспечении доступа к информации о деятельности судов в Российской Федерации».

23. По устному запросу заявителя предоставляется информация:

а) об адресах и режиме работы приемных Президента Российской

Федерации в административных центрах субъектов Российской Федерации, находящихся в пределах федерального округа;

б) о порядке записи заявителей на личный прием;

в) об утвержденном графике (днях и часах) личного приема заявителей;

г) об установленных законодательством Российской Федерации сроках рассмотрения письменных обращений заявителей;

д) о фамилии, имени и отчестве лица, к полномочиям которого отнесены организация личного приема заявителей и обеспечение рассмотрения обращений в приемной Президента Российской Федерации;

е) о регистрационном номере поступившего письменного обращения заявителя и о том, в какой соответствующий государственный орган, орган местного самоуправления или какому должностному лицу оно направлено на рассмотрение;

ж) о порядке обжалования действий (бездействия) должностных и уполномоченных лиц;

з) иная информация, не требующая мероприятий по ее сбору и анализу.

24. Заявителю с ограниченными возможностями должна быть обеспечена доступность предоставляемой информации.

25. Информационная служба функционирует в режиме работы приемной Президента Российской Федерации.

26. Справочный телефон приемной Президента Российской Федерации функционирует:

а) в рабочие дни - с 9.00 до 18.00. В это время прием телефонных звонков и аудиозапись телефонных обращений заявителей осуществляются работниками информационной службы;

б) в выходные и нерабочие праздничные дни, а также в рабочие дни - с 18.00 до 9.00. В это время аудиозапись телефонных звонков и телефонных обращений заявителей осуществляется в режиме работы телефонного автоответчика с использованием информационных систем.

法 国

宪法（节选）

第二编 共和国总统

第十三条 共和国总统签署部长会议上审议通过的法令和政令。

总统任命国家的文职及军职职务。

最高行政法院法官、典勋院院长、大使及特使、审计法院稽核长、省长、本宪法第七十四条规定的派驻海外领地及新喀里多尼亚的国家代表、高级将领、学区区长以及中央行政部门领导由部长会议任命。

部长会议任命的其他职务，以及共和国总统可以委托以其名义行使任命权的条件另由组织法予以规定。

除第三款所列举者外，因其对于保障权利及自由或国家经济社会生活具有重大意义，应由共和国总统在公开征询各议会相关常设委员会意见后加以任命的其他职务或职位，由组织法予以规定。若每个委员会的否决票相加超过两个委员会所投票数的五分之三，则共和国总统不得进行上述任命。法律应根据有关职位或职务确定相关的常设委员会。

第十一编（甲） 权利保护官

第七十一条（增）[①] 权利保护官监督并确保权利和自由得到国家行政机关、地方自治团体、公务法人以及所有承担公共服务职能的机构或组织法赋予其管辖权的相关单位的尊重。

任何人如果自认为其权利受到公共服务机构之运作或第一款所规定的机构的侵害，均得以组织法规定的条件向权利保护官提出申诉。权利保护官亦可依职权主动开展活动。

相关组织法规定权利保护官的职权和活动方式，并确定权利保护官在行使某些职权的过程中得由工作小组予以协助的条件。

本宪法第十三条最后一段所规定的程序进行完毕后，权利保护官应由共和国总统予以任命，任期六年，不得连任。权利保护官不得兼任政府成员之职及议会议员之职。其他不可兼任之职务由相关组织法规定。

权利保护官向共和国总统及议会作工作报告。

（翻译：侯镌琳 审校：王建学）

① 译注：此处原文标题为 Article 71-1，且法文法律中所有同一级别的编号均为阿拉伯数字。一般情况下，本译文遵循中文法律内容编号的规定（即参考《中华人民共和国立法》第五十四条），在标题处，“编”、“章”、“条”都用汉字依次表达，如：“第一编”、“第一章”、“第一条”。但是，当原文编号为多重数字复合结构或字母与数字复合结构，如“225-3-1”、“LO 489”、“LO 194-2”时，译文统一保留阿拉伯数字，不转换为汉字。此处因涉及标题，编号又较为简单，故按照汉语习惯单独特殊处理。

CONSTITUTION

TITRE II LE PRÉSIDENT DE LA RÉPUBLIQUE

Article 13 Le Président de la République signe les ordonnances et les décrets délibérés en Conseil des ministres.

Il nomme aux emplois civils et militaires de l'État.

Les conseillers d'État, le grand chancelier de la Légion d'honneur, les ambassadeurs et envoyés extraordinaires, les conseillers maîtres à la Cour des comptes, les préfets, les représentants de l'État dans les collectivités d'outre-mer régies par l'article 74 et en Nouvelle-Calédonie, les officiers généraux, les recteurs des académies, les directeurs des administrations centrales sont nommés en Conseil des ministres.

Une loi organique détermine les autres emplois auxquels il est pourvu en Conseil des ministres ainsi que les conditions dans lesquelles le pouvoir de nomination du Président de la République peut être par lui délégué pour être exercé en son nom.

Une loi organique détermine les emplois ou fonctions, autres que ceux mentionnés au troisième alinéa, pour lesquels, en raison de leur importance pour la garantie des droits et libertés ou la vie économique et sociale de la Nation, le pouvoir de nomination du Président de la République s'exerce après avis public dela commission permanente compétente de chaque assemblée. Le Président de la République ne peut procéder à une nomination lorsque l'addition des votes négatifs dans chaque commission représente au moins trois cinquièmes des suffrages exprimés au sein des deux commissions. La loi détermine les commissions permanentes compétentes selon les emplois ou fonctions concernés.

TITRE XI BIS LE DÉFENSEUR DES DROITS

Article 71-1 Le Défenseur des droits veille au respect des droits et libertés par les administrations de l'État, les collectivités territoriales, les établissements publics, ainsi que par tout organisme investi d'une mission de service public, ou à l'égard duquel la loi organique lui attribue des compétences.

Il peut être saisi, dans les conditions prévues par la loi organique, par toute personne s'estimant lésée par le fonctionnement d'un service public ou d'un organisme visé au premier alinéa. Il peut se saisir d'office.

La loi organique définit les attributions et les modalités d'intervention du Défenseur des droits. Elle détermine les conditions dans lesquelles il peut être assisté par un collège pour l'exercice de certaines de ses attributions.

Le Défenseur des droits est nommé par le Président de la République pour un mandat de six ans non renouvelable, après application de la procédure prévue au dernier alinéa de l'article 13. Ses fonctions sont incompatibles avec celles de membre du Gouvernement et de membre du Parlement. Les autres incompatibilities sont fixées par la loi organique.

Le Défenseur des droits rend compte de son activité au Président de la République et au Parlement.

权利保护官组织法

本法已由国民议会及参议院通过，

经宪法委员会宣告符合宪法；

兹由共和国总统颁布，内容如下：

第一编 总 纲

第一条 权利保护官由部长会议以法令加以任命，在宪法第十三条最后一款规定的程序实施后生效。

若非基于权利保护官的个人请求，或遇有最高行政法院法令所规定的不能视事的情形，不得终止权利保护官的职责。

第二条 权利保护官具有独立的宪法权力，在行使其职权的过程中不听从任何指令。

权利保护官及其助理不得因在行使其职责过程中所发表的意见或做出的行为而遭到起诉、搜查、拘捕、监禁或审判。

第三条 权利保护官及其助理不可兼任政府成员，宪法委员会成员，最高司法委员会成员，经济、社会与环境委员会委员及任何选举性职务。

被任命为权利保护官或其助理的政府成员，宪法委员会成员，最高司法委员会成员，经济、社会与环境委员会委员及担任选举性职务者，若在《官方公报》公布其任命八日内未表示反对意见，则视为已放弃原职、接受新任命。

另外，权利保护官及其助理亦不得兼任任何公共职务、不得进行任何职业活动，不得在任何社团、企业或机构中兼任董事长、董事会成员，总裁、执行官、监事会主席或成员以及常务董事。

权利保护官或其助理任命公布后一月为期限，被任命者须停止一切有悖于新职务要求的活动。若其为公务员或法官，则在担任原职剩余期内即进入调动状态，不得接受任何可选择的升职。

第二编　关于权利保护官之权限及向其申诉的规定

第四条　权利保护官负责：

1. 维护在与国家行政机关、地方自治团体、公务法人以及承担公共服务职能机构的关系中所涉及的权利和自由；

2. 维护并促进法律或法国正式认可或批准的国际协约赋予儿童的最高利益及权利；

3. 反对法律或法国正式认可或批准的国际协约所禁止的歧视（直接或间接），并促进平等；

4. 确保共和国领土上从事安全活动的人士遵从道义。

第五条　下列主体可向权利保护官提出申诉：

1. 凡认为自身权利及自由在国家行政机关、地方自治团体、公务法人或承担公共服务职能机构运行过程中受到损害的自然人或法人；

2. 为保护自身权利或因所处环境可能损害其利益而寻求援助的儿童，其合法代表，家庭成员，医疗、社会服务机构，或任何在事发之日前至少五年内持续申报、依据其规章维护儿童权利的协会团体；

3. 凡自认为遭到法律或法国正式认可或批准的国际协约所禁止的歧视（直接或间接）之当事人，或任何在事发之日前至少五年内持续申报、依据其规章反对歧视、支持遭受歧视的受害者的协会团体（联合当事人或取得其同意）；

4. 凡认为在安全领域中因未遵从道义规则而导致的事件之受害人或证人；

权利保护官可受理公法人及个人的不当行为。

另外，权利保护官可依职权主动开展活动，亦可依权利自由依受损者之申请而开展活动。

权利保护官受理交予其助理的申诉。

第六条 权利保护官免费受理申诉。

针对被指控的公法人或机构之准备步骤优先于此申诉，除非涉及第四条第 2 至 4 项。

权利保护官的受理本身不中断或延缓民事、行政或刑事行为时效期限，亦不中断或延缓行政救济或诉讼救济的时效。

第七条 申诉可提交至国民议会议员、参议员或欧盟议会法国代表处，若其认为权利保护官应予干预，即可转交。权利保护官向其反馈后续事宜。

议会议员可主动提请权利保护官受理他们认为其应干预的问题。

根据议会任一常设委员会要求，国民议会议长或参议院议长可向权利保护官转交属于其职责范围内、议会已受理的任何请愿状。

权利保护官亦预审由欧洲监察使或外国同类职务人员转交、其认为属于个人职责并且需其干预的申诉。

第八条 权利保护官依职权主动审理，或主动申诉人非疑似受害者，或涉及儿童及其合法代表时，权利保护官只可在当事人或其权利拥有人（必要时）已得知且不反对的情况下进行干预。但是，权利保护官仍可审理其认为可能损害儿童最高利益、当事人身份不明或无法取得同意的案件。

第九条　权利保护官将申诉移交至另一担负保护权利及自由使命的独立机构时，可同时附上其意见书，并可要求对方针对这些意见进行反馈。

权利保护官可基于自身的要求参与全国信息技术和自由委员会及行政信息查询委员会的工作。

第十条　权利保护官不可受理亦不可主动审理第四条第 1 项规定的公法人和机构之间可能发生的纠纷。

除第四条第 3 项所规定的权限范围外，权利保护官不可受理亦不可主动审理在这些公法人及机构与其职员之间在职务过程中可能发生的纠纷。

第三编　关于权利保护官之干预行为的规定

第一章　关于工作小组之规定

第十一条

一、权利保护官领导各工作小组，工作小组辅助其行使职权，维护并促进儿童权利，反对歧视，提高公平及安全领域的道义水平。

总理基于权利保护官的提名任命权利保护官助理，包括：

——儿童保护官一名，担任维护及促进儿童权利小组副组长，根据在此领域的知识水平及经验择优选定；

——助理一名，担任安全领域道义问题小组副组长，根据在此领域的知识水平及经验择优选定；

——助理一名，担任反对歧视及加强公平小组副组长，根据在此领域的知识水平及经验择优选定。

二、所有助理协助权利保护官，并受其领导。

权利保护官可将其职责下放分配给相关领域的助理，但第十九条、第二十九条、第三十一条、第三十二条、第三十六条以及第十八条和第二十五条最后一段所规定的权责除外。

副组长级别的助理可在本小组会议上代替权利保护官主持会议，并可在其相关领域里代表权利保护官进驻集中各国负责保护权利及自由的独立机构的联合组织。

第十二条　权利保护官可召集各小组和各助理的联合会议，磋商涉及多领域或特别困难的申诉或问题。

第十三条　干预涉及安全道义方面的问题时，权利保护官可就所有新问题与其领导的小组进行商讨，除助理兼副组长外，小组成员还应包括：

——三名由参议院议长指定的高级人才；

——三名由国民议会议长指定的高级人才；

——一名由最高行政法院副院长指定的最高行政法院成员或前成员；

——一名由最高司法法院院长和检察总长联合指定的最高司法法院成员或前成员。

小组成员应根据其在安全道义领域的知识水平及经验而经选定。

参议院议长和国民议会议长指定的人选总体须达到男女比例平衡。

权利保护官主持小组会议时，其助理不参与投票。

当赞成与反对票数相同时，会议主席的意见具有决定性。

第十四条　干预涉及维护和促进儿童权利方面的问题时，权利保护官可就所有新问题与其领导的小组进行商讨，除助理兼副组长外，小组成员还应包括：

——两名由参议院议长指定的高级人才；

——两名由国民议会议长指定的高级人才；

——一名由经济、社会与环境委员会主席指定的高级人才；

——一名由最高司法法院院长和检察总长联合指定的最高司法法院成

员或前成员。

小组成员应根据其在维护和促进儿童权利领域的知识水平及经验而经选定。

在任何情况下，参议院议长和国民议会议长指定的人选总体须达到男女比例平衡。

权利保护官主持小组会议时，其助理不参与投票。

当赞成与反对票数相同时，会议主席的意见具有决定性。

第十五条 干预涉及反对歧视及加强公平方面的问题时，权利保护官可就所有新问题与其领导的小组进行商讨，除助理兼副组长外，小组成员还应包括：

——三名由参议院议长指定的高级人才；

——三名由国民议会议长指定的高级人才；

——一名由最高行政法院副院长指定的高级人才；

——一名由最高司法法院院长指定的高级人才。

小组成员应根据其在反对歧视及加强公平领域的知识水平及经验而经选定。

参议院议长和国民议会议长指定的人选总体须达到男女比例平衡。

权利保护官主持小组会议时，其助理不参与投票。

当赞成与反对票数相同时，会议主席的意见具有决定性。

第十六条 权利保护官助理任期及第十三条、第十四条、第十五条提及的小组成员任期随权利保护官任期结束而终止。权利保护官助理不可连任。

停职的权利保护官助理及小组成员的剩余任期由其接替者完成。如果剩余任期短于两年，权利保护官助理可续任。

第十三条中提及的小组成员原则上不可兼职安全领域的工作。

除主动辞职或特别任职障碍外，不得在小组成员任期结束前停止其职务。但是，根据第十三条、第十四条、第十五条中所规定的条件而任命的任何小组成员，如果无正当理由缺席连续三次会议，经小组三分之二成员裁定同意，在接受批评后，其职务即自动解除。权利保护官负责告知任命人。

第十七条 小组任何成员不得参加与下列机构相关的审议：

——本人在该机构中具有直接或间接利益，或者在该机构中任职或接受该机构的委任；

——本人于审议前三年内在该机构中具有直接或间接利益，或者在该机构中任职或接受该机构的委任。

小组成员应告知权利保护官其在某法人中相关或恰巧相关的直接或间接利益、担任或恰巧担任的职务以及接受或恰巧接受的委任。

权利保护官应监督前述义务的遵守情况。

第二章 关于权利保护官之预审方式的规定

第十八条 权利保护官可当面质问任何受指控的自然人或法人，为此，可听审任何其认为有必要听审的人士。

受指控的自然人或法人应配合权利保护官完成工作。

他们有义务授权代理人和职员回应权利保护官提出的要求。此类人员有义务回答权利保护官对他们提出的质问，并有义务听从其召见。召见须提及听审的主题。

权利保护官受理案件时，所质问的对象可以自行选择顾问并获得其援助。听审时的辩护笔录交予听审当事人。

若权利保护官提出要求，则政府各部部长应指示检查部门在其职责范围内完成所有核验或调查。部长负责向权利保护官反馈其要求的完成结果。

第十九条 权利保护官可要求最高行政法院副院长或审计法院院长开展任何审查。

第二十条 受指控的自然人或法人应根据权利保护官的附理由之要求，向其提交所有对其工作有用的信息和材料。

权利保护官可根据自己的判断收集其认为必要的资料，即使是保密或内部信息，除非内容涉及国防、国家安全或外交政策。讯问和调查机密对其不构成限制。

只有在当事人紧急要求时，适用于律师和客户关系中受医疗和职业机密保护的信息才可以被交予权利保护官。但是，当涉及对未成年人或因年龄、生理或心理原因无自我保护能力者进行肉体、性或精神的剥夺、虐待及暴力时，受医疗机密保护的信息无需经当事人同意即可交予权利保护官。

受职业机密限制者不可因其向权利保护官透露了机密信息而依据刑法第226-13条遭到起诉，自这些信息被纳入本组织法第四条所规定的权利保护官权责范围时起算。

第二十一条 当根据第十八条（除最后一段外）或第二十条所提出的要求未得到有效回应时，权利保护官可责令有关人等在其规定的期限内做出答复。

当责令无效时，权利保护官可向负责紧急审理的法官附理由的申请，以便采取法官判定有效的任何措施。

第二十二条

一、权利保护官可进行：

1. 在被指控人办公或私人场所的现场核查；

2. 在公众可进入的建筑、场所、交通工具及仅限此用途的办公地点的现场核查。

在现场核查中，权利保护官可听审任何有可能提供信息的人士。

二、有关当局可因关乎国防或公共安全问题的严重紧迫原因拒绝在公法人办公地点进行涉及第四条第 1 至 3 项内容的现场核查。

在此情况下，有关当局必须向权利保护官提供其拒绝的正当理由。

权利保护官可以向负责紧急审理的法官提交附理由的申请，以便法官授权进行现场核查。核查在授权法官的管控及监督下进行。此法官可在此期间进入办公地点。此法官可在任何时间决定中止或停止核查。

三、私人场所的负责人应被提前告知有拒绝搜查或现场核查的权利。当其行使此项权利时，只有获得待查场所所在管辖区的大审法院中自由与羁押法官按照最高行政法院法令规定的条件给予的授权后，搜查或现场核查才可进行。但是，如遇事态紧迫严重，或文件可能被销毁、隐藏，可根据自由与羁押法官预先批准，在未通知场所负责人的情况下进行搜查。在此情况下，场所负责人无权拒绝搜查。

搜查在批准行动的自由与羁押法官的管控及监督下进行，搜查场所的所有人或其代表在场，他们可以自行选择顾问并获得其援助，如没有顾问，则可由两名不受监督者管辖的证人陪同在场。

批准搜查的命令仅原件查验无误后生效。命令中应提及批准行动的法官在任何时间都可接受中止或停止搜查的请求。命令中应指明上诉期限与方式。根据民事诉讼法典中的规定，此命令可被上诉至上诉法院院长。该院长亦应熟悉针对搜查程序的上诉案件。

第二十三条　权利保护官受理或依职权主动审理的案件需初步侦查、现场调查、公开司法信息或进行司法起诉时，应根据情况，提前征得受诉司法机关或共和国检察官的同意，以便实施第十八条（除最后一段外）、第二十条和第二十二条。当权利保护官根据第四条第 3 项规定的权责进行干预时，还必须事先向以下方面征得同意：

——受诉司法机关或共和国检察官，当案件需初步侦查、现场调查、公开司法信息或进行司法起诉时，以便实施第二十六条及第二十八条第一款；

——共和国检察官，当案件需初步侦查、现场调查时，以便实施第二十八条第二款。

第三章 关于权利保护官之权力的规定

第二十四条 权利保护官评判申诉中涉及的或他人揭发的案件是否应由其干预。

对于决定不予受理的申诉，权利保护官应给出原因。

第二十五条 权利保护官可提出任何其认为能够保护利益受损者权利及自由、解决所遇困难或预防困难再次发生的建议。

权利保护官可建议用公平的方式解决其受理对象的境遇问题。

相关单位或个人应在权利保护官所确定的期限内反馈其建议完成情况。

如在期限内未有反馈信息，或权利保护官根据所掌握的情况认为其建议未有成效，权利保护官可责令被指控人在确定期限内采取必要措施。

若责令仍未见效，权利保护官可撰写一份特别报告，以通知被指控人。权利保护官得按照其确定的方式公开此报告，必要时亦将被指控人的答复公布于众。

第二十六条 权利保护官可进行调解，着力使纠纷以和解协商方式友好解决。

调解过程中所观察到的事实及听取的声明，之后未经当事人许可均不能在民事或行政诉讼中作为证据提交或援引，除非协议泄露是为实施协议本身所必需，或因涉及公共秩序之故而使其被迫泄露。

第二十七条 权利保护官根据第二十四条规定的条件若认为应对自觉遭到歧视者或恳求保护儿童权利者的申诉进行干预时，应帮助申诉人组织材料、明确适合其个案的诉讼程序，包括程序中涵盖跨国手续的情况。

第二十八条 一、权利保护官可向申诉人及被指控人提议和解，并就和解条款的具体项目给出建议。

二、当发现案件涉及刑法典第225-2条、第432-7条及劳动法典第L.1146-1条、第L.2146-2条所认定的歧视行为时，若案件还未引起公诉，权利保护官可提议肇事人做出和解，其中包括交付协议罚款（涉及单个自然人时，金额不超过3000欧元；涉及单个法人时，金额不超过15000欧元），以及必要时对受害人的赔偿金。罚款具体金额根据案件严重程度及肇事人的收入水平、经济负担而决定。

权利保护官提议、肇事方及受害方（某些情况下）接受的和解，必须经由共和国检察官批准。

受到和解提议的人应被告知在其同意权利保护官提议之前可寻求律师援助。

三、在第二款规定的情况下，权利保护官也可提议和解包括以下内容：

1. 在公告中写明的地点进行张贴，时间不超过两个月；

2. 向企业委员会或职工代表传达公告以便其了解情况；

3. 在《官方公告》、除《官方公告》外的一份或多份刊物上刊登公告，或者通过电子服务平台传播公告内容，即使这些刊物或电子服务平台拒绝；

4. 强制在企业内部公布决定。

公告的张贴及传播费用由肇事方负责，但金额最高不可超过第二款中所规定的协议罚款总额。

四、前述第二款中所提及的和解在实施或执行的过程中可因公诉时效而中断。

执行和解可成为公诉停止的原因，但不能妨碍民事原告向轻罪法院提诉要求直接传讯的权利。法庭仅由一名行使庭长权的法官组成，只能针对民事权益做出裁判。

当拒绝和解提议或未履行已接受且共和国检察官已批准的和解时，权利保护官可根据刑事诉讼法典第一条规定，通过直接传讯的方式开启公诉程序。

五、第二至四款的具体操作方法另由法令予以详细规定。

第二十九条 权利保护官可提请负责违纪惩戒诉讼的机关受理其了解并认为应进行惩戒的案件。

该机关应向权利保护官反馈其受理提请的后续事宜，如未实施惩戒程序，则应告知其决定的理由。

如在规定期限内未得到反馈信息，或根据所掌握的情况，认为提请未见必要举措，权利保护官可撰写一份特别报告，以通知第一段中规定的机关。权利保护官得以其确定的方式公开此报告，必要时亦可将被提请机关的答复公布于众。

根据宪法第六十五条倒数第二款的规定可能成为最高司法委员会受理案件之对象的人士，不适用前一段的规定。

第三十条 当发现在某自然人或法人经某公权力部门批准或授权的职业活动中存在第四条第 3 项提及的直接或间接歧视，或针对此自然人或法人，某单位有权因其违反有关歧视或公共秩序及自由的法律规定而采取保全或处分措施时，权利保护官可建议此公权力部门行使其拥有的停职权或处分权。

权利保护官须被告知其建议的后续执行情况。

第三十一条 权利保护官受理未曾提交司法机关的申诉时，若其中提出涉及法律法规的解释或适用范围的问题，则可向最高行政法院咨询。权利保护官可将意见书公布于众。意见书的公布应服从最高行政法院法令规定的条件。

第三十二条 权利保护官可就法律法规提出其认为有用的修改建议。

权利保护官可就所有在其权限范围内的法案接受总理的咨询。

权利保护官亦可就所有属于其权限范围的问题接受总理、国民议会议长或参议院议长的咨询。

权利保护官根据总理的要求在属于其权限范围内的领域参与准备、界定国际谈判中的法国立场。

在第二段及第三段提及的情况中，权利保护官提交其意见书的限期为一个月。

第三十三条 权利保护官不可对司法裁判提出质疑。

民事、行政及刑事司法机关可主动或应诉讼各方要求，邀请权利保护官表达书面或口头意见。权利保护官亦可主动要求出具书面意见，或向这些司法机关阐述意见；在此情况下，其意见有权得到倾听。

在不妨碍实施第二十八条第二款的前提下，当权利保护官认为其所了解的案情构成重罪或轻罪，则应将情况告知共和国检察官。如已根据第二十六条启动调解，亦应告知共和国检察官。

共和国检察官应向权利保护官反馈案件移交的后续情况。

当案件涉及未成年人，并有可能需按民法典第三百七十五条规定采取教育救助措施时，权利保护官应将案件告知司法机关；当受理的申诉人为未成年人，且身涉正在进行中的司法程序时，权利保护官应告知司法机关其在受理过程中搜集到的任何信息。

第三十四条 权利保护官可在其权限范围内的不同领域里进行任何恰当的交流推广和信息传播。

为此，权利保护官支持信息传播项目的开展，引导协调相关考察研究工作，鼓励支持所有公立或私立机构自愿构建及采纳旨在促进权利和公平的承诺，并辨识推广所有在此方面良好的实践行为。

第三十五条 权利保护官应提请有关地方自治机关处理可能需要儿童

社会援助服务机构进行干预的任何因素。

第三十六条 一、权利保护官可于通知受指控者之后，按照其确定的方式公开其意见、建议或决定，在必要时亦可将被指控者的答复公布于众。

二、权利保护官每年应向共和国总统、国民议会议长及参议会议长做如下报告：

1. 总体工作总结报告，包括一份主题附件，附件内容是关于第四条中列举的权责各领域情况；

2. 有关儿童权利的报告，报告时间为国际儿童权利日。

以上涉及第一款和第二款的报告应公开发表，并可成为权利保护官在议会两院分别作报告时的内容。

三、权利保护官亦可向共和国总统、国民议会议长及参议会议长作一切其他报告。报告亦公开发表。

第四编 关于权利保护官之组织及运行的规定

第三十七条 权利保护官可调配的公务人员只可包括文职及军职官员、议会工作人员、法官及公法部门的政府合同雇员。

权利保护官在全国境内指定代表，并可为境外法国人士指定代表，代表受其领导，可在他们具有管辖权的区域对申诉进行预审，并参与解决重大问题及第三十四条第一段中提及的行动。为使在押人员受益于本组织法的规定，权利保护官为每所监狱指定一名或多名代表。

权利保护官可赋予代表及其工作人员第十八条（除最后一段外）、第二十条及第二十二条中提及的权限。为行使第二十二条规定的权力，这些代表及工作人员特由住所附近的上诉法院检察官授权。

权利保护官辖下的工作人员宣誓且特由共和国检察官授权后，可将歧视轻罪记人笔录，特别是在实施刑法典第 225-3-1 条时。

本条第三段、第四段提及的授权应根据最高行政法院法令规定的条件及方式进行操作。

第三十八条 权利保护官、其助理、小组其他成员、代表及其辖下的所有工作人员，对于因职务原因而了解到的事实、行动或信息必须严格遵守职业秘密，除非是因撰写本组织法已预先说明的通知、意见、建议、命令及报告所必需的材料。

但是，当受理对象为儿童时，权利保护官可将信息告知其合法代表及保护当事儿童利益的相关机构。

除非当事人同意，在权利保护官负责公布的文件中不允许出现任何利于辨识出某自然人的提法表述。

第三十九条 权利保护官拟定并公布一份内部规定及一项职业道德准则，以适用于其自身、其助理、小组其他成员、其代表及其辖下的所有工作人员。

第五编（略）

（翻译：侯镌琳　审校：王建学）

LOI organique n° 2011-333 du 29 mars 2011 relative au Défenseur des droits (1)

NOR : JUSX0918101L

L'Assemblée nationale et le Sénat ont adopté,

Le Conseil constitutionnel a déclaré conforme à la Constitution;

Le Président de la République promulgue la loi dont la teneur suit :

TITRE Ier DISPOSITIONS GÉNÉRALES

Article 1er Le Défenseur des droits est nommé par décret en conseil des ministres, après application de la procedure prévue au dernier alinéa de l'article 13 de la Constitution.

Il ne peut être mis fin à ses fonctions que sur sa demande ou en cas d'empêchement dans des conditions définies par décret en Conseil d'Etat.

Article 2 Le Défenseur des droits, autorité constitutionnelle indépendante, ne reçoit, dans l'exercice de ses attributions, aucune instruction.

Le Défenseur des droits et ses adjoints ne peuvent être poursuivis, recherchés, arrêtés, détenus ou jugés à l'occasion des opinions qu'ils émettent ou des actes qu'ils accomplissent dans l'exercice de leurs fonctions.

Article 3 Les fonctions de Défenseur des droits et celles de ses adjoints sont incompatibles avec celles de membre du Gouvernement, du Conseil constitutionnel, du Conseil supérieur de la magistrature et du Conseil économique, social et environnemental ainsi qu'avec tout mandat électif.

Le membre du Gouvernement, du Conseil constitutionnel, du Conseil supérieur de la magistrature, du Conseil économique, social et environnemental ou le titulaire d'un mandat électif qui est nommé Défenseur des droits ou adjoint est réputé avoir opté pour ces dernières fonctions s'il n'a pas exprimé de volonté contraire dans les huit jours suivant la publication au Journal officiel de sa nomination.

Les fonctions de Défenseur des droits et celles de ses adjoints sont, en outre, incompatibles avec toute autre fonction ou emploi public et toute activité professionnelle ainsi qu'avec toute fonction de président et de membre de conseil d'administration, de président et de membre de directoire, de président et de membre de conseil de surveillance, et d'administrateur délégué dans toute société, entreprise ou établissement.

Dans un délai d'un mois suivant la publication de sa nomination comme Défenseur des droits ou comme un de ses adjoints, la personne nommée doit cesser toute activité incompatible avec ses nouvelles fonctions. Si elle est fonctionnaire ou magistrat, elle est placée en position de détachement de plein droit pendant la durée de ses fonctions et ne peut recevoir, au cours de cette période, aucune promotion au choix.

TITRE II DISPOSITIONS RELATIVES AUX COMPÉTENCES ET À LA SAISINE DU DÉFENSEUR DES DROITS

Article 4 Le Défenseur des droits est chargé :

1. De défendre les droits et libertés dans le cadre des relations avec les administrations de l'Etat, les collectivités territoriales, les établissements publics et les organismes investis d'une mission de service public;

2. De défendre et de promouvoir l'intérêt supérieur et les droits de l'enfant consacrés par la loi ou par un engagement international régulièrement ratifié ou approuvé par la France;

3. De lutter contre les discriminations, directes ou indirectes, prohibées par la loi ou par un engagement international régulièrement ratifié ou approuvé par la France ainsi que de promouvoir l'égalité;

4. De veiller au respect de la déontologie par les personnes exerçant des activités de sécurité sur le territoire de la République.

Article 5 Le Défenseur des droits peut être saisi :

1. Par toute personne physique ou morale qui s'estime lésée dans ses droits et libertés par le fonctionnement d'une administration de l'Etat, d'une collectivité territoriale, d'un établissement public ou d'un organisme investi d'une mission de service public;

2. Par un enfant qui invoque la protection de ses droits ou une situation mettant en cause son intérêt, par ses représentants légaux, les membres de sa famille, les services médicaux ou sociaux ou toute association régulièrement déclarée depuis au moins cinq ans à la date des faits et se proposant par ses statuts de defender les droits de l'enfant;

3. Par toute personne qui s'estime victime d'une discrimination, directe ou indirecte, prohibée par la loi ou par un engagement international régulièrement ratifié ou approuvé par la France, ou par toute association régulièrement déclarée depuis au moins cinq ans à la date des faits se proposant par ses statuts de combattre les discriminations ou d'assister les victimes de discriminations, conjointement avec la personne s'estimant victime de discrimination ou avec son accord;

4. Par toute personne qui a été victime ou témoin de faits dont elle estime

qu'ils constituent un manquement aux règles de déontologie dans le domaine de la sécurité.

Le Défenseur des droits peut être saisi des agissements de personnes publiques ou privées.

Il peut en outre se saisir d'office ou être saisi par les ayants droit de la personne dont les droits et libertés sont en cause.

Il est saisi des réclamations qui sont adressées à ses adjoints.

Article 6 La saisine du Défenseur des droits est gratuite.

Elle est précédée de démarches préalables auprès des personnes publiques ou des organismes mis en cause, sauf lorsqu'elle est présentée au titre des compétences mentionnées aux 2 à 4 de l'article 4.

La saisine du Défenseur des droits n'interrompt ni ne suspend par elle-même les délais de prescription des actions en matière civile, administrative ou pénale, non plus que ceux relatifs à l'exercice de recours administratifs ou contentieux.

Article 7 Une réclamation peut être adressée à un député, à un sénateur ou à un représentant français au Parlement européen, qui la transmet au Défenseur des droits s'il estime qu'elle appelle son intervention. Le Défenseur des droits informe le député, le sénateur ou le représentant français au Parlement européen des suites données à cette transmission.

Les membres du Parlement peuvent, de leur propre initiative, saisir le Défenseur des droits d'une question qui leur paraît appeler son intervention.

Sur la demande de l'une des commissions permanentes de son assemblée, le président de l'Assemblée nationale ou le président du Sénat peut transmettre au Défenseur des droits, dans les domaines de sa compétence, toute pétition dont l'assemblée a été saisie.

Le Défenseur des droits instruit également les réclamations qui lui sont transmises par le Médiateur européen ou un homologue étranger et qui lui paraissent relever de sa compétence et appeler son intervention.

Article 8 Lorsqu'il se saisit d'office ou lorsqu'il est saisi autrement qu'à l'initiative de la personne s'estimant lésée ou, s'agissant d'un enfant, de ses représentants légaux, le Défenseur des droits ne peut intervenir qu'à la condition que cette personne ou, le cas échéant, ses ayants droit ait été avertie et ne se soit pas opposée à son intervention. Toutefois, il peut toujours se saisir des cas lui paraissant mettre en cause l'intérêt supérieur d'un enfant et des cas relatifs à des personnes qui ne sont pas identifiées ou dont il ne peut recueillir l'accord.

Article 9 Lorsque le Défenseur des droits transmet une réclamation à une autre autorité indépendante investie d'une mission de protection des droits et libertés, il peut accompagner cette transmission de ses observations et demander à être informé des suites données à celles-ci.

Le Défenseur des droits est associé, à sa demande, aux travaux de la Commission nationale de l'informatique et des libertés et de la Commission d'accès aux documents administratifs.

Article 10 Le Défenseur des droits ne peut être saisi ni ne peut se saisir des différends susceptibles de s'élever entre les personnes publiques et organismes mentionnés au 1 de l'article 4.

Il ne peut être saisi ni ne peut se saisir, sauf au titre de ses compétences mentionnées au 3 du même article 4, des différends susceptibles de s'élever entre, d'une part, ces personnes publiques et organismes et, d'autre part, leurs agents, à raison de l'exercice de leurs fonctions.

TITRE III DISPOSITIONS RELATIVES À L'INTERVENTION DU DÉFENSEUR DES DROITS

CHAPITRE Ier Dispositions relatives aux collèges

Article 11 I. – Le Défenseur des droits préside les collèges qui l'assistent pour l'exercice de ses attributions en matière de défense et de promotion des droits de l'enfant, de lutte contre les discriminations et de promotion de l'égalité, ainsi que de déontologie dans le domaine de la sécurité.

Sur proposition du Défenseur des droits, le Premier ministre nomme les adjoints du Défenseur des droits, dont:

— un Défenseur des enfants, vice-président du collège chargé de la défense et de la promotion des droits de l'enfant, choisi pour ses connaissances ou son expérience dans ce domaine;

— un adjoint, vice-président du collège chargé de la déontologie dans le domaine de la sécurité, choisi pour ses connaissances ou son expérience dans ce domaine;

— un adjoint, vice-président du collège chargé de la lutte contre les discriminations et de la promotion de l'égalité, choisi pour ses connaissances ou son expérience dans ce domaine.

II. – Les adjoints sont placés auprès du Défenseur des droits et sous son autorité.

Le Défenseur des droits peut déléguer ses attributions à ses adjoints, dans leur domaine de compétence, à l'exception de celles mentionnées aux articles 19, 29, 31, 32, 36 et au dernier alinéa des articles 18 et 25.

Chaque adjoint peut suppléer le Défenseur des droits à la présidence des réunions du collège dont il est le vice-président et le représenter, dans son domaine de compétence, auprès des organisations rassemblant les autorités indépendantes de pays tiers chargées de la protection des droits et libertés.

Article 12 Le Défenseur des droits peut convoquer une réunion conjointe de plusieurs collèges et de ses adjoints afin de la consulter sur les réclamations ou les questions qui intéressent plusieurs de ses domaines de compétence, ou qui présentent une difficulté particulière.

Article 13 Lorsqu'il intervient en matière de déontologie de la sécurité, le Défenseur des droits consulte, sur toute question nouvelle, un collège qu'il préside et qui comprend, outre son adjoint, vice-président :

— trois personnalités qualifiées désignées par le président du Sénat;

— trois personnalités qualifiées désignées par le président de l'Assemblée nationale;

— un membre ou ancien membre du Conseil d'Etat désigné par le vice-président du Conseil d'Etat;

— un membre ou ancien membre de la Cour de cassation désigné conjointement par le premier président de la Cour de cassation et par le procureur général près ladite cour.

Les membres du collège sont désignés en raison de leurs connaissances ou de leur expérience dans le domaine de la déontologie de la sécurité.

Les désignations du président du Sénat et du président de l'Assemblée nationale concourent à une représentation équilibrée entre les femmes et les hommes.

Lorsque le Défenseur des droits préside les réunions du collège, son adjoint ne prend pas part au vote.

En cas de partage égal des voix, celle du président est prépondérante.

Article 14 Lorsqu'il intervient en matière de défense et de promotion des droits de l'enfant, le Défenseur des droits consulte, sur toute question nouvelle, un collège qu'il préside et qui comprend, outre son adjoint, viceprésident :

— deux personnalités qualifiées désignées par le président du Sénat;

— deux personnalités qualifiées désignées par le président de l'Assemblée nationale;

— une personnalité qualifiée désignée par le président du Conseil économique, social et environnemental;

— un membre ou ancien membre de la Cour de cassation désigné conjointement par le premier président de la Cour de cassation et par le procureur général près ladite cour.

Les membres du collège sont désignés en raison de leurs connaissances ou de leur expérience en matière de défense et de promotion des droits de l'enfant.

Les désignations du président du Sénat et du président de l'Assemblée nationale concourent, dans chaque cas, à une représentation équilibrée entre les femmes et les hommes.

Lorsque le Défenseur des droits préside les réunions du collège, son adjoint ne prend pas part au vote.

En cas de partage égal des voix, celle du président est prépondérante.

Article 15 Lorsqu'il intervient en matière de lutte contre les discriminations et de promotion de l'égalité, le Défenseur des droits consulte, sur toute question nouvelle, un collège qu'il préside et qui comprend, outre son adjoint, vice-président:

— trois personnalités qualifiées désignées par le président du Sénat;

— trois personnalités qualifiées désignées par le président de l'Assemblée nationale;

— une personnalité qualifiée désignée par le vice-président du Conseil d'Etat;

— une personnalité qualifiée désignée par le premier président de la Cour de cassation.

Les membres du collège sont désignés en raison de leurs connaissances ou de leur expérience dans le domaine de la lutte contre les discriminations et de la promotion de l'égalité.

Les désignations du président du Sénat et du président de l'Assemblée nationale concourent à une représentation équilibrée entre les femmes et les hommes.

Lorsque le Défenseur des droits préside les réunions du collège, son adjoint ne prend pas part au vote.

En cas de partage égal des voix, celle du président est prépondérante.

Article 16 Le mandat des adjoints du Défenseur des droits et celui des membres des collèges mentionnés aux articles 13, 14 et 15 cessent avec le mandat du Défenseur des droits. Celui des adjoints du Défenseur des droits n'est pas renouvelable.

Les adjoints du Défenseur des droits et le membre d'un collège qui cessent d'exercer leurs fonctions sont remplacés pour la durée de mandat restant à courir. Si cette durée est inférieure à deux ans, le mandat d'un adjoint du Défenseur des droits est alors renouvelable.

La qualité de membre du collège mentionné à l'article 13 est incompatible avec l'exercice, à titre principal, d'activités dans le domaine de la sécurité.

Il ne peut être mis fin aux fonctions des membres des collèges avant l'expiration de leur mandat qu'en cas de démission ou d'empêchement. Toutefois, tout membre d'un collège nommé dans les conditions prévues aux articles 13, 14 et 15 qui, sans justification, n'a pas assisté à trois séances consécutives peut être déclaré démissionnaire d'office par le collège statuant à la majorité des deux tiers de ses membres, après avoir été mis en mesure de présenter des observations. Le Défenseur des droits en informe l'autorité de nomination.

Article 17 Aucun membre des collèges ne peut :

— participer à une délibération relative à un organisme au sein duquel il détient un intérêt direct ou indirect, exerce des fonctions ou détient un mandat;

— participer à une délibération relative à un organisme au sein duquel il a, au cours des trois années précédant la délibération, détenu un intérêt direct ou indirect, exercé des fonctions ou détenu un mandat.

Les membres des collèges informent le Défenseur des droits des intérêts directs ou indirects qu'ils détiennent ou viennent à détenir, des fonctions qu'ils exercent ou viennent à exercer et de tout mandat qu'ils détiennent ou viennent à détenir au sein d'une personne morale.

Le Défenseur des droits veille au respect de ces obligations.

CHAPITRE II Dispositions relatives aux moyens d'information du Défenseur des droits

Article 18 Le Défenseur des droits peut demander des explications à toute personne physique ou morale mise en cause devant lui. A cet effet, il peut entendre toute personne dont le concours lui paraît utile.

Les personnes physiques ou morales mises en cause doivent faciliter l'accomplissement de sa mission.

Elles sont tenues d'autoriser leurs agents et préposés à répondre à ses demandes. Ceux-ci sont tenus de répondre aux demandes d'explications qu'il leur adresse et de déférer à ses convocations. Les convocations doivent mentionner l'objet de l'audition.

Lorsque le Défenseur des droits est saisi, les personnes auxquelles il demande des explications peuvent se faire assister du conseil de leur choix. Un procès-verbal contradictoire de l'audition est dressé et remis à la personne entendue.

Si le Défenseur des droits en fait la demande, les ministres donnent instruction aux corps de contrôle d'accomplir, dans le cadre de leur compétence, toutes vérifications ou enquêtes. Ils l'informent des suites données à ces demandes.

Article 19 Le Défenseur des droits peut demander au vice-président du Conseil d'Etat ou au premier président de la Cour des comptes de faire procéder à toutes études.

Article 20 Les personnes physiques ou morales mises en cause communiquent au Défenseur des droits, sur sa demande motivée, toutes informations et pièces utiles à l'exercice de sa mission.

Le Défenseur des droits peut recueillir sur les faits portés à sa connaissance toute information qui lui apparaît nécessaire sans que son caractère secret ou confidentiel puisse lui être opposé, sauf en matière de secret concernant la défense nationale, la sûreté de l'Etat ou la politique extérieure. Le secret de l'enquête et de l'instruction ne peut lui être opposé.

Les informations couvertes par le secret médical ou par le secret professionnel applicable aux relations entre un avocat et son client ne peuvent lui être communiquées qu'à la demande expresse de la personne concernée. Toutefois, les informations couvertes par le secret médical peuvent lui être communiquées sans le consent ementde la personne concernée lorsqu'elles sont relatives à des privations, sévices et violences physiques, sexuelles ou psychiques commis sur un mineur ou une personne qui n'est pas en mesure de se protéger en raison de son âge ou de son incapacité physique ou psychique.

Les personnes astreintes au secret professionnel ne peuvent être poursuivies en application de l'article 226-13 du code pénal pour les informations à caractère secret qu'elles ont pu révéler au Défenseur des droits, dès lors que ces informations entrent dans le champ de compétence de ce dernier tel que prévu à l'article 4 de la présente loi organique.

Article 21 Lorsque ses demandes formulées en vertu de l'article 18, à l'exception du dernier alinéa, ou de l'article 20 ne sont pas suivies d'effet, le Défenseur des droits peut mettre en demeure les personnes intéressées de lui répondre dans un délai qu'il fixe.

Lorsque la mise en demeure n'est pas suivie d'effet, il peut saisir le juge des référés d'une demande motive aux fins d'ordonner toute mesure que ce dernier juge utile.

Article 22 I. – Le Défenseur des droits peut procéder à :

1. Des vérifications sur place dans les locaux administratifs ou privés des personnes mises en cause;

2. Des vérifications sur place dans les lieux, locaux, moyens de transport accessibles au public et dans les locaux professionnels exclusivement consacrés à cet usage.

Lors de ses vérifications sur place, le Défenseur des droits peut entendre toute personne susceptible de fournir des informations.

II. – L'autorité compétente peut s'opposer à une vérification sur place, dans les locaux administratifs d'une personne publique, au titre de l'une des compétences prévues par les 1 à 3. de l'article 4, pour des motifs graves et impérieux liés à la défense nationale ou à la sécurité publique.

L'autorité compétente doit alors fournir au Défenseur des droits les justifications de son opposition.

Le Défenseur des droits peut saisir le juge des référés d'une demande motivée afin qu'il autorise les vérifications sur place. Les vérifications s'effectuent alors sous l'autorité et le contrôle du juge qui les a autorisées. Celui-ci peut se rendre dans les locaux administratifs Durant l'intervention. A tout moment, il peut décider l'arrêt ou la suspension des vérifications.

III. – Le responsable de locaux privés est préalablement informé de son droit d'opposition à la visite ou à la vérification sur place. Lorsqu'il exerce ce droit, la visite ou la vérification sur place ne peut se dérouler qu'après l'autorisation du juge des libertés et de la détention du tribunal de grande instance dans le resort duquel sont situés les locaux à visiter, qui statue dans des conditions fixées par décret en Conseil d'Etat. Toutefois, lorsque l'urgence, la gravité des faits à l'origine du contrôle ou le risque de destruction ou de dissimulation de documents le justifient, la visite peut avoir lieu sans que le responsable des locaux en ait été informé, sur autorisation préalable du juge des libertés et de la détention. Dans ce cas, le responsable des lieux ne peut s'opposer à la visite.

La visite s'effectue sous l'autorité et le contrôle du juge des libertés et de la détention qui l'a autorisée, en présence de l'occupant des lieux ou de son représentant, qui peut se faire assister d'un conseil de son choix ou, à défaut, en présence de deux témoins qui ne sont pas placés sous l'autorité des personnes chargées de procéder au contrôle.

L'ordonnance ayant autorisé la visite est exécutoire au seul vu de la minute. Elle mentionne que le juge ayant autorisé la visite peut être saisi à tout moment d'une demande de suspension ou d'arrêt de cette visite. Elle indique le délai et la voie de recours. Elle peut faire l'objet, suivant les règles prévues par le code de procédure civile, d'un appel devant le premier président de la cour d'appel. Celui-ci connaît également des recours contre le déroulement des opérations de visite.

Article 23 Lorsque le Défenseur des droits est saisi, ou se saisit d'office, de faits donnant lieu à une enquête préliminaire ou de flagrance ou pour lesquels une information judiciaire est ouverte ou des poursuites judiciaires sont en cours, il doit recueillir l'accord préalable des juridictions saisies ou du procureur de la République, selon le cas, pour la mise en oeuvre de l'article 18, à l'exception du dernier alinéa, des articles 20 et 22. Lorsqu'il intervient au titre de sa compétence prévue au 3o de l'article 4, il doit également recueillir l'accord préalable :

— des juridictions saisies ou du procureur de la République, pour la mise en œuvre de l'article 26 et du I de l'article 28, lorsque les faits donnent lieu à une enquête préliminaire ou de flagrance ou qu'une information judiciaire est ouverte ou des poursuites judiciaires sont en cours;

— du procureur de la République, pour la mise en œuvre du II de l'article 28, lorsque les faits donnent lieu à une enquête préliminaire ou de flagrance.

CHAPITRE III Dispositions relatives aux pouvoirs du Défenseur des droits

Article 24 Le Défenseur des droits apprécie si les faits qui font l'objet d'une réclamation ou qui lui sont signalés appellent une intervention de sa part.

Il indique les motifs pour lesquels il décide de ne pas donner suite à une saisine.

Article 25 Le Défenseur des droits peut faire toute recommandation qui lui apparaît de nature à garantir le respect des droits et libertés de la personne lésée et à régler les difficultés soulevées devant lui ou à en prévenir le renouvellement.

Il peut recommander de régler en équité la situation de la personne dont il est saisi.

Les autorités ou personnes intéressées informent le Défenseur des droits, dans le délai qu'il fixe, des suites données à ses recommandations.

A défaut d'information dans ce délai ou s'il estime, au vu des informations reçues, qu'une recommendation n'a pas été suivie d'effet, le Défenseur des droits peut enjoindre à la personne mise en cause de prendre, dans un délai déterminé, les mesures nécessaires.

Lorsqu'il n'a pas été donné suite à son injonction, le Défenseur des droits établit un rapport spécial, qui est communiqué à la personne mise en cause. Le Défenseur des droits rend publics ce rapport et, le cas échéant, la réponse de la personne mise en cause, selon des modalités qu'il détermine.

Article 26 Le Défenseur des droits peut procéder à la résolution amiable des différends portés à sa connaissance, par voie de médiation.

Les constatations effectuées et les déclarations recueillies au cours de la médiation ne peuvent être ni produites, ni invoquées ultérieurement dans les instances civiles ou administratives sans le consentement des personnes intéressées, sauf si la divulgation de l'accord est nécessaire à sa mise en œuvre ou si des raisons d'ordre public l'imposent.

Article 27 Lorsque le Défenseur des droits estime, dans les conditions définies à l'article 24, que la réclamation d'une personne s'estimant victime d'une discrimination ou invoquant la protection des droits de l'enfant appelle une intervention de sa part, il l'assiste dans la constitution de son dossier et l'aide à identifier les procedures adaptées à son cas, y compris lorsque celles-ci incluent une dimension internationale.

Article 28 I. – Le Défenseur des droits peut proposer à l'auteur de la réclamation et à la personne mise en cause de conclure une transaction dont il peut recommander les termes.

II. – Lorsqu'il constate des faits constitutifs d'une discrimination sanctionnée par les articles 225-2 et 432-7 du code pénal et L. 1146-1 et L. 2146-2 du code du travail, le Défenseur des droits peut, si ces faits n'ont pas déjà donné lieu à la mise en mouvement de l'action publique, proposer à l'auteur des faits une transaction consistant dans le versement d'une amende transactionnelle dont le montant ne peut excéder 3 000 € s'il s'agit d'une personne physique et 15 000 € s'il s'agit d'une personne morale et, s'il y a lieu, dans l'indemnisation de la victime. Le montant de l'amende est fixé en fonction de la gravité des faits ainsi que des ressources et des charges de l'auteur des faits.

La transaction proposée par le Défenseur des droits et acceptée par l'auteur des faits ainsi que, s'il y a lieu, par la victime doit être homologuée par le procureur de la République.

La personne à qui est proposée une transaction est informée qu'elle peut se faire assister par un avocat avant de donner son accord à la proposition du Défenseur des droits.

III. – Dans les cas prévus au II, le Défenseur des droits peut également proposer que la transaction consiste dans :

1. L'affichage d'un communiqué, dans des lieux qu'elle précise et pour une durée qui ne peut excéder deux mois;

2. La transmission, pour information, d'un communiqué au comité

d'entreprise ou aux délégués du personnel;

3. La diffusion d'un communiqué, par son insertion au Journal officiel ou dans une ou plusieurs autres publications de presse, ou par la voie de services de communication électronique, sans que ces publications ou services de communication électronique puissent s'y opposer;

4. L'obligation de publier la décision au sein de l'entreprise.

Les frais d'affichage ou de diffusion sont à la charge de l'auteur des faits, sans pouvoir toutefois excéder le montant maximal de l'amende transactionnelle prévue au II.

IV. – Les actes tendant à la mise en oeuvre ou à l'exécution de la transaction mentionnée au même II sont interruptifs de la prescription de l'action publique.

L'exécution de la transaction constitue une cause d'extinction de l'action publique. Elle ne fait cependant pas échec au droit de la partie civile de délivrer citation directe devant le tribunal correctionnel. Le tribunal, composé d'un seul magistrat exerçant les pouvoirs conférés au président, ne statue alors que sur les seuls intérêts civils.

En cas de refus de la proposition de transaction ou d'inexécution d'une transaction acceptée et homologue par le procureur de la République, le Défenseur des droits, conformément à l'article 1er du code de procédure pénale, peut mettre en mouvement l'action publique par voie de citation directe.

V. – Un décret précise les modalités d'application des II à IV.

Article 29 Le Défenseur des droits peut saisir l'autorité investie du pouvoir d'engager les poursuites disciplinaires des faits dont il a connaissance et qui lui paraissent de nature à justifier une sanction.

Cette autorité informe le Défenseur des droits des suites réservées à sa saisine et, si elle n'a pas engagé de procédure disciplinaire, des motifs de sa décision.

A défaut d'information dans le délai qu'il a fixé ou s'il estime, au vu des informations reçues, que sa saisine n'a pas été suivie des mesures nécessaires, le Défenseur des droits peut établir un rapport spécial qui est communiqué à l'autorité mentionnée au premier alinéa. Il peut rendre publics ce rapport et, le cas échéant, la réponse de cette autorité selon des modalités qu'il détermine.

L'alinéa précédent ne s'applique pas à la personne susceptible de faire l'objet de la saisine du Conseil supérieur de la magistrature prévue à l'avant-dernier alinéa de l'article 65 de la Constitution.

Article 30 Le Défenseur des droits, lorsqu'il a constaté une discrimination directe ou indirecte mentionnée au 3 de l'article 4 dans l'activité professionnelle d'une personne physique ou morale soumise à agrément ou autorisation par une autorité publique, ou à l'encontre de laquelle une telle autorité dispose du pouvoir de prendre des mesures conservatoires ou des sanctions pour non-respect de la législation relative aux discriminations ou au titre de l'ordre et des libertés publics peut recommander à cette autorité publique de faire usage des pouvoirs de suspension ou de sanction dont elle dispose.

Le Défenseur des droits est tenu informé des suites données à sa recommandation.

Article 31 Lorsque le Défenseur des droits est saisi d'une réclamation, non soumise à une autorité juridictionnelle, qui soulève une question touchant à l'interprétation ou à la portée d'une disposition législative ou réglementaire, il peut consulter le Conseil d'Etat. Le Défenseur des droits peut rendre public cet avis. Ce dernier est rendu dans des conditions fixées par décret en Conseil d'Etat.

Article 32 Le Défenseur des droits peut recommander de procéder aux modifications législatives ou réglementaires qui lui apparaissent utiles.

Il peut être consulté par le Premier ministre sur tout projet de loi intervenant dans son champ de compétence.

Il peut également être consulté par le Premier ministre, le président de l'Assemblée nationale ou le president du Sénat sur toute question relevant de son champ de compétence.

Il contribue, à la demande du Premier ministre, à la préparation et à la définition de la position française dans les négociations internationales dans les domaines relevant de son champ de compétence.

Dans les cas prévus aux deuxième et troisième alinéas, le Défenseur des droits rend son avis dans un délai d'un mois.

Article 33 Le Défenseur des droits ne peut remettre en cause une décision juridictionnelle.

Les juridictions civiles, administratives et pénales peuvent, d'office ou à la demande des parties, l'inviter à présenter des observations écrites ou orales. Le Défenseur des droits peut lui-même demander à présenter des observations écrites ou à être entendu par ces juridictions; dans ce cas, son audition est de droit.

Sans préjudice de l'application du II de l'article 28, lorsqu'il apparaît au Défenseur des droits que les faits portés à sa connaissance sont constitutifs d'un crime ou d'un délit, il en informe le procureur de la République. Il lui fait savoir, le cas échéant, qu'une mission de médiation a été initiée en application de l'article 26.

Le procureur de la République informe le Défenseur des droits des suites données à ses transmissions.

Le Défenseur des droits porte à la connaissance de l'autorité judiciaire les affaires concernant un mineur susceptibles de donner lieu à des mesures d'assistance éducative prévues à l'article 375 du code civil ou toutes informations qu'il aurait recueillies à l'occasion de sa saisine par un mineur impliqué dans une procédure en cours.

Article 34 Le Défenseur des droits mène toute action de communication et d'information jugée opportune dans ses différents domaines de compétence.

Il favorise à cette fin la mise en oeuvre de programmes de formation. Il conduit et coordonne des travaux d'étude et de recherche. Il suscite et soutient les initiatives de tous organismes publics ou privés en ce qui concerne l'élaboration et l'adoption d'engagements visant à la promotion des droits et de l'égalité. Il identifie et promeut toute bonne pratique en la matière.

Article 35 Le Défenseur des droits saisit les autorités locales compétentes de tout élément susceptible de justifier une intervention du service en charge de l'aide sociale à l'enfance.

Article 36 I. – Le Défenseur des droits peut, après en avoir informé la personne mise en cause, décider de render publics ses avis, recommandations ou décisions avec, le cas échéant, la réponse faite par la personne mise en cause, selon des modalités qu'il détermine.

II. – Il présente chaque année au Président de la République, au président de l'Assemblée nationale et au président du Sénat :

1. Un rapport qui rend compte de son activité générale et comprend une annexe thématique relative à chacun de ses domaines de compétences énumérés à l'article 4;

2.Un rapport consacré aux droits de l'enfant à l'occasion de la journée internationale des droits de l'enfant.

Les rapports visés aux 1 et 2 sont publiés et peuvent faire l'objet d'une communication du Défenseur des droits devant chacune des deux assemblées.

III. – Le Défenseur des droits peut également présenter tout autre rapport au Président de la République, au président de l'Assemblée nationale et au président du Sénat. Ce rapport est publié.

TITRE IV DISPOSITIONS RELATIVES À L'ORGANISATION ET AU FONCTIONNEMENT DU DÉFENSEUR DES DROITS

Article 37 Le Défenseur des droits dispose de services placés sous son autorité qui ne peuvent comprendre que des fonctionnaires civils et militaires, des fonctionnaires des assemblées parlementaires, des magistrats et des agents contractuels de droit public.

Il peut désigner, sur l'ensemble du territoire ainsi que pour les Français de l'étranger, des délégués, places sous son autorité, qui peuvent, dans leur ressort géographique, instruire des réclamations et participer au règlement des difficultés signalées ainsi qu'aux actions mentionnées au premier alinéa de l'article 34. Afin de permettre aux personnes détenues de bénéficier des dispositions de la présente loi organique, il désigne un ou plusieurs délégués pour chaque établissement pénitentiaire.

Il peut leur déléguer, ainsi qu'à ses agents, les attributions mentionnées à l'article 18, à l'exception de son dernier alinéa, et aux articles 20 et 22. Pour l'exercice des pouvoirs mentionnés au même article 22, ces délégués et agents sont spécialement habilités par le procureur général près la cour d'appel de leur domicile.

Les agents du Défenseur des droits assermentés et spécialement habilités par le procureur de la République peuvent constater par procès-verbal les délits de discrimination, en particulier dans le cas où il est fait application de l'article 225-3-1 du code pénal.

Les habilitations mentionnées aux troisième et quatrième alinéas du présent article sont délivrées dans des conditions et selon des modalités fixées par décret en Conseil d'Etat.

Article 38 Le Défenseur des droits, ses adjoints, les autres membres des collèges, les délégués et l'ensemble des agents placés sous son autorité sont astreints au secret professionnel pour les faits, actes ou renseignements dont ils ont connaissance en raison de leurs fonctions, sous réserve des éléments nécessaires à l'établissement des avis, recommandations, injonctions et rapports prévus par la présente loi organique.

Le Défenseur des droits peut toutefois, lorsqu'il a été saisi par un enfant, informer ses représentants légaux ainsi que les autorités susceptibles d'intervenir dans l'intérêt de l'enfant.

Sauf accord des intéressés, aucune mention permettant l'identification de personnes physiques ne peut être faite dans les documents publiés sous l'autorité du Défenseur des droits.

Article 39 Le Défenseur des droits établit et rend publics un règlement intérieur et un code de déontologie qui lui sont applicables, ainsi qu'à ses adjoints, aux autres membres des collèges, à ses délégués et à l'ensemble des agents placés sous son autorité.

TITRE V DISPOSITIONS FINALES

附　录

丹麦议会申诉专员年度报告（2013 年度）[①]

依照《议会申诉专员法案》（第 349 号综合法案，2013 年 3 月 22 日通过）第 11 条第 1 款和第 2 款的有关规定，我现在向议会提交申诉专员 2013 年度报告。

哥本哈根，2014 年 9 月

尤根·斯蒂恩·索伦森

2013 年：在申诉专员署的日子

2012 年是我担任申诉专员的第一年。在《申诉专员年度报告 2012》中，我曾提出一系列现代化申诉专员制度的理念。在 2013 年，这些理念中的大部分得到了进一步具体化和实践 —— 这不仅限于结构、资源和效率等问题。我将在“更快地处理公民申诉”部分对这一点进行更为详尽的阐述。

2013 年出台的新《公共行政档案获取法》也是标志性事件。在“新《公共行政档案获取法》”部分中，我将介绍我们对于该法的一些思考和倡议。

正如过往一样，2013 年也有一些典型案例受到了特殊关注。在“2013 年典型案例”部分，我将简要介绍若干这样的案例。最后，在“关于公务员‘行为准则转变’的讨论”部分，我将再现这场始于 2013 年、涉及政府关键部门的一系列广泛争论。

① 原文见丹麦议会申诉专员网站：en.ombudsmanden.dk/publikationer/summary

2013 年申诉专员署还发生了很多其他的变化，我无法在本文中予以尽述，在此仅特举数例。2013 年，新成立的儿童处首次完整地运转了一整年；新的监察理念得以推行；在国际合作方面，我们也推出了几项重要举措，包括我们与中国中央政府的合作协定。本年度报告的其他部分将会对这些进展予以详述。

更快地处理公民申诉

公共机构处理申诉的时间较长，这是个普遍存在且严重的问题——这也是申诉专员常常批评的问题。但是，较长的案件处理时间也是我们申诉专员署要面临的问题。迄今为止，我们的确在合理的时间段内完结了大部分案件。但是，我们必须承认的是，当面临复杂案件时，我们的处理时效就会出现问题——这些案件的处理可能很容易就会长达数月之久。因此，我们必须致力于优化案件处理过程，更重要的是聚焦于速度、效率与资源的最优化使用——当然，不能以任何方式降低我们的专业和法律水准。

2013 年，我们针对这些目标采取了一系列重要措施。在 2013 年的前 6 个月，一家咨询公司对申诉专员署的总体结构、我们的案件处理过程以及我们的日常实务工作进行了系统分析。之后，咨询公司给我们提出了大量的改进意见，比如，新的组织架构、新的财政和资源管理程序以及针对运行控制、案件分配和案件处理的新原则。

在咨询公司作出分析之后，我们着手进行改革。到了年底，我们决定从整体上对我们的办案方式做出重大改变。除此之外，我们决定将申诉专员署划分为法律部和管理部，减少处的数量。我们决定引入运行控制的新原则，推行以目标和结果为考核依据的综合管理理念。我们的目标不仅仅是要缩短案件处理的时间，除此之外，我们还要节约资源，这样我们就可以自行发起更多的调查 —— 更重要的是，这可以为公共机构以及行政管理实践领域树立典范。

从 2014 年 2 月 1 日开始，我们已经开始逐渐落实这些改革决定。这些决定涉及全面的改革措施，我们需要时间来协调新的办案方式的方方面面。但是，从长远看来，这些变化将会真正地改善申诉专员署的工作，对此我深信不疑。

新《公共行政档案获取法》

于 2013 年 6 月通过的新《公共行政档案获取法》是这年重大的法律政策问题之一。

在新《公共行政档案获取法》获得通过的几个月前，发生了对该法案的公开争论，其激烈程度实为法律政策问题领域所罕见。争论的焦点主要集中在该法案第 24 条（即所谓的“行政机关向政府部长提供建议与协助之规则”）以及第 27 条第 2 款（即所谓的“行政机关向议员提供建议与协助之规则”）。这些新规定反映的究竟是该法案针对行政机关内部结构和办事过程的改变而做出的合理调整，抑或是对于自由获取公共档案这条基本原则的不必要限制？虽然这个问题莫衷一是，但是该法案没有经过任何修改就获得了通过。

显然，申诉专员署并不是要在诸如此类的根本性政治问题上选择立场。但是，申诉专员署已投入了大量资源以做好该法案实施生效的准备。这是因为很少有涉及公共档案获取的案件被诉诸法院，因而，申诉专员是这一领域的核心监督者——一直以来都是如此。

我们需要面对很多问题，其中之一就是我们要投入大量时间去满足相关各方的预期，包括媒体。申诉专员应当测试该法案的哪些方面才有意义？在议会通过的法案中，哪些问题会争论较为激烈，哪些问题会较容易地通过？这些都是我们与丹麦记者联盟以及丹麦媒体协会等组织共同讨论的问题。

这也使得我们有机会作出解释，即我们将优先审理那些涉及新法案的案件，但同时，该法案也暗示着申诉专员并不会在个案中采取“便于获取公共档案”的特殊立场。我们仅仅是必须得出这样的结论——基于我们一贯的方法，我们必须假定这正是议会想要我们得出的结论。然而，这也意味着，在某些领域，公众期望我们对公共机构进行“测试”。例如，那些涉及“增加获取档案的渠道”原则的应用以及涉及“案件快速处理”的问题。

我们与重要的政府部门以及丹麦地方政府进行了类似的讨论。不仅如此，我们还针对公共机构大部分部门的雇员举办了大规模的培训和研讨活动。另外，在公共机构就该法案准备指导方针等事项的过程中，我们也提供了常规性的协助。

在为该法案生效所做的准备中，很大一部分内容是优化我们自己获取公共档案的管理程序。新法案的一个核心内容就是公共机构必须迅速处理有关档案获取的请求，尽管该法案及其关于案件处理的限制规定并不适用于申诉专员，但是，我们尽最大可能来达到相同的要求。这也就意味着，我们致力于在 20 个工作日内结案，时间从案件进入审查程序算起（对于复杂案件，我们致力于在 40 个工作日内结案）。

针对新法案的政治协商过程所达成的一项共识就是，在该法案生效三年后，议会法律事务委员会将要求申诉专员提交报告，以评估公共机构遵守该法案第 24 条以及第 27 条第 2 款的情况。这导致媒体对于申诉专员的实际角色产生了不确定性。我们强调，我们仅仅是遵照要求报告公共机构的行为是否符合该法案，我们并不就该法案的具体条款是否适当作出评判——后者完全是一个政治问题，应该由议会而非申诉专员来决定。

2013 年的特殊案例

这个年度报告的各个部分介绍的一些案例反映出我们日常工作的多样性。下面，我将罗列出 2013 年的一些在某些方面较为不同寻常的案例：①

很多案例涉及在丹麦的外国公民（外国人），这使得我们得以洞悉一些弱势群体的状况。

在一个案例中，一位来自西非国家的妇女感染了艾滋病毒，即将被驱逐出境。但是，她声称自己正在接受有效的治疗，她担心一旦被遣返回母国，正在进行的治疗将无以为继（2013-25）。然而，司法部在并没有实际调查其母国是否可为其提供医疗救治的情况下，便拒绝她“人道主义居留许可”的申请。这显然是一件十分严重的事情——有人或许会担忧该妇女未来的前途——但是，在何时调查申请人母国医疗可行性问题上，相关部门遵循了一种复杂的流程。关键的是，我们必须考虑这是被议会批准的办事流程。此外，欧洲人权法院关于此类问题的操作流程也是十分严苛的，因此，我们没有理由批评相关部门的做法。因此，我们最终也无法帮助该妇女。

然而，在另一个案例中（2013-18），我们得以伸出援手。一位年仅 11 个月大的孩子受困于所谓的“签证惩罚期”的限制，这就意味着，这个孩子无法在特定时间内申请到赴丹麦的签证。这个孩子的母亲来自于科索沃，在签证有效期内，她在丹麦停留期间生下了这个孩子。但是当她离开丹麦时，她的签证已经过期。因此，她受到“签证惩罚期”的限制，连同她的孩子一同受限。这就意味着，在接下来的五年内，这个孩子就无法探

① 关于 2013 年申诉专员发表的法律方面的声明（仅有丹麦语版），详情请参见《关于行政法一般性问题的声明》一文（‘Udtalelser om almindelige forvaltningsretlige spørgsmål’），文章发表于 www.ombudsmanden.dk 网站的 Ombudsmandens beretning 2013 栏目之下。

望其在丹麦的父亲。这是相关部门的错误。也正是由于该案例，相关部门在未来将发出明确声明，施加于父母的“签证惩罚期”限制不会施加于未成年儿童。这个案例表明儿童拥有独立的权利，签证事项亦是如此。

“社会部门案例”是涉及处于困境中的人们的另一类案例。因而，申诉专员署要处理的案件中很大一部分属于“社会部门案例”。幸运的是，我们能够在一些案件中施以援手。其中的一个案例就是，一位年长的高中老师被拒绝享有提前退休的福利，因为相关部门无法找到他符合工作条件的证明（2013-11）。然而，事实证明，相关部门没有充分地考察该教师所处的情境，因此，我们建议重新处理此案。我们的建议得到了采纳，相关部门最终认可该名教师有权享受提前退休的福利。

2012 年的年度报告已经在一般性的层面上报告了各市打击社会福利欺诈相关的问题。毋庸置疑，各市在应对时面临着各种问题。一方面要有效打击欺诈与不合理的支付，另一方面还要遵从一些根本的法律原则。

这也是我们 2013 年主要的关注领域之一。我们调查的一个广为讨论的案例就是一名妇女被要求偿还其已经享受的社会福利，因为，根据相关机构的说法，她并不处于“真正单身”的状态。因此，她“恶意”地获得了过多的福利待遇（2013-4）。相关机构的决定主要基于一份匿名信。我们强调的是，这样一份匿名信可以使相关部门展开调查，但是，它本身并不能构成案件中的证据。这个案例也为我们提供了机会，得以总结相关机构应当着重注意的一些根本原则，比如陈述案件客观性原则、自证其罪原则以及提供引导的义务原则。

就此而言，各市看起来确实也意识到这一事件会导致各种问题。在整个 2013 年，我们得以有机会与各市就这些问题展开讨论。

另一弱势社会群体是寄居于 24 小时寄宿制看护中心、接待中心与寄养家庭的儿童和青少年。一些实地监察发现，各种各样的强制措施在缺乏明确法律依据的情况下施加于青少年。比如，被怀疑吸食毒品而被迫提交尿样，限制他们使用手机、电脑和互联网等。我们将此类问题总结后向社会事务部部长报告，最终，一个委员会被委派就此类问题做出报告并起草新的法律。对于这个难题予以澄清是必要的，而议会就此问题表明立场也是极其正确的。

2013 年，涉及获取公共档案的案例也构成了我们所处理案件的较大一部分。

一个广为讨论的案例是关于丹麦教师工会是否有权获取一个工作组的档案文件——受公共用人单位的委托，这一工作组的任务是为与教师进行集体工资谈判做准备工作（2013-10）。不准许工会获得这些文件的一个理由就是，这个工作组的文件并不是为了集体工资谈判本身所做的准备。这个理由让我们感到惊讶，并让我们认为，这个计划的制定和步步为营的步骤的目的恰恰就是要避免这些资料被获取。我们指出，为了避免资料被公之于众而诉诸这样的“创造性思维”，尽管一般而言并不应能认定为违法，但是，如果这导致一些不适当的“规避”（比如导致无法充分使用相关文件），那将是十分遗憾的事情。

另一个有关公共档案获取的案例致使税收部（Ministry of Taxation）招致严厉的批评（2013-15）。一位记者想要获取丹麦关税与税收署（Danish Customs and Tax Administration）2013 年的税收计划，他写信给税收部，其中声称如果他无法立即获得整个税收计划，他将向申诉专员投诉税收部。这使得税收部的特别顾问致电该记者（记者已将通话过程录音），其中声称该记者“极大地挑衅了他本人”并且认为以向申诉专员申诉“相威胁”是“十分放肆的”行为。这位特别顾问给人留下了这样的整体印象，即该名记者的行为方式可能会影响到他与税收部将来的工作关系。此外，该记者从未收到关于他所请求获取信息的任何回复。

我们认为这种对待记者的方式是“完全无法接受的”。该名记者只是在行使自己获取公共档案的权利，同时，他也仅是告知税收部，他有意愿行使向申诉专员申诉的权利。我们强调的是，在政府部门工作的特别顾问首先是一名公务员，他必须遵守那些规制公共管理部门的规则。后来，税收部告知我们，他们将采取各种措施以确保特别顾问们理解其角色。

一种特殊类别的案件与所谓的“法律权力问题”相关。公共机构采取的行动有法律依据吗？不同的情况下，法律依据又必须充足到何种程度？2013 年，有两个十分不同的案例阐释了这些问题。

在其中的一个案例中，为处理积压的牲畜养殖案件（2013-9），环境事务上诉委员会（Environmental Board of Appeal）购买了私人法律服务（即丹麦政府法律顾问卡莫莱德沃加藤）。丹麦政府的法律顾问并不总是就这些案件作出最终决定——这些决定由环境事务上诉委员会作出——但是他确实为这些决定的草拟准备工作提供了咨询等服务。

例如，在没有法律授权的情况下，一个公共机构是否可以将案件处理的准备工作交给私人法律公司，这是一个不清楚的问题——或者说，至少在我们就此事发出声明之前是不清楚的。我们采取了一种相对务实的方式，一方面强调丹麦政府的法律顾问不能作出案件的最终裁决（这毫无疑问需要明确的法律授权），另一方面指出，私人主体参与公共机构的案件处理的准备工作，可能有助于最佳化公民的利益——例如，加快案件的处理过程。但是，基于任何安排都不得损害公民权利之原则，我们还得指出这类安排必须满足要一系列重要条件。

在另一个案例中，一所寄宿制高中开除了一位大学预科生，理由是他在某个周末的晚上外出并吸食大麻（2013-24）。我们详尽考察了学校根据丹麦默示权力原则，仅仅依靠自己制定的规则能发展到什么程度。默示权力原则指公共机构出于履行职责的需要，可以在一定程度上制定自己的规则。

该学生吸食大麻是在课外时间并且在校园之外，并没有证据表明该学生后来在校园内受到了毒品的影响。基于此，我们并不认为学校可以开除该学生——将他开除也非学校正常运转的必要条件。我们向教育部提出建议，如果要以这种方式限制学生的课外行为，就必须有明确的法律授权。

关于文官体系（civil service）“行为准则转变”的讨论

2013 年，文官体系遭到了媒体以及普通公众的激烈批评。因为一些关键的政府部门卷入了一系列有争议的案件之中，进而引发了更为广泛的争论：行政文化存在问题吗？政府部门的日常工作已经变成彼此互相推诿了吗？政治才干已经重要过专业知识和客观性了吗？

有关文官体系中价值的讨论是重要的。文官体系是最重要的社会权力聚集之地，是连接中央政府部门所做的决定和国家最偏远地区的常规工作之间的纽带。文官体系是我们民主制度的关键点。

这正是文官体系必须处于议会、国家审计办公室以及议会申诉专员的监督和控制之下的原因。因此，申诉专员动用了大量资源监督政府部门。

然而，关于行为准则转变的讨论保持清醒而不失偏颇是十分重要的。这是一个有关公平性的问题，但它同时也是一个没有公正的理由就不能让政府部门倒闭的问题。

这是因为我们的社会主要建立在对中央机构的信任之上。如若这种信任缺乏存在的基石，则其自然无法维持下去。但是，也不应毫无理由地破坏这种信任，因为这将铲除公务员所拥有的自豪感与忠诚感的根基——这种自豪感与忠诚感很大程度上支撑并激发了对于公共服务价值的日常遵守。对于信任的破坏将导致责任感的弱化、害怕做决策以及缺乏效率和质量。

在申诉专员署，我们处理了很多涉及文官体系的复杂案例。相对而言，其中的很多案例招致了对文官体系的批评，有时候甚至是严重的批评（在上面的“2013 年的特殊案例”部分，我已经列举了一些例子）。但是，如果从我们的立场看，至少没有证据表明发生了任何实质意义的行为准则转变。总体而言，我们拥有良好的文官体系。

然而，当我们做出上述判断时，也有一些转变的趋向——如果我们对其不加以注意的话，这些转变或许会带来风险：

文官体系要应对社会中最具复杂性的问题，在一些方面，现实状况变得比过去更为艰难。一个时刻运转的社会意味着，问题必须在将要出现之前加以处理。总的来看，文官体系所面临的常规任务范围似乎变得比以往任何时候都要宽泛。来自于媒体的压力比过去要更为强大。特别顾问的引入带来了一种信息文化（information culture），这或许是有用和必须的，但与此同时，这或许会扭曲实际工作的风险。

与其挑选一个没有明显相互联系的个案，这个案例或许是我们展开对公共服务内部的行为准则与价值专题讨论的较好起点。也许由于媒体的策略、结构性改革、机构精简计划以及要求对疑难问题快速解答的缘故，近年来，公共部门的基本价值的言语措辞（verbalisation）已经有些黯然失色了。或许现在更为流行的是谈论什么必须改革，而不是什么必须保存。

幸运的是，基本的价值简单明了且众所周知：合法性、专业性、诚实的义务以及政党、政治的中立性。这些基本价值的内容相当清晰。同时，确保这些价值得以遵守的措施也一目了然：使这些价值成为管理中的明确焦点并使其在日常工作中受到关注，在处理棘手案例时更应如此；拥有必要的权限监督这些价值得以遵守；解雇那些不按规则行事的公务人员；给予没被发现但勇于承认错误的公务人员以改正错误的机会。

如若我们要在长时期内保持文官体系的高水准，要维持整个体系的信任，那么，对这些问题给出明确的指引是重要的。无论如何，公共服务的日常工作必须置于有效的控制之下。对于申诉专员署来说，这是我们最为重要的责任之一。

第 13/04834 号案件

2013 年，申诉专员选择吸毒者的戒瘾治疗和暴力、恐吓防治作为实地监察的主题。作为主题活动的一部分，申诉专员署的两名工作人员与丹麦反酷刑研究所的一名医生一起检查一所私人戒毒所。

这所戒毒所很少发生戒毒人员之间的暴力和恐吓问题。其中的一次暴力事件发生在一名戒毒人员转移戒毒所的过程中。

在此次检查中，我们也讨论了其他问题。例如，我们发现，该戒毒所没有使用强制手段的操作指针。因为该戒毒所基本不会使用强制手段对待戒毒人员。在此次检查行将结束之时，视察组建议该戒毒所还是应该起草有关使用强制手段的操作指针，以确保当出现必须使用强制手段的情况时，戒毒所的办事人员知道如何应对。该戒毒所采纳了这个建议。

在监督《联合国禁止酷刑公约》遵行情况方面，申诉专员与丹麦反酷刑研究所以及丹麦人权研究所共同合作，以确保联合国禁止酷刑的有关规则得以遵守。公共机构和私人机构都是监察的对象。

第 13/00989 号案件

有段时间，一位就职于某周报的记者对一份由某政府部门起草的报告产生了兴趣。某日，他在某日报上读到了该份已完结的报告，他于是向申诉专员提出申诉，声称该政府部门优先为该日报提供报告内容，对他构成了歧视。在其申诉中，他声称已经致电该部门的新闻发言人，要求最迟在该日报刊发报告内容的前一天得到该报告。该新闻发言人只是给了他一个含糊的回复，尽管该报告在当时应该已经草拟完毕。

申诉专员认为，该部门有义务一视同仁地对待记者。但是，由于该周报记者不能证明他曾提出过获取该报告的要求，并且，该部门也没有记录该记者的电话投诉，因此，申诉专员无力展开更为详尽的调查。

2013 年，申诉专员共收到来自于记者的 107 件申诉，申诉事由均是记者出于工作目的而要获取信息。

第 12/05051 号案件

这个案件是法罗群岛的一个主要申诉。因为申诉的男士说他向法罗群岛行政长官（警察局长）发出若干请求，要求获取警务报告以及警察享有优先知情权的信息，但是却并未收到行政长官的回复。法罗群岛的行政长官拥有与丹麦警察局长相同的权力。

申诉专员代表该申诉人要求行政长官优先回复该申诉，但是，数月之后，该位男士又一次联系申诉专员，因为他仍旧没有得到回复。申诉专员的一位案件处理工作人员致电行政长官，被告知行政长官预计将在一个月内做出回复。申诉专员将此情况告知了申诉人并同时建议他，如果该申诉仍旧久拖不决，他可对行政长官处理案件时间的申诉向检察机构的检察长申诉，寻求后者的帮助。

后来，该申诉人收到了行政官员的决定，准许他获取部分相关报告和信息。同时，行政长官也因较长的处理时间而表达了歉意。

申诉专员的管辖范围已经延伸至属于法罗群岛国家机关的行政事项，即属于国家中央政府管辖的事项。隶属于法罗群岛自治下的机构属于法罗群岛议会申诉专员的管辖范围。

第 13/03239 号案件

一位男子因超速被警察拦截，他声称，警方的测速仪器一定出了问题。该案件后来提交至地区法院，该男子被判有罪。然后，他向上诉许可委员会（Appeals Permission Board）上诉，要求将该案件提交至高级法院，但是该上诉被驳回。

该男子向申诉专员投诉警方的罚款、地区法院对于案件的处理以及上诉许可委员会驳回上诉的决定。但是，申诉专员也不得不拒绝受理他的申诉。依照《申诉专员法案》的规定，申诉专员不得受理针对法院已经裁决事项的申诉以及针对法院或类机构的申诉，例如上诉许可委员会。

2013 年，申诉专员拒绝受理的不属于申诉范围内的案件总量超过了 400 件，例如，那些涉及法院的案件。

第 13/05268 号案例

“她很少表现出快乐，常常闷闷不乐、离群索居。”这是一所学校向市政府提交的报告中对于一位学生的描述。

这位女学生的父亲则认为，学校的担忧是没有道理的，整份报告也没有充足的事实依据。因此，他向申诉专员提出申诉。然而，申诉专员拒绝受理该申诉，因为申诉专员认为自己不可能批评该学校。在写给这位父亲的信中，申诉专员指出，公务员有更大的义务告知市政府某些儿童需要特殊关照。就学校提交的报告内容而言，申诉专员指出，他既不可能核查学校的观察是否属实，也不可能对于学校的专业评定做出任何判断。

议会任命申诉专员的目的是让其考虑法律问题。然而，申诉专员不可能考虑法律之外的专业知识问题，例如判断儿童是否茁壮成长以及是否较好地应对学校生活的专业知识。

组织（略）

第 13/04866 号案件

在一项刑事案件的审理中，一名女子被指控骗取社会福利，但法院宣布此罪名不成立，因为法院并不认可市政府有关该名女子与其前夫拥有“共同收入”的主张。然而，关于该名女子是否应当偿还若干社会福利款项（总额超过了 15 万丹麦克朗）一事，市政府与地区社会审理委员会（regional Social Tribunal）却拒绝重新审理。

因此，当申诉专员接到该名女子对有关当局的申诉时，他十分疑惑不解。根据行政法的一般性原则，当法院作出的某项决定对某案件有影响时，公民有权要求重新审理。在发给全国社会事务上诉委员会（National Social Appeals Board）的邮件中——全国社会事务上诉委员会是负责此类案件的上诉机关——申诉专员要求相关部门就此事表明态度。

全国社会事务上诉委员会在回复中声称，已经决定重新审理该案件。在得知此回复后，申诉专员决定不再采取进一步行动。全国社会事务上诉委员会后来改变了该案的判罚，因此，该名女子将不必再偿还那些社会福利款项。

在要求相关部门就某事项作出声明时，申诉专员一般会向相关部门询问一系列问题，目的是为了更全面地了解案件情况。有时候碰巧的是，相关部门在收到申诉专员提出的关键问题之时就已经选择重新处理所涉事项。

第 13/02045 号案件

在对一所地方监狱的实地检查中，申诉专员的调查队发现所视察的探访室并不是十分温馨。该监狱积极支持服刑人员与其子女保持良好关系，也正因如此，申诉专员认为，将探访室装饰得更加温馨是一个很好的主意。

该监狱的管理层表示，用于为探访室添加新家具的经费已经申请并得到了批准。该监狱的管理层赞同申诉专员的建议，即探访室可以更好地装饰下。数月过后，申诉专员在当地的报纸上读到了下面这条新闻：探访室的围墙已被一名艺术家装饰一新。

申诉专员的实地检查并不仅仅是检查规则和条例是否得到了遵守。申诉专员同时也要评估一些机构的条件是否可以为在这些机构中度过终身或部分时间的人所接受。

第 12/04364 号案件

一位青年俱乐部经理在上任仅一天后就无缘无故地被解雇了。在这位经理向申诉专员提出申诉后，申诉专员试图确定解雇是基于何种理由。

经过与市政府较长时间的沟通后，该经理被解雇的背景浮出水面。原来，是申诉人（该经理）与一所学校的一些职员之间久有嫌隙。申诉专员便把该案件转给了市政府，请后者考虑上述解雇的理由是否充分。然而，在了解到自己为何被解雇之后，申诉人表示很满意，他并不想让市政府就此案件采取任何进一步的行动。最终，在市政府没有做出新决定的情况下，该案件便得以完结。

2013 年，申诉专员共收到约 100 件关于个人事务的申诉。

第 12/04705 号案件

相关部门拒绝延长一名男子的疾病福利期，其中一个原因就在于，对于何时能够重新工作，他并没有充分确定且明确的医疗预期。如果此男子要享有延长其疾病福利期的权利，医生不得不做出该名男子能够在两年内重新工作的评估。

在延长疾病福利期的要求被拒绝后，该名男子得到了一份补充性的医疗声明。该声明表明，该男子先前并没有咨询过医生，他何时恢复到可以工作的状态。根据医生的评估，该名男子可以在两年期限内重新工作。

该名男子就此事向申诉专员提出了申诉，申诉专员则将他的申诉以及医疗声明转给就业上诉委员会（Employment Appeals Board）。然而，在医疗顾问审阅了该案件的所有医疗信息后，就业上诉委员会还是维持原先的决定，停止为该男子支付疾病福利。

在相关部门就案件作出决定之后，如若出现了对案件有重要影响的新信息，则申诉专员将考虑是否给予相关部门重新审理案件的机会。

第 13/03713 号案例

2013 年一个夏夜的 8 点钟，41 名警察聚集在中桑德霍尔姆庇护中心，参与强制驱逐 18 名阿富汗男子的行动。与警察们参与行动的还包括一名医生、一名翻译人员以及申诉专员的一位代表。

在警察的护送下，18 名阿富汗男子乘坐大巴和轿车被送往机场。前往喀布尔的飞机于 23:00 起飞，飞行时间仅仅 8 个多小时，飞行期间会提供饮用水和三明治。7 点 45 分，这些被遣返的人员开始在喀布尔下飞机，并由阿富汗当局接收。当所有被遣返人员在阿富汗下飞机后，飞机重新返回丹麦。

后来，申诉专员的代表称此行准备充分，并且大部分时候都处于良好的氛围之中。然而，警方确实在旅途中使用了三次约束带。申诉专员的代表认为，在当时的情境下，这是必要和适当的措施。

在强制遣返外国公民时，警方要尊重个人并要避免使用不必要的强制力——这也是申诉专员的监督内容。

儿童和青少年向申诉专员提起他们的申诉

本特·蒙特（Bente Mundt），儿童处主管

"我不知道该这么办"，一位 17 岁的女孩在给申诉专员儿童处的信中写道。在一个半月的时间里，这名女孩一直试图与她的看护者（caseworker）取得联系。她打了好多次电话并且发了若干邮件，她的联络人也进行了尝试。但是，所有的努力都石沉大海。很容易理解为何这名女孩忧心忡忡。她原先有看护，现在却住在一个单人间内，只有一名联络人给予她帮助。她即将年满 18 岁，届时她将何去何从？她是否还依旧可以得到帮助？所谓的"年满后看护"（aftercare）措施是否可行？这些就是她想要与看护者商量的事情。很显然，这是很紧迫的事。她倾向于自己做决定，但她需要指导。

另一个女孩在搬出社会收容所之后便向申诉专员提出申诉，她在那里居住了 18 个月。"我不想让任何人再经历我所经历的那些事情"，她写道。在信中她指出，她曾屡次遭遇胁迫，在行将搬到新的社会收容所之时，她才震惊地发现，只有五起这样的案件被上报。她相信自己已经遭遇到更多的类似事件。

这是申诉专员署儿童处收到的儿童和青少年投诉的两个例子。从2012年11月1日儿童处成立到2013年底，我们共受理了儿童和青少年自己提起的62件申诉案件——这大致是儿童处同期收到的申诉总量的10%。我们注意到，我们收到的来自女孩的申诉要远远多于男孩。

在儿童处成立之前，我们曾想当然地认为，与儿童和青少年相关的申诉将主要由成年人提出。因此，在儿童处成立后最初的14个月内，我们很高兴地发现，我们总共只收到了62件儿童和青少年自己提出的申诉——尤其是当我们查看这些申诉内容时。这就是说，正如上述两个案例一样，儿童和青少年的申诉一般都涉及相当重要的问题。正如上述两个案例所表明的那样，这些问题既与儿童自身相关，同时也不仅仅是个案问题。

具有代表性的申诉主题

对于一名儿童或青少年而言，一个绝对至关重要的问题就是“我将住在哪里？”儿童和青少年的大多数咨询都是围绕这个问题。

一般而言，这些儿童和青少年被置于看护之下，但是，对于自己被安置的地方，他们并不满意，因而希望能够搬到其他的看护中心。或者是，在违背他们意愿的情况下，相关部门决定将孩子或青少年搬离某个机构或是寄养家庭。

例如，我们曾收到一名16岁女孩的咨询。她住在一所社会收容中心，但是希望能够搬到另一家机构（比如，为年轻人开设的招待所）。她需要与她的“看护者”见面，而她希望自己的父母以及她的首要福利工作者也能参加这次会议。这名女孩子抱怨说，她已经发给看护者若干封邮件，但均未受到回复。

在我们收到的另一项申诉中，一位女孩在某看护中心（accommodation

facility）生活了三年半时间，她很喜欢生活在那里。然而，市政府却决定，年满 18 岁后，她必须搬到另一镇子上的一个合住居所。她并不想搬走。她也没有做好出去自己住的准备，尽管她已经得到资助。在那个合住居所，她可能不熟悉大多数人，她也将远离自己的学校和那些让她感到安全的人。

我们屡次碰到的另一问题就是，被安置在看护中心的儿童或青少年希望有更多的时间与其父母待在一起。儿童和青少年反复投诉的其他问题还有市政府处理案件的时间以及与看护者联系的问题。

在那些涉及《家庭关系法》的案例中——主要是父母之间存在冲突——儿童与青少年或许会联系我们，告诉我们他们愿意与父母中的哪一方生活在一起，或者他们愿意分别与父亲或母亲待在一起的时间。

我们也收到了一件有关一个女孩生存问题的案例。女孩的父母已经移居国外，她没有生活来源。市政府认为她不符合领取社会保障福利的条件，因为她尚未满 18 岁，因此，她不得不从其父母那里获得生活费。

我们想方设法地提供帮助

儿童与青少年——尤其是那些身处于困难生活境地的儿童与青少年——需要被给予理解，同时要使得他们感觉到自己的愿望与申诉有分量并被认真对待。因此，我们在申诉专员署儿童处收到的每一份咨询，都将其看作是对于儿童或青少年有重要影响的案件。

我们并非总是能够提供帮助。首先和最重要的，设立申诉专员署儿童处的目的在于解决法律问题，比如违反规则。然而，无论我们是否能够在特定案例中提供具体的帮助，在处理他们的申诉时，我们总是强调与儿童或青少年进行灵活性和对话式的沟通。

所谓灵活性，我们指要尽可能地按照儿童或青少年偏好的方式与他们进行沟通。只有当违反我们需遵循的规则时，才不会按照他们想要的方式进行沟通。例如，申诉专员署不可以通过不安全的电子邮件沟通一些秘密事件。在我们的申诉表中，我们鼓励儿童和青少年给我们提供电话号码，并告知我们何时可以联系他们。通常，他们的申诉并没有包含所需的全部信息，所以我们需要联系他们，否则，他们的申诉就无法得以继续处理。由于儿童和青少年一般来说都无法使用安全的电子邮件，因此，我们需要与他们保持电话沟通。此外，电话沟通也使得我们有机会将我们的申诉处理程序告知他们，同时，他们也可以预知申诉专员署能够为他们提供怎样的帮助。

总之，我们的帮助常常体现为将儿童或青少年的申诉置于法律的框架之下。通过合理措辞他们的愿望，使其申诉符合法律规定。这样一来，我们便能够将他们的愿望或申诉转达给相关部门，同时监督儿童或青少年是否收到回复。这种监督的实现一般是向相关部门索要他们给儿童或青少年的回复的复印件。

我们无法做出保密承诺

尽管我们尽量以理解和同情的态度对待儿童和青少年，但是，申诉专员署儿童处无法提供一个保密的场所。这是因为，申诉专员署有法律义务与申诉所牵涉的公共机构或私人机构打交道。假使我们与儿童和青少年交谈，我们会提醒他们这一点（即申诉专员署无法确保相关信息的保密状况），同时，这条信息也可以在儿童处的网站上找到。

不仅如此，儿童和青少年处于父母的监护之下，因此，如果我们要进一步处理儿童或青少年的申诉（例如，联系相关权力部门），我们首先面临的法律义务就是将申诉的相关情况告知申诉人的监护人。当涉及父母之间的冲突时——一般都是关于监护权的冲突——我们常常看到儿童在父母的冲突中左右为难。在这样的案例中，很难避免的一种情形就是，儿童由于向儿童处求助而进一步陷入父母的冲突之中。

尽管如此，也有儿童和青少年以匿名的方式联系儿童处——或是通过电话，或是通过儿童处网站的在线交流窗口。他们可以非正式的方式介绍自己的处境以及假如他们要提起申诉的后果。但是，除非我们知道他们的身份，否则，我们无法针对他们的申诉提供帮助。

从我们的经验看，当儿童和青少年提出的申诉涉及（比如）公共或私立机构，而非其父母时，儿童处可以为他们提供最好的帮助。如果不考虑其他因素，官员们能更好地处理来自儿童或青少年的批评，或者说，官员们能够更好地应对那些与他们意见相左的独立观点和请求。

帮助两个女孩

在儿童处成立之前，我们曾思考过，我们是否会收到很多处于困境中的儿童的求助——处理这些求助需要拥有心理学或社会部门的专业知识，因此，我们将不得不将这些求助转交出去。然而，事实上我们收到的来自儿童和青少年的几乎所有求助都属于申诉专员署核心职责范围内的问题。也就是说，它们都是法律问题，例如，有关看护机构的争议或是有关获得在看护机构居住权的争议。同样，较长的案件处理时间也是申诉专员署法律案件处理员最常见的申诉主题，对于这样的案例，我们会以与处理成年人提出的申诉相同的方式予以处理。然而，与处理成年人提出的申诉相比，我们在处理儿童或青少年提出的申诉时要花费更长的时间，拥有更多的灵活性。这是因为成年人在提出申诉时可以按照要求提供更详尽的相关信息。

申诉专员署儿童处的成立时间并不长。有这么多的儿童寻求我们的帮助，对此我们很是欣慰，尤其是我们能够改观他们中很多人的境遇。

在上面的那个案例中，那名17岁的女孩无法与其看护者取得联系，我们便将她的申诉转给市政府，要求她的看护者尽快联系她。此外，我们还将她的申诉转给市长，作为对市政府处理事件过程的申诉。我们提请市长注意，根据《社会服务法》（Social Services Act）的规定，在该女孩年满18岁前的6个月，市长必须就她在18岁后可以获得何种帮助做出决定。我们要求市长将该案的后续情况以及回复给该女孩的信件复印件抄送给申诉专员儿童处。市长在给该女孩的回复中，就应该按时履行义务而延迟履行之事表达歉意。我们后来也被告知，该女孩在18岁后获得了年满后看护的待遇。

在上述另一个案例中，一名女孩将她在先前的看护中心遭遇强制措施之事提出申诉。我们将她的申诉转给她居住地的市政府（正是该市政府将她安置在那个看护中心）。居住地市政府有义务受理有关违反规则使用强制措施的申诉。此外，我们要求市政府报告此案件的后续发展。结果表明，在针对该女孩的强制措施中，超过半数没有被上报。而按照相关规则，必须上报采取的所有强制措施。在我们将该女孩的申诉转给市政府后，负责监督该看护中心的市政机关谴责了看护中心，因为后者没有上报针对该女孩所采取的全部强制措施。同样，该看护中心被要求制定出一套程序，以确保所采取的所有强制措施都被记录在案，并报告给监管部门以及负责儿童看护事务的市政机关。

第13/03344号案例

一位女士租住了一栋房子中的一套公寓，这栋房子原先有若干个卧室。现在，这些卧室都被改造成了公寓，该女士租住的公寓位于该住宅的最底层。现在，她收取信件便成了问题，因为她的信件经常被放置在错误的邮箱里。在征得房东同意的情况下，她向市政府提出了请求，建议将她租住的公寓注册为“最底层的 R 房间”（R 的意思是“右手边”）。

然而，市政府对此事不闻不问。因此，该女士便向申诉专员提出申诉。申诉专员致电市政府并将该女士的申诉转给市政府。不久之后，市政府就更改了涉诉公寓的地址。

申诉专员可以通过多种方式帮助申诉人。在某些情况下，最佳的解决方式就是给相关部门打一个电话。

第 12/04974 号案例

在一位公民 19 次提出获取相关档案的请求后，丹麦安全与情报服务局都拖延回复，同时也没有给出具体理由说明为何需要如此长的处理时间。在每一请求提交之后，丹麦安全与情报服务局都向该公民回复道“该请求预计将在未来 30 天内得以处理”。

在一家日报上看到这个案例后，申诉专员便要求丹麦安全与情报服务局以及司法部就此事的经过进行说明。基于相关部门的回复，申诉专员指出，丹麦安全与情报服务局处理该公民请求获取档案的方式违反了《公共行政档案获取法案》，此事令人深感遗憾。

在申诉专员要求相关部门就该事件进行说明的一个半月之后，丹麦安全与情报服务局决定不准许该公民获取相关档案。

申诉专员因媒体报道就自行发起案件调查是不同寻常的情况。

第 13/02368 号案例

当一名男子要求不再接收本地的教会杂志时，教会的神职人员告诉他，根据一项与申诉专员签订的协议，教会杂志被视为公共信息，因而应当被分发给每一个人。该男子便给申诉专员写信，表示他想要看看这份协议的相关资料。

在给该名男子的回复中，申诉专员表示由于监察工作的性质，他不可能与公共机构签署协议。因此，申诉专员也不可能与教会签署协议。

申诉专员可以在声明中表达自己的看法，但这些声明本身并不具备法律约束力——通过这些声明，申诉专员可以对公共机构提出批评，或是建议重新处理某事项。

第 13/05082 号案例

在过去的两年半时间里，一名 16 岁的女孩一直在一所为有学习障碍的青少年设立的小型特殊学校里学习。在此期间，她的学习能力和社会交往能力都得到了提高。因此，她和她的父母希望她能在这所学校再继续学习一年时间。但是，市政机关拒绝了他们的请求，而是建议这名女孩转到一所专门为青少年教育开设的特殊教育中心。女孩的父母对市政机关的决定提出了上诉，但是，特殊需求教育上诉委员会（Appeals Board for Special Needs Education）支持市政机关的决定，认为这更加符合该女孩的需要。因此，特殊需求教育上诉委员会与市政机关持相同意见。

女孩的父母向申诉专员提出申诉。申诉专员审阅了该案件的相关档案，但是并没有发现特殊需求教育上诉委员会的决定有任何需要指责的地方。因此，他没有立案。

如果在审阅了案件的相关档案后，申诉专员认为相关部门的做法无可指摘，那么，根据《申诉专员法案》第 16 条第 2 款的规定，他可以在不要求相关部门就此案作出声明的情况下结案。

第 13/04882 号案例

在被判决暴力侵犯人身罪后，一名男子申请打猎许可证，该申请未获批准。警察总署（The National Police）在决定中指出，拒绝该申请的重要因素是他曾被判处 6 个月的缓刑。

申诉专员在审查该名男子就此事的申诉时发现，法院判决书记录的是 30 天缓刑而不是 6 个月。申诉专员提请警察总署考虑，这个错误是否会改变警方对于该男子申请打猎许可证一事的决定。

警察总署后来重新审理了该案件，但是还是拒绝了该男子的申请。警察总署的新决定同样强调，该名男子曾被判处暴力侵犯人身罪。

申诉专员依据从公民那里收到的信件和其他资料对申诉展开调查。如果某些信息缺失，申诉专员就会要求申诉人或是相关部门提供。

第 13/00006 号案例

一家网站通过两款护肤品的优惠活动吸引消费者，但是一名消费者在购买该产品时，她的银行账户被划扣了全款。这名消费者无法找到这家公司的厂址。

于是，她给申诉专员写信。但是，申诉专员却无法提供帮助，因为她投诉的是一家私营企业。

申诉专员的主要职责是处理针对公共机构的申诉。

诸事汇集之地，诸事恰得其所

里斯波斯·艾德瑟贝尔：一处主管

2013 年秋，有一起外交部出访规则和全球绿色增长研究所（Global

Green Growth Institute，以下简称 GGGI）（travelling rules）的案件。该案件表明，如果一个部门没能确保各项事务井然有序，就会导致严重后果。由于外交部没有将 GGGI 的董事会会议纪要登记在案，因此，议会根据错误的信息判断发展部部长是否已经批准 GGGI 的出访规则。此事最终导致发展部部长引咎辞职。基于此案例，外交部对于事情的来龙去脉进行了深入调查，这最终使得外交部下决心加快新型电子文件和档案管理系统的应用。该系统便于更快地查询档案卷宗，并能够提高信息归档的效率与自动化水平。

直到 2014 年 1 月 1 日，并不存在一般性的法律条款规定行政机关有登记其文件的义务。然而，申诉专员在若干次声明中指出，根据良好的行政管理，行政机关必须在收发信函后立即登记在案。于 2014 年 1 月 1 日正式生效的新《公共行政档案获取法案》规定，行政机关有义务登记特定文件。最初，该条规定的目的是配合新法案的自由获取公共档案原则，但同时，这也有助于其他一系列目标的实现。例如，对文件的控制、记录、保存以及明确每个人的职责。

GGGI 的案例表明，由于缺乏登记，致使了相关文件无法得以核实。在议会申诉专员办公室，我们时常会碰到这样的案例。相关部门的文件没有登记在案，或是登记的信息不充分或不准确，或是其他形式的混乱——这些情况导致行政机关在履行《行政法》规定的的职责时出现很多问题。

现如今，大部分部门都在使用电子化卷宗和文件管理系统，这就意味着文件不会再像原先一样查询不到。然而，近年来的实践表明，许多在过去导致问题的因素在电子化的今天同样会带来问题。

档案“井然有序”是公众获取信息的前提

在一项时日已久的案例中，一位记者要求获取丹麦国家铁路公司（the

Danish State Railway, 以下简称 DSB）有关艾斯克和尔德渡轮租赁的相关资料（见《议会申诉专员年度报告：1993》第 1993.294 号案例——其英文简介见“1993 年度报告概要”，编号第 21-3）。DSB 分四次开放相关资料。在每次资料开放之后，DSB 船运公司的经理声称，“就他所知”，该记者已经看到与此案例相关的全部资料。只是由于该记者坚称还存在更多的资料，才有更多的资料陆续被发现。申诉专员指出，因为 DSB 没有一个统一的档案室，该公司从一开始就应当搜寻所有可能保存相关材料的办公室。

在最近的一个案例中，申诉专员察觉到如下情况：当一位公民要求获取某些档案时，市政机关对于这些档案是否存在却不置可否或是予以否认（见议会申诉专员年度报告：2001——该报告的英文概要见“2001 年度报告概要”，第 19-7 号案例，www.ombudsmanden.dk）。经过调查，申诉专员的怀疑得以证实。申诉专员对市政机关作出严厉的批评。市政当局在档案申请的回复中没有提及这些档案，这在申诉专员看来是招致严厉批评的理由。除此之外，申诉专员发现，在另一份回复中（另一封回信），市政机关声称不存在更多的相关资料，这是“公然隐瞒并且否认”相关档案的存在。

即便信息获取权不取决于档案是否登记在案，但是，上述案例表明，在作出与信息获取相关的决定时，保存档案能够防止档案被忘记或是忽略。此外，保存档案有助于确保要求获取信息的公民可以查阅档案目录，以防止档案被隐藏或是被忽略。务必谨记，《公共行政档案获取法案》新条款规定，如果‘处理档案获取请求意味着需要动用不成比例的资源’，那么，可以否决获取档案的请求。如果由于行政机关没有保存必要档案而需要动用不成比例的资源，那么，不得否决获取档案的请求。

保存档案能使记录有迹可循

妥善地保存档案也可以使相关部门得以有机会把握案件处理过程的总体情况。不仅如此，当对案件存有疑惑时，保存档案还可以分别查询是否已经发出或接收信函。从这个角度看，正确地保存档案可以达到相同的目的。例如，要求相关部门记录无需出现在案件材料中的案件处理的关键步骤。

一位享有住房福利的男士向申诉专员申诉他被要求偿还住房福利（见议会申诉专员年度报告：2001，第 2001.539 号案例——报告的英文摘要见“2001 年度报告摘要”，案例编号 19-1, www.ombudsmanden.dk）。他声称已经写信告知社会保障署关于他工资上涨的情况——工资的上涨意味着他会被要求偿还相关福利。社会保障署却声称从未收到过该男子发来的信件。申诉专员在声明中指出，社会保障署没能持续地记录所收悉的信件，仅仅是将所有的信件登记在了案件记录表中（case logsheet），这是他们应当被批评的地方。在该案例中，本案的问题——即住房福利享有人是否已经告知社会保障署有关工资上涨之事——实际上是证据的问题，申诉专员不应当承担举证责任。

“井然有序”是控制的前提条件

在另一个案件中，一名记者向外交部提出请求，要求获取 2000—2003 年间丹麦大幅增加向伊拉克出口的相关档案（议会申诉专员年度报告：2006，第 2006.556 号案例——该报告的英文概要见“2006 年度报告概要”，案例编号 17-4, www.ombudsmanden.dk）。相关档案并不是存放在一处而是散落于外交部的多个档案箱之中，因此，外交部仅仅向该名记者提供了部分档案。于是，该记者要求外交部提供一份他所要求获取的档案清单。外交部拒绝了该要求，并指出外交部没有这样的清单，也没办法在档案登记系统生成诸如此类的清单。申诉专员在声明中指出，外交部必须要制作一份这样的清单，同时注明哪些是曾经拒绝提供的档案。

这个案例表明，如果相关部门的系统无法生成所谓的“跨案例档案清单”（document lists across cases），那么申诉专员就很难深入调查相关部门的决定。

另一相关的问题出现在2010年的一个案件中。一名记者要求获取政府Vækstforum计划的相关材料——该计划是政府与地区间关于丹麦小学与初中学校的一个发展计划（项目编号2010-2605-7010）。首相办公室和教育部都派出了工作人员到该项目的秘书处工作，因此，该记者同时向首相办公室和教育部提出了获取信息的请求。考虑到Vækstforum是一个独立的机构，因此，秘书处以Vækstforum的名义就该记者提出的获取档案的申请作出决定。后来，教育部也就此事作出了一个决定。教育部在决定中指出，它所作的决定既涉及教育部自己掌握的档案，同时也涉及存储于Vækstforum的档案——Vækstforum秘书处已经就相同事项作出了决定。总而言之，该案件表明，教育部工作人员在Vækstforum秘书处的工作与教育部的其他工作之间，缺乏清晰的界限。同时，这也说明，该案件涉及档案的所有权不明确。基于这些情况，申诉专员不得不放弃了对该案例的调查。

何时不需保存档案

在一个罕见的案件中，首相办公室没有将一份重要档案登记在案，而两名记者要求获取这些文件。根据行程纪录的描述，在时任首相的安诺斯·福格·拉斯穆森于2001年组阁政府的第一天，就将这份手稿带在了身上（见《议会申诉专员年度报告：2005》，项目编号2005.474——该报告的英文概要见“2005年度报告概要”，项目编号15-2, www.ombudsmanden.dk）。首相办公室确认说，首相将一大摞文件交给了常务秘书，但是，上述那份重要文件却从未被内阁“登记为‘已接收’”。因此，内阁否决了上述两名记者的请求，理由是在内阁中没有找到记者们所要获取的档案。申诉专员与丹麦国家档案馆（Danish State Archives）商讨此事，后者认为，内阁本应保存所涉档案。基于此，申诉专员在声明中指出，内阁有义务保存这些档案。他同时指出，根据《档案法》的规定，档案不可以被丢弃，当发现有档案遗失的情况时，相关部门必须尽可能地重新制作遗失的档案。

2001年，将首相的手稿归档或许还算是好的行政管理方式。时至今日，《公共行政档案获取法案》第15条直接规定，首相的手稿必须归档。现在，保存档案的义务已经成为法定规则。这项规定或许可以使相关机构更多地关注那些应当被登记在案的材料，进而将它们保存在档案中。

这同样体现在申诉专员自行发起调查的另一例案件中（见《议会申诉专员年度报告：2008》，案件编号2008.399——该报告的英文概要见“2008年度报告概要”，项目编号18-3，www.ombudsmanden.dk）。该案件与体制改革相关，全国原来的14个县被合并为五个地方州政府（Regional State Administrations），在此情况下，制定了新的销毁档案指南。根据新的指南，社会部门的档案材料在建档一年后销毁。申诉专员指出，地方州政府根据建档的年份销毁社会部门的档案是错误的做法。申诉专员的看法基于国家档案馆的陈述，即档案的年份应当从案件归档之年算起。此外，申诉专员还指出，将案件档案仅仅保存一年是根本不够的，因为，只有当法律上或行政上不再需要这些原始档案时，它们才可以被销毁。

档案系统的要求

根据《公共行政档案获取法案》第 15 条的规定，档案系统必须记录档案的接收或发出时间，同时还要对每份档案的内容制作一份简要的主题条目。除此之外，对于档案系统的结构或是档案保存的具体规则并没有更进一步的要求。

尽管如此，申诉专员还是在先前一份声明中指出，档案系统必须有助于确保可以在一个合理的时间内处理档案。然而，事实往往并非如此。例如，全国工伤委员会（National Board of Industrial Injuries）曾将某申诉归档到错误的档案中（见《议会申诉专员年度报告：2012》，第 2012.4 号案件——报告的英文概要见 www.ombudsmanden.dk）。由于这个错误，该申诉几乎在一年时间内没有得到正确处理。相反，该申诉在重新处理另一公民的案件时得以处理。

档案系统的结构在另一个案件中也成为了问题。一所大学只能通过申请者的身份登记号码来检索档案，而无法通过具体主题或是“国家教育拨款和贷款项目法”的特定条款来检索档案（《议会申诉专员年度报告：2006》，案件编号 2006.390——英文概要见“2006 年度报告概要”，案例编号 12-1，www.ombudsmanden.dk）。由于该大学无法找到类似的可比较案例，因此，申诉专员在声明中指出，在这种情况下或许难以遵循行政法当中的平等原则。

当泰米尔案（**Tamil case**）的档案消失不见时

如上所述，相关部门缺乏条理不仅是一个坏习惯，同时也是一个问题，因为它使得遵守规章以及遵守良好的行政规范变得困难。我们还可以列举出更多的案例。此外，一定还有更多的案件没有引起申诉专员的注意。那么，在这方面，申诉专员署自身的表现又如何呢？我们的办事规则是不是总是最佳呢？

当然，仅仅回答“是”并没任何用处，因为申诉专员的工作人员也经常找不到旧的纸质档案，而这些曾经消失的档案在后来又常常会重新出现。

在这方面，一个突出的例子就是申诉专员于1989年结案的泰米尔案。然而，当弹劾审判于1995年结束后，申诉专员署中所有与该案有关的最重要档案都不翼而飞。人们把申诉专员署上上下下搜了个底朝天，但都一无所获。若干年后，它们又突然被找到了。2012年，申诉专员署引入了一种完全数字化的案件和档案管理系统，由此，诸如此类的错误以后将不大可能发生。然而，正如上面提到的几个案例所表明的那样，仅仅拥有一个电子化的案例和档案管理系统是不够的。要保持系统的井然有序也要求工作人员具有高标准的数据输入纪律。系统最终取决于我们输入怎样的数据！

《公共行政档案获取法案》第15条

（1）行政机关接收或发出的与行政行为相关的文件必须根据该文件在案件中或是案件处理中的重要程度而存档，这属于行政事项处理过程的一部分。此原则同样适用于最终体现为书面形式的内部文件。

（2）属于本条第一款所列文件的，行政机关必须在文件收悉或发出后的第一时间尽快存档。

（3）档案系统必须记录归档档案的下列信息：

1）文件的收悉或发出的日期；

2）关于文件主要内容的主题描述；

（4）本法案第二条所涵盖的中央行政机关以及被认为是市和地区中央行政体系组成部分的市和地区组织，拥有遵照本条上述第一款、第二款和第三款相关规定的义务。

（5）在与司法部长协商的基础上，部长可以制定规则，全部或是部分免除本条第四款规定范围之内的行政部门的存档义务。

（6）在与司法部长协商的基础上，部长可以制定规则，将上述第一款和第二款规定的归档义务适用于上述第四款没有涵盖的市、地区组织、公司等。（未经授权的翻译）

申诉专员就公共部门信息技术解决方案而撰写的总结

近年来，在申诉专员处理的若干案例中，信息技术发挥了核心作用。然而，令人遗憾的是，我们不得不得出这样的一个结论，即信息技术解决方案尚未能达到《行政法》的相关要求。在申诉专员署网站上有一篇总结性的文章，它对这一领域的问题进行了全面的总结——这些问题正是申诉专员在实践中所发现的。

文章的核心要义是，《行政法》的规定也适用于一个行政部门通过纯粹的行政—技术条件解决问题。因此，当电脑取代纸张时，相关部门遵守的一般规则仍旧在发挥作用。另一个重要之处就在于，受委派的行政机关有责任使其解决方案达到《行政法》的要求——即便行政机关选择了不足以解决问题的常规方式，但行政机关仍要遵守《行政法》的要求。即使是信息技术解决方案的提供者根本无法提出一个符合要求的解决方案，但上述责任依旧无法推卸。

这篇总结的网址是 http://en.ombudsmanden.dk/publikationer/。

第 13/00835 号案例

根据《公共交通法案》第 11 条的规定，严重行动不便的人士可以享有个人残疾交通的福利。一个利益团体向申诉专员申诉，因为一些严重行动不便的公民拥有了可供残疾人驾驶的汽车，市政府便剥夺了他们享有的个人残疾交通的权利。

交通部先前颁布过一个指南，具体罗列了可享受个人残疾交通福利的残疾人士的类别，因此，申诉专员请交通部具体调查此案例。交通部便颁布了一个新指南，指出当市政府在决定是否批准个人残疾交通福利时，不得考虑公民是否拥有可供残疾人士驾驶的汽车。交通部指出，在议会审议《公共交通法案》立法建议的过程中，有关上述问题的规定已经作了较大修改。

2013 年，申诉专员共收到 4769 件申诉，申诉人包括公民、企业以及组织等，而申诉的内容大都针对公共行政机构的错误。

第 13/01215 号案例

一篇报纸文章谈论了一位公民的税收案，这引起了一位读者的反应。他给撰写该文章的记者发了封邮件，并同时抄送给若干位议员和申诉专员。在其回复中，申诉专员指出，按照他的理解，发给他的这封邮件主要是为了让他知晓相关情况，因此，他不会就此事采取进一步的行动。如果这名读者将来还要为申诉专员写信的话，申诉专员建议他留下邮政地址或是发给他一封所谓的“安全电子邮件”（secure e-mail）——比如通过 www.borger.dk 网站上的电子邮政箱（这是官方的在线自助式网站）。

申诉专员一般都秘密回复申诉人，因此，要通过邮局或是安全的加密电子邮件才可发出。

第 13/01558 号案例

当申诉专员署儿童处的工作人员视察西日德兰的一所寄宿制机构时，一名 12 岁的女孩询问她可否有更长的时间与自己的母亲相处。前不久，该女孩与其母亲相处的时间被缩短了，因为在上一次探访母亲时，她说自己看到了令人担忧的一些情景。这名女孩也希望与自己的父亲有更长的相处时间，而且最好是在没有人看管的情况下。

申诉专员就此事写信给市政当局，请其考虑这名女孩的愿望。后来，在与这名女孩谈话的基础上，市政当局重新评估了这名女孩与其父母的探视安排。然而，市政当局最后还是得出结论，认为没有理由改变现在的探视安排。

当申诉专员署的工作人员视察寄宿制机构时，他们会安排专门时间与寄宿者会谈。会谈内容可以是与寄宿制机构相关的一些事情，也可以是关于公共行政机构正在处理的案例。

第 13/04560 号案例

一位外籍犯人本来 5 月份就应当获得假释，但到了 10 月份他仍在狱中服刑。他以书面授权书的形式授权监狱发言人代表他向申诉专员提起申诉。申诉专员将这份申诉转给监狱与缓刑部门，并要求得到后者给这名外籍犯人回复的复印件。监狱与缓刑部门后来决定，由于没能按时获得假释，因此，这名犯人可以申请赔偿。

这项决定被转给了代表外籍犯人提出申诉的监狱发言人。但是，当时该名犯人已经被驱逐出丹麦，监狱与缓刑部门也不知道他是否还与监狱发言人保有联系。在申诉专员的要求下，监狱与缓刑部门翻译了决定的全文并将它转给了那名先前的犯人，因此他便可以废除原来的授权书并自行申请赔偿。

通过书面授权书的形式，一些公民授权他人代表他们向申诉专员提起申诉。除非授权书在此之前已被废除，否则，在申诉专员完结案件之前，此类授权书通常被认为具有法律效力。

第 13/05369 号案例

一位离了婚的父亲认为，市政部门为其儿子安排的“看护者”在电子邮件通信中支持孩子的母亲。于是，他向申诉专员提起申诉。

该申诉中所提到的电子邮件是关于这样一个事实，即他的儿子告诉学校说他的母亲殴打了他。因此，他的母亲便给市政部门写信，要求相关部门保证将他儿子后来收回上述指控的事情写入案件记录之中。“看护者”就这一点向她做了保证，但同时告诉这位母亲，通告（notification）无法被撤回。

在给这名父亲的回信中，申诉专员表明他将不会深入调查此案例，因为这名“看护者”在相关电子邮件中所提供的信息“仅仅具有信息和指导的性质”。除此之外，至于该“看护者”的不公正或是违反其保密义务的指责，该案例并没有提供什么信息，这使得申诉专员无法发起调查。

2013 年，申诉专员共处理了 34 件涉及公平性的案例。其中，仅有一个案例需要更为深入的调查。

第 13/00052 号案例

在一月份的一个星期五，申诉专员署的一名法律案件处理官被叫到了前台，一名男子正等在那里，手里拿着一份手写的申诉以及一个装着各种活页夹和纸张的袋子。该男子希望搬离他所居住的社会收容机构，但是市政部门却不给他提供帮助。根据该男子所提供的信息，这名法律案件处理官认为，该男子希望对市政部门对待他的方式提起申诉。

在谈话以及后来的信件中，该名男子被告知在申诉专员审理他的申诉之前，他必须先向市政部门投诉相关问题。

公民可以到申诉专员署与法律案件处理官进行面对面的交流。申诉专员署在所有工作日的 10:00 到 14:00 向公民开放。

与外交部的合作带来了更大范围的可能性

延斯·奥尔森（Jens Olsen），国际关系部主任；克里斯蒂安·奥加德（Christian Ougaard），国际部特别法律顾问

自从丹麦申诉专员署成立之后，丹麦议会申诉专员及其工作人员们就一直在国际上积极传播申诉专员署的基本情况、目的以及行为哲学。其中的一些努力已经被正式化，体现为外交部与申诉专员署之间签署的合作协定。2000 年，国际活动的合作第一次正式化在一项一般协定中。该协议的时效期是三年，此后便不间断地得以延长和修订。

2013 年 3 月，一项新的合作协定签署。与原先的协定相比，这份新的合作协定带来了相当大的灵活性。现在，申诉专员署有机会与一些国家接触——在这些国家，或许有必要保护人权和民主以及确立或强化既有的民主制度，而这些都是新的合作协定致力于实现的目标。

这份新的合作协定使得外交部得以利用申诉专员署在发展援助方面的专业优势——发展援助的目的是保持民主制度、善治和良好的行政规范（尤其是在世界上最贫穷的国家）。此外，申诉专员署必须积极主动地寻找机会参与外交部的工作方面。

因此，这份合作协定为我们在实践中的活动提供了一个宽泛的框架，并囊括了范围广泛的活动类型，比如，与决策者就机构的独立性举行对话，以及在建立和运转机构方面提供实际的帮助（准备手册、完善工作方法等）。

这些活动的部分资金源于外交部，其总额不到 100 万丹麦克朗。这笔经费尤其针对这样的项目，即由外交部为相应机构提供资金的独立支持项目（independent support project），但相关各方却尚未就该项目达成协议。凭借其在国际交往方面的知识和经验，申诉专员署在积极为外交部识别和推进可能的项目方面被寄予厚望。

从与决策者对话到实际的帮助

2013 年，我们充分利用合作协定带来的新机遇和灵活性。

在与两家中国政府机构——国家信访局和监察部——接触后，我们接受了前往北京访问的邀请。此次访问中，我们就后续合作签署了两项谅解备忘录。2013 年 10 月，中国国家信访局的代表团对我们进行了回访，此次访问的主题是“能够激发信心的行政实践”。

我们也与伊朗政府监察署（Iranian Government Inspection Organization）建立了联系。2014 年 8 月，我们安排了伊朗政府监察署访问哥本哈根。此外，我们还与坦桑尼亚的“人权与善治委员会”共同举办了工作研讨会，同时，我们正在与乌干达的政府监察机构商讨扩大合作的事宜。

这些积极主动的活动涵盖了所有的活动类别，从与决策者的对话到为完善申诉制度提供实际的帮助：在中国，我们与部长及其他高级别决策者们谈论扩大合作的策略与计划，尤其是在提高机构的社会信任度以及反腐败努力方面；在与坦桑尼亚合作方两天的工作研讨会上，我们谈论的话题包括改善具体行政行为的一般过程、通过自行发起的项目推进工作以及网络技术应用。

案例研讨会

作为合作协定的一部分内容，我们接待了大量的来访活动。这些来访可以分为两大类别：第一种是短期访问，一般持续两到三个小时，通常是做一场演讲，随后是提问和评论；第二种是实际的工作访问，即代表团到访哥本哈根，参与实际项目。

工作访问的时间一般为三到五个工作日。来访者一般来自于其他国家的申诉专员署——这些申诉专员署先前已经设立，有的甚至还持续运转了若干年。当我们访问与我们有合作关系的国外机构时，我们也会进行同样的工作访问。

我们十分重视这样的工作访问——无论发生在丹麦议会申诉专员署还是与我们有合作关系的国家，比如坦桑尼亚、乌干达或是布基纳法索。这种工作方法使得我们得以将特定案例作为出发点，进而有助于为各方机构提供一个共同的参照框架——各方机构在工作方式和工作条件方面或许差异极大。

此类工作访问的目标一般是洞察申诉专员在实践中如何按照目标导向展开工作，因此，工作访问包含的主题很广。例如，阿尔巴尼亚申诉专员署的代表于 2013 年访问了我们，该机构刚刚建立了一个负责国际工作的新部门。我们也接待了新成立的塞尔维亚申诉专员署代表团的访问，他们希望了解丹麦议会申诉专员署在沟通策略和信息技术运用方面的做法。

这些讨论会提供了一个平台，从而使得合作得以带来确切的变化或改进。毫无疑问，这种学习过程计划从两个方面展开。申诉专员从接收和处理的案件中提取案例，双方通过讨论实践案例的方法分享经验：我们如何处理这些案例，以及我们如何推动法律保护保障（legal protection guarantees）的发展以及行政文化的改善。

当我们与国外的机构接触时——比如 2013 年与坦桑尼亚和乌干达的相关机构——这也是我们所偏好的工作方式，因为通过剖析实际案例，双方都可以从中获益良多并且得到最为重要的启示。

最后，必须指出的是，通过与外交部的合作协定，我们也得以协助世界各地的丹麦大使馆的工作。例如，在五月份，驻墨西哥城的丹麦大使馆联系我们，邀请我们为其参与组织的一次反腐败会议作一场演讲。我们当然接受了这份邀请。同样，我们总是努力与我们有合作关系国家的丹麦使馆保持密切合作——这方面的最新的一个例子是我们与丹麦驻北京大使馆的紧密合作。为此，我们想要强调的是，驻各国的丹麦使馆总是给予我们无法估量的帮助和建议，这些对我们的工作至关重要。

申诉专员的国际工作

从丹麦申诉专员署 1955 年成立之日起，丹麦议会申诉专员及其工作人员便参与了各项国际工作，传播申诉专员署的基本情况、目标和行为哲学。从 2000 年开始，申诉专员署与丹麦外交部签署了一份合作协定，这为相关国际活动的开展提供了新的方式。

申诉专员署的国际工作有多个层次和不同的方式：

（1）为其他国家提供帮助

申诉专员及其工作人员访问世界各地，传播丹麦申诉专员制度的理念。若干这样的访问与国际合作相关，例如，与国外申诉专员机构或相关部门的合作。

（2）我们接待来访者

每年我们都会接待来自国外的代表团和访客。这样的访问可以是我们在哥本哈根安排的考察，或者在国家相关机构和市的相关部门。同时，也可以是更为简短的访问，即来访机构或访客要求我们介绍申诉专员署及其工作。

（3）欧盟

在“欧洲申诉专员”（European Ombudsman）领导的工作之下，欧盟各成员国的申诉专员及其代表们定期会晤。

（4）国际申诉专员协会（The International Ombudsman Institute）

丹麦议会申诉专员是国际申诉专员协会的成员。国际申诉专员协会的成员包括超过140个地方、区域和国家层面的申诉专员机构的申诉专员。国际申诉专员协会是一个知名的论坛性组织，它为世界各地的申诉专员们提供了合作和交流经验的平台。

第12/00509号案例

学校可以因为学生在闲暇时间且在学校之外的行为而开除他们吗？申诉专员调查了这个问题，当时，一位高年级的预科班学生向申诉专员提起申诉，因为他被其所在的走读学校（day）和寄宿学校开除了。

在某个周末的晚上，该学生出城吸食大麻，这违反了学校的住宿条例。但是，并没有证据表明该学生在返回学校后受到了什么明显的影响，也没有证据表明他以这种或那种方式给学校带来了不便。出于这个以及其他原因，申诉专员认为该学校无权开除该学生。

在此案例所作的声明中，申诉专员也就其他极其重要的问题表明了立场。该声明全文见www.ombudsmanden.dk，案件编号2013-24（丹麦语）。

申诉专员选择了28份声明和报告并将其公之于众，这些声明和报告是《议会申诉专员年度报告：2013》的组成部分，因为，在申诉专员眼中，它们都具有极大的重要性和根本性。在有关声明或报告被公之于众之前，申诉专员会决定从这些声明或报告的文本中删除掉哪些个人信息。

第 13/02929 号案例

一名男子批评丹麦广播公司电视新闻的背景布置，丹麦广播公司对此不予认同。该男子于是向申诉专员提起申诉。在该男子看来，演播室的灯光和图案使得人们难以集中关注节目的内容，因此，这阻碍了丹麦广播公司履行其公共服务的义务。

在给该男子的回复中，申诉专员表示他不会对此申诉进行调查，因为作为申诉专员，他并不具备新闻节目传播方面的专业知识。该男子先前就丹麦广播公司新闻栏目已提起过两次申诉，而申诉专员此次给他的回复内容与前两次的回复内容一模一样。因此，申诉专员此次做了一点补充，即假若该男子将来继续对丹麦广播公司新闻栏目灯光和图案布置提起申诉，那么申诉内容只被阅览但不会得到回复，除非申诉本身包含新的重要信息。

申诉专员一般通过信件或电子邮件回复其所接收到的申诉。但是，为了对各项事务作轻重缓急的排序，申诉专员可以限制自己对某些公民的回复次数——这些公民就相同的申诉内容反复联系申诉专员。

第 13/05368 号案例

在丹麦的监狱中，涉及犯罪团伙和飞车党（biker）的囚犯被囚禁于特殊的牢房中，那里的条件要比其他罪犯所居住的牢房更具限制性。一位年轻男子被认定为是哥本哈根的一个犯罪团伙的成员，因此，他就被安置在这样的特殊牢房中。他给申诉专员写了一封言辞简短的申诉信，于是，申诉专员要求从监狱与缓刑部门那里暂借该男子的案件档案。

数周之后，监狱与缓刑部门给申诉专员致电声称，在对该犯人进行了新的安全评估之后，认为该犯人不再与任何犯罪团伙有瓜葛，因此，他可以被转移到普通的牢房。申诉专员因此没有对案例采取进一步的行动。

申诉专员对申诉的形式、内容长短或语言没有任何特别要求。

第 13/03165 和第 13/03938 号案例

下面是一个广为人知的案例：丹麦安全与情报局曾向司法部通报了一些与一位议员相关的事情。一名记者向司法部要求获取这份通报，同时，他还要得到这份通报的时间信息。例如，查阅相关的活动记录簿。

司法部在回复中指出，该通报是以口头的形式传达，因此，并没有可供获取的书面档案。同时，司法部还在给该记者的回信中声称，由于没有任何书面的记录，因此无从得知这个通报是何时做出。

这样的回复使记者大惑不解，于是，他向申诉专员申诉司法部拒绝其获取相关档案一事。由于司法部已经声明不存在该记者想要获取的档案，于是申诉专员表示拒绝受理该申诉。

申诉专员一般而言没有机会询问相关证人，只是在申诉人和行政机构提供的信息的基础上处理申诉。如若相关各方就信息的真实与否莫衷一是，那么，申诉专员常常不得不放弃彻底调查。

申诉专员署实地监察的新框架

莫滕·恩贝格（Morten Engberg），监察部资深负责人

很多年以来，申诉专员署的实地监察活动都是在一个明晰的框架内进行，但是在 2012 年底，我们对实地监察活动的若干方面进行了调整。

从根本上讲，在实地监察中，申诉专员决定将一些至关重要且严重的问题放在最重要的位置，当然这期间也会特别关注一些一般性问题。基于此，我们也决定使用“实地监察”（monitoring visits）一词来取代“视察”（inspections）。

与此同时，申诉专员署新成立了儿童处。由于儿童处的一项主要职责就是对针对儿童和青少年开办的社会公共机构进行实地监察，因此，儿童处的建立极大地影响了申诉专员署的实地监察活动。

但是，在新的监察概念提出来后（即上文所说的“用‘实地监察’取代‘视察’一词”——译者注），申诉专员署在实地监察活动中主要关注哪些问题呢？从2013年开始，申诉专员决定，实地监察将主要关注以下问题：

1. 强制措施和其他限制（包括隔离）、惩戒手段以及非正式的提议；

2. 人际关系，包括工作人员与犯人及其他服务和设施的使用者之间的关系，以及使用者之间的关系；

3. 工作与闲暇时间；

4. 健康问题；

5. 用户安全；

6. 教育；

7. 不同部门之间的交接问题。例如，监狱与缓刑所与精神病治疗机构之间。

不同机构的关注重点也各不相同。例如，在对涉及儿童和青少年机构的实地监察中，教育就具有特殊的重要性。之所以选择这些关注点是因为，它们共同勾勒出一副清晰的图景，即社会公共机构中的居住者是否得到与其权利相一致的、有尊严且体贴的对待。但是，在监督相关部门和机构是否遵守《联合国禁止酷刑和其他残忍、不人道或有辱人格的待遇或处罚公约》（以下简称《联合国禁止酷刑公约》——译者注）方面，其他若干关注点也同样重要。之所以看重对这方面的监督，是因为申诉专员被委以责任，要防止丹麦出现违反《联合国禁止酷刑公约》的情况。

除了上述那些长期的关注点外，在实地监察专为成年人开设的社会公共机构时，申诉专员还会每年选择一个或多个主题作为这些实地监察活动的特殊优先关注点。这样一来，我们可以确保在实地监察期间对这些主题和问题进行调查。2013 年，我们选择了两个主题：一是酗酒和吸毒人员的治疗，二是防止社会公共设施使用者之间的暴力和威胁。

在实地监察专为儿童和青少年开设的社会公共机构时，申诉专员并不会专门选择任何一般性主题。然而，2013 年，申诉专员的监察工作重点针对为儿童和青少年开设的社会公共机构中的社会救助机构、社会收容机构或是寄养家庭。在决定对哪些社会公共机构和收容机构进行实地监察时，我们尤其关注那些内部设有学校的机构（in-house schools）。

专家们参与实地监察活动

我们的实地监察活动按照标准的框架进行。我们有时也会突袭一些机构进行实地监察，但是一般来说，我们在实地监察之前都会通知相关机构的管理层。这样一来，我们可以确保我们希望与之交流的人届时都会在现场，同时，我们也得以获得大量的各类信息——这些信息对于我们准备相应的实地监察必不可少。此外，我们可以要求相关机构的管理层告知其服务对象，在申诉专员的实地监察工作中，他们可以有机会与申诉专员的监察队进行交流。当然，事先告知实地监察的做法也有其弊端，即相关机构的管理层可以从容地掩盖一些他们不愿意让监察队知晓的问题。但是，我们并不认为这是一个严重的问题。就我个人的印象而言，大多数机构的管理层都不会有意掩盖问题，相反，他们很乐意将机构的方方面面呈现给申诉专员的监察队。

申诉专员本人也参与其中的一些实地监察活动，但是，一个监察队一般由申诉专员署的两名法律案件处理员组成。在对为儿童开设的相关机构进行实地监察时，他们一般会由申诉专员儿童事务的特别顾问陪同。此外，“丹麦反酷刑研究所”以及“丹麦人权研究所”的代表也参与我们的一些实地监察活动。“丹麦反酷刑研究所”是一家私人组织，顾名思义，它的目标是致力于防止酷刑。“丹麦反酷刑研究所”是一家基于医学的组织，有其在监狱事务方面具有相当的知识储备，这对于我们的法律案件处理员来说很有助益。“丹麦人权研究所”在人权事务方面拥有广博的知识。因此，无论是一般性问题还是在个案的实地监察活动，这两家机构都能够为我们提供宝贵的知识。申诉专员署与“丹麦反酷刑研究所”和“丹麦人权研究所”的合作始于 2009 年，当时申诉专员署被确定为“全国预防机构”（National Preventive Mechanism），负责监督丹麦遵守《联合国禁止酷刑公约》事宜。

如前所述，我们与“丹麦反酷刑研究所”和“丹麦人权研究所”的合作不仅仅局限于特定的实地监察。例如，前面所列出的“关注点”就是我们与“丹麦反酷刑研究所”和“丹麦人群研究所”共同协商的结果。我们每年的实地监察主题也是与这两家合作方共同商议的结果。

2013 实地监察数据

2013 年，申诉专员署完成了 85 项实地监察活动。其中，5 件申诉以提出批评和正式建议结案，49 件申诉以非正式的口头建议等结案，28 件申诉以没有提出任何建议的方式结案，3 件申诉以其他方式结案。

由于某机构的工作人员正处于刑事诉讼程序中，因此，申诉专员署中断实地监察工作。此外，由于一些实际原因，另有两次未提前告知的实地监察未能实际实施。

对专为成年人开设的社会公共机构的实地监察

2013年，申诉专员署共对60个不同的（专为成年人开设的——译者注）社会公共机构进行实地监察。在其中的一些实地监察中，申诉专员对同一社会公共机构内部的两个或更多的独立部门进行监察。所有这些实地监察都预先通知了被监察方。

申诉专员署的监察队共与264位用户进行了交谈（包括囚犯、病人、住户等）。

申诉专员共审结9件在实地监察活动中自行发起的调查。申诉专员没有就其中任何一个案件提出批评意见。

此外，申诉专员还审结了发生在监狱和缓刑部门的39起自杀企图和死亡案件。申诉专员对其中的2件案件提出批评意见。

申诉专员署工作人员在五个场合与下列机构分享了相关经验：外国的申诉专员署以及（或）外国政府为遵守《联合国禁止酷刑公约》而设立的“国家预防机构”。

对专为儿童开设的社会公共机构的实地监察

2013年，申诉专员署对12个专为儿童和青少年开设的社会公共机构进行了实地监察。在其中的一些实地监察中，申诉专员署会对同一社会公共机构内部的两个或更多的独立部门进行监察。所有这些实地监察都预先通知了被监察方。

在这些实地监察中，申诉专员署的监察队共与45位儿童和青少年进行了交谈。

申诉专员对于实地监察活动中发现的3个案例自行发起了调查并审结所有3个案件。申诉专员就其中的一个案件提出批评意见。

口头建议

实地监察活动一般从与社会公共机构的管理层的交谈开始。我们会与他们讨论与其机构相关的“关注点”以及“年度主题”，会议常常会持续数个小时。在会议结束后，监察队会巡视该机构以便近距离观察住在这些机构内的“住户”并与他们交谈。此后，我们会与机构的工作人员进行单独交谈，以便了解他们对于机构运转的看法。如果可以的话（如果相关的话），我们也会与“住户”的亲属交流。不仅如此，对于那些表达了希望与监察队交流的“住户”，监察队也当然会与他们进行交谈。

最后，监察队会与社会公共机构的管理层再开一次会。在会上，我们会讨论我们在当天所获得的大量信息。同时，在很多情况下，监察队也会建议具体改革措施，管理层也会考虑是否有必要做出改变。

如上所述，申诉专员署的实地监察基于口头讨论。这就为监察队和社会公共机构管理层之间的真诚对话提供了很好的机会。此外，与书面对话相比，它所需的资源也更少。口头讨论同时也更为有效，因为在讨论的时候我们对相关问题记忆犹新。相关机构管理层在听取监察队的评论后（这其中也包括监察队对于从“住户”那里获得的信息的评论），便立即做出改变的例子也并不鲜见。

申诉专员署的监察队提出的建议可以涵盖范围广泛的一系列问题。这些建议有时候涉及的是一般性的问题，而有的时候则针对的是非常特定的问题。例如，在一个为青少年开设的收容机构，我们询问，为何一些青少年的房间被安排在地下室。结果，该收容机构便自行将这些青少年的房间调整到了一层。

对于有些案例，我们认为无法仅仅通过口头交流得以审结。对于这些案例，我们会要求相关机构在我们的监察活动结束后为我们发一份书面声明。进而，我们也会以书面的形式发表意见。例如，针对一名九岁男孩遭遇强制措施的案例，申诉专员要求相关部门提交一份书面声明。这名男孩当时正在比斯皮尔格“儿童和青少年精神病中心”的操场上，他不愿进教室上课。然而，尽管该男孩不断挣扎，两名工作人员还是抓住他将他拖进教室。在该案例的结案报告中，针对该男孩被施加强制措施一事，申诉专员提出了严厉的批评。

申诉专员实地监察的基础

根据《议会申诉专员法案》的规定，申诉专员可以进行以下类型的实地监察活动：

——实地监察公共机构以便评估后者是否遵守法律和良好的行政规范。申诉专员的实地监察的内容可以包括普世性的人道主义考虑。

——实地监察被剥夺或可能被剥夺人身自由的公共机构和私人机构，以防止出现酷刑或其他残忍、不人道或有损尊严的惩罚方式（根据《联合国禁止酷刑公约》的协议，申诉专员署被确定为“全国预防机构”（National Preventive Mechanism）——该协议是《联合国禁止酷刑和其他残忍、不人道或有辱人格的待遇或处罚公约》的任择协议）。

——实地监察专为儿童设立的公共机构和私人机构，以便保证儿童的权利得到尊重。

上述类型的实地监察活动可以相互结合在一起。

酗酒和吸毒人员治疗机构的模糊协定

如前所述，酗酒和吸毒人员的治疗是 2013 年监察工作的主题。因此，我们实地监察了 13 个酗酒与（或）吸毒治疗机构。一个反复出现的问题就是，治理机构出于治疗的目的而对酗酒和吸毒人员采取了各种各样的限制措施。例如，大多数机构都规定，工作人员可以搜查酗酒和吸毒人员在治疗机构的房间，并且可以要求酗酒和吸毒人员提供尿样或是进行酒精测试。很多机构都有限制酗酒和吸毒人员使用手机或电脑的规定。在某一机构，酗酒和吸毒人员看电视的权利都遭到极大限制。一些机构还限制人身自由。例如，在停止用药满 30 天前，不允许治疗者走出治疗机构——在结束用药 30 天初期，治疗者只有在工作人员的陪同下才可走出治疗机构。这些限制没有法律授权。根据很多机构的解释，它们与治疗者达成了自愿协议。根据自愿协议，治疗结构可以对治疗者施加上述限制措施。我们与之交谈的治疗者大致清楚治疗机构对他们施加的各种限制措施。然而，在若干案件中，治疗者并不明确清楚自己是否曾经同意过治疗机构可以对其施加限制措施。因此，监察队建议，在治疗者进入相关机构接受治疗之前，相关机构就应当与每位治疗者签订明确的书面协议，以明确它们可以施加何种限制措施。书面协议也应当说明违反协议会导致哪些后果，例如，停止治疗。

2013 年，我们将“酗酒和吸毒人员的治疗”确定为针对专为成年人设立的社会公共机构的一个监察主题。基于此，我们实地监察了两所针对吸食毒品或酗酒问题的儿童和青少年收容机构。与这些儿童和青少年的治疗相关的一些法律问题（比如提供尿样）与成年人不同，因为这些机构无法与儿童或青少年签订协议。申诉专员提请“儿童、性别平等、融入与社会事务部”注意此问题。最终，一个委员会得以设立，以监督处于看护下的儿童和青少年的权利问题。要了解该委员会及其成立背景的更多信息，请参考《丹麦议会申诉专员年度报告：2012 年》，第 67-69 页。

我们也曾碰到与交保候审吸毒人员治疗有关的问题。根据法律的规定，交保候审的吸毒人员必须得到免费治疗。然而，实际上，在我们的监察人员实地监察过的所有地方监狱中，没有一个为交保候审吸毒人员提供激发性治疗之外的其他任何治疗——激发性治疗的目标是激发吸毒人员接受治疗。地方监狱的解释是，一些实际难题导致缺少其他的治疗方法，例如，地方监狱并不清楚交保候审人员将在监狱中关押多长时间。这使得他们很难制定治疗计划。我们将很快与监狱与缓刑署讨论此问题。

没有就暴力问题出台政策的机构

如前所述，针对专为成年人开设的社会公共机构的实地监察，我们的另一个主题是防止社会公共设施使用者或犯人之间的暴力和威胁。我们之所以确定这样一个主题是因为它确实代表了令人恐怖的经历，例如，在监狱服刑期间遭受暴力。不幸的是，监狱和缓刑署（the Prison and Probation Service）近年来已经注意到，犯人之间的暴力和相互威胁程度有所提高。我们的实地监察发现，对于预防公共设施使用者或犯人之间的暴力和相互威胁问题，很多机构其实十分清楚。然而，我们实地监察过的所有机构都没有出台应对该问题的具体政策，以明确每个机构究竟应当采取怎样的措施来防止公共设施使用者或犯人之间的暴力和相互威胁。因此，我们建议相关机构应当就暴力问题出台政策。但是，我们并不只是在实地监察活动期间才关注公共设施使用者或犯人之间的暴力和相互威胁问题。2013 年，在媒体报道了一所封闭监狱发生的一名犯人遭暴力袭击的事件之后，申诉专员自行发起了对此事的调查。

健康信息

在实地监察中，如果有必要的话，监察队也会调查那些“关注点”或年度主题之外的问题。例如，地方监狱会让犯人填写一份表格，以使犯人确认他们的健康信息，而这些信息随后会被转给其他部门。2013 年，我们开始关注地方监狱使用的这种表格。我们的监察队发现，这种表格的格式在不同地方存在很大差异，也不清楚这些表格是否符合法律的规定。在收集了各样表格之后，申诉专员于2014年的一次例行会议上向“监狱与缓刑署”提出这个问题。现在，“监狱与缓刑署”正在依照法律制定一份标准表格。

有时候，为了解决实地监察过程中所发现的问题，必须对特定法案进行修订。例如，在对精神病房的实地监察中，申诉专员发现了一个与未成年病人相关的问题，我们后来还就这个问题与卫生部进行讨论：某法案规定精神病治疗中可以采取强制措施，但是，假如未成年的精神病患者的父母同意在他们的治疗中使用强制措施，那么，该法案所提供的法律保护就无法适用于未成年的精神病患者。他们无法就已经接受的强制治疗提出申诉。卫生部已经承诺引入新的法案以为这些未成年的精神病患者提供更好的法律保护。

关于申诉专员署实地监察活动的具体改革情况，请参考“关于丹麦议会申诉专员署进行的监察活动的报告”。该报告被视为我们进行实地监察活动的日常工具。该报告的丹麦文版见 www.ombudsmanden.dk。

实地监察带来了哪些结果？

当监察队在实地监察中发现问题或潜在的问题时，申诉专员有多种行动选项可供选择。

申诉专员在2013年做出的重要措施包括：

（1）对机构管理层提出口头建议

药品管理：建议一些机构就工作人员如何管理和分发药品制定行为指南。还建议若干机构安排工作人员参加药品管理方面的培训课程。此外，还就药品管理问题提出一些更为具体的建议，例如，建议工作人员在分发头痛药片时做好登记工作。

强制措施：建议一些机构就强制措施的使用制定行为指南。同时还建议，相关机构要确保将有关使用强制措施的行政命令的条款告知处于看护之下的儿童和青少年及其监护人，包括对强制措施的申诉以及上诉的相关规定。另外还建议考虑就如何使用强制措施进行课程培训。

体贴入微：建议一些机构的管理层要提醒其工作人员，在进入居住者的房间之前要先敲门。

档案化：建议一些机构为居住者提供一些档案的复印件。例如，居住者请求与社会工作者见面的档案复印件。

（2）后续的实地监察

人际关系与健康：在对“监狱与缓刑署”下面的“Pensionen Lyng”进行实地监察之后，申诉专员认为有必要进行一次后续的实地监察。“丹麦反酷刑研究所”也参与了这次后续的实地监察，而此行的主要关注点是人际关系和健康问题。我们最后提出一些建议。

精神病犯人：在对维斯特利尔·范格塞尔国家监狱下属的维斯特利尔医院进行实地监察之后，精神病犯人的状况引起监察人员的注意。后来，申诉专员署、“丹麦人权研究所”和“丹麦反酷刑研究所”又一次实地监察该监狱。随后，申诉专员要求“监狱和缓刑署”与哥本哈根狱政部门就精神病犯人的状况作出声明。该案仍在处理之中。

（3）与重要部门进行协商

同意书表格：地方监狱部门使用不同格式的表格来获取和传递犯人的健康信息。这个问题在与“监狱和缓刑署”的一次年度会议上被提出，后者已经在制作标准格式的同意书。

药品管理：在与“监狱和缓刑署”的年度会议上，申诉专员提出是否可以就过渡教习所（halfway houses）的药品管理制定行为指南。“监狱和缓刑署”将对该问题进行调研，并将在下次会议时向我们通报结果。

（4）自行发起的调查与声明的要求（requests for statements）

吸毒人员的治疗：在对一些地方监狱进行实地监察之后，申诉专员就地方监狱犯人中吸毒人员的治疗权问题提起自行调查。该调查目前仍在进行中。

限制自由：在对一些为成年人设立的吸毒或酗酒治疗机构的实地监察之后，申诉专员对于这些机构限制被治疗者自由的问题进行调查。现在列举几种限制自由的规定，例如，在某段时间内治疗人员不可以自行离开治疗机构，可以搜查治疗人员的房间是否藏匿有带进来的毒品，或者治疗人员在抵达治疗机构后必须交出手机。该案件的调查尚未完结。

行动计划：在对一个寄养家庭进行实地监察后，申诉专员得知，处于看护之下的五名儿童中的两名儿童的"行动计划"极其不充分。申诉专员自行发起了对该案的调查，最后对市政部门提出了批评。

手铐：有报道称"Pensionen Lyng"机构内曾经使用过手铐。申诉专员要求"Pensionen Lyng"和"监狱与缓刑署"就此报道作出声明。该案件尚未完结。

教育：在对一些为儿童提供内部教育的机构进行实地监察后，申诉专员要求它们提供最低课程数量以及课程内容的信息。该案例尚未完结。

2013 年的实地监察：为成年人设立的社会公共机构

时间	机构	类型与目标群体
1月8日	斯劳厄尔瑟地方监狱	地方监狱，调查主要关注交保候审犯人
1月15日	灵斯泰兹地方监狱	地方监狱，调查主要关注交保候审犯人
1月22日	腓特烈港的"Abildparken"	为老年痴呆症患者等设立的"老年人之家"
1月23日	腓特烈港的精神病院第 N7 号床位	为患精神病的成年人设立的开放式精神病病床
1月24日	布伦讷斯莱乌的"Hedebo"	为有精神紊乱问题的成年人设立的收容机构

续表

时间	机构	类型与目标群体
2月20日	尼斯泰兹的“Kysten”	为有学习障碍的且被判决安置在机构的成年人开设的收容机构
2月22日	斯滕利勒的“Sønderbjerggaard”	为吸食毒品或酗酒的成年人——尤其是那些精神紊乱而又酗酒或吸食毒品的成年人——设立的收容机构
2月27日	欧登塞地方监狱	地方监狱，调查主要关注交保候审犯人
2月27日	欧登塞拘留所	主要针对因醉酒而无法自理的人，以及被警察发现的处于危险境地的人
2月27-28日	阿尔贝特斯隆“Statsfængsleti Vridsløselille”国家监狱	封闭监狱，主要针对长期服刑的犯人
3月11日	“Lokalpsykiatri Fredericia”	针对成年人的精神病治疗机构的门诊服务
3月12日	科灵的“Marielund”	针对精神紊乱的成年人设立的社会—精神收容机构
3月13日	科灵的精神病病房	四个成年精神病患者住院处以及一个精神病应急中心
3月14-15日	Rødby的“Kofoedsminde”	为有学习障碍的成年人设立的特殊机构——判决要求这些成年人在开放或安全的机构接受治疗
3月20日	斯劳厄尔瑟的“Fonden Klippen”	为成年人设立的治疗酗酒或吸毒的收容机构
3月20日	海宁地方监狱	地方监狱，调查主要关注交保候审犯人
3月21日与10月3日	Stakroge的“Pensionen Lyng”	为处于社会（再）融入阶段的犯人、替代服刑的犯人以及被判决要求接受治疗的犯人设立的监狱与缓刑机构
4月3日	Børkop的“Damkjærgaard/Sida”	为有学习障碍的被判刑者以及有精神问题的成年人设立的收容机构

续表

时间	机构	类型与目标群体
4月4日-5日	海宁的“Nørholm”	为有学习障碍的被判刑者以及有精神问题的成年人设立的收容机构
4月8日	斯劳厄尔瑟的“Psykiatrien Vest”	为18岁以上病人设立的V1隔离牢房；精神病应急中心；社区精神健康署管辖的精神失调门诊所
4月9日	鲁德的“Østergården”	针对患有精神问题的成年人设立的社会—精神收容机构
4月11日	Sakskøbing的“Bo- og Støttecenter Saxenhøj”	为患有精神疾病的成年人以及患有痴呆症的人设立的收容机构
5月16日	Dronningmølle的“Kongens Ø Munkerup”	为吸毒的成年人设立的治疗收容机构
5月16日	哥本哈根“Vestre Fængsel'”国家监狱，Vestre医院VH2病房区	地方监狱，调查主要关注患有精神疾病的交保候审犯人
5月22日	Skjern的“Hedegaard”	为有学习障碍的年轻人和成年人设立的收容机构
5月23日	Mariager的“Sødisbakke”	为身体功能不全的被判刑者设立的收容机构
5月24日	Ørum Djurs的“Ørum Bo- og aktivitetscenter”	为精神失调的成年人以及有学习障碍的被判刑者设立的收容机构
5月27日	“Statsfængslet i Jyderup”国家监狱的地方监狱部	地方监狱，调查主要关注交保候审犯人
5月30日	Fredensborg的“Alfa-Fredensborg”	为成年人、儿童以及15-18岁的青年设立的治疗酗酒和吸毒问题的收容机构
6月18日	锡尔克堡地方监狱	地方监狱，调查主要关注交保候审犯人
6月19日	布拉明的“Midtgården”	为成年人设立的治疗酗酒和吸毒问题的收容机构

续表

时间	机构	类型与目标群体
6 月 20 日	埃斯比约的拘留所	主要关注因醉酒而无法自理的人，以及被警察发现的处于危险境地的人
7 月 1-2 日	Skærbæk 的“Statsfængslet Renbæk”国家监狱	被判刑的犯人居住的开放式监狱
8 月 27 日	锡尔克堡“Regionspsykiatrien”（包括应急治疗机构）	为有精神失调问题的成年人设立的门诊治疗机构
8 月 28 日	Kjellerup 的“Hinge”	针对精神紊乱的成年人设立的社会—精神收容机构
8 月 29 日	格陵兰岛 Tasiilaq 的“判刑人员服刑所”	该机构是格陵兰岛的判刑人员的服刑地或是其案件尚在调查之中的人员的拘留地。
8 月 30 日	格陵兰岛 Tasiilaq 的拘留所	格陵兰岛的拘留所可以用于拘禁醉酒人员、被捕人员、拘留人员或是被判刑人员
8 月 31 日	格陵兰岛 Kulusuk 的拘留所	没有警方实时看管的拘留所；格陵兰岛的拘留所可用于拘禁醉酒以及被捕等人员等
8 月 31 日	格陵兰岛 Nuuk 的拘留所	格陵兰岛的拘留所可以用于拘禁醉酒人员、被捕人员、拘留人员或是被判刑人员
9 月 1 日	格陵兰岛 Nuuk 的“判刑人员服刑所”	该机构是格陵兰岛的判刑人员的服刑地或是其案件尚在调查之中的人员的拘留地
9 月 2-3 日	格陵兰岛 Aasiaat 的“判刑人员服刑所”	该机构是格陵兰岛的判刑人员的服刑地或是其案件尚在调查之中的人员的拘留地
9 月 3 日	格陵兰岛 Aasiaat 的拘留所	格陵兰岛的拘留所可以用于拘禁醉酒人员、被捕人员、拘留人员或是被判刑人员
9 月 3 日	格陵兰岛 Kangerlussuaq 的“判刑人员服刑所”	该机构是格陵兰岛的判刑人员的服刑地或是其案件尚在调查之中的人员的拘留地。

续表

时间	机构	类型与目标群体
9月3日	格陵兰岛 Kangerlussuaq 的拘留所	格陵兰岛的拘留所可以用于拘禁醉酒人员、被捕人员、拘留人员或是被判刑人员
9月3日	Nykøbing Falster 地方监狱	地方监狱，调查主要关注交保候审犯人
9月12日	维堡地方监狱	地方监狱，调查主要关注交保候审犯人
9月13日	兰讷斯地方监狱	地方监狱，调查主要关注交保候审犯人
9月17日	Vodskov 的“Behandlingscentret Hammer Bakker”	为身体功能不全的成年人（包括被判刑人员）设立的收容机构
9月18日	德斯泰德精神病院 N8 住院区	一般的开放性成年人精神病治疗机构
9月19日	奥尔堡拘留所	主要关注因醉酒而无法自理的人，以及被警察发现的处于危险境地的人
10月28日	西日德兰 Janderup 的“Springbrættet”	针对成年人设立的戒毒机构
10月28日	霍布罗的“Stenild Omsorgshjem”	为患有双重疾病（精神紊乱与酗酒或吸毒）的成年人等设立的社会收容机构
10月29日	Oksbøl 的“Slusen”	针对成年人设立的戒毒机构
10月29日	Lystrup 的“Chiligruppen”	为有学习障碍的被判刑者设立的收容机构
10月30-31日	“Statsfængslet i Sdr. Omme”国家监狱	针对被判刑犯人的开放式监狱
11月12日	霍森斯的“Vesterled”	针对成年人设立的戒酒与戒毒机构
11月13日	霍森斯的“Højløkke Q”	针对成年女性设立的戒酒与戒毒机构
12月9日	Ribe 的“Toftehuset”	针对成年人设立的戒酒与戒毒机构
12月10日	沃简斯的“Stien”	针对成年人设立的戒酒与戒毒机构
12月11日	Haderslev 的“Sydgården”	针对成年人设立的戒酒与戒毒机构

2013 年针对儿童的实地监察活动

时间	机构	类型与目标群体
1 月 15 日	Ansager 的“Tippen”（包括内部学校）	为 18 岁以下的儿童和青少年设立的收容机构，这些儿童和青少年需要特别的教育支持、治疗与看护；为 0-10 岁的儿童提供内部教育
2 月 6 日	弗雷登斯堡的“Nødebogård”（包括内部学校）	为有交流障碍、焦虑和精神紊乱问题的儿童和青少年设立的教育、日托和 24 小时居住看护的机构；为 0-10 岁（以及 11 岁）的儿童提供内部教育
3 月 7 日	Grenå 的“Norddjurs Børnecenter”收容与短期看护机构	为 0-12 岁的儿童提供 24 小时居住看护的机构，这些儿童或是无人看管或是拥有轻微的精神功能紊乱问题；为 0-18 岁的儿童和青少年提供短期看护的机构
3 月 13 日	洛兰市的寄养家庭	寄养家庭
4 月 3 日	Tønder 市的寄养家庭	寄养家庭
4 月 4 日	埃斯比约的“Børnecenter Døgn”	该机构为 0-13 岁的儿童提供 24 小时居住看护（包括一个应急部门）
5 月 7 日	Bagsværd 的“Bagsværd Observationshjem”	该机构为 8 岁以下的儿童提供日托和 24 小时居住看护以及家庭看护
5 月 15 日	奥尔胡斯的“Døgncentret for børn og familier”	该机构为 17 岁以下的儿童和青少年以及有婴儿的家庭提供 24 小时的居住看护
10 月 1 日	布罗斯特的“BrovstAsylcenter”	寻求庇护者中心（包括儿童）——此次实地监察主要关注寻求庇护者中儿童和青少年的状况

续表

时间	机构	类型与目标群体
10 月 2 日	布伦讷斯莱乌的“Den Sikrede Institution Kompasset”	拥有内部学校的担保居住机构安置儿童和青少年（一般为 15-17 岁）。这些儿童和青少年被安置在此或是以代替监狱服刑，或是作为青年制裁措施的一部分
10 月 22 日	克里斯蒂安斯费尔德的“Fonden Tagkærgaard”（包括内部学校）	该机构为 14-23 岁的青年男子提供 24 小时住宿看护，这些青年男子或是有吸食毒品问题，或是有与吸食毒品相关的行为问题；内部学校
10 月 23 日	维森比约的“Behandlingsstedet Bjerget”（包括内部学校）	该机构为 14-23 岁的青年女子提供 24 小时住宿看护，这些青年女子或是有吸食毒品或酗酒问题，或是有与吸食毒品或酗酒相关的行为问题；内部学校

对与残疾人相关的社会机构的实地监察：2013 年

议会要求申诉专员关注残疾人是否可以得到平等对待的问题。基于此，申诉专员实地监察残疾人是否可以获得专为他们提供的各种设施。

在这些实地监察中，监察队的工作人员检查“确保所有人都能进入公共建筑”的原则是否得到遵守。监察队的工作人员携带测量工具进行检查，例如，为轮椅使用者预留的斜坡是否符合相关建筑标准的要求。一位使用轮椅的申诉专员署的工作人员亲自参加了这次实地监察活动。

不仅如此，申诉专员署还与丹麦人权研究所以及丹麦残疾人理事会合作，以推动、保护以及监督《联合国残疾人权利公约》在丹麦的实施状况。

有关申诉专员署在“平等对待残疾人”方面的工作信息，请访问 www.ombudsmanden.dk/handicap（仅有丹麦语内容）。

时间	机构	类型
5月22日	丹麦首都地区哥本哈根大学医院（Rigshospitalet）	医院
11月19日	古尔德堡市“Lindeskovskolen”	学校——实地监察的当天该校被用作投票站
11月19日	古尔德堡市“Nordfalster Idræts-og Kulturcenter”	体育馆——实地监察的当天该体育馆被用作投票站
11月19日	奈斯特韦兹市“Kalbyrisskolen”	学校——实地监察的当天该校被用作投票站
11月19日	奈斯特韦兹市“Herlufsholm Hallen”	体育馆——实地监察的当天该体育馆被用作投票站

因为年度报告包含案件，所以上述清单会更新在电子版（仅丹麦语）的年度报告中。年度报告参见 www.ombudsmanden.dk

对 2013 年强制遣返案件的监察

从 2011 年四月开始，丹麦警察署对第三国公民（非欧盟国家）的强制遣返也纳入到申诉专员的监察范围——这些第三国的公民没有在丹麦的合法居留权。

申诉专员必须尤其确保强制遣返的执行要尊重（被遣返者）个人并且避免使用不必要的暴力。因此，申诉专员评估警方的行为是否遵守相关的法律，包括欧盟法和国际人权公约等。同时，也要评估警方的行为是否遵守良好的行政规范。

申诉专员尤其关注以下问题：强制措施、家庭团聚、弱势群体、先期的联络与信息、安全评估、中止的遣返以及遣返报告。

正如本报告接下来几页中的表格所显示的那样，申诉专员并没有对警方 2013 年的强制遣返工作提出批评意见。所有的遣返都做到了尊重个人，同时也避免了使用不必要的暴力。

2013 年，我们审阅 2012 年的 741 宗遣返案件，主要目的是为了确认所有案件涉及的强制措施。从这 741 个案件中我们选取了 76 个以作进一步的评估，其中，有 9 个案件的处理过程中似乎使用了强制措施。我们发现，案件档案表明一些案件的记录没有遵守国际和国内关于强制遣返行动指南的建议此外，警方在很多方面都没有遵照记录义务的非法定原则（nonstatutory principle）。因此，丹麦警察署在 2013 年推出了一系列措施，以推进与遣返案例相关的各种行政程序的档案化工作。

关于申诉专员对强制遣返的监察活动，更多信息（仅有丹麦语内容）参见 www.ombudsmanden.dk/udsendelser

日期	目的地	涉及人员	是否采取强制措施?	是否遣返?	评论
2 月 4 日	阿富汗（护送出境）	1	是	是	警方使用强制措施固定被遣返人员，并使用了约束带。由于该外国公民的暴力行为，警方使用强制手段是必要的。所使用的强制手段与当时的情境相称，并且，仅在必要的时间内使用了强制手段。
3 月 12 日	塞尔维亚（监视出境）	5	否	是	被强制遣返人员中有两对夫妻，另一人是其中一对夫妻的已成年儿子。
3 月 19 日	塞尔维亚（护送出境）	55（包含有儿童成员的几个家庭）	否	是	警方为此次强制遣返专门使用了包机。除了一位翻译人员之外，警方还在现场安排了一位医生，以负责这些外国公民的安全。期间，这些外国公民并未要求该医生提供医疗帮助。整个气氛平静、放松，父母们很好地看管了各自的孩子。

续表

日期	目的地	涉及人员	是否采取强制措施?	是否遣返?	评论
5月1日	伊朗（护送出境）	1	是	否	警方使用了约束带和塑料带等强制措施固定被遣返人员。由于该外国公民的激烈行为，警方使用这些手段是必要的。由于该外国公民的激烈行为，警方负责人中止了此次遣返。
5月14日	塞尔维亚（护送出境）	106（包含有儿童成员的几个家庭）	否	是	警方为此次强制遣返专门使用了包机。除了一位翻译人员之外，警方还在现场安排了一位医生，以负责这些外国公民的安全。期间，这些外国公民并未要求该医生提供医疗帮助。整个气氛平静、放松，父母们很好地看管了各自的孩子。
5月27日	伊朗（护送出境）	1	是	否	警方使用了约束带、塑料带和软头盔等强制措施固定被遣返人员。由于该外国公民的暴怒行为，上述强制措施的使用是必要的。在登机前，警方收到了联合国人权委员会要求中止此次遣返的请求，所以，警方最后中止了此次遣返活动。
6月24日	伊朗（护送出境）	1	否	是	被遣返者是一位成年男子。在提交有关该男子的相关文件后，伊朗当局准许其进入伊朗。该男子的母亲在机场将他接走。

续表

日期	目的地	涉及人员	是否采取强制措施?	是否遣返?	评论
8 月 26 日	阿富汗（护送出境）	18	是	是	警方为此次强制遣返专门使用了包机。除了一位翻译人员之外，警方还在现场安排了一位医生，以负责这些外国公民的安全。期间，这些外国公民并未要求该医生提供医疗帮助。警方针对其中的三名外国公民使用了塑料带和约束带以固定其身体。考虑到这三位外国公民的行为，所有这些强制措施都是必要的。
11 月 13 日	白俄罗斯（护送出境）	1	否	是	申诉专员署的一位工作人员只是部分监察了此次强制遣返行动，因为他只能监察从警方接走该外国男子到他们在机场登机的这段时间。
11 月 20 日	喀麦隆（护送出境）	1	否	是	申诉专员署的一位工作人员只是部分监察了此次强制遣返行动，因为他只能监察从警方接走该外国男子到他们在机场登机的这段时间。
12 月 2 日	阿富汗（护送出境）	1	否	是	申诉专员署的一位工作人员只是部分监察了此次强制遣返行动，因为他只能监察从警方接走该外国男子到他们在机场登机的这段时间。
12 月 17 日	意大利（监视出境）	1	否	是	被遣返者是一名持有意大利居留证的尼日利亚人。他希望回到意大利。

续表

日期	目的地	涉及人员	是否采取强制措施?	是否遣返?	评论
12月18日	阿富汗（护送出境）	1	否	是	申诉专员署的一位工作人员只是部分监察了此次强制遣返行动，因为他只能监察从警方接走该外国男子到他们在机场登机的这段时间。
12月19日	塞尔维亚（监视出境）	1	否	是	被遣返者是一名年长妇女。起初计划护送其出境，但在出发前临时改为监视出境，因为警方在征得该妇女同意的情况下，允许其儿子陪同其返回塞尔维亚。

注：对于不愿自行离开的外国公民的遣返可以采取两种出境方式：一种是监视出境，即警方监视被遣返人员离开，例如，当外国公民登上飞机或轮船；一种是护送出境，即警方护送被遣返人员出境直至抵达其母国或是被遣返人员有权居留的第三国。

第 13/00255 号案例

一位外国公民不会说丹麦语，因此他用英语向申诉专员提出申诉。他一直在丹麦的一所监狱中服刑，曾多次要求监狱部门和监狱与缓刑署将有关假释出狱的规则翻译成英文，但均无果而终。

申诉专员于是写信给监狱与缓刑署，很快得到回复。监狱与缓刑署在回信中声称，从未收到该男子关于假释出狱规则方面的任何询问，但是，他们会将一份英文版本寄给他。在收到监狱与缓刑署的回信的复印件（后附假释出狱规则的英文版）后，申诉专员写信给该男子，表示他将不会对他的申诉采取进一步的行动。

在 2013 年，申诉专员共收到近 13000 封信函和电子邮件，其中的绝大多数都是用丹麦语撰写。

第 13/02812 号案例

当主人不在家时，烟囱清理工是否可以不事先通知便清理别人家的烟囱呢？一位男子认为，根据《法律适当过程法案》的规定，他应当在至少 14 天前得到通知。由于烟囱清理工来之前没有任何事先通知，他于是向申诉专员提出申诉。

申诉专员将该男子的申诉转给了丹麦能源署。当丹麦能源署正准备给申诉人做出回复时，它发现烟囱清理工收到的行政命令中包含了一些条款，这些条款或许给人的印象是，烟囱清理工的清理是例行工作。于是，丹麦能源署成立了工作组，以重新审视烟囱清理的制度安排。

因此，该男子向申诉专员的申诉促使相关部门进一步审查与烟囱清理相关的规则。

有时候，公民向申诉专员的申诉可以引起公共行政部门关注一些根本性的问题 —— 这些问题或与相关部门的行为有关，或是涉及相关部门的运行规则。

第 13/02938 号案例

很多年来，一个游艇协会的成员一直将某水湾岸边的一小块草地用于船只停靠。但是，根据一份对财产边界的评估，这一区域的大部分以及与其毗连的地区都为一位私人所有。然而，该游艇协会却认为，其成员很多年来一直使用该区域，已经获得了约定俗成的权利。因此，该游艇协会应当拥有继续使用该区域的权利。

丹麦地理数据所（Danish Geodata Agency）于2009年提供上述财产边界评估。该游艇协会最后一次请求重新审理该案被拒发生在2011年。由于申诉专员收到该游艇协会的申诉是在2013年，申诉专员不得不拒绝受理该申诉，因为该协会提起申诉时已经超过一年的监察时效。

希望向申诉专员提出申诉的公民，必须在相关决定或导致申诉的事由发生后的一年时间内提出申诉。2013年，由于超出申诉的有效期，申诉专员拒绝受理162件申诉。

第13/01800号案例

三个部门拒绝准许一位律师获取一系列档案的请求——这些档案与一件严重的伤害致死案件有关。该律师向申诉专员提出申诉并声称，在相关决定作出之前，他没有机会向相关部门表明他之所以要获取这些档案的理由。

申诉专员在回复中指出，在相关部门对该记者的观点表明立场之前，他不会调查此案。

在行政申诉的渠道尚未被穷尽之前，申诉专员不会对相关案件展开调查。因此，除非相关部门有机会考虑所涉问题（申诉人希望申诉专员对这些问题做出评论），否则，申诉专员不会对相关案件展开调查。

12/04693号案例

由于市政部门在将一位女子的收入信息输入系统时发生了错误，该女子多年来只能领取微薄的住房福利金。当这个错误最终被人察觉时，该女子认为，市政部门必须补偿其住房福利金方面的差额。但是市政部门回复说，根据《住房福利法案》的规定，核查计算住房福利所依据的基础信息是该女子自己的义务。

针对市政部门的回复，该女子向社会审理委员会（Social Tribunal）提出申诉，但后者支持市政部门的意见。社会审理委员会在回复中指出，住房福利金的计算基于最初提供的信息，该女子自己应当告知市政部门去更正相关信息。

该女子现在向申诉专员提出申诉。在她看来，市政部门和社会审理委员会应当正视这样一个事实，正是市政部门的录入错误才导致随后的计算错误。

在审视该案后，申诉专员代表该女子要求社会审理委员会考虑该女子的意见。在申诉专员的要求下，社会审理委员会重新审理该案。

在申诉专员将对行政机关作出的决定的申诉转给相关部门后，相关部门会进行重新审理并作出新的决定——这样的情形时有发生。然而，事实却是，相关部门重新审理案件并不一定意味着会作出不同的决定。

第 13/05402 号案例

一对父母无奈之下联系了申诉专员，因为市政部门尚未决定他们的儿子是否可以搬进治疗机构。这对父母并不住在一起，但是，他们两人都认为无力在家看护自己的儿子。他们的儿子被诊断患有严重的精神紊乱，他们难以与其相处。

申诉专员将这对父母的申诉转给市政部门，要求后者尽快作出决定。同时，申诉专员将此案件告知“全国社会申诉委员会”（National Social Appeals Board），后者就此案对市政部门进行了质询。

一个半月之后，市政部门拒绝了这对父母的申请，因而他们的儿子将无法搬入治疗机构。市政部门的态度是，这名男孩的母亲能够给予他所需的支持，因此，他应当和自己的母亲生活在一起。

如果案件的审理陷入停顿，申诉专员有时可以代表申诉人向相关部门发出所谓的“快速处理请求”，进而帮助申诉人尽快得到处理结果。

申诉专员也可以提请更高层级的部门关注某些案件。

年度数据

在下面几页中，我们将提供一些关键数据，这些数字与申诉专员署2013年的案件处理情况相关。关于申诉专员署的工作及其行为规则的更多信息，请浏览申诉专员署网站 www.ombudsmanden.dk。

新的案件

2013 年新处理的案件	
申诉案件	4769
申诉专员自行发起的调查案件	109
根据《申诉专员法案》第 18 条的相关规定而进行监督的案件	25
与《联合国禁止酷刑和其他残忍、不人道或有辱人格的待遇或处罚公约》的任择协议相关的案件	20
与《申诉专员法案》第 18 条内容以及与《联合国禁止酷刑和其他残忍、不人道或有辱人格的待遇或处罚公约》的任择协议都相关的案件	49
遣返案例	18
合计	4990

说明：1）此表所统计的案件总数不包含行政案件。例如，要求获取申诉专员署案件档案的案件以及与国际合作相关的案件。

2）与《联合国禁止酷刑和其他残忍、不人道或有辱人格的待遇或处罚公约》的任择协议相关的案件，即根据联合国相关规则展开的实地监察活动。详细信息参见 www.ombudsmanden.dk 网站（主要是丹麦语内容）。

3）与申诉专员监督强制遣返外国公民事宜相关的案件。详细信息参见 www.ombudsmanden.dk/udsendelser（丹麦语）。2013 年，根据《外国人法案》第 30 条 a3 款的规定，申诉专员核查了 741 宗遣返案件。这些案件没有计入案件总数。

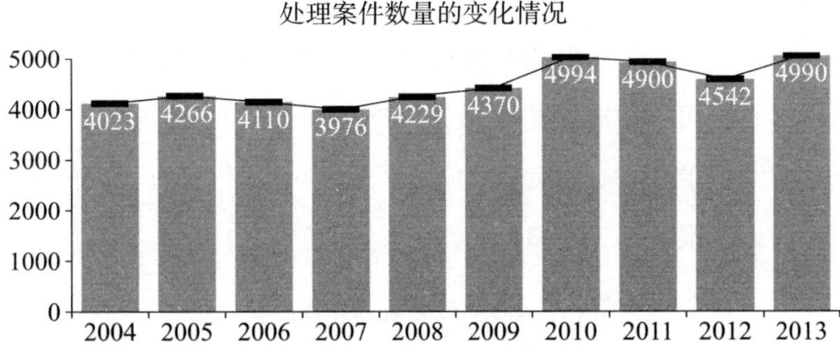

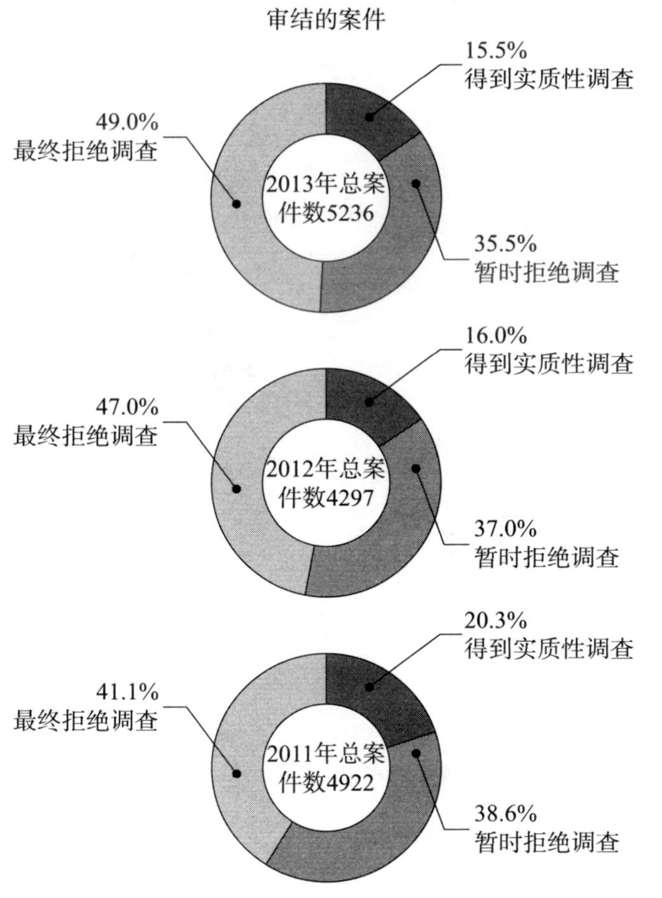

说明：1）申诉专员在收到申诉后，可以选择进行全面的实质性调查，也可以选择进行简短的实质性调查（有关这方面的更多信息请见本报告第112页注释2）。

2）申诉专员自行发起调查与监督等的案件属于“得到实质性调查”类别。申诉专员可以暂时拒绝或最终拒绝调查某些案件，这或是因为他没有调查这些案件的权力，或是因为他自己选择不进行调查（有关这方面的更多信息请见本报告第114-115页）。

2013年的案件主要涉及哪些问题？

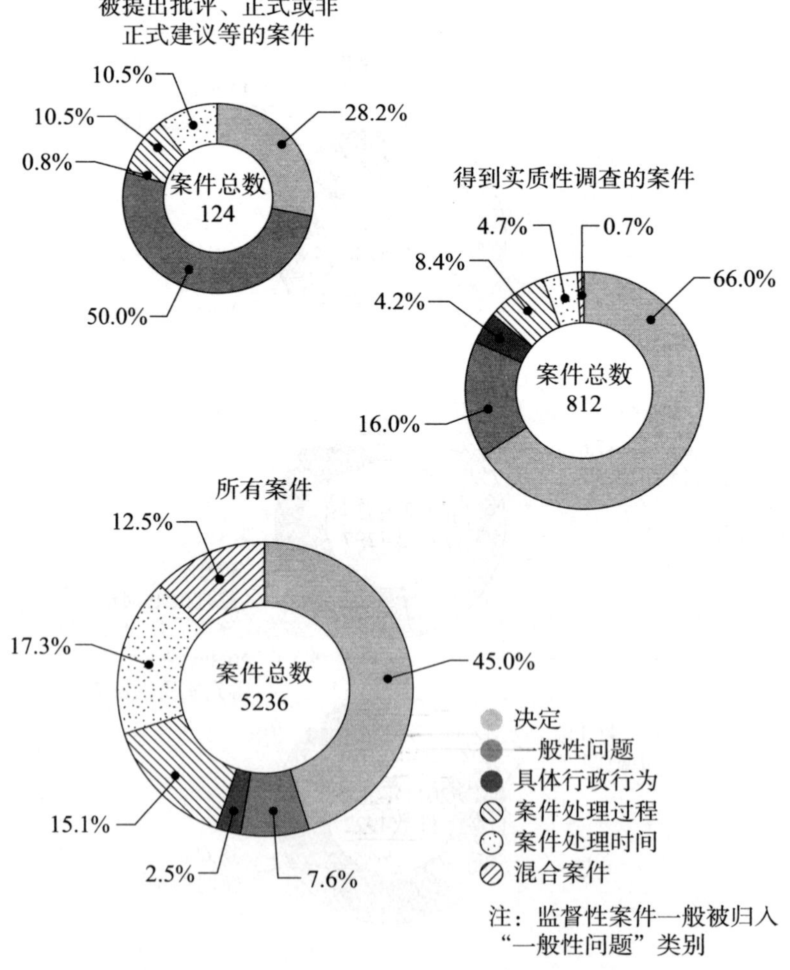

2013年涉及行政机关等案件的监察结果

负主要责任的行政机关（注释1）	得到实质性调查的案件（注释2）		被拒绝调查的案件	案例总数
	被提出批评、正式或非正式建议等（注释3）	没有被提出批评、正式或非正式建议等		
A. 中央行政机关（在申诉专员管辖范围之内）				
a. 就业部				
就业署	2	2	19	23
丹麦劳动力市场养老基金补助项目上诉委员会	0	1	21	22
劳动力市场养老基金补助项目（ATP）	0	1	11	12
全国劳动力市场局	0	0	10	10
全国工伤委员会	1	4	42	47
丹麦工作环境局	0	1	1	2
经合组织丹麦联络处	0	0	1	1
平等待遇委员会	0	5	7	12
雇员保障基金	0	0	6	6
丹麦劳动力保持与国际招募署	0	0	6	6
合计	3	14	124	141
b. 商业与增长部				
商业与增长署	0	1	8	9
丹麦中央银行	1	0	1	2
丹麦商业局	0	0	5	5
丹麦金融监管局	0	0	3	3
丹麦消费者申诉专员	0	1	0	1
丹麦竞争与消费者局	0	1	4	5
丹麦专利与商标署	0	0	3	3

续表

<table>
<tr><th rowspan="2">负主要责任的行政机关（注释 1）</th><th colspan="2">得到实质性调查的案件（注释 2）</th><th rowspan="2">被拒绝调查的案件</th><th rowspan="2">案例总数</th></tr>
<tr><th>被提出批评、正式或非正式建议等（注释 3）</th><th>没有被提出批评、正式或非正式建议等</th></tr>
<tr><td>Revisorkommissionen（此委员会负责管理与国家授权和注册公共会计相关的立法工作）</td><td>0</td><td>1</td><td>0</td><td>1</td></tr>
<tr><td>丹麦安全技术局</td><td>0</td><td>0</td><td>1</td><td>1</td></tr>
<tr><td>丹麦风暴委员会（Danish Storm Council）</td><td>0</td><td>0</td><td>1</td><td>1</td></tr>
<tr><td>丹麦海事局</td><td>0</td><td>0</td><td>1</td><td>1</td></tr>
<tr><td>丹麦增长基金</td><td>0</td><td>1</td><td>0</td><td>1</td></tr>
<tr><td>合计</td><td>1</td><td>5</td><td>27</td><td>33</td></tr>
<tr><td colspan="5">c. 财政部</td></tr>
<tr><td>财政署</td><td>4</td><td>2</td><td>13</td><td>19</td></tr>
<tr><td>工作时间分析小组（针对小学、中学和一般的高中）</td><td>0</td><td>0</td><td>1</td><td>1</td></tr>
<tr><td>数字化局</td><td>0</td><td>0</td><td>4</td><td>4</td></tr>
<tr><td>公共行政现代化局</td><td>3</td><td>1</td><td>6</td><td>10</td></tr>
<tr><td>政府行政局</td><td>0</td><td>0</td><td>3</td><td>3</td></tr>
<tr><td>合计</td><td>7</td><td>3</td><td>27</td><td>37</td></tr>
<tr><td colspan="5">d. 国防部</td></tr>
<tr><td>防卫署</td><td>1</td><td>5</td><td>16</td><td>22</td></tr>
<tr><td>应急管理署</td><td>0</td><td>0</td><td>1</td><td>1</td></tr>
<tr><td>丹麦国防资产与基础设施组织</td><td>0</td><td>0</td><td>1</td><td>1</td></tr>
<tr><td>丹麦防卫人员组织</td><td>0</td><td>1</td><td>9</td><td>10</td></tr>
<tr><td>防卫司令部</td><td>0</td><td>0</td><td>3</td><td>3</td></tr>
</table>

续表

负主要责任的行政机关（注释 1）	得到实质性调查的案件（注释 2）		被拒绝调查的案件	案例总数
	被提出批评、正式或非正式建议等（注释 3）	没有被提出批评、正式或非正式建议等		
国土安全司令部	0	0	2	2
军队军营警卫区（Army Home Guard District）	0	0	3	3
强制兵役特别法庭	0	0	2	2
合计	1	6	37	44
e. 司法部				
司法署	7	41	156	204
地方监狱	2	4	9	15
地方监狱区域管理员	6	0	5	11
民事局	0	1	15	16
数据保护署	0	0	9	9
独立警方投诉局（IndependentPolice Complaints Authority）	0	0	5	5
监狱与缓刑署	1	58	59	118
刑事伤害赔偿委员会	0	7	5	12
格陵兰岛监狱与缓刑署	0	0	1	1
监狱与缓刑服务处	0	0	4	4
警察署（The Police）	2	1	73	76
丹麦安全与情报局	1	1	2	4
丹麦医疗 - 法律委员会	0	0	1	1
公诉检察长（Director of Public Prosecutions）	0	3	19	22
丹麦国家警察局（National Police）	3	13	51	67

续表

负主要责任的行政机关（注释 1）	得到实质性调查的案件（注释 2）		被拒绝调查的案件	案例总数
	被提出批评、正式或非正式建议等（注释 3）	没有被提出批评、正式或非正式建议等		
检察局	1	25	38	64
国家监狱	1	14	30	45
移民事务上诉委员会	4	10	20	34
移民局	0	2	54	56
合计	28	180	556	764
f. 气候、能源与建筑部				
气候、能源与建筑署	0	1	0	1
能源事务上诉委员会	0	2	0	2
Energinet.dk 网站	0	0	2	2
丹麦能源署	0	0	1	1
丹麦能源监管局	0	0	3	3
合计	0	3	6	9
g. 文化部				
文化署（Department of Culture）	0	1	3	4
丹麦反兴奋剂局	0	1	0	1
丹麦广播公司	0	0	16	16
丹麦皇家剧院	0	1	6	7
丹麦露天博物馆	1	0	0	1
丹麦文化局（Danish Agency of Culture）	0	1	6	7
国家档案馆	0	0	1	1
合计	1	4	32	37
h. 环境部				
环境署	0	0	13	13

续表

负主要责任的行政机关（注释 1）	得到实质性调查的案件（注释 2）		被拒绝调查的案件	案例总数
	被提出批评、正式或非正式建议等（注释 3）	没有被提出批评、正式或非正式建议等		
丹麦地理数据所	0	0	5	5
环境保护局	0	1	7	8
环境事务上诉委员会	0	17	41	58
自然所（nature agency）	0	0	23	23
合计	0	18	89	107
i. 住房、城市与农村事务部				
住房、城市与农村事务局	0	1	5	6
合计	0	1	5	6
j. 科学、创新与高等教育部				
科学、创新与高等教育局	2	1	1	4
国家教育拨款与贷款项目上诉委员会	0	8	3	11
丹麦科学、技术与创新署	0	0	1	1
丹麦高等教育署	0	5	30	35
丹麦反科学欺诈行为委员会	0	3	3	6
大学等	1	4	24	29
合计	3	21	62	86
k. 食品、农业与渔业部				
食品、农业与渔业局	0	1	7	8
食品与兽医事务申诉委员会	0	5	4	9
丹麦兽医与食品局	0	0	5	5
丹麦农渔局	0	0	12	12
合计	0	6	28	34
l. 性别平等与教会事务部				

续表

负主要责任的行政机关（注释 1）	得到实质性调查的案件（注释 2）		被拒绝调查的案件	案例总数
	被提出批评、正式或非正式建议等（注释 3）	没有被提出批评、正式或非正式建议等		
性别平等与教会事务局	0	1	8	9
地区教会委员会	0	0	1	1
堂区（Parishes）	0	0	3	3
主教区（Dioceses）	0	0	7	7
合计	0	1	19	20
m. 卫生部				
卫生署	0	0	21	21
精神病事务上诉委员会	0	1	0	1
丹麦精神病人申诉委员会	0	2	10	12
全国病人权利与申诉局	1	8	51	60
全国辐射防护所	0	0	2	2
丹麦国家血清研究院（Statens Serum Institut）	0	0	1	1
丹麦卫生医药署	0	0	18	18
丹麦医疗保障体系纪律委员会	5	26	14	45
合计	6	37	117	160
n. 税收部				
税收署	3	2	21	23
税收部公民代表	0	1	2	3
国家税收审理委员会	1	8	34	43
丹麦海关与税收署	0	5	124	129
地方税收上诉委员会	0	0	3	3
地方评估上诉委员会	0	0	1	1
合计	4	16	185	205

续表

负主要责任的行政机关（注释 1）	得到实质性调查的案件（注释 2）		被拒绝调查的案件	案例总数
	被提出批评、正式或非正式建议等（注释 3）	没有被提出批评、正式或非正式建议等		
o. 社会事务、儿童与融合部				
社会事务、儿童与融合署	2	7	14	23
丹麦收养事务全国委员会	0	0	3	3
全国社会事务上诉委员会（注释 4）	10	179	470	659
丹麦心理实践监管委员会	0	0	2	2
丹麦社会研究全国中心	0	0	1	1
国务院（The State Administration）（注释 5）	0	0	27	27
Udbetaling Danmark（负责福利支付的机构）	0	4	61	65
合计	12	190	578	780
p. 首相办公室				
首相办公室	1	1	8	10
合计	1	1	8	10
q. 交通部				
交通局（Department of Transportation）	1	7	14	22
丹麦全国铁路局	0	1	2	3
丹麦国家铁路	0	1	3	4
Kommissarier（负责有关强制性土地征收的立法工作的部门）	0	0	1	1
丹麦海岸管理局	0	0	1	1

续表

负主要责任的行政机关（注释 1）	得到实质性调查的案件（注释 2）		被拒绝调查的案件	案例总数
	被提出批评、正式或非正式建议等（注释 3）	没有被提出批评、正式或非正式建议等		
丹麦交通厅（Danish Transport Authority）	0	4	20	24
道路理事会（Road Directorate）	0	6	12	18
合计	1	19	53	73
r. 外交部				
外交署	1	0	12	13
国际媒体中心	1	0	0	1
合计	2	0	12	14
s. 教育部				
教育署	1	6	8	15
高中等	0	1	3	4
特殊教育上诉委员会	0	2	3	5
成年职业培训中心	0	0	3	3
合计	1	9	17	27
t. 经济事务与内务部				
经济事务与内务署	0	4	13	17
国务院（the State Administration）（注释 6）	1	23	165	189
合计	1	27	178	206
中央行政机关合计	72	561	2160	2793
B. 市与地区行政机关（在申诉专员管辖范围内）				
市政当局	23	97	1431	1551
地区	11	19	98	128
特别的市或地区实体	0	0	2	2

续表

负主要责任的行政机关（注释 1）	得到实质性调查的案件（注释 2）		被拒绝调查的案件	案例总数
	被提出批评、正式或非正式建议等（注释 3）	没有被提出批评、正式或非正式建议等		
联合的市或地区企业（Joint municipal or regional enterprises）	0	2	5	7
市与地区行政机关合计	34	118	1536	1688
C．在申诉专员管辖范围内的其他行政机关（注释 7）				
在申诉专员管辖范围内的其他行政机关	18	9	17	44
合计	18	9	17	44
D. 在申诉专员管辖范围内的行政机关合计（注释 8）				
中央行政机关合计（A）	72	561	2160	2793
市与地区行政机关（B）	34	118	1536	1688
在申诉专员管辖范围内的其他行政机关合计（C）	18	9	17	44
合计	124	688	3713	4525
E. 在申诉专员管辖范围之外的机构等				
法院等（注释 9）	0	0	97	97
争议审理委员会（注释 10）	0	0	11	11
在申诉专员管辖范围之外的其他机构、公司、企业或人员	0	0	272	272
合计	0	0	380	380
F. 不涉及任何特定机构的案件	0	0	331	331
总计（A-F）	124	688	4424	5236

注释：

1. 本表中 A 部分所罗列的案件均被归入到本年底仍旧存在的部门。同样，作为一般性原则，如若案件的主要责任部门在本年度关闭或重组的话，则它们将尽可能地被归入它们在本年底应当被划入的部门。

2.“得到实质性调查的案件”指的是申诉专员对于申诉提出的问题以作出声明的形式审结的案件。一般而言，“实质性调查”在咨询的基础上进行，相关行政机关将有机会就所涉案件向申诉专员作出声明。然而，如果申诉专员认为不可能就案件提出批评或建议，那么，他可以将其适用于“简短的实质性调查”，这样，他就不需要相关行政机关作出声明。适用于“简短的实质性调查”的案件包括申诉专员自行发起调查的一些案件——对于这些案件，申诉专员在得到相关行政机关的回复后，决定不再采取进一步的行动。《申诉专员法案》第 16 条第 2 款与第 17 条第 1 款的规定适用于“简短的实质性调查”案件（2013 年共 476 件），在申诉专员提出“作出声明”的要求后，相关行政机关重新处理的案件也被归入到“得到实质性调查的案件”的类别，因为在实践中，申诉专员建议相关行政机关重新考虑案件所产生的实际效果与申诉专员决定自行提起调查的实际效果是一样的。

3. 从 2013 年 1 月 1 日开始，除了实际的批评或正式的意见之外，申诉专员还要记录实地监察过程中提出的一些更为非正式的建议。那些被提出非正式建议的案件包含在这一类别之中。

4. 这里的数据包括先前的社会审理委员会以及雇佣上诉委员会所涉及的案件。我们不可能对这些案件涉及的知识领域进行分类，也不可能根据全国社会事务上诉委员会内部的机构设置对这些案件进行分解。

5. 数据包括案件处理员根据其实质内容审结的归入到社会事务、儿童与融合部的案件。考虑到申诉专员电子案例档案管理系统的存档方式，我们不可能对这些案例进行更细致的分类。

6. 数据包括案件处理员根据其实质内容审结的归入到经济事务与内务部的案件。这里的数字也包括与国务院（State Administration）监管权限相关的案件。考虑到申诉专员电子案例档案管理系统的存档方式，我们不可能对这些案例进行更细致的分类。

7. 数据包括社会收容机构、独立机构、交通机构以及处于申诉专员管辖范围内的其他机构，例如，落实《联合国禁止酷刑公约》的组织或是有关儿童事务的机构。

8. 根据《申诉专员法案》第 7 条第 4 款的规定，申诉专员的管辖范围可以扩展至公司、机构或协会等。2013 年，申诉专员并未依据《申诉专员法案》第 7 条第 4 款的规定对这些组织或机构作出决定，因为这些组织或机构适用《公共行政法案》、《公共行政档案获取法案》或是《公共部门存档法案》。

9. 参见《申诉专员法案》第 7 条第 2 款的规定。

10. 即《申诉专员法案》第 7 条第 2 款规定的主体。

不予受理案件的理由—2013 年		
	不予受理的案件总数	属于市和地区的案件数
（一）最终不予受理的案件		
1. 申诉提起的时间太晚（参见《申诉专员法案》第 13 条第 3 款有关一年时效期的规定）	162	48
2. 行政案件的处理方法尚未穷尽且永远不可能穷尽（参见《申诉专员法案》第 14 条的规定）	66	32
3. 申诉或是与法院或法官相关，或是与法院已经作出决定或是被期望作出决定的事项相关。因此，这类申诉不在申诉专员的管辖范围之内（参见《申诉专员法案》第 7 条第 2 款）	138	9

续表

不予受理案件的理由—2013 年		
	不予受理的案件总数	属于市和地区的案件数
4. 申诉与议会事务相关，包括立法事务。因此，这类申诉不在申诉专员的管辖范围之内（参见有关申诉专员管辖范围的规定，尤其是《申诉专员法案》第 7 条第 1 款的规定）	49	0
5. 申诉属于申诉专员管辖范围之外的其他事项，包括私人法律事件等（参见有关申诉专员管辖范围的规定，尤其是《申诉专员法案》第 7 条第 1 款的规定）	252	4
6. 申诉类别不清晰，故难以充分予以调查；申诉后来被撤销	420	95
7. 没有提出实际的申诉的询问等	221	84
8. 匿名申诉（参见《申诉专员法案》第 13 条第 2 款的规定）	23	3
9. 申诉专员决定不予调查的申诉（参见《申诉专员法案》第 16 条第 1 款的规定）	1233	424
最终不予受理的案件总数	2564	699
（二）暂时不予受理的案件		
行政案件的处理方法尚未穷尽（参见《申诉专员法案》第 14 条的规定）（注释 1）	1860	785
暂时不予受理的案件总数	1860	785
合计［（一）+（二）］	4424	1484

注释 1：在所有的行政申诉或上诉方法穷尽之前，申诉专员不得受理申诉（参见《申诉专员法案》第 14 条的规定）。如果申诉人尚未穷尽行政体系中的申诉或上诉方法，申诉专员可以将申诉转给相关的行政机关，或是请申

诉人利用尚有的申诉或上诉方法。申诉专员也可以出于其他原因将申诉转给相关行政机关，例如，希望相关行政机关可以考虑申诉人向申诉专员申诉的特定内容，或是希望相关行政机关能够向公民提供更具体的决定理由。在暂时不予受理的案例件，申诉专员（出于各种各样的原因）将 1185 个案件（占暂时不予受理的案件总数的 63.7%）转给了相关行政机关。在申诉专员暂时不予受理的案件中，如果申诉人不满意相关行政机关的决定或是处理过程，绝大多数申诉人仍旧可以选择再次向申诉专员提出申诉。

案件处理时间

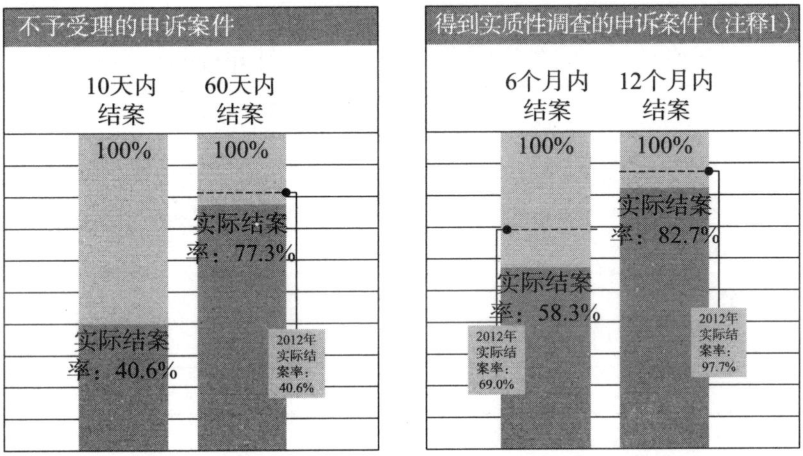

不予受理的申诉案件

10天内结案
100%
实际结案率：40.6%

60天内结案
100%
实际结案率：77.3%
2012年实际结案率：40.6%

2013年案件平均处理时间：49天
目标：90%的不予受理的申诉案件应在两个月之内结案。

得到实质性调查的申诉案件（注释1）

6个月内结案
100%
实际结案率：58.3%
2012年实际结案率：69.0%

12个月内结案
100%
实际结案率：82.7%
2012年实际结案率：97.7%

2013年案件平均处理时间：6.6个月。
目标：得到实质性调查的申诉案件中，75%的案件应当在6个月内结案，90%的案件应当在12个月内结案。

其他说明

2013 年，申诉专员一共 7 次声明自己无力处理相关的申诉案件。议会法律事务委员会将案件指派给高级法院法官亨里克·安德森先生。申诉专员办公室的秘书处提供与这 7 个案件处理相关的协助。

2013 年，法罗群岛议会邀请申诉专员在一个案件中担任法罗群岛的特别申诉专员。同样，格陵兰岛议会邀请申诉专员在一个案件中担任格陵兰岛议会申诉专员署“特别申诉专员”。

2013 年收入与支出情况声明

申诉专员日常活动	
收入	
外交部补贴	765,000（丹麦克朗，下同）
其他收入	0
总收入	765,000
支出	
工资、薪金与退休金	51,304,000
租金	3,854,000
人员与组织，包括员工福利	176,000
继续培训与教育	284,000
书籍与图书馆	140,000
专家数据库	907,000
报纸与杂志	216,000
通讯	489,000
信息技术——主要设备、网络与服务端设备	816,000
信息技术——系统与程序	874,000
信息技术——咨询服务	252,000
电话通讯与宽带	558,000
房屋的维护与修缮	366,000
家具、室内固定设施与配件	517,000
保洁、洗衣与垃圾收集	251,000
取暖与电力	529,000
与房屋相关的其他开支	173,000
出差	626,000

续表

申诉专员日常活动	
收入	
招待费与餐费	150,000
工作人员午餐安排	234,000
资助财政支持项目的培训生	402,000
文具与办公用品	181,000
邮费	151,000
其他物品与服务	816,000
总支出	64,266,000
净总支出	63,501,000
政府拨款	63,800,000
年度收支情况	299,000
公共服务机构退休金支出	
公务员退休金支出	1,248,000
公共服务机构缴纳的退休金	-5,060.000
公共服务机构退休金支出总计	-3,812,000

精选案例汇编

a. 就业部

2013 年，没有涉及就业部的案件选入本年度报告以供发布。

b. 商业与增长部

2013 年，涉及商业与增长部的下列案件收入本年度报告中，以供发布。

案件编号：2013–14

案由：丹麦中央银行拒绝申请人获取有关哥本哈根银行间拆借率的档案。

一位记者向申诉专员申诉，丹麦中央银行拒绝他获取有关哥本哈根银行间拆借率的档案。哥本哈根银行间拆借利率是资本流动性的一个参考数值——所谓“银行间拆借”指的是向信誉良好的银行提供为期一周到一年的无担保贷款。

在谈到拒绝申请人获取相关档案的理由时，丹麦中央银行援引《公共行政档案获取法案》第 13 条第 1 款第 6 项的“总则条款”（catch-all provision）。这也就意味着，丹麦中央银行最为看重的是它与银行之间的秘密关系或秘密对话。

申诉专员认为，丹麦中央银行在现实中援引《公共行政档案获取法案》第 13 条第 1 款第 6 项这一极为有限的免责条款（very limited exemption clause）时，将丹麦中央银行与相关银行在设定“哥本哈根银行间拆借率”时所有的信息可以免于获取的做法作为一般惯例。申诉专员并不认为丹麦中央银行有权决定这样的一般惯例。

不仅如此，该案件也使得申诉专员有理由作出如下评论，即相关部门有提供档案的义务并有义务提供那些“不能免于获取”的档案信息。在本案件中，丹麦中央银行依照《公共行政档案获取法案》第 7 条有关“内部工作档案”的规定而认为相关档案可以“免于获取”。

申诉专员建议丹麦中央银行重新审理此案并作出新的决定。

c. 财政部

2013 年，涉及财政部的下列案件被收入本年度报告中，以供发布。

案件编号：2013–6

案由：申请获取某行政机关针对特定类型案件的内部处理指南。

一位记者申诉说，财政部拒绝他获取有关一揽子信贷计划（Credit Package）的档案和相关信息。

这个案件引申出与《公共行政档案获取法案》免责条款相关的若干问题。进而，该案件促使申诉专员就《公共行政档案获取法案》第 8 条第 4 款以及第 7 条的理解做出声明。该声明涉及有权获取行政机关有约束力的内部指南的问题。申诉专员认为，在该案件中，该记者有权获取一项命令。因为该命令在独立的行政机关内部确立了有约束力的案件处理程序的内部工作指南。

案件编号：2013-10

案由：拒绝申请人获取一份关于与丹麦教师工会集体谈判协商的准备工作的内部档案。

丹麦教师工会向申诉专员提出申诉，因为它被拒绝获取由政府委派的一个工作小组准备的内部档案。该工作小组的任务是分析小学老师、初中老师和一般的高中老师的工作时间，以为即将到来的集体谈判协商做准备。大约在集体谈判协商开始之时，该工作小组中止了工作，因为按照财政部的说法，该工作小组的工作不再相关。财政部还声称，该工作小组的档案属于《公共行政档案获取法案》所界定的“内部档案”的范畴之内，因为它们不属于相关行政机关后来为集体谈判协商所做的准备工作的内容。

在对该案进行调查之后，申诉专员认为，基于财政部所提供的信息，没有法律依据批评行政机关的拒绝决定。

但是，该案件暴露了《公共行政档案获取法案》规定的“内部档案”相关的“创造性思维”（以此规避相关档案被申请人获取）问题，这促使申诉专员就此作出若干一般性声明。

案件编号：2013-13

案由：在作出拒绝扩大公共档案获取范围的决定时，要考虑到信息正确性问题。

由于公共行政现代化局拒绝他们获取公共采购的数据库，三位记者分别向申诉专员提出申诉。

由于这几位记者要求获取的是一个数据库的信息，并且该数据库不存在数据概要等，因此，申诉专员同意公共行政现代化局的决定。因为根据《公共行政档案获取法案》的规定，这几位记者无权获取相关信息。然而，申诉专员同时指出，如果公共采购数据库中包含环境信息，那么，这些环境信息的获取就必须适用于《环境信息法案》。与《公共行政档案获取法案》不同，《环境信息法案》同样适用于数据库中所包含的环境信息。

在处理该案件时，公共行政现代化局也考虑过扩大公共行政数据库的开放度，但是，他们未能找到这样做的依据。关于拒绝扩大公共行政数据库开放度的决定，公共行政现代化局给出的理由是，它不能确保数据库中信息的正确性。

申诉专员认为，公共行政现代化局以信息正确性为由拒绝扩大公共行政数据库开放度的做法，引申出一个根本性且悬而未决的问题，这个问题招致重大质疑。基于此，又考虑到新的《公共行政档案获取法案》尚在起草过程中，申诉专员认为正确的做法应是将此案件报告给司法部，以便司法部就此问题给出法律解释。此外，申诉专员还向议会法律事务委员会报告了他对此案的处理过程。

案件编号：2013–17

案由：不能以考虑国家安全为由，拒绝申请人获取与“个人数字签名一体化系统”（NemID）相关的信息。

一位记者被准许获取与“个人数字签名一体化系统”（常规的互联网安全登录系统）相关的两个系统修改证明信息，但他发现，财政部和数字化局将一些信息列入不予获取的范围，于是，他便提出申诉。

财政部和数字化局依据《公共行政档案获取法案》第 13 条第 1 款第

1 项的规定，将事关国家安全或国防事务的重要信息列入“不予获取”的范畴。

申诉专员大体上同意这种解释，与“个人数字签名一体化系统”相关的重要安全信息可以列入被限制获取的信息类别，以对事关国家安全或国防事务的重要信息加以必要的保护。

然而，在浏览了被列入“不予获取”范畴的特定信息后，申诉专员认为，以国家安全为由拒绝公开这些信息的条件不充分。申诉专员发现，相关行政机关没有对公开这些信息可能造成的消极影响作出详细的阐释，而这正是适用《公共行政档案获取法案》第 13 条第 1 款第 1 项的前提条件。基于此，申诉专员建议财政部重新受理此案并作出新的决定。

申诉专员后来被告知，数字化局重新对此案作出了决定，准许这名记者获取与“个人数字签名一体化系统”相关的两个系统修改证明的全部信息。

d. 国防部

2013 年，涉及国防部的下列案件被收入本年度报告中，以供发布。

案件编号：2013-22

案由：在处理与伊拉克有关的档案的获取申请时，国防部的处理时间完全无法接受。

一位记者向国防部提出申请，要求获取与被关押人员相关的一些特殊事件的信息——在伊拉克的丹麦部队曾就这些特殊事件向陆军作战指挥部和防卫指挥部做过报告。由于国防部处理该申请的时间过长，该名记者向申诉专员提出申诉。

申诉专员在声明中指出，国防部处理此案的时间长达一年零七个月，这是完全无法接受的。在这个案件中，该名记者有可能因国防部的处理时间本身而不能获得相关信息。申诉专员不得不认为这是一起极为严重的事件。

申诉专员并不认为国防部为了防止该记者获取相关信息而故意延长处理时间。然而，申诉专员不得不指出，遗憾的是，由于过长的处理时间，国防部已经使自己完全陷入“故意延长处理时间”的可能质疑之中——此案尤其如此。

申诉专员还在声明中指出，基于他所掌握的案件情况，国防部在起初通过电子邮件确认收到该名记者的申请后，并没有告知该名记者其申请的处理情况。这是十分遗憾的事情。

根据《申诉专员法案》第 24 条关于重大错误或玩忽职守行为的规定，申诉专员将此案件报告给议会法律事务委员会和国防部。同时，申诉专员也将此案件报告知给议会的国防委员会。

e. 司法部

2013 年，涉及司法部的下列案件被收入本年度报告中，以供发布。

案件编号：2013-18

案由：司法部错误地拒绝一名儿童的签证申请，理由是该儿童的母亲先前的签证已经过期。这使得该儿童五年内都无法进入丹麦。

2011 年，丹麦移民局和司法部拒绝为一位（在丹麦居住的）男子的妻子及其不到一岁的儿子发放签证。之所以拒绝其妻子的签证申请是因为她在上一次签证过期之后仍旧停留在丹麦。也正是由于同样的原因，她被施以为期五年的“签证惩罚期”，这就意味着，从她 2011 年 3 月离开丹麦起五年之内不能得到新的丹麦签证。也正是在她上一个签证期内，她的儿子在丹麦出生。由于该女子无法得到签证，所以，她儿子的签证申请也一并被拒绝。

该男子向司法部提出上诉，后者驳回上诉，支持移民局先前的决定。与移民局不同的是，司法部告知该男子，“签证处罚期”同样适用于他的儿子，因此，他的儿子在五年内也无法获得丹麦的签证。在该男子提出重新处理此事的请求之后，司法部于 2012 年作出的新决定仍旧维持原决定。

该男子向申诉专员提出申诉。申诉专员提请相关行政机关考虑，该男子的儿子是否应当为其母亲签证过期而非法居留一事承担责任。他同时提请司法部考虑，是否存在一些特别的理由可以使该男子的儿子不必面临五年的“签证惩罚期”。

司法部重新处理了该案并作出道歉，司法部的决定不应当对该男子的儿子施以“签证惩罚期”，因为他不应当为其母亲签证过期而非法居留一事承担责任。同时，在该男子 2012 年要求司法部重新审理此案，司法部依然没能纠正错误。

申诉专员同意司法部的道歉。此外，申诉专员还作出如下提醒：如若未来出现类似的情形，移民局应当明确表示，“签证处罚期”不适用于与被处罚人员同行的未成年人——这也与移民局既有的行为惯例相一致。

就该男子的妻子被拒签以及被施以五年“签证处罚期”一事，申诉专员并没有找到任何理由可以提出批评。

案件编号：2013–19

案由：获取与从开放式监狱向封闭式监狱转移犯人相关信息的权利。

为了防止一名犯人与其他犯人接触，一所国家监狱决定将该犯人从一所开放式监狱转移到一所封闭式监狱。与此同时，这所国家监狱剥夺了该犯人暂时离开监狱的权利。于是，该名犯人的律师便要求获取该事件的所有卷宗材料。这所国家监狱准许该律师获取与剥夺该犯人暂时离开监狱的权利一事相关的档案，但是拒绝该律师获取与不许该犯人与其他犯人接触以及将该犯人转移到一所封闭的监狱这两个决定相关的档案。监狱与缓刑署同意该监狱的做法。

在申诉专员看来，与不许该犯人与其他犯人接触的决定以及将该犯人从一所开放式监狱转移到一所封闭监狱的决定相比，剥夺该犯人暂时离开监狱的权利的决定构成一个单独的案件。由于这些决定适用于《公共行政法案》第9条第4款的规定，因此，申诉专员没有理由批评行政机关就这些档案获取问题作出的决定。

案件编号：2013-23

案由：丈夫在上一段婚姻中育有两名孩子，同时希望能与（外籍）妻子团聚。

由于没能按照《外国人法案》第9条第4款的要求提供经济保障证明，移民局和司法部拒绝授予一位丹麦男子的妻子在丹麦的居住许可。于是，该男子向申诉专员提出申诉。行政机关基于相关的欧盟法规也拒绝该男子的妻子在丹麦居留。

在丹麦，该男子享有对其两个未成年孩子的探视权——这两个孩子是他与其前任所生，当时一个八岁，一个十岁。

申诉专员注意到，行政机关没有找出特殊的理由以免除《外国人法案》第9条第4款有关提供经济保障证明的要求。申诉专员向行政机关提出，如果行政机关拒绝该男子的妻子与其团聚，该男子如何得以依据《欧盟人权公约》第8条关于家庭生活权利的相关规定而实际行使其探视权。为了正常的家庭生活，他不得不生活在其妻子的母国。如此一来，那么他又如何可以在其妻子的母国行使对于居住在丹麦的孩子的探视权。

移民事务上诉委员会接手了此案并要求移民局予以重新考虑。因此，申诉专员决定不再继续调查此案。

后来，移民局告知申诉专员，已经批准了该男子妻子的居留申请。

案件编号：2013-25

案由：拒绝批准一个感染艾滋病毒的妇女的人道主义居留许可。

2012年，司法部出于人道主义考虑，拒绝批准一位感染艾滋病毒的西非妇女的居留许可。司法部并不认为该妇女正在遭受特别严重的疾病折磨，因而无法出于人道主义考虑而批准该名女子以居住许可。该女子并不处于艾滋病毒感染的后期，因而其发展成为艾滋病的风险并不是很高。根据《外国人法案》第 9 条 b1 款有关基于人道主义考虑批准居留许可的操作惯例，司法部认为没有必要了解该女子在其母国是否拥有治疗机会。进而，结合该名女子健康状况以及本案的其他信息，司法部并不认为这些足以构成批准其人道主义居留许可的理由。2013 年，司法部又两次拒绝重新受理该案。

该女子的律师向申诉专员提出申诉，认为司法部在处理此案时没能考虑一些重要的准则，包括《欧洲人权公约》第 2 条关于生命权以及第 3 条关于不遭受迫害或非人道或有辱人格的对待或惩罚的权利的相关规定。该律师声称，如果该女子无法在其母国接受充分治疗，那么，将其驱逐出境就会严重违反上述条文的规定。

申诉专员认为自己无法就司法部最初的决定提出批评意见，也不认为司法部拒绝重新受理此案的做法有任何不妥。因此，申诉专员决定结案，也不要求司法部就此案作出声明。

申诉专员强调，有关基于人道主义考虑而批准居住许可的惯常做法——包括何时应当了解获取申请人在其母国是否有获得治疗的机会——已经提交给议会。因此，申诉专员必须认为相关的操作已经得到议会的批准。

在申诉专员看来，需要有非常强的理由才可以质疑司法部在基于人道主义考虑而批准居住许可方面的惯常做法，包括何时应了解申请人在其母国是否有获得治疗的机会。在本案中，申诉专员认为没有这样强有力的理由。因此，他缺乏必要的理由去认定司法部的做法——即在没有调查该女子在其母国是否有获得治疗的机会的情况下，便拒绝批准其人道主义居留许可——违反了《欧盟人权公约》第 2 条第 3 款的规定。

f. 气候、能源与建筑部

2013 年，没有涉及气候、能源与建筑部的案件被选入本年度报告以供发布。

g. 文化部

2013 年，没有涉及文化部的案件被选入本年度报告以供发布。

h. 环境部

2013 年，涉及环境部的下列案件被收入本年度报告中，以供发布。

案件编号：2013-9

案由：案件准备工作合法地委托给律师事务所。

在一特定案件的处理过程中，申诉专员得知环境事务上诉委员会得到卡莫莱德沃加藤法律事务所的帮助。作为一家私人法律公司，卡莫莱德沃加藤也是丹麦政府的法律咨询机构。环境事务上诉委员会委托卡莫莱德沃加藤协助处理与牲畜养殖相关的若干申诉。但是，在将处理特定案例的任务移交给私人公司方面，环境事务上诉委员会并没有得到相应的法律授权。申诉专员自行决定，要对这种做法是否合法进行调查。

经过调查后，申诉专员认为，丹麦政府的法律咨询机构协助法律事务上诉委员会处理特定案件的做法符合行政法关于将权力委托给私人公司的一般性原则。

申诉专员在生命中指出，在没有明确的法律授权的情况下，公共机构必须满足一些重要的条件，才可以合法地将那些需要作出决定的案件的处理准备工作委托给私人公司。

i. 住房、城市与农村事务部

2013 年，没有涉及住房、城市与农村事务部的案件被选入本年度报告以供发布。

j. 科学、创新与高等教育部

2013 年，涉及科学、创新与高等教育部的下列案件收入本年度报告，以供发布。

案件编号：2013-8

案由：有关丹麦反科学欺诈行为委员会成员的公正性问题。

一位科学家向申诉专员提出申诉，针对丹麦反科学欺诈行为委员会涉及她本人的两个案件的处理。在两个案件中，丹麦反科学欺诈行为委员会都认定该科学家存在科学欺诈行为。但在该科学家看来，丹麦反科学欺诈行为委员会的一些成员根本就没有资格处理她的案件。该科学家给出如下特殊理由：有两位申诉人向丹麦反科学欺诈行为委员会投诉她，然而，丹麦反科学欺诈行为委员会的成员中有三人与前面两位投诉人来自于同一所大学。这三名成员与两位申诉人存在紧密联系，他们不应该参与案件的处理。

丹麦反科学欺诈行为委员会并没有考虑参与案件处理的人员的资格问题，而申诉专员并不认为自己有可能对前者的这种做法提出批评意见。在申诉专员看来，仅仅是他们来自于同一所大学这个事实并不能使人认定相关人员“不具备资格”——要得出这一结论还需要更多的理由。申诉专员强调，根据已有信息，上述丹麦反科学欺诈行为委员会的这三名成员与案件所涉的任何人员之间都不存在这样紧密的联系，因此，从现有的操作惯例看，并不存在导致我们质疑他们公正性的情况（《公共行政法案》第 3 条第 1 款第 5 项）。申诉专员指出，并没有信息可以表明丹麦反科学欺诈行为委员会的这三位成员与两位投诉人之间存在亲密的友谊关系。也没有信息可以表明丹麦反科学欺诈行为委员会任一成员与该科学家之间存在个人恩怨，进而导致出现利益冲突的情形。

在调查该科学家的案件期间，上述两位投诉人中的一位曾担任丹麦反科学欺诈行为委员会的成员，丹麦反科学欺诈行为委员会并不认为这构成了利益冲突。对于丹麦反科学欺诈行为委员会的这个决定，申诉专员并没有找到任何可以提出批评的理由。申诉专员强调丹麦反科学欺诈行为委员会作出的声明，该成员（即两位投诉人之一——译者注）在任何时候都没有参与针对该科学家的案件调查。

最终，申诉专员决定不对该申诉展开全面的调查。

k. 食品、农业与渔业部

2013 年，没有涉及食品、农业与渔业部的案件被选入本年度报告以供发布。

l. 性别平等与教会事务部

2013 年，没有涉及性别平等与教会事务部的案件被选入本年度报告以供发布。

m. 卫生部

2013 年，没有涉及卫生部的案件被选入本年度报告以供发布。

n. 税收部

2013 年，涉及税收部的下列案件被收入本年度报告中，以供发布。

案件编号：2013-15

案由：特别顾问对待记者的方式。

一位记者申请获取丹麦海关与税收署 2013 年的税收计划，但税收部处理此申请的方式却引起他的不满。于是，他便向申诉专员提出申诉。在给申诉专员的申诉信中，该记者指出，在决定向媒体开放相关信息时，税收部如果将其税收计划分割为几部分，那么，这就构成一种非法行为。他要求获取整个税收计划，如果税收部拒绝他的申请，他就会向申诉专员提出申诉。

随后，税收部的一位特别顾问致电该记者。该记者将通话录音记录了下来，因此，在向申诉专员提出申诉时，他一并提交了通话内容的音频资料。

申诉专员首先指出，税收部尚未就该记者获取税收计划的申请作出决定。申诉专员认为这是十分遗憾的事情。

不仅如此，基于该记者与特别顾问之间的通话录音，申诉专员认为，税收部（以特别顾问为代表）对于该记者的申请的反应是完全不能接受的。

于是，申诉专员尤其关注通话录音中的这些内容：这名特别顾问说一些事情已经“激怒了”他，他认为这实在“太过分了”，他已经领教过其他记者以“特定方式提出要求”的做法，以及他认为向申诉专员申诉是“一种威胁”。不仅如此，这位特别顾问的言论很可能造成这样一种印象，即该记者的要求或许会影响他与税收部未来的工作关系。在申诉专员看来，在类似这样的情景中，特别顾问的应有角色（尤其是不应有的角色）是什么，似乎十分不明确，这很令人不安。

基于对税收部（以该特别顾问为代表）的反应的分析，申诉专员依据《申诉专员法案》第 24 条的相关规定，向议会法律事务委员会以及税收部通报了此案件。此外，申诉专员还决定向议会财政事务委员会通报此案件。

关于申诉专员所作的声明会促使税收部采取哪些一般性行动，申诉专员也提请税收部后续告知。

案件编号：2013–16

案由：报销为准备收入报告支出的费用。

一位税务顾问代表申请人向丹麦海关与税收署提出申请，要求报销其为申请人准备国家税收审理委员会审理的一个案子的费用。但是，丹麦海关与税收署仅仅同意报销部分费用，因为，报销所涉及的部分工作应当在准备纳税人税收返还时就已经完成。

国家税收审理委员会支持丹麦海关与税收署的决定，因为，可在该纳税人的征税收入中减除的费用不得再报销。在国家税收审理委员会看来，在准备其年度收入报告时，该纳税人本来有权减除支付给该税务顾问的部分费用。

在调查完本案之后，申诉专员认为有必要就国家税收审理委员会就其决定所给出的理由予以评论。然而，在查阅与报销费用有关的注释后，申诉专员认为没有理由对国家税收管理委员会的决定提出任何批评——该纳税人支付给税务顾问的费用仅仅可以报销一部分。

o. 社会事务、儿童与融合部

2013 年，涉及社会事务、儿童与融合部的下列案件被收入本年度报告中，以供发布。

案件编号：2013–1

案由：负责工伤事务的行政机关应该考虑为那些丧失工作能力的人提供临时性赔偿。

一位妇女原先是位法律助理，她在工作期间遭遇工伤。在工伤多年之后，由于伤情的加重，她不得不请病假并接受工作测试。然而，行政机关并没有就她丧失劳动能力一事做出临时性决定，于是，她向申诉专员提出申诉。

根据《防止工伤后果保护法案》第 31 条第 4 款的规定，如果工伤人员的职业能力尚不明了，可以就失去工作能力的状况作出临时性决定。例如，如果由于工伤的原因，工伤人员正在接受职业再培训或是工作测试，就可适用于上述规定。

尽管在2007年底，全国工伤委员会就决定要重新考虑失去工作能力的问题，尽管该女子定期向全国工伤委员会报告其职业能力，但是，一直到2010年6月之前，该案的处理实际处于停滞状态。当时，全国工伤委员会作出决定，认为该女子并未永久性地丧失工作能力。在这项决定作出之时，该女子又重新被聘用为法律助理。

在申诉专员看来，全国工伤委员会本应早就考虑——至少当它得知该妇女已在接受工作测试的时候——是否应当就该妇女失去工作能力一事作出临时性决定。然而，令申诉专员遗憾的是，全国工伤委员会并没作出决定。此外，申诉专员也认为，全国社会事务上诉委员会没有处理此问题也是令人遗憾的事情。

于是，申诉专员建议全国社会事务上诉委员会重新处理此案，以决定该妇女是否有权得到相关的赔偿。

案件编号：2013-4

案由：社会福利资金的偿还问题。

市政当局接到一封匿名信，声称一位妇女享受着为“实际单身者”（effectively single）提供的各种社会保障福利，但却（与他人）维持着一种类似婚姻的关系。在收到这封匿名信后，市政当局对该女子的状况进行调查。为了进一步调查其经济状况，市政当局在征得该女子同意的情况下，从银行中获取该女子大量的银行对账单。银行因此向该女子收取了500丹麦克朗的费用。

在进一步调查该女子的情况后，市政当局作出决定，要求该女子必须偿还她在特定时期内获得的普通和额外儿童福利金以及住房福利金。同时，市政当局还要求她必须偿还在同一时期获得的多余退休金。社会事务审理委员会支持上述决定。行政机关经过调查认为，该女子在一段时间内并不处于“实际单身”的状况，因此，她恶意地领取过高的福利金。

申诉专员认为，本案中所说的“单身”应当与《儿童福利法案》以及《社会养老福利法案》中所说的“单身”是一个意思。然而，令申诉专员遗憾的是，上述决定给人以这样的印象——为了确定该女子是否达到《儿童福利法案》和《社会养老福利法案》中所罗列的“偿还福利金”的条件，相关部门不得不做出同样的评估。在对该案进行调查后，申诉专员指出，市政当局没有自觉遵守《关于行政部门使用强制干预手段以及信息公开义务的法律保护法案》（Act on Legal Protection in Connection with the Administration's use of Compulsory Intervention and Duties of Disclosure）第10条第3款的规定。申诉专员同时指出，在此案中，该女子也没有得到充分的引导。此外，针对行政机关看重的几个特定方面，包括他们利用匿名举报的做法，申诉专员也发表了自己的意见。申诉专员进而认为，该案的处理的过程使得人们对于该女子是否恶意地领取福利金产生合理的怀疑。最后，申诉专员认为，市政部门并没有充足的法律依据要求该女子支付银行的相关收费（即上述500丹麦克朗的收费——译者注）。

案件编号：2013-5

案由：向提前退休福利过渡——永久性地脱离个人工作状态。

一名男子于2009年1月16日提出提前退休福利申请，当时他已经62岁，并且已经拿到提前退休证。若干年来，该男子一直是一名个体牙医。

根据全国社会事务上诉委员会的就业委员会的裁决，该男子最早只能到2009年4月28日才可以领取提前退休福利，因为只有到了这个时候，该男子才被认为是永久地停止其个人业务。

就业委员会强调，直到那个日期之前（即2009年4月28日），该名男子实际上都能够自行开展工作，因为他仍旧拥有牙科设备——这被认为是最为重要的工作设备。牙科设备于2009年2月出售，但是直到2009年4月28日，它才被买家拆除并运走。

在申诉专员看来，仅仅通过是否具有工作的实际可能性来决定个人是否被认为是永久性地脱离个人工作状态，这并不符合《失业保险法案》第74条c（1）款的规定，包括该规定的文本、目的以及注释。

申诉专员认为，与该案相关的所有已知信息都必须得到有针对性的分析。以此为基础，不仅要分析该名男子是否已经中断工作，而且还要分析他是否有充分的意愿不再从事相关工作。

申诉专员总体认为，全国社会事务上诉委员会的就业委员会并没能对与该案相关的所有已知信息予以有针对性的分析，这似乎可以相当确定地表明，该名男子完全脱离个人工作状态的时间应当是2009年1月16日。申诉专员建议就业委员会重新审理此案。

案件编号：2013–7

案由：同时适用成文规则和不成文规则以重新审理工伤案件的工作指南。

针对重新审理工伤案件的可能性，工伤事务部门给出了一个工作指南。申诉专员决定对该指南自行发起调查。这是因为，申诉专员在审理某特定案件的过程中意识到，工伤事务部门给出的工作指南既不真实又欠公平。

在申诉专员看来，针对重新审理特定案件的可能性而出台的工作指南，其目的在于确保公民能够得到他们需要的信息，以维护他们自身的利益。因此，至关重要的是，工伤事务部门针对重新审理工伤案件的可能性而出台的工作指南应当正确且与个案相关。

申诉专员认为，针对重新审理特定案件的可能性而出台的工作指南，如若既要保持正确又具有相关性，则应当同时包括与重新审理案件的可能性相关的成文规则和不成文规则。此外，正确而具有相关性的工作指南必须适应于个案。因此，申诉专员认为，当涉及工伤的案件被认定为个人工伤时，该指南既不正确也没有针对性。

事实上，全国工伤事务委员会的工作指南存在于标准文本（standard

texts）的电子系统之中，这使得将其适用于个案既困难又成本高昂。在申诉专员看来，这不可能得出任何其他的结论，因为要使用这些标准文本，行政机关必须在个案中逐一评估标准文本的内容是否真实和公平。

申诉专员向全国工伤事务委员会和全国社会事务上诉委员会通报了他的意见，同时他还指出，将来可就重新审理案件的可能性而出台正确而有针对性的工作指南。

案件编号：2013-11

案由：提前退休时的工作能力要求。

在一名男子 60 岁申请提前退休福利时，他领取半工半薪的残疾人退休金刚刚两年，同时还在一所高中担任半日制教师。在他提出申请之时，该男子已在同一所高中任教超过了 30 年，因此，并没有领取过任何的失业福利。

该名男子的申请被拒绝了，因为行政机关发现他并不符合“60 岁时仍旧全职工作”这一要求。行政机关给出的理由是，考虑到该名男子的健康问题，在正常的就业和薪酬条件下，他不大可能承担全职工作。

2011 年 5 月，全国社会事务上诉委员会将此案返回给当时的全国劳动理事会（National Directorate of Labour），尤其提请后者关注以下事实，该案作出的决定基于医疗专家的意见，但医疗专家并没有考虑到该名男子的常规工作能力，而只是关注他作为高中教师的工作能力。因此，就业委员会认为，医疗专家的意见本身并不足以证明该男子无法承担其他领域的工作。

然而，当就业委员会于 2012 年 3 月就该案作出新决定的时候，它并没能获得新的医疗专家的意见。

因此，申诉专员认为此案的调查并不充分。在他看来，应当获取有关该男子的更多的医疗信息，包括他承担一般性工作的能力信息，以及该男子认为自己可以承担何种工作的信息。因此，申诉专员建议全国社会事务上诉委员会的就业委员会重新审理此案。

申诉专员指出，由于该名男子在申请提前退休福利的时候还处于工作状态，因此，通过求职信息和完整的工作信息等并不能确定其工作能力状况。因此，对于就业委员会而言，获取与工作能力评估相关的其他信息便成为一项更为紧迫的义务。申诉专员同时指出，必须确保那些在申请领取提前退休福利时仍处于工作状态的个人，与正常处于就业状态的个人相比（individuals in the activation system），不处于法律上的弱势地位。这是行政机关的一般性义务。

案件编号：2013-27

案由：偿还社会保障福利。

市政当局接到了一封匿名信，声称一名妇女和一名男子均享受着为“实际单身者”（effectively single）提供的各种社会保障福利，但他们却维持着一种类似婚姻的关系。在收到这封匿名信后，市政当局对该妇女和该男子的状况进行了调查。

后来，市政当局作出决定，要求该妇女必须偿还其在特定时期内获得的日托补贴以及普通和额外儿童福利金。市政当局同样也要求该男子必须偿还其在同时期获得的普通和额外儿童福利金。社会事务审理委员会支持市政当局的这些决定。行政机关就其决定所给出的理由是，该妇女和该名男子在特定时期内并不处于“实际单身”的状态，因此，他们恶意获得了他们本无权得到的福利。

该女子与该名男子均向申诉专员提出申诉。申诉专员在结案声明中指出，相关的上诉机构本应有机会考虑与身诉人获取这些福利的资格（以及与福利偿还）相关的一些特定情境因素。该妇女与该名男子要求相关申诉部门考虑他们所处的特定情境并要求后者告知处理的结果。于是，申诉专员便将他们的申诉转给社会事务审理委员会。同时，申诉专员要求相关申诉部门抄送其给该妇女与该名男子的回复内容。

后来，全国社会事务上诉委员会——当时它成为本案所涉问题的申诉机构——告知申诉专员，它们已经重新审理了这两个申诉并作出了新的决定，新决定改变了市政当局和社会事务审理委员会的决定。在全国社会事务上诉委员会看来，并没有充分的证据可以认为，该妇女和该名男子有可能在特定时期内保持一种类似婚姻的关系并共同居住在一起。因此，市政部门和社会事务审理委员会作出的要求偿还福利金的决定并没有充分的证据。

p. 首相办公室

2013 年，没有涉及首相办公室的案件被选入本年度报告以供发布。

q. 交通部

2013 年，没有涉及交通部的案件被选入本年度报告以供发布。

r. 外交部

2013 年，涉及外交部的下列案件被收入本年度报告中，以供发布。

案件编号：2013-20

案由：在国事访问之前，国际媒体中心拒绝授予记者采访权（accredit）。

丹麦记者协会向申诉专员提出申诉，因为在 2011 年 5 月韩国（领导人）对丹麦的国事访问之前，外交部国际媒体中心拒绝授予一名记者采访权。

在作出决定之前，国际媒体中心从丹麦安全与情报署得到一份安全评估报告，该报告建议国际媒体中心不应当授予记者采访权。因此，在不知晓丹麦安全与情报署相关建议的理由的情况下，国际媒体中心便决定拒绝给予该记者采访权，因此，它未能就该记者以及本案的具体情境进行单独的评估。有一条原则是，任何有义务行使自由裁量权的决策者都不应不假思索地生搬工作指针或是政策，从而对其自由裁量权造成限制。申诉专员认为，本案的处理方式背离了这条原则。

不仅如此，从本案的相关信息便可明显得知，之所以不建议授予记者以采访权，丹麦安全与情报署的重要依据是其若干年前就与暴力相关的一份判决而作出的一些判断。申诉专员认为，假如国际媒体中心自行权衡相关信息的话——它原本就应该这么做——那么，丹麦安全与情报署所依据的这些判断是否能够构成拒绝采访授权的理由本身就是很成问题。基于所掌握的相关信息，申诉专员认为这些判断并不能够构成拒绝采访授权的充分理由。

申诉专员也审查了国际媒体中心处理该案的方式。

在申诉专员看来，国际媒体中心拒绝采访授权的决定及其对该案的处理方式存在着严重的错误。申诉专员对此表示十分遗憾。

申诉专员还要求国际媒体中心要向他汇报，国家媒体中心针对他的声明可能采取的任何措施。申诉专员同时要求，国际媒体中心给他的回复需要经由外交部转发，这样，外交部也得以有机会关注一下相关问题。

s. 教育部

2013 年，涉及教育部的下列案件被收入本年度报告中，以供发布。

案件编号：2013-24

案由：由于其闲暇时间的行为，一位准备大学预科考试的学生被日制和寄宿学校开除。

由于被其所在的日制和寄宿学校开除，一位参加大学预科考试课程的学生向申诉专员提出申诉。他被开除的原因是，在一个周末晚上，他进城吸食了大麻。

该日制和寄宿学校开除该生的依据是学习与住宿规则，这个规则明确规定，任何形式的藏匿或使用兴奋剂的行为都会导致开除。

在写给申诉专员的申诉信中，该名学生声称，将他从日制和寄宿学校开除是没有道理的，因为，学习与住宿规则无权因学生在闲暇时间并且在日制和寄宿学校以外地方的行为而开除他。

首先，申诉专员调查了学习与住宿规则的法律依据。关于该寄宿学校设立学习与住宿规则是否具有相关成文规则授权的问题，这一点是存疑的。即便如此，在申诉专员看来，该寄宿学校可以基于自身的机构地位而制定住宿规则，即出于机构正常运转的需要，该公共机构可以制定诸如此类的规则。换言之，在申诉专员看来，可以制定的住宿规则可以有不同的适用范围：适用于寄宿学校范围之内的，适用于学生闲暇时间的，以及适用于寄宿学校之外的。

进而，申诉专员考虑的是学生闲暇时间的行为是否也适用于住宿规则。具体到本案，申诉专员认为，在没有明确的法律授权下，因为该学生闲暇时间的行为就将其开除的做法没有根据。况且，该学生在回到寄宿学校后也没有表现出（明显的）受毒品影响的迹象，同时，也没有证据表明他吸食毒品的行为发生在日制或寄宿学校之中。在此情形下，申诉专员指出，该学生闲暇时间的行为并没有对该日制或寄宿学校的运转产生如此大的影响，以至于必须要将其开除。

最后，申诉专员指出，如果教育部也认为，寄宿学校或日制学校制定学习与住宿规则的做法需要有成文规则加以规范，那么，教育部就必须提供明确的法律授权。这样，学生们在日制和寄宿学校之外的课余时间的行为就可被惩罚。

t. 经济事务与内务部

2013 年，涉及经济事务与内务部的下列案件被收入本年度报告中，以供发布。

案件编号：2013-26

案由：不适当地依据《公共行政档案获取法案》第 12 条第 1 款第 2

项的规定，拒绝获取电信公司给出的估价信息。

2011 年，一家电信公司向市政当局提交了一个方案，给出了该公司所认为的该市范围内的合理的价格（租金）水平。该方案涉及土地租金以及电子通信基础设施的租金水平。在该方案中，这家电信公司对该市现有的价格结构提出质疑，这个价格结构是 2008 年确定的，它导致租金水平上升了两倍。出于工作的缘故，业内的一位咨询师得知了这份方案的存在，于是，他向市政当局提出申请，要求获取该方案的档案信息。

市政当局从一开始就断然拒绝了该咨询师的获取申请。在该咨询师向哥本哈根地区国家行政署（Regional State Administration of Copenhagen）提出上诉后，市政当局允许他从电信公司获取相关档案。然而，市政当局却删除了档案中与价格有关的信息（以下简称“估价信息”）。市政当局的做法依据的是哥本哈根地区国家行政署的一份声明，而后者拥有监督市政当局的权力。

申诉专员同意哥本哈根地区国家行政署的理由，即从其性质看，估价信息适用于《公共行政档案获取法案》第 12 条第 1 款第 2 项的规定（关于具体操作或商业程序的信息）。另一方面，基于他所掌握的情况，申诉专员并不认为市政当局在考虑下述问题时保持了中立，即允许获取估价信息是否会对该通信公司带来任何重要的经济影响。因此，申诉专员建议重新审理此案并重新作出决定。

地区国家行政署重新审理了此案，同时也表示同意申诉专员的意见。此外，地区国家行政署要求市政当局提供信息，以说明它计划就此事采取的措施。后来，申诉专员告知该咨询师，基于他现在所掌握的信息，他将不再对该案采取进一步的行动。

u. 市与地区行政机关

2013 年，涉及市与地区行政机关的下列案件被收入本年度报告中，以供发布。

案件编号：2013-2

案由：学校校长有关临时性单个教学的决定是一项行政决定。仅仅在给出一个太简短的临时告知后，该决定便被付诸实施。

一位男孩在某学校上一年级。某天，该学校突然发出一个临时告知，决定不再对该男孩进行正常的课堂教育，而是专门为他安排了所谓的临时性单个教学（每周 10 小时）。临时性单个教学安排一直会持续到为该男孩找到更为合适的教育方式为止。在这种情况下，该男孩的父亲便向申诉专员提出申诉。

在申诉专员看来，该学校写给该男孩父母的信函（告知后者实施临时单个教学的决定）及其所包含的决定适用《公共行政法案》，因此，这封信应当指出学校决定所依据的法律规则。根据相关规则的规定，如果学校决定为某位学生安排临时单个教学，它必须得到市政委员会（municipal council）的批准，但是，申诉专员却认为本案中的市政部门并没有批准学校的决定。在申诉专员看来，这是一个错误。另一方面，申诉专员指出，并没有理由推翻学校对该男孩的评估，即需要为他安排临时单个教学。

在一个周四，该男孩的父母被告知，学校已经决定从下个周一开始为其儿子安排临时单个教学。

申诉专员指出，这个告知的时间太过于仓促。在他看来，如果学校能够（为针对该男孩的临时单个教学）确定一个更为略微靠后的时间，那么，其决定本能得到更好的遵从。申诉专员同时指出，学校如果将告知的时间稍微拉长，也会更有利于该男孩的成长。针对本案，申诉专员还援引了《联合国儿童权利公约》第 3 条第 1 款的相关内容。

案件编号：2013-3

案由：偿还多支付的工资。

某幼儿园的一位老师没有任何工作经验。然而，在几乎一年的时间内，他却错误地被支付了工龄工资，而工龄工资原本是拥有六年和十年工作经验的人才可以领取。该教师自己发现了这个错误并告知了其雇佣机构，后者于是停止支付工龄工资，同时还要求该教师偿还被错误支付的两万丹麦克朗的工龄工资。于是，幼儿园教师工会代表该教师向申诉专员提起申诉。

申诉专员认为，没有理由批评雇佣方提出的偿还工龄工资的要求。申诉专员强调，在本案中，他无法批评相关的案件调查情况。即便雇佣方并没考虑到要求偿还工龄工资的决定属于《公共行政法案》的适用范围，申诉专员也无法对此提出批评。

案件编号：2013-12

案由：无效免除参与家庭垃圾收集服务。

1989 年，当时的市政当局（在地方政府改革之前）决定一对夫妇可以免于参与家庭垃圾收集服务并不必支付相应的费用。然而，现在的市政当局却告知这对夫妇，他们的这种优待无法继续下去。这对夫妇仍旧不愿意参与家庭垃圾收集服务，也不愿意为其付费。于是，他们向申诉专员提出申诉。

在申诉专员看来，原先的市政当局决定免除该夫妇参与家庭垃圾收集服务是无效的。因此，申诉专员认同现在的市政当局的决定，这对夫妇不应当继续享有免于家庭垃圾收集服务的待遇。然而，申诉专员同时指出，现在的市政当局对于与垃圾收集服务相关的法律理解，包括它对于《环境保护法案》某些条款的理解，并不全然都是正确的。

案件编号：2013-21

案由：对患有精神疾病的成年人使用 GPS 追踪器以及其他个人报警和追踪设备。

作为其成年儿子的监护人，一位父亲代表其儿子向申诉专员提出申诉。他声称，市政收容机构并没有持续性地对其儿子使用 GPS 追踪器。而根据市政当局的一项决定，他们本应对其儿子使用 GPS 追踪器。

根据《社会服务法案》第 125 条第 1 款的规定，市政当局决定对这位父亲的儿子使用一些强制措施，其中就包括使用 GPS 追踪器。同时，市政当局还决定，允许对这位父亲的儿子使用 GPS 追踪器的期限是八个月。

在向申诉专员的申诉中，这名父亲认为，市政收容部门今后有义务继续对其儿子使用 GPS 追踪器。这就与市政当局的看法形成了反差，后者认为，对这位父亲的儿子使用 GPS 追踪器的决定并不意味着市政当局有必须使用它的义务。

依据《社会服务法案》及其相关法律解释，申诉专员指出，使用 GPS 追踪器以及其他个人报警和追踪设备应被视为对个人自决权的侵犯，因而是种强制措施。

此外，同样依据《社会服务法案》及其相关法律解释，申诉专员还指出，所使用的强制措施必须要与它所要实现的结果相符合，比如强制措施必须尽可能温和并且其所持续的时间也应尽可能短。这也意味着，必须对状况予以随时评估，进而再决定是否应当继续使用强制措施。

总之，申诉专员认为，并没有理由对市政当局对于相关法律的理解提出批评。根据市政当局对相关法律的理解，使用 GPS 追踪器这样的强制措施并不意味着，在其被准许使用的期限内相关部门拥有必须使用 GPS 追踪器的义务。

v. 在申诉专员管辖范围内的其他行政机关

2013 年，涉及其他行政机关的下列案件被收入本年度报告中，以供发布。

案件编号：2013–28

案由：在社会教育收容机构使用强制手段。

在对一家针对儿童和青少年的私立社会教育收容机构的实地监察中，申诉专员的监察队被告知，这家收容机构使用强制手段要求青少年坐在一个沙发上——这一治疗方法被称为“反思时间”，如果青少年不遵从该收容机构的规则，他们就会面临这种“休息方式”。

根据《社会服务法案》的规定，当青少年处于危害自身或危害他人的危险时，可以对其使用强制手段。但是，（相关机构的）工作人员并没有权力通过强制措施迫使青少年接受一项特定的治疗方式，比如说“反思时间”。

该收容机构并不认为其工作人员使用了强制手段。他们只是将手搭在青少年的肩膀上，然后将他们引导到沙发上。该收容机构的管理层认为这并不构成强制手段。在他们看来，强制手段意味着使用“一定的强制以迫使某人做或是不做某事或是接受某事”。申诉专员并不认同这种说法。申诉专员的结论是，这家收容机构对于“强制手段”的理解并不十分准确，因为，在判断某项手段是关爱的表现还是实际的强制措施，一个重要的标准就是儿童或青少年是否抗拒该手段。

为了降低冲突的发生概率，申诉专员建议这个收容机构考虑这样一个问题，它如何能够确保儿童和青少年产生接受社会教育治疗、扶助和关爱的动机。

2013 年在申诉专员署网站上刊发的新闻

所有的新闻均可从 www.ombudsmanden.dk 网站上获悉（只有丹麦语）

1 月 11 日

申诉专员提出了儿童和青少年权利的问题。

收容机构限制年轻人使用手机或电脑，这样做合法吗？收容机构可以要求青少年提交尿样吗？又应当以何种方式提供尿样？

申诉专员正在与社会事务与融合部讨论这些常规问题。

1 月 22 日

申诉专员增加了实地监察的次数。

议会申诉专员不仅仅接受申诉，而且日益增强了在全国范围内的实地监察工作。最近，申诉专员将他的大部分实地监察活动整合进新成立的、专门的监察部门。

2 月 2 日

申诉专员署儿童部开局业务繁忙。

申诉专员署儿童部成立于 2012 年 11 月 1 日。自其成立之日起，儿童部已经受理了超过 100 宗来自于成人和儿童的申诉。

2 月 19 日

申诉专员着手处理精神病人拘留所限制不健康食品的供给一事。

根据几家媒体的报道，Nykøbing Sjælland 精神病院的精神病人拘留所（psychiatric secure unit）对于病人选择食品、甜食和汽水予以限制。Nykøbing Sjælland 精神病院是西兰岛地区下属的一所精神病司法鉴定机构。

根据相关媒体的报道，申诉专员决定自行发起对于这个案件的调查。

2 月 25 日

非同寻常的客观条件导致在移民局公民服务中心等待较长的时间。

根据申诉专员收到的一份来自移民局的报告，非同寻常的客观条件是导致在公民服务中心等待长达 10 个小时的原因。

2 月 26 日

不允许有足够的时间与同学们说再见。

如果一个儿童不得不离开现在的课堂去接受单个教学，他或她的生活将会发生重大变化。因此，必须要给予儿童足够的时间，以便他或她能与其同学说声再见以及在新的环境中调整自己。这就是申诉专员新的声明中的核心内容。

3月14日

申诉专员就福利诈骗案提出新的批评意见。

作为2012年春发生的一起饱受争论的案件的继续，申诉专员又一次对于市政部门和社会事务审理委员会处理一起福利诈骗案的方式提出了批评。在其声明中，申诉专员罗列出一些重要的确保公民能够得到公平对待的规则和原则。

4月18日

警方纠正了驱逐出境案件中存在的档案不全的问题。

当警方要将在丹麦非法居留的外国人驱逐出境时，有关驱逐出境的信息必须被记录下来。在对2011年的42个驱逐出境案件予以审查后，申诉专员发现，其中一些案件存在档案不全的问题。此后，警察总署将推行一系列措施，以达到这一基本的行政原则的要求。

4月23日

申诉专员质询医疗事故数据披露事宜。

在被行政机关批评后，医生或其他医护人员多久后必须接受批评意见公之于众？这就是申诉专员向相关行政机关提出的实质问题。

4月24日

申诉专员无法调查芭蕾舞者的申诉。

2012年1月，丹麦皇家芭蕾舞团的许多舞蹈演员被开除了。管理层给出的开除理由是预算缩减。丹麦皇家芭蕾舞团工会代表其中几名被开除的舞蹈演员，就职位削减的相关问题向申诉专员提出申诉。然而，申诉专员却无法调查他们的申诉，因为申诉提起的时间太晚了。

4月24日

不公开那些为集体谈判协商所准备的材料是可以被接受的——但是，申诉专员质疑在适用信息获取规则方面的“创造性思维”。

一个工作小组为与公共雇员的集体谈判协商准备了一些材料，然而，丹麦教师工会却被拒绝获取这些材料中的大部分。

申诉专员在此案件的声明中指出，相关行政机关的决定符合《公共行政档案获取法案》的有关规定。

4 月 30 日

申诉专员在评估新的《公共行政档案获取法案》中的作用。

2012 年 10 月 3 日，政府、自由党和保守党就新的《公共行政档案获取法案》达成了政治协议，该政治协议的内容今天被公布。申诉专员尤根·斯蒂恩·索伦森就此事发表如下意见：

根据这项协议，申诉专员仅仅评估相关行政机关的行为是否符合新法案的特定条款（即所谓的“部长建议与协助条款”以及所谓的“议会政治家条款”）。申诉专员的评估必须基于他在新法案实施后第一个三年内所处理的案件。

5 月 13 日

丹麦安全与情报局否认给予记者们“保持沉默的命令”。

2012 年秋，全国性报纸 Politiken 刊发了一篇专题文章，题目是“媒体掩盖了丹麦安全与情报局的新秘密”。这篇专题文章指出，丹麦安全与情报局为记者们提供了秘密通报，条件是记者们不允许撰写与这些秘密通报内容相关的文章。然而，在给申诉专员的声明中，丹麦安全与情报局否认这项指责。

6 月 4 日

由于其特别顾问的行为，税收部遭到严厉批评。

在议会申诉专员所作的一份声明中，申诉专员指出税收部在处理一位记者的请求时的做法是“完全不能被接受的”。该记者的请求由税收部的一位特别顾问处理。

6 月 6 日

申诉专员参加博恩霍姆岛的人民大会（丹麦的政治节日）。

申诉专员尤根·斯蒂恩·索伦森将与公共会计委员会（Public Accounts

Committee）以及审计署辩论公共行政部门的监督问题。届时，这两大监督部门将接受采访人汉斯·恩格尔的刁钻提问。

6 月 11 日

申诉专员：行政机关必须遵守档案获取的相关规则。

当新的《公共行政档案获取法案》生效时，议会申诉专员尤根·斯蒂恩·索伦森将确保媒体能够获得它们在新法案下有权获得的信息，尤其是，要确保他们快速地获取到相关信息。在今天 Politiken 的一篇专题文章中，申诉专员表达了上述态度。

6 月 17 日

中止市政当局将儿童和青少年安置在宾馆中的做法。

在一些案件中，斯拉厄尔瑟市曾将 15—18 岁的儿童和青少年安置在宾馆中，作为应急性的过夜收容地。现在，市政当局告知申诉专员，他们将改变这种做法。

6 月 26 日

议会申诉专员与中国相关行政机关达成协议。

议会申诉专员刚刚与中国的两个部门签署了一份协议，双方将就如何培育公共行政文化问题进行合作。

7 月 4 日

申诉专员的实地调研促成了一个委员会的成立，后者专门关注对儿童和青少年使用强制手段的问题。

关于对儿童和青少年使用强制手段方面的挑战，一个新的政府委员会将对此问题作出报告。这些儿童和青少年生活在 24 小时寄宿看护中心、收容中心以及寄养家庭。此外，如果必要，该委员会还会制定新的规章。

7 月 30 日

儿童被困在过分拥挤的应急中心。

在埃斯比约市，两年多来，一些最为脆弱的儿童一直生活在一所拥挤的应急中心，相关部门却没就此作出任何解释和说明。议会申诉专员最近对这所应急中心进行了实地监察，这一问题才得以披露。

8 月 6 日

被收养儿童享有更为明确的法律地位，申诉专员对此表示欣慰。

有一些被收养儿童在来丹麦之前与其生父母间有着实际的家庭生活。现在，这些被收养儿童可以高兴地看到他们的权利更加明确了。这在全国社会事务上诉委员会的家庭事务处所作的一份声明中得到了确认。申诉专员对此表示认同。

8 月 14 日

委员会从律师事务所购买法律服务的做法是可以被接受的。

在某段时期内，一家律师事务所帮助环境事务上诉委员会处理有关牲畜养殖方面的案件。这家律师事务所主要是提供咨询并为相关的决定准备草案，但它从未自行作出过实际的决定。这就是为何议会申诉专员在对这个案件自行发起调查后同意这种做法的重要原因之一。

8 月 23 日

与残疾人退休金相关的案件的处理等待时间过长，申诉专员对此进行调查。

哥本哈根市告知 216 位公民，在 2013 年 12 月或 2014 年 1 月前，市政当局将无法就他们的残疾人退休金案作出决定。根据媒体的相关报告，这意味着，某些案件的处理时间将长达 14 个月。

9 月 10 日

在处理一个要求获取与伊拉克有关的档案的申请时，国防部的做法遭到严厉批评。

“完全不可以接受”。这是申诉专员对于国防部某一处理方式的评价。一位记者要求获取与在伊拉克的被囚禁人员相关的档案，而国防部花了 1 年零 7 个月的时间来考虑该名记者的申请。

9月11日

申诉专员将居民不满地铁的申诉转给了环境事务上诉委员会。

在哥本哈根市马尔博教堂附近居住的居民要求申诉专员调查下面这件事。地铁建设项目施工时间延长，但却没有对由此造成的环境影响进行评估。于是，当地居民向环境事务上诉委员会提出上诉，但后者却拒绝受理该上诉。

9月17日

关于议会申诉专员在确保残疾人获得平等对待方面的工作有了新报告。

关于确保残疾人获得平等对待问题，议会申诉专员在其刚刚发表的年度报告中对于相关的监察工作进行了报告。

10月1日

法律面前人人平等。

作为一名丹麦公民，法律面前人人平等，无论你是全国皆知的候选政府部长或是接受社会保障福利的独居者。刚刚发布的《议会申诉专员年度报告：2012》中的两个案件就证明了这一点。

10月9日

青少年不能被强制接受“反省时间”。

在对“Fonden Kanonen”收容所的实地监察后，议会申诉专员最近发表了一份报告，其中指出，不应通过强制手段强迫看护机构中的青少年接受一些社会教育措施，比如所谓的“反省时间”。

10月10日

关于政府官员获得免费赠票一事，申诉专员要求相关方面作出解释。

最近，丹麦广播公司在 Three Crowns 海军要塞为 P3 广播台举办年度庆典。根据 Ekstra Bladet 这份全国性报纸的报道，丹麦广播公司将该活动的一些票免费赠给了宫殿与文化遗产署的官员。这篇文章还指出，赠票发生在丹麦广播公司与宫殿与文化遗产署达成租赁这个海军要塞的协议之前。

10 月 14 日

关于拒绝一名高中老师享受提前退休福利一事，申诉专员提出了批评。

一名男子在一所高中任教 30 多年，但相关行政机关却并不认为他有工作能力，因而拒绝他享有提前退休福利。

议会申诉专员重新审理了这个案件。议会申诉专员在其声明中指出了相关行政机关在处理这个案件时存在的一些问题。

11 月 5 日

错误的引导致使一个有残疾儿童的家庭无法寻求市政当局的帮助，以找到适合残疾人居住的住房。

一个家庭中的一名儿童患有严重残疾，但却居住在一所并不适合残疾人居住的公寓中。在对该案的调查完结后，申诉专员指出，“市政当局正确地引导公民非常重要。否则，公民就有可能得不到自己有权得到的帮助”。

11 月 6 日

申诉专员发起了对霍尔斯特布罗地区医院精神病患者生活条件的调查。

议会申诉专员刚刚就霍尔斯特布罗地区医院精神病患者的生活条件对丹麦中心区（Central Denmark Region）进行了质询。此事的背景是，一份当地的报纸刊发了一篇文章，指出这家医院要在很短时间内收容需要司法鉴定的精神病人（forensic psychiatric patients）。

11 月 20 日

在有关儿童签证的案件中，信息记录得到改善。

将来，移民事务管理部门将明确规定，所谓的“签证惩罚期”不会适用于同行的未成年儿童。这是因为，在先前的一个案件中，一名 11 个月大的儿童被错误地适用“签证惩罚期”。

11 月 29 日

对于有精神问题的人所施加的电子监控不应过度。

一位父亲申诉说，市政收容部门并不将 GPS 追踪器连续性地施加于他患有精神病的儿子。如果其儿子离开收容机构的话，这名父亲希望能够迅速地找见他。同时，他还指出，他的儿子自己无力应付交通问题。

然而，申诉专员尤根·斯蒂恩·索伦森在声明中指出，必须尽可能地限制 GPS 追踪器的使用。

12 月 4 日

申诉专员满意为处于看护机构中的儿童和青少年自行发起的调查结果。

基于申诉专员提出的一项建议，一个委员会正在调查处于看护机构中的儿童和青少年的权利是否得到了充分的保护。然而，有三个案件需要作出更为迅捷的行动。根据申诉专员的意见，社会事务、儿童和融入部对法律进行三处修改。

12 月 12 日

申诉专员提醒移民署要缩短等待时间。

根据申诉专员最近的调查，与 2012 年夏相比，移民署的“公民服务中心”的平均等待时间在 2013 年夏有了明显缩短。

12 月 21 日

在儿童处运转的第一年，涉及儿童的申诉数量增加了一倍。

在运转的第一年，申诉专员署儿童处共收到了 520 件申诉。申诉专员署去年收到的类似申诉的数量仅为这个数字的一半。

12 月 27 日

因为吸食大麻问题而错误地将一名学生开除。

一位准备大学预科考试的学生被其所在的日制和寄宿学校开除，原因是他在一个周末晚上进城吸食了大麻。但是，在议会申诉专员看来，该学校的管理层并没有权力这样做。

（翻译：闫建　审校：张万洪）